2016

BLUE BOOK OF

NINGBO DEVELOPMENT

BLUE BOOK OF NINGBO DEVELOPMENT

宁波发展蓝皮书
2016

主 编　何　伟

副主编　林崇建　姜建蓉　于立平

李建国　俞建文

ZHEJIANG UNIVERSITY PRESS
浙江大学出版社

目　录

专题篇

2016 宁波发展蓝皮书
BLUE BOOK OF NINGBO DEVELOPMENT

综　合　篇

2015 年宁波经济发展总报告

章源升　戴　娜

摘　要：2015 年，我市深入贯彻市委"双驱动、四治理"战略部署，扎实推进"经济社会转型发展三年行动计划"，以建设港口经济圈为重点，积极融入国家战略，各项工作成效明显，经济运行比较平稳，调整转型步伐加快，质量效益得到提升。2016 年是"十三五"规划的开局之年，我市将积极落实党的十八届五中全会精神，围绕国家政策导向，立足自身特色和优势，继续深化重点领域改革，开展创新转型试点示范，推进经济增长动力转换，力争在生产能力上提质增效，在发展模式上推陈出新。

关键词：经济运行　转型升级　创新发展

一、经济运行基本情况

2015 年以来，我市经济仍处于调整周期，主要受基数因素影响，全年经济高开后逐季回落，但总体上仍处于新常态的合理区间内。前三季度，全市实现地区生产总值 5580.8 亿元，同比增长 7.1%，预计全年 GDP 有望增长 7% 左右；城镇居民人均可支配收入和农村常住居民人均可支配收入分别为 37238 元和 21864 元，同比增长 8.8% 和 9.4%；实现财政总收入 1633.4 亿元，增长 11.8%，其中一般公共预算收入 823.1 亿元，增长 8.3%。居民消费价格同比增长 101.6%。

(一)产业发展总体稳定,服务业成第一大产业

1. 农业经济保持平稳

前三季度,实现第一产业增加值194.1亿元,增长1.7%。受益于粮食扶持政策的实施,春粮播种面积增长1.7%,总产量增长7.8%,但受台风、暴雨等灾害性天气影响,早稻、秋粮播种面积出现下降;畜牧业生产仍呈下滑趋势;远洋渔业呈现较快增长,增幅为148.7%。

2. 工业生产稳中趋缓,重点行业支撑作用明显

前三季度,实现工业增加值2425.3亿元,同比增长4.1%;其中规模以上工业增加值1845.8亿元,增长3.4%;前8个月规上工业增加值绝对量基本稳定在200亿以上,9月当月有所回升,实现224.1亿元。分行业看,汽车、医药、有色金属等行业是主要动力,增加值增速分别为36.7%、12.7%和10.4%,其中汽车制造业占全市规上工业增加值的比重提高到12.5%,已接近石油加工和化学制品制造业的总和。工业产品产量总体平稳,266种规上工业产品中,有113种产量同比增长,其中乙烯、丙烯、初级形态塑料、模具、光电子器件等增速均超过10%。产销保持稳定,产销率为96.8%。受原材料购进价格降幅持续大于工业产品出厂价格,以及上年同期基数较低等因素影响,企业效益仍然保持平稳较快增长,规上工业企业实现利润总额523.1亿元,同比增长11.4%,其中主营业务收入利润率为5.8%,同比提高0.8个百分点;亏损面为21.8%,比上半年回落2.5个百分点。

3. 服务业增长相对较快,房地产、金融仍是主要支撑力量

前三季度,实现服务业增加值2627.3亿元,同比增长10.6%,占GDP的比重达到47.1%,已超过工业比重。(1)房地产销售保持较快增长。受大学生购房补贴、购房税收减免等政策因素影响,商品房销售增势良好,库存去化速度较快,全市商品房累计成交面积743.8万平方米,同比增长55.8%,其中商品住宅累计成交面积594.8万平方米,同比增长55.3%;商品住宅库存有所回落,截至9月末,商品住宅存量面积1242.9万平方米,同比下降6.6%,较年初减少107.4平方米;房价环比保持回升,9月均价为11978元/平方米,同比下降1.6%,环比上升5%。(2)金融业存贷指标有所回升。9月末,金融机构本外币存款余额为14775.6亿元,增长7%,增幅比上半年提高3.3个百分点。贷款余额为14648.7亿元,增长10.3%,增幅比上半年提高1.6个百分点,高于全省1.4个百分点。(3)商贸业稳中见缓。

全市实现限额以上商品销售额 9504.1 亿元,增长 6.7%,低于上半年 4.1 个百分点,其中批发业、零售业分别增长 7% 和 3.9%。(4)交通运输稳中有升。完成全社会货运量 30624.4 万吨,增长 4.4%。从货物周转量看,公路运输总周转量增长平稳,增长 9%,增速与上半年基本持平;主要受煤炭远洋运量的大幅减少,以及 2014 年三季度基数较高两方面因素影响,水上运输总周转量增幅有所回落,增长 3.6%,增速比上半年回落 4.1 个百分点。集装箱运输保持稳定,海铁联运增长较快,宁波港实现集装箱吞吐量 1529.8 万标箱,增长 7.3%,其中完成海铁联运 12.5 万标箱,增长 33.2%。

2008 年以来 GDP 及二、三产累计增长趋势如图 1 所示。

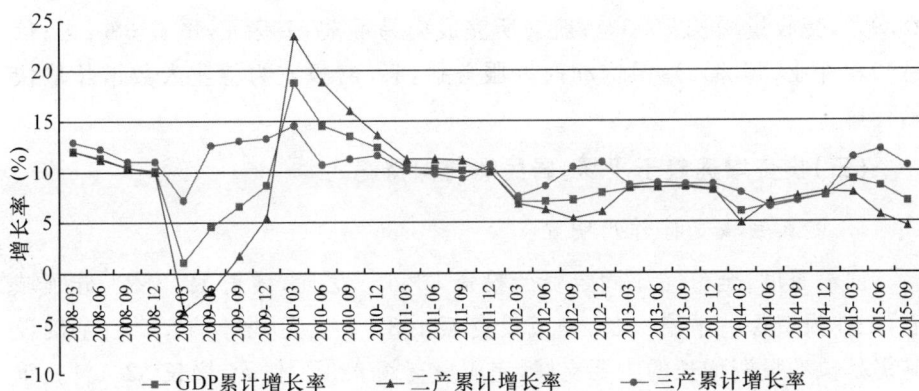

图 1　2008 年以来 GDP 及二、三产累计增长趋势

(二)创新转型步伐加快,新兴产业势头良好

1. 各类创新主体蓬勃发展,创新意愿不断增强

全面落实"大众创业、万众创新",出台《关于培育发展众创空间促进大众创新创业的实施意见(试行)》。新注册企业数明显增加,前三季度,全市新设内资企业 2.9 万户,新设个体工商户 5.7 万户;创新主体蓬勃发展,培育创新型初创企业 1174 家,认定众创空间 13 家、创客服务中心 14 家,新增"新三板"挂牌企业 31 家;企业研发创新投资意愿增强,根据 1009 家重点工业企业监测显示,有 56.7% 的企业后续有加大研发创新投入打算。

2. 研发投入不断加大,创新成果有所显现

前三季度,规上企业科技活动经费支出总额 124.3 亿元,同比增长 3.7%,购置技术成果费用同比增长 121.1%;授权专利数 30242 件,其中发明专利 3649 件,同比增长 90.3%。新产品产值实现较快增长,增速为

15.9％,新产品产值率 28.5％,同比提高 4.2 个百分点。生产效率不断提高,规模以上工业企业全员劳动生产率为 13 万元/人,增长 6.9％。一批创新载体加快谋划建设,诺丁汉大学宁波新材料研究院、智能制造产业研究院正式签约落户,宁波海洋研究院和海上丝绸之路研究院等引进共建工作积极推进。

3. 新型业态快速发展

前三季度,限额以上贸易企业通过公共网络实现的零售额增长 84.5％;跨境电商发展较好,保税区实现跨境电子商务贸易货物总值 13.9 亿元;甬商所铜、PTA、PVC、银等七类大宗商品共完成交易额 4376 亿元,增长 28.9％,交收量增长 75.5％;航交所完成交易额 37.7 亿元,增长 38.2％;信息和软件业(36.3％)、租赁和商务服务业(19.3％)成为就业人数增长最快的行业。

(三)投资增速趋于平缓,居民消费保持稳定

1. 重点领域支撑作用明显

前三季度,全市完成固定资产投资 3363.5 亿元,增长 12.2％。分领域看,工业投资保持平稳增长,完成投资额 1032.2 亿元,增长 12.1％;基础设施仍是拉动投资增长的主要支撑,完成投资额 923.1 亿元,增长 32.1％。重点工程进展良好,完成市级重点工程投资额 1040.1 亿元,为年度计划的 86.7％,余姚陶家路江整治(二期)等 75 个项目开工建设,轨道交通 4 号线大卿桥站(1 号线一期配套项目)、铁路枢纽北环线、中金石化芳烃项目、湾头休闲商务区配套项目等 40 多个项目建成或基本建成,鄞东南沿山干河整治工程、老外滩延伸段建设项目、市第一医院改扩建工程等项目正在加紧实施。三年行动计划推进顺利,共计完成投资 1272.1 亿元,占年度计划的 78％。(2008 年以来固定资产投资累计增长趋势如图 2 所示。)

2. 居民消费保持平稳增长

前三季度,实现社会消费品零售总额 2330.7 亿元,增长 9.8％,其中限额以上社会消费品零售总额 1153 亿元,增长 11.3％。分行业看,批发、餐饮、零售增长较快,增幅分别为 58.5％、9.5％和 7％,住宿业持续低迷,降幅为 5.9％。分商品类别来看,主要商品增速出现分化,生活必需品类、家居装潢类、通信器材类增长较快,增幅分别为 18.6％、41％和 46.6％,汽车类销售增速放缓,仅增长 1.7％。

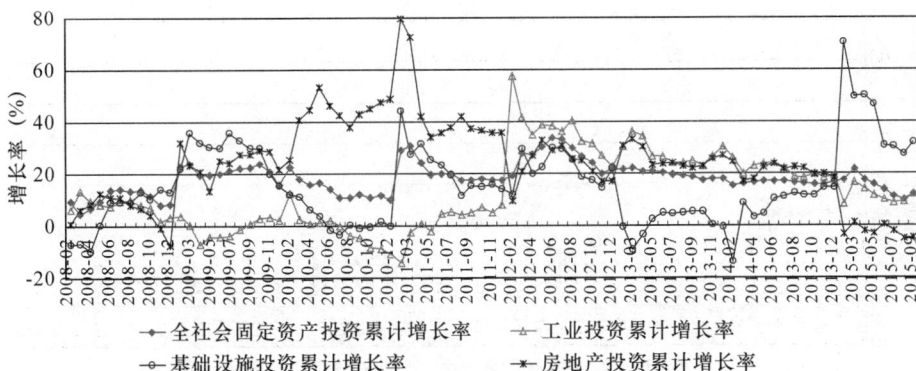

图 2　2008 年以来固定资产投资累计增长趋势

2012 年以来限额以上社会消费品零售总额累计增长趋势如图 3 所示。

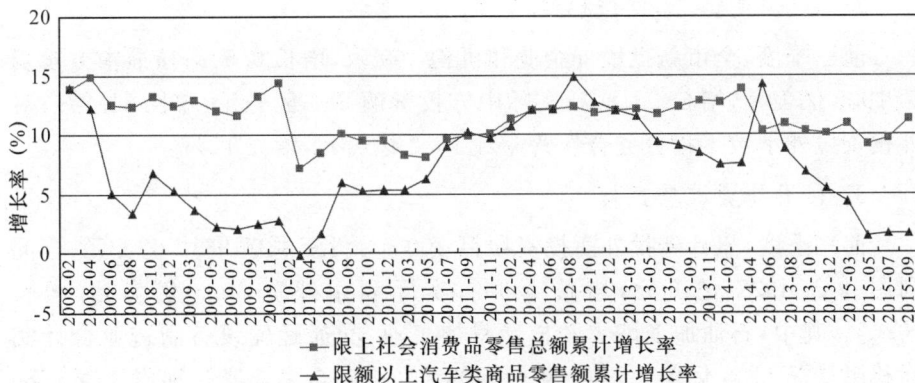

图 3　2012 年以来限额以上社会消费品零售总额累计增长趋势

(四)外贸进口降幅逐步收窄,开放合作稳步推进

1. 外贸形势缓中趋稳

前三季度,全市实现外贸进出口总额 741.4 亿美元,下降 5.8%。其中进口总额 215.6 亿美元,下降 9.7%,降幅较年初明显收窄。主要进口商品中,纸浆、纺织制品增长较快,增速分别为 20.5% 和 18.7%,由于大量进口美国页岩气,液化石油气及其他烃类气进口量增长 178.5%。完成出口总额 525.8 亿美元,下降 4%。主要出口商品中,船舶、通断保护电路装置及零件、玩具保持增长,增速分别为 11.7%、9.6% 和 8.1%。

2008 年以来外贸进出口总额累计增长趋势如图 4 所示。

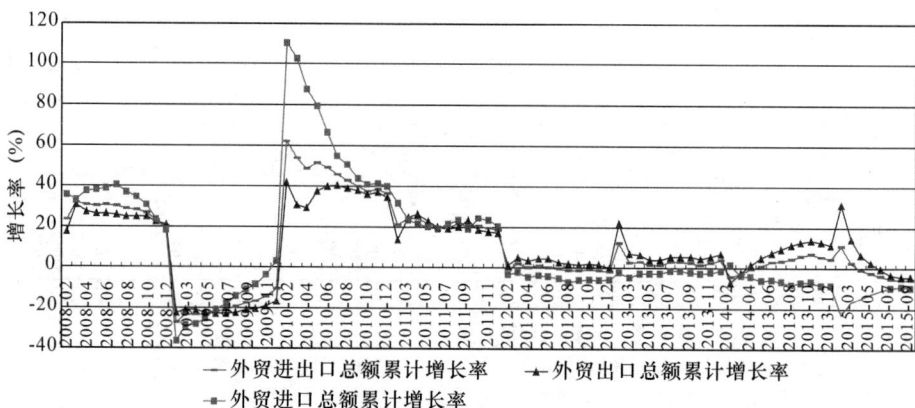

图 4　2008 年以来外贸进出口总额累计增长趋势

2. 企业"走出去"步伐稳健

前三季度,全市新批境外企业和机构 169 家,增长 0.6%;核准中方投资额 18.8 亿美元,增长 28.5%;实际中方投资额 8.2 亿美元,增长 31.2%;对外投资境外承包工程劳务合作营业额 15.2 亿美元,增长 12%。

3. 利用外资进展良好

前三季度,累计新批外商投资项目 300 个,投资总额 86.2 亿美元;合同利用外资 49.7 亿美元,增长 4.6%;实际利用外资 30.6 亿美元,增长 10.6%,其中,石油加工炼焦及核燃料加工业、交通运输设备制造业合计实际利用外资 11.5 亿美元,是上年同期的 21.8 倍;金融业实际利用外资 7586 万美元,同比增长 50.8%。

(五)重点改革进展顺利,改革成效得到显现

1. 加强政府自身改革

启动新一轮政府职能转变和机构改革,制定印发《宁波市人民政府职能转变和机构改革方案》,市政府工作机构由 44 个精简至 40 个。制定出台《关于深化行政执法体制改革推进综合行政执法的实施方案》,初步明确行政执法事项。印发《宁波市市级财政专项资金管理暂行办法》,将财政专项资金统一纳入部门预算管理,预决算公开范围和内容进一步扩大,税收征管改革加快推进。

2. 金融创新力度不断加大

试点示范有序推进,启动保险创新综合示范区建设,制定出台《关于建

设保险创新综合示范区的实施意见》，东海航运保险股份有限公司正式获批，食品安全责任保险、城镇居民住房综合保险、小微企业巨灾保险等一批保险创新产品试点启动；正式获批成为全国移动金融试点城市，移动金融"生态圈"建设逐步铺开。推动直接融资发展，上市公司数量增至 65 家（境内 51 家），居全国各城市第九位，浙江股权交易中心奉化运营中心正式营业。

3. 城乡一体化改革不断深化

编制发布《宁波市新型城市化规划》，试点实施方案和年度工作要点印发实施；开展特色小镇建设，江北动力小镇、梅山海洋金融小镇、奉化滨海养生小镇列入全省第一批 37 个省级特色小镇创建名单。

4. 围绕港口经济圈建设，拓展重点领域改革

积极融入国家"一带一路"建设，海丝指数之宁波航运经济指数正式列入国家项目库；跟踪参与制定江海联运服务中心建设总体方案；加快推进国家海洋生态科技城筹建工作，起草完成《宁波海洋研究院建议方案》；制定出台《宁波市对接上海自由贸易试验区工作方案》，推进长江经济带、长三角区域通关一体化改革试点，出口直通放行制度和通关单无纸化覆盖长三角，通关物流成本降低 20％以上；境外并购外汇管理改革试点获国家外汇管理局批复。

（六）生态建设力度加大，社会民生持续改善

1. 环境综合治理加快推进

预计化学需氧量、氨氮、二氧化硫和氮氧化物四项主要污染物能够顺利完成年度减排省定目标任务。生态环境专项治理取得实质性成效，十大重污染行业完成整治提升 1793 家，130 家化工企业开展有机废气治理工作；实施生态资源交易机制，截至 8 月，排污权累计交易 190 笔，交易额 1.5 亿元。进一步推广清洁能源应用，新增分布式光伏装机 24 兆瓦，总装机容量达到 87.7 兆瓦；中心城区累计建成投运汽车加气站 27 座，投放天然气公交车 1744 辆。开展碳排放交易的基础性工作，碳排放 5000 吨以上重点企业碳盘查全面展开。空气环境质量总体好于 2014 年，中心城区空气质量达标天数比例为 85.2％，同比上升 1.3 个百分点。

2. 民生保障情况良好，社会事业稳步推进

财政支出向民生重点领域倾斜，前三季度，节能环保、城乡社区、医疗卫

生与计划生育支出分别增长 138%、17.8% 和 11%。就业形势基本稳定,全市城镇新增就业岗位 13.5 万个,失业人员再就业 5.2 万人,城镇登记失业率为 1.86%。社保覆盖面继续扩大,城镇职工基本养老、城镇职工基本医疗、失业保险、工伤保险和生育保险参保人数分别增长 4%、4.4%、3.5%、1.6% 和 0.9%,城乡居民养老保险参保人数增长 2.6%。教育、卫生等社会事业有序推进,公立医院综合改革、分级诊疗、智慧健康体系建设等工作稳步开展,全国首家云医院启动运营;与中国教科院合作共建国家职业教育开放示范区,智慧教育工作积极推进。社会领域重大项目加快建设,市妇女儿童医院改扩建工程、宁波奥体中心项目(一期)等项目进展顺利。

二、经济运行存在的主要问题

受内外需求萎缩、产能过剩大环境影响,我市供求结构继续处于深度调整期,传统动力面临严峻挑战,新增长点培育仍需时日,行业分化还在显现,多方面问题和矛盾未得到有效缓解,经济下行压力仍然较大。

(一)工业增长较为乏力

一是工业生产主要指标呈现负增长。前三季度,规上工业总产值下降 1.3%,比上半年回落 2.5 个百分点;规上工业销售产值下降 1.9%,自二季度以来持续回落;有出口实绩的企业数占规模以上工业的 52.9%,总产值占 57.1%,而规上工业出口交货值下降 6.9%,呈现持续下降,对全市工业的产销影响较大。这三项工业主要指标增速均为近两年以来的最低水平。二是传统行业增速放缓。从增加值分行业来看,石油加工、黑色金属冶炼业分别仅增长 1.5% 和 1.4%,化学纤维制造业、纺织服装业分别下降 3% 和 6.1%;电力行业受生产需求不足、发电小时减少等影响明显,增加值下降了 3.8%。三是产品价格持续走低,订单不足问题较为普遍。工业品出厂价格指数降幅继续加大,已连续 45 个月负增长,其中石油加工、化学制品、化纤、黑色金属等行业同比收缩幅度均在 10% 以上,对我市工业造成的冲击尤为严重。据重点企业监测显示,工业企业反映三季度产品订单增长的仅占 19.2%。四是企业主动减产、停产数量仍然较多。1—8 月,全市 150 家规模以上工业企业均无产值数据,其中 8 月当月无产值的企业达到 340 家。

2008 年以来规上工业总产值月度增长趋势如图 5 所示。

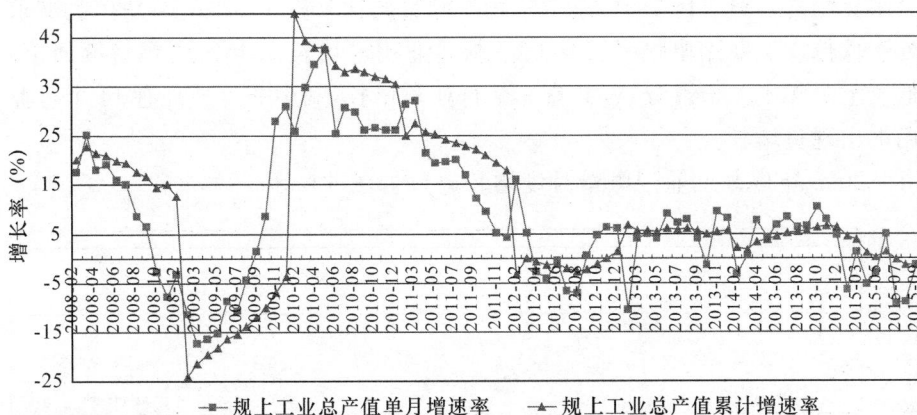

图 5　2008 年以来规上工业总产值月度增长趋势

(二)投资下行压力持续加大

一是房地产投资快速下滑,成为导致投资下行的主要因素。房地产投资增速自年初以来均处于低位,前三季度下降 4.5%,较上年同期回落 26.7 个百分点。全市房地产新开工面积下降 41.6%,新项目少、开发商放弃项目等现象较为普遍。二是工业投资行业分化明显。受需求弱化、出口疲软、成本提高及区域用地用海限制等因素影响,部分行业投资放缓,31 个制造业行业中有 13 个行业投资降幅超过 10%,其中化学原料及化学制品、化纤等石化类临港产业投资降幅尤为明显。三是项目接续乏力。新开工情况不容乐观,全市新开工项目数零增长,投资额下降 17.9%,其中工业新开工项目投资额下降 34.3%。在建、待建项目进度放慢,2015 年多个项目进展滞后,部分项目放缓后续投资速度。随着“十二五”时期的重大项目进入收尾阶段,剩余储备项目数量较少,短期内难以开工形成有效接续。四是企业投资意愿明显不足。企业监测显示,受预期不乐观、缺乏好项目等因素影响,三季度 75.4% 的工业企业、85% 以上的服务业企业在未来三个月无投资打算。

(三)要素需求持续收缩

一是企业流动资金需求减少。截至 9 月底,非金融企业短期贷款余额 6256.9 亿元,同比下降 2%。二是用地需求仍然低迷,土地出让成交总额 171 亿元,下降 30.4%,商服和工矿仓储用地出让成交额分别下降 45.5% 和 35.3%。三是原材料价格、港口货物吞吐量等指标均有下降。原材料购进价格指数为 92.99%,比上半年回落 0.34 个百分点;主要受煤炭、铁矿石等大宗货物货运量下降影响,港口货物吞吐量同比下降 1.8%。四是用电需求处于低位。工业用电仅增长 0.4%;制造业用电增长 1.4%,增幅持续回落,低于上半年 1.4 个百分点,共有 9 个行业负增长,其中 9 月当月有 14 个行业用电出现负增长。

2008 年以来工业用电量月度增长趋势如图 6 所示。

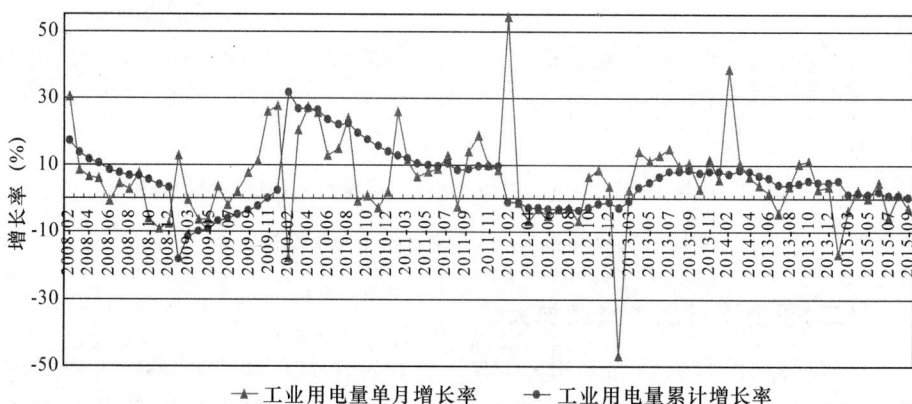

图 6   2008 年以来工业用电量月度增长趋势

(四)金融风险还在进一步积累

金融风险呈加剧趋势。不良资产规模持续上升。截至 9 月底,不良贷款额 380 亿元,比年初增加 87.7 亿元,不良贷款率 2.45%,分别比上半年和年初提高 0.06 个和 0.44 个百分点;关注类贷款率 4.34%,比年初提高 0.47 个百分点。"两链"风险仍未见底,从企业监测看,重点企业中,分别有 22.7% 的企业和 22.9% 的企业反映所在行业、所在区域"两链"风险高于 2014 年同期。

三、2016 年经济形势展望

(一)世界经济:各国复苏进程不一,整体下行压力依然较大

世界经济延续弱复苏态势,面临的困难和风险依然较多。一是美国经济复苏态势稳中趋缓,将影响世界经济整体复苏的进度。主要由于企业库存较二季度减少约 50%,三季度,美国经济增长有所放缓,GDP 年化环比仅增长 1.5%,增速较二季度回落 2.4 个百分点,低于预期水平;国内需求增速

小幅回落,个人消费支出增长 3.2%,低于二季度 0.4 个百分点。二是欧元区复苏进程依然缓慢。二季度欧元区 GDP 环比增长 0.3%,低于此前两个季度 0.4%的增长,德国、法国和意大利等国经济增长均不及预期,法国经济增长一年以来首次出现停滞;工业产出指数虽然仍远高于荣枯分界线,但连续数月下行。三是日本经济复苏动力不足。受疲软的出口、低迷的民间消费和企业削减支出影响,二季度日本经济再次步入衰退,GDP 环比下降 0.4%,结束了此前持续两个季度的微弱复苏,日本央行也将 2015 年全年 GDP 增长预期下调 0.5 个百分点至 1.2%。四是金砖国家经济普遍存在下行压力。俄罗斯和巴西经济形势严峻,工业生产和外贸下滑,通货膨胀压力居高不下。此前印度经济表现较佳,但近期工业生产和对外贸易数据明显回落。五是东南亚国家经济复苏步伐不一。新加坡第三季度 GDP 初值增长 1.4%,超出预期,但比二季度回落 0.4 个百分点;在政府基建投资及国家改革等推动下,泰国经济增长复苏加快;菲律宾经济增长面临多重风险。近期,国际主要经济机构纷纷下调对全球经济增长的预期,其中 IMF 预计 2015 年全球经济增长 3.3%,较 4 月份预测值下调了 0.1 个百分点(见表 1)。世界经济增长趋势如图 7 所示。总体而言,未来我国面临的外部经济环境将日趋复杂。

表 1　世界经济增长预测表

预测机构	预测数值		预测时间	与上次预测相比变化	
	2015 年	2016 年		2015 年	2016 年
IMF	3.3%	3.8%	2015-07-09	−0.2%	持平
世界银行	2.8%	3.3%	2015-06-11	−0.2%	持平
经合组织	3%	3.6%	2015-09-16	−0.1%	−0.2%
联合国	2.8%	3.1%	2015-05-19	−0.3%	−0.2%
英国经济与社会研究所	3%	3.8%	2015-08-05	−0.2%	−0.3%
平均值	2.98%	3.52%	—	−0.20%	−0.23%

(二)国内经济:稳中趋缓,增长面临新压力

国内经济在"去产能、去库存、去杠杆"的背景下,经济运行走势出现分化,工业经济下行压力不减,投资增速持续回落,部分领域、产业和地区经济风险有所加大,企业担保链和债务链、房地产市场供求失衡、地方债务规模过大等矛盾尚未完全化解,股市波动较大、国际需求低迷等问题的存在也将

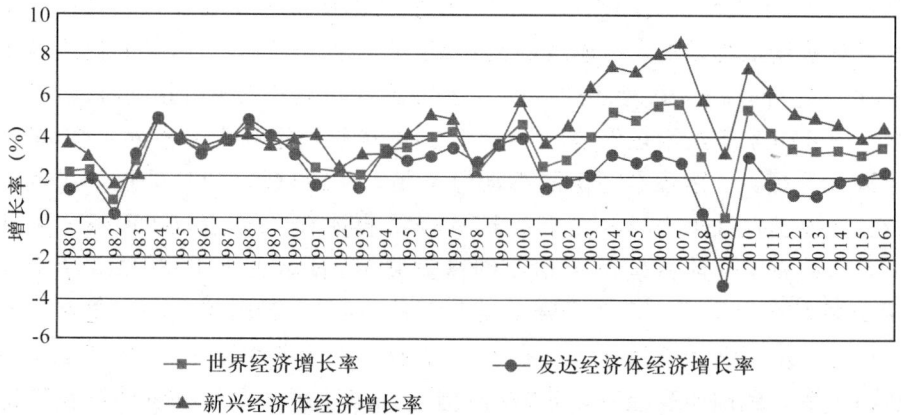

图 7　1980 年以来世界经济增长趋势

数据来源:国际货币基金组织网站。

对经济增长产生抑制作用。从短期趋势看,随着前期国家稳增长项目的逐步落地,基建投资增速有望小幅攀升,但基建投资较快增长很难扭转全部固定资产投资增速下行的趋势,投资驱动的旧模式将面临考验;2015 年 8 月人民币兑美元汇率出现贬值,一定程度上能够缓解目前产品出口的压力;随着国家和地方一系列促消费政策的出台和实施,居民消费有望平稳增长。总体上看,国内经济将保持稳中趋缓的运行态势,结构转型升级的阵痛还将继续显现,中国社科院、亚洲开发银行均下调了对中国 2015 年经济增长的预期。从长期看,随着改革红利的释放、新兴技术的推广、生产模式的转变,我国经济发展具有较大潜力、韧性和回旋余地,长期向好的基本面没有变(见表 2)。

表 2　我国经济增长预测

预测机构	预测数值		预测时间	与上次预测相比变化	
	2015 年	2016 年		2015 年	2016 年
中国社科院	6.9%	—	2015-09-21	-0.1%	—
亚洲开发银行	6.8%	6.7%	2015-09-22	-0.2%	-0.1%
IMF	6.8%	6.3%	2015-07-09	持平	持平
世界银行	6.9%	6.7%	2015-10-05	-0.2%	-0.3%
平均值	6.85%	6.57%	—	-0.13%	-0.13%

（三）宏观政策趋势：定向调控、相机调控、灵活施策

在经济下行压力不减的背景下，稳增长和调结构的两难越来越明显，政策调控难度也越来越大，政策灵活度要求越来越高。党的十八届五中全会对未来我国宏观调控提出了新要求。一是"保持战略定力，坚持稳中求进"是主基调。需要把握好稳增长与调结构的关系，货币政策进一步补充完善调控方式和政策工具，保持"总量稳定，结构优化"的政策取向，为经济结构调整和转型升级营造中性适度的货币金融环境。二是创新和完善宏观调控方式。在坚持区间调控基础上，见微知著，灵活施策，以更精准的定向调控、相机调控对冲经济下行压力，中央将做好政策储备，随时对经济运行情况进行预调微调。比如，把握总量和机构的关系，提高货币政策有效性等。三是减少政府对价格形成的干预。进一步加大利率、汇率市场化改革力度，提高金融资源配置效率，完善货币政策调控机制，健全央行利率调控框架，推动宏观调控从数量型为主向价格型为主逐步转变。总体来说，2016 年我国政策环境相对宽松，为市场提供较为稳定的预期。

（四）国内外宏观环境变化对宁波经济的影响分析

2015 年，全市经济总体上还处于结构调整时期，下行压力依然不减，但国家战略的引领作用将逐步显现，改革、创新等方面的动力在不断增强，经济企稳的基础仍然存在。

1. 新形势下面临的机遇

（1）面临重大战略深入实施的新机遇。从国家层面看，先后提出了"一带一路""长江经济带""京津冀协同发展"三大战略，目前顶层设计基本完成，正在进入实质性的推进阶段，国家各部委积极行动、全国各地主动参与，一批相关战略规划和重大举措正在全面推进实施，对内对外开放新格局正加速形成，资源整合和市场空间将进一步打开。从市级层面看，我市作为首批沿海开放城市、"一带一路"战略支点城市和长江经济带的龙头龙眼，在新一轮开放格局中具有重要的地位，"港口经济圈"战略的谋划和推进，有利于充分发挥港口资源、产业发展、民营经济等优势，为深度融入全球经济、拓展市场空间、扩大开放领域、提高合作水平，在更广的范围、更高的层面参与竞争提供了新契机。

（2）面临体制改革全面深化的新机遇。党的十八届三中全会以来，改革的步伐明显加快，2015 年出台的《中共中央国务院关于深化体制机制改革加快实施创新驱动发展战略的若干意见》又进一步明确了改革的新方向，总体

来看,是以市场化为目标,以需求为导向,以试点先行为基本办法。目前,多方面的具体改革举措正在加快推进实施:产业空间拓展方面,包括国有企业、垄断行业改革等;主体活力营造方面,主要是简政放权,推进负面清单管理等;要素资源优化配置方面,涵盖金融改革、上市制度改革、投融资体制改革等;市场环境优化方面,包括价格改革、信用体系建设和知识产权保护等。另外,围绕战略实施的一些专项改革也在推进实施,如生态文明建设、新型城镇化、自贸试验区等。改革领域覆盖了创新转型的方方面面,无论是体制突破的力度,还是政策的含金量都在不断提高。我市外向度高,民营经济发达,市场化程度高,具备先行先试的天然优势,更有利于把握改革机遇,为产业的创新转型营造良好环境。

(3)面临政策引导力度加大的新机遇。一是"11＋6＋3＋1"重大工程包的全面铺开,将有助于拓展生产和消费的新需求。在资源环境约束、国家碳峰值目标等倒逼机制不断强化,消费模式从模仿型、排浪式向个性化、多样化转变的背景下,国家推出了"11＋6＋3＋1"重大工程包,涵盖交通、生态环保、清洁能源等 11 个产业领域,囊括互联网、绿色节能、住房、旅游休闲、教育文化、养老健康家政等 6 大领域消费工程。随着这些领域政策的细化出台和项目的谋划实施,需求总量有望得到明显提升,将为产业结构优化、新兴产业发展催生新的空间。二是 PPP 模式的积极推广,将有助于优化政府资产配置。2014 年至今,国家发改委、财政部等部委相继出台 10 余个有关 PPP 的政策性文件,财政部于 9 月公布了 206 个 PPP 示范项目,总投资金额 6589 亿元,其中宁波世行贷款厨余垃圾处理厂和鄞州区生活垃圾处置项目列入,总投资额 19.5 亿元。随着国家 PPP 项目的进一步推出,以及地方 PPP 项目的谋划和实施,我市在政府负债结构、固定资产投资结构、财政支出模式等方面将得到优化。

(4)面临先进生产模式推广应用的新机遇。一是"互联网＋"指导意见的出台,将为新型生产模式的发展提供思路。为充分发挥互联网的规模优势和应用优势,推动互联网由消费领域向生产领域拓展,加速提升产业发展水平,增强各行业创新能力,我国出台了《关于积极推进"互联网＋"行动的指导意见》,明确未来 3 年以及 10 年的发展目标,提出包括创业创新、协同制造、现代农业、智慧能源等在内的 11 项重点行动。为积极对接国家的政策方针,我市启动编制"互联网＋"行动计划,并积极申报"互联网＋"特色发展示范区,力争结合全市经济社会的发展实际,在"互联网＋"推广应用上形成新的突破,打造全新增长极。二是《中国制造 2025》的出台,将为产业创新转型提供新的方向和路径。《中国制造 2025》将智能制造作为主攻方向,在重点领域试点建设智能工厂/数字化车间,加快产品全生命周期管理、客户关系管理、供应链管理系统的推广应用,推动发展模式由资源驱动向信息驱动转变。为贯彻落实国家战略部署,我市正在积极创建"中国制造 2025"示范城市,重点围绕新材料、智能家电、高档数控机床和机器人、新装备等领域,着力推进智能制造、应用创新、工业强基、绿色发展和国际化等示范工程建设,有望在传统产业智能制造转型升级、民营制造企业国际化发展等方面形成示范。

2. 未来发展面临的挑战

(1)全球市场的不确定性因素较多。一是新兴市场形势低迷,日本、欧盟等主要经济体复苏动力不足,对我市出口影响较大。2015 年前三季度,我市对东盟、日本、欧盟、俄罗斯等国家和地区的出口分别下降 7.8%、9.2%、5.2%和 28.9%,对这些地区的出口额占全部出口的 40%以上,显著影响了全市的对外贸易水平。二是 TPP 协议(跨太平洋伙伴关系协议)的推进实施将对我市出口形成冲击。TPP 协议中,最重要的条款就是关税减免,即原则上,成员国之间进行贸易应取消所有商品的进口关税。该协议未包含中国,这将加剧国际贸易的不均衡性,显著削弱我市出口产品的价格竞争优势,不利于出口增长。三是受美联储加息预期临近、美国经济复苏等因素影响,我市吸引外资难度加大,外资流入将有所放缓。

(2)新旧动力接续不畅。一是工业方面,受产能过剩、成本上升等因素影响,纺织业、石油加工、化学制品、化纤等传统行业进入调整周期,增加值占规上工业的比重较往年有所回落;战略性新兴产业中,新材料、海洋高技术产业增加值增速高于规上工业平均水平,但是两者占比之和仅为 4%左右,难以弥补传统工业调整形成的缺口。二是服务业方面,受宏观环境影响,金融、住宿餐饮、交通运输等重点行业的贡献能力减弱,增加值占服务业的比重均有所回落;房地产业仍处于库存消化期,受政策、价格等因素影响较大;包含中介、咨询服务等在内的租赁和商务服务业增势相对较好,但其增加值占全部服务业比重不高,带动作用有限。总体上看,传统行业比重趋于下滑,部分新兴行业虽然出现加速迹象,但体量较小,难以形成有效承接。

(3)生态环境倒逼压力凸显。一是能耗总量控制的难度在加大。《宁波市"十二五"控制能源消费总量工作方案》提出了 2015 年能源消费总量控制在 4406.8 万吨标准煤以内,"十二五"期间年均增长 4.5%的目标,然而 2013

年全社会综合能耗已经达到 4139.7 万吨,"十二五"前三年年均增速达到5.4%,与预期目标仍然存在一定差距。二是碳排放总量的天花板在逼近。我市作为低碳城市试点,率先提出了碳排放峰值目标,预计碳排放峰值在1.5 亿吨左右,达峰时间在 2018 年,人均碳排放接近 20 吨。然而由于经济高碳特征明显,2013 年全市排放总量已经达到 1.22 亿吨,2015 年电力、石化、钢铁等领域重大规划项目布局预计新增能耗至少在 1500 万吨标准煤以上,将新增碳排放 3900 万吨以上,如果今后三年其他方面都实施碳平衡,缺口仅剩 0.1 亿吨的碳排放量;全市人均碳排放也明显高于平均水平,根据测算,2013 年达到 16.8 吨,大大超过全省(10.4 吨)、全国(7.2 吨)、欧盟(6.8吨)和世界平均水平(5 吨),也已超过美国水平(16.5 吨)。

(4)资源要素产出率低。一是土地利用比较粗放。2014 年,我市国土开发强度达到 19%,远高于浙江省 11.5%的平均水平。二是工业用水量大。2014 年,我市水资源开发强度高达 31%,单位 GDP 用水量为 30 立方米/万元,单位工业增加值用水量为 16 立方米/万元,水资源利用率(用水量占水资源总量)已达 27%,高出全国、全省 5.1 个和 7.5 个百分点,水质性缺水现象比较突出。三是单位能耗仍在上升。2014 年,万元地区生产总值能耗下降 5.8%,高于全国(4.8%),但低于全省(6.1%)。四是人口红利逐步消失。我市进入中度人口老龄化社会(60 岁以上户籍人口比重超过 20%),青壮年劳动力逐年减少,市外来甬就业人员数量总体呈下降趋势;劳动力总体受教育程度不高,大专及以上学历的就业人员仅占 16%左右,各类领军型、创业型、技能型人才比重相对偏低,制约转型升级步伐。

(五)2016 年宁波经济发展趋势预测

从近几年的走势看,全市经济增长总体上呈现稳中趋缓态势,2013 年、2014 年 GDP 增速分别为 8.1%和 7.6%,2015 年经济仍然较为疲弱。根据基钦短周期理论,经济存在 2~4 年的短期调整,也就是"存货周期",由于国内外需求在短期内难有明显提升,产能过剩的总体形势还在持续,宏观经济仍将处于去库存阶段,而新的增长点尚在孕育,对经济难有明显拉动,稳中趋缓的态势在一定时期内还将延续。预计 2016 年全市经济增长速度为 7%左右。

1. 工业经济仍然低迷

2015 年工业经济的增长有 2014 年镇海炼化检修、上海大众基数较小等因素支撑,2016 年这些因素将消失;同时,作为增长主要动力的汽车行业已显现产能过剩的迹象,预计将在未来进行减产。虽然中金石化芳烃等部分项目竣工投产将带来一定的新增量,但总体上工业经济增长的动力仍显不足,全市规模以上工业增加值增速将延续稳中趋缓态势,预计增长 4%左右。

2. 有效投资缓中趋稳

在国家和地方多措并举、合力推动的背景下,有效投资有望保持稳定。一是受 PPP 模式推广影响,潜在的市场投资活力将被激发,新一批项目的谋划和实施将为有效投资增长增添新的动力。二是受益于地方债务置换政策,地方政府债务短期内将被盘活,有望在基础设施建设、民生保障等领域继续加大投入水平。三是国家发改委首批通过发行债券筹集资金设立的专项建设基金已投放到位,总规模为 100 亿元的市级产业发展基金也将逐步落实和稳步推开,有利于撬动更多社会资本参与、扩大重点领域投资。但受宏观大环境影响,工业、房地产投资增长乏力,企业投资意愿不足的形势仍将延续,有效投资的平稳增长仍然面临较多困难。预计 2016 年固定资产投资增长 10%左右。

3. 消费需求保持稳定

当前,消费结构逐步调整,新旧业态动力转换,总体需求有望保持稳定。从趋势看,多方面因素对消费增长起到了支撑作用:受黄金价格下跌、2014年同期基数较低等因素影响,金银珠宝类商品销售将逐渐回升;以网络购物、跨境购和通信器材消费为代表的新兴消费将继续保持迅猛的发展势头;国家、地方积极出台促进消费的多项政策措施,有助于刺激消费需求。但受收入增长预期下降、股市资产缩水等因素影响,居民边际消费倾向有所降低;汽车消费热情持续回落,作为耐用消费品的汽车类商品,需求更替时间较长,购车需求增长经过 2014 年的高峰后,短期内难有明显提升;传统商贸业态持续收缩,多家百货商场、大卖场等销售额出现不同程度下降;2016 年房地产市场存在较多不确定性,家居装潢类商品销售的快速增长面临挑战。总体看,社会消费品零售总额增速仍将保持平稳,预计 2016 年增长 10%左右。

4. 出口有望企稳回升

从国际环境看,日本及新兴经济体需求疲软,人民币兑卢布、卢比、雷亚尔等新兴国家货币的汇率仍处于升值趋势,对这些国家的出口增长仍然比较困难。但是人民币兑美元汇率出现较大幅度下调,有助于提升对美国出口产品价格优势;占全市出口总额 50%以上的欧美地区经济逐步回暖,有利于拉动出口需求。从政策面看,国务院于 7 月份印发《关于支持进出口稳定增长的若干意见》,从改善外贸环境、强化政策保障、加快推进改革、突出创新驱动四个方面作了全面部署,有助于促进进出口稳定增长,培育国际竞争新优势;随着我市国际贸易便利化相关政策的出台实施,出口通关的效率将会显著提升;市级有关部门正积极谋划出台稳定出口增长的相关政策,有利于提升企业出口的积极性。总体来看,随着 2014 年高基数效应的逐步消化,在各项政策的推动下,2015 年出口有望企稳,预计 2016 年外贸出口总额增速保持在 3% 左右。

5. 物价水平保持稳定

受"猪周期"效应、畜禽养殖关闭等影响,我市畜牧养殖存栏数出现下滑,禽畜类商品价格明显回升;在台风、暴雨等灾害性天气的影响下,经济类作物出现减产,导致价格上涨;另外,货币流动性趋于宽松、劳动力成本刚性上涨、铁路货运价格提高等因素的传导,也将推高产品价格。但原油、铁矿石等大宗商品价格处于低位,输入型通货膨胀压力较轻;国内工业生产者出厂价格指数持续收缩,有利于消费品价格维持稳定。总体来看,在翘尾效应和产业链传导效应的共同作用下,居民消费价格指数将略有回升,预计 2016 年在 102.5% 左右。

四、2016 年经济发展对策建议

当前,我市供求结构处于深度调整期,传统经济竞争力正面临新的多方面挑战,但新需求、新产业的机遇也在不断显现。2016 年,我市应深入贯彻落实党的十八届五中全会精神,围绕"创新、协调、绿色、开放、共享"五大理念,坚持以市场需求为导向,结合"新技术、新产业、新业态、新模式"的发展要求,着力增加有效供给,创新工作架构和工作机制,积极对接国家战略方向,努力培育新需求,加快产业转型升级,促进新型工业化、信息化、城镇化、农业现代化同步发展,推动经济健康平稳可持续发展。

(一)主动顺应甬舟港口一体化,加快港口经济圈战略谋划落实

积极参与国家"一带一路"和长江经济带建设的战略举措,主动顺应甬舟港口一体化,建设港口经济圈。一是加快谋划生成一批重大支撑性项目和重点功能性平台。建设现代海洋产业发展平台,重点是建设宁波海工装

备与高端船舶基地、宁波(镇海北仑)现代港航物流产业基地、宁波梅山国际物流产业基地、宁波南部滨海旅游休闲基地和宁波象山现代海洋渔业基地等;建设海洋科技创新平台,重点建设好新材料科技城(宁波国家高新区)和宁波国际海洋生态科技城,形成海洋经济创新发展"双子星座"新格局;建设国际经贸合作平台,重点打造一批境外产业园和生产基地,如中国(宁波)意大利产业园、象保合作区、梅山保税港区、宁波跨境贸易电子商务平台等。二是推进国家、省重大战略性项目和试点建设。主动对接上海自贸区、舟山群岛新区,率先复制上海自贸区等有关成果,实质性参与江海联运中心建设,利用宁波—舟山港一体化的有利时机,加快覆盖享受舟山群岛新区相关政策,争取有关改革先行先试,加快培育新的经济增长点。继续推进跨境电子商务、进口贸易便利化、国际贸易"单一窗口"、通关一体化、空港经济等改革试点,在此基础上,积极申报建设自由贸易区。三是积极推进主导功能建设。立足现实基础和功能定位,加快发展国际贸易物流、海洋金融服务、海洋智能装备、海洋生命健康、海洋科教文化、滨海生态旅游等主导产业集群,培育区域特色产业。

(二)以港航服务、先进制造为重点,大力加快产业转型升级

一是推动优势产业高端化发展。推进工业强市建设,贯彻落实《中国制造 2025》,深入实施"四换三名三创"工程,促进生产方式由低端同质粗放向柔性化、智能化、个性化、绿色化转变,推动生产环节从加工制造向研发设计、品牌营销和服务环节延伸。不断提升战略性新兴产业发展水平,着重培育石墨烯、工业机器人、海洋工程装备、生物医药、通用航空等特色优势产业,延伸产业链,形成一批产业基地和专业园。二是加快发展现代服务业。在宁波—舟山一体化框架下,依托宁波的区位、港口、交通、产业等优势,抓紧谋划国际贸易、现代物流、国际航运服务等港口高端服务业发展。积极对接国家、省关于服务业的最新政策动向,以"四新""互联网+"等为重点,把加快发展生产性服务业作为我市经济转型发展的突破口。促进服务业规模化集聚,围绕大宗商品贸易、电子商务、第四方物流、能效服务等重点生产性服务业,提升发展甬商所等重点企业和服务业平台,培育壮大服务业产业集聚区和市级现代服务业产业基地发展规模。积极培育总部经济,依托资本市场,鼓励和支持企业上市,发展区域性总部基地;在商贸、金融、航运物流、商务服务等重点领域,继续吸引一批企业主体来宁波落地。三是加快构建现代农业经营体系。提高农业社会化服务水平,拓宽农技推广、动植物防疫、农产品质量安全监管等公共服务机构的服务范围,开展政府购买农业公共性服务试点;发挥家庭农场、农民专业合作社、农业企业等新型经营主体的示范作用,拥抱"互联网＋",拓宽产品的销售渠道。

(三)全力拓展有效需求,力促经济平稳健康发展

一是保持有效投资持续较快增长。围绕国家"11＋6＋3＋1"投资重点领域和省里的 7 大新支柱产业,结合"十三五"重大平台、重大项目谋划,聚焦"港口经济圈"、新型城市化、绿色循环低碳、智能制造等符合方向的重点领域,谋划和推进重大项目落地。深入推进 PPP 模式,有效带动民间投资,重点抓好配套实施细则、配套项目和支持政策,进一步扩大鼓励民间资本投资政府项目的"1＋X"制度体系覆盖范围。设立 PPP 引导基金,扩大 PPP 模式应用范围。二是优化商贸环境,积极培育新型消费。加强基础设施和软环境建设,完善城乡流通网络,提高消费便利性;推动专业市场通过引导商户开设网店、发展网货体验店、市场自建电商平台、开展网上现货交易和发展电商园区等方式,积极探索 O2O 市场;不断培育消费亮点和热点,大力发展电商经济、休闲经济、健康经济,扩大信息消费和服务消费。大力发展跨境电商,推动跨境电商企业在 B2C 进口、B2B 出口、B2C 出口等领域的创新,吸引境外消费回流。三是拓展对外贸易空间,提升外贸发展水平。提高扩大国际合作领域,充分发挥宁波的企业家优势和产业优势,加大与"一带一路"沿线国家的合作,创新合作机制,加速宁波产品、产业和资本"走出去"步伐,运用跨境电商开拓国际市场;优化出口结构,提高产品技术含量,提高附加值。探索建立品牌推广中心,推介拥有核心技术的品牌产品;整合特殊监管区提升,打造区域进口商品基地。四是做好重点领域风险管控。防范金融领域风险。鼓励银行机构与资产管理公司等机构全面合作,加快不良资产处置。完善信用担保体系,扩大直接融资,建立多层次的资本体系,防范两链风险。加快存量房消化。在控制增量的同时,积极消化存量商品房,把符合条件的商品房由政府进行回购转为保障房、回迁安置房。加强债务风险管理。建立地方政府性债务风险预警和应急处理机制,降低存量债务成本,加强预算管理;引导负债率高的行业企业进行债务重组,鼓励并购重组,支持扩大直接融资规模。

(四)不断完善创业创新环境,激发经济发展新活力

一是加快重点领域经济体制改革。推进政府职能转变,打造服务性政府;深化国企改革、财税制度改革,发挥市场机制,释放民营经济活力;放松

市场准入门槛,深化商事制度改革,简化企业注销程序;创新投融资方式,建立多样化的金融支持体系。大力培育引进天使、创投、种子等各阶段的创新投资基金,完善互联网股权众筹融资机制,发展区域性股权交易市场,鼓励金融机构开发科技融资担保、知识产权质押等产品和服务,以互联网金融破解大众创业创新的资金阻碍。二是搭建创新创业平台。要在创客空间、创新工厂等孵化模式的基础上,大力发展"众创空间",借鉴北京的创客空间、上海的新车间、深圳的柴火创客空间等新型创业服务机构,在企业培育、融资担保、品牌打造等方面搭建新型创业生态圈。继续实施"智团创业"计划、"科技孵化器提升计划",着力发挥传统孵化器在基础设施方面和新型创业服务机构在专业服务方面的互补优势,着力加强对培训辅导、天使投资、法律财会、检验检测等创业创新服务资源的整合配置,打造"孵化器 2.0"。三是推动实施"互联网+"战略。抓紧编制出台符合宁波发展实际的"互联网+"行动计划,从生产、销售、生活、服务等方面加强互联网技术的应用,培育发展新型业态;推进大数据应用,鼓励各类部门开放政府性数据,引导培育大数据产业,激发市场新活力。四是强化创新要素保障。发挥宁波人才基金、创业投引导基金等作用,设立科技信贷风险池,加大对科技人才创新创业和创新型企业的科技金融支持。加快构建政府为主导、企业为主体、产业为导向的协同创新体系,加大高端创新人才引进力度,推进试点示范建设。五是创建公平的发展环境。给予本地创业企业与招商引资项目同等待遇,在税收减免、财政补贴等准入门槛上给予对等的政策优惠,积极营造公平的创业、创新环境。

(五)进一步深化新型城市化建设,推动城乡一体化发展

一是着力推进国家新型城镇化综合试点建设。建立农业转移人口市民化成本分担机制,制定出台《进一步推进户籍管理制度改革的实施意见》,实施差别化落户政策,健全流动人口公共服务梯度供给制度;完善城乡一体化体制机制,研究制定土地承包经营权抵押、担保办法和资产处置机制,探索农民退出土地承包经营权的权益补偿机制;研究制定农村产权交易管理办法,全面搭建农村产权交易平台或统一纳入县级公共资源交易中心。二是着力推进城市建设。优化国土空间开发,建立以主体功能区规划为基础,以市域国土空间规划为龙头,城乡规划、土地利用规划、生态环境规划等"多规合一"的空间规划体系;完善城乡基础设施网络,加快综合交通、市政管网、物流设施等建设,推动城乡联网、共建共享。三是着力推进特色小镇建设。

提升发展江北动力小镇、梅山海洋金融小镇、奉化滨海养生小镇,结合各地产业特色、区位特点、资源特征等,以产业、文化、旅游、消费融合发展为目标,做好新一轮省级特色小镇申报工作;围绕特色小镇建设,优化产业区、居住区、商贸区等布局,强化社会职能,促进产城融合发展。

(六)强化生态文明建设,加快构建宜居宜业可持续体系

一是加强能耗总量控制。对煤炭等能源消费量实行总量控制,强化节能减排考核;加快能源资源价格改革,引入竞争机制,优化能源产业结构。完善污染减排市场调节机制,深化排污权有偿使用。二是开展生态环境综合治理。持续贯彻落实省、市"五水共治"、大气污染防治行动计划等工作要求,切实打好气、水、土壤污染治理攻坚战,推动各级环保机构监测监察执法垂直管理。提升城乡品质,建设美丽宁波。深入实施"四边三化"、"三改一拆"、"两路两侧"、城市轴线提升、棚户区改造、交通治堵等工程。三是推进绿色低碳循环发展。加强低碳市场机制的基础性工作,完善温室气体清单编制,积极谋划总量控制、排放标准、排放权交易等。加快绿色循环低碳产业环境培育和产业链打造,推动清洁能源发展,建设清洁低碳、安全高效的现代能源体系。研究建立创投基金、产业发展基金、循环贷款等,构建市场化绿色金融服务平台。积极谋划低碳节能环保产业基地,吸引咨询、研发、设计、改造服务等产业主体落户,推广合同能源管理模式。积极申报国家生态文明先行示范区、近零碳排放示范区等示范试点,争取更多国家政策支持。

参考文献

[1] 张晓兰.人民币汇率走势对我国外贸的影响分析及政策建议.经济预测分析.国家信息中心,2015(41).

[2] 祝宝良.当前宏观经济形势和政策取向.经济预测分析.国家信息中心,2015(39).

[3] 金培,等.中国工业结构转型升级:进展、问题与趋势.中国工业经济,2011(2).

(作者单位:宁波市信息中心)

2015 年宁波社会发展总报告

史　斌

摘　要: 2015 年是全面深化改革的关键之年,是全面完成"十二五"规划的收官之年,更是"十三五"改革发展的布局之年。2015年以来,全市上下将全面推进社会建设和社会发展,作为跻身全国大城市第一方队的重要依托,各项事业特别是基层社会治理取得显著成效。2015 年的宁波社会发展也存在一定的薄弱环节,主要表现为:"被抛弃论"引热议,宁波发展期待跻身大城市第一方队;"公共安全"成热点,监督管理亟须走出命令控制型模式等。2016 年是"十三五"时期的开局之年,也将会是宁波社会发展历程中非常关键的一年。面对愈加复杂多变的国际国内发展环境,宁波必须以适应"新常态"特点为主要思路来构建社会建设和社会发展新战略,以深化社会建设和社会发展为契机,为全面深化改革赢得时机。

关键词: 社会发展　总体态势　形势展望

2015 年是全面深化改革的关键之年,也是全面推进依法治国的开局之年,既是全面完成"十二五"规划的收官之年,更是"十三五"改革发展的布局之年。2015 年以来,面对日趋严峻复杂的国际国内发展形势,宁波市委、市政府始终认真贯彻党的十八大和十八届三中、四中全会精神,全面落实省委"八八战略"和市委"六个加快"战略,大力实施"双驱动四治理"决策部署和"经济社会转型发展三年行动计划",着力稳增长、促改革、调结构、惠民生、防风险。7月中旬,市委十二届九次全体(扩大)会议提出,要将"跻身全国大城市第一方队"作为宁波践行"干在实处永无止境,走在前列要谋新篇"新使命的"宁波坐标",作为实现"更进一步,更快一步"总要求的"宁波行动"。社会建设和社会发展,是宁波跻身全国大城市第一方队的重要组成和坚实保障,全市上下以全面推进社会建设和社会发展为依托,以新状态适应新常态,以新作为引领新常态,社会发展总体保持和谐稳定,民生建设实现全面稳步提升。

一、2015 年宁波社会发展基本形势

2015 年以来,宁波市始终坚持以创新社会治理、加强基层基础建设,作为推进社会治理体系和治理能力现代化的重要抓手,社会事业、社会保障、社会治理和社会服务四大社会建设领域取得显著成效。在 2 月底召开的全国精神文明建设工作会议上,宁波市再度荣获全国文明城市称号,成为实现全国文明城市"四连冠"的 6 个城市之一。在 10 月底由新华社《瞭望东方周刊》联合中国市长协会《中国城市发展报告》共同举办的"中国最具幸福感城市"调查评选中,宁波荣获"2015 中国最具幸福感城市"第二名,同时荣获"2015 中国小康社会建设示范奖"。

(一)社会事业

1. 教育资源优质均衡,智慧教育蓬勃兴起

(1)基础教育均衡发展。2015 年以来,宁波市基础教育始终坚持以均衡促发展,以创新求提高,全市九年义务教育的入学率和巩固率分别达到 100% 和 99%。全年新(改、扩)建幼儿园 60 所,70% 以上幼儿入读普惠性幼儿园,初中毕业生升入高中段比例保持在 98.5% 以上。9 月份新学期开学以后,全市共有 27 所新建学校(校区)投入使用,海曙区后孙学校(暂名)等一批义务教育段学校开工建设,义务教育段学校标准化率超过 90%。

(2)高等教育不断提升。截至 9 月底,在甬全日制普通高校在校生保持在 15.1 万人左右,本专科在校生比为 62∶38 左右,在甬研究生达到 8000 人,科研经费总量超过 5 亿元,高校毕业生就业率达 95% 以上。宁波工程学院东校区全面竣工。宁波大学被列为浙江省首批重点建设高校,今后宁波大学将由教学研究型大学向特色鲜明的综合性研究型大学转型,力争到 2020 年综合实力跻身地方综合性高校前 10 名、全国高校前 75 名。

(3)智慧教育蓬勃兴起。智慧教育是智慧城市的重要组成部分。8 月初,宁波智慧教育正式启动运营,首批推出宁波智慧教育门户网站、学习平

台、云平台、"甬上云校"、平安校园监控分析系统等多项应用,标志着宁波教育开始跨入"云时代"。智慧教育学习平台将海量教育资源汇聚到统一的资源库中,内容覆盖基础教育、职成教育、终身教育等,市民只需实名登录,即可实现个性化学习。智慧教育的蓬勃兴起,也使得宁波市民享受到了更加多元普惠的教育公共服务。

2. 公共文化繁荣昌盛,交流传播日益拓展

(1)公共文化服务体系不断完善。不断拓展公共文化服务网络,打造公共文化服务品牌,以农村文化礼堂为代表的基层综合文化服务中心不断加快推进。截至 4 月底,共建成农村文化礼堂 427 家,举办各类活动 6000 多场次,参与活动 80 多万人次。文化精品创作能力不断提升,先后创作完成舞台剧《霸王别姬》、越剧《貂蝉》、甬剧《赶海的女人》和话剧《大江东去》,完成舞剧《十里红妆·女儿情》剧本创作。

(2)公共文化遗产保护切实加强。它山堰申遗成功,成为宁波首个世界灌溉工程遗产。启动实施大运河遗产和国保单位预警监测平台建设,编制大运河遗产景区利用规划;实施小白礁 1 号沉船整体修复和科技保护项目,合作开展慈溪潮塘江沉船修复项目,启动参与上林湖越窑遗址考古项目。持续探索建设宁波市现代非遗传承与保护体系,开设《阿拉非遗知多少》电台专栏,成功举办第三届"阿拉非遗汇",吸引了上千市民和高校师生参加。

(3)对外文化交流传播日益拓展。积极组织对外文化交流,组织歌舞剧《十里红妆·女儿梦》赴澳大利亚、新西兰演出,与友好城市意大利佛罗伦萨市开展"文化艺术交流展览",提升了宁波城市知名度、美誉度和国际化程度。积极举办"海上丝绸之路文化周""第二届中国文化艺术博览会""阿拉音乐节""纪念抗日战争暨反法西斯战争胜利 70 周年文艺创作展演"等重大活动,提升了文化的传播和影响力。

3. 医疗改革深入推进,公共卫生服务加强

(1)深入推进公立医院制度改革。公立医院改革是重要的民生问题,也是重大的社会问题。自 2012 年和 2013 年相继启动县市两级公立医院综合改革以来,2015 年继续深化推进公立医院改革取得新突破。李惠利医院东部院区与台北医学大学合作办医,引入台湾先进医疗理念和器械设备,由台北医大及附属医院全面负责运营管理。从 5 月起,市区三级医院试行按病种付费办法,首批 40 个试点病种在 6 家三甲医院实施。深入推动医保支付定价机制改革。进一步深化和完善公立医院财政补助政策,建立财政拨款与医院绩效相挂钩机制。

(2)全面推行新型家庭医生服务。契约式家庭医生服务制度,是提高医疗资源配置效率,形成基层首诊、双向转诊分级诊疗机制的重要举措。从5月1日起,以慢性病人、60岁以上老年人、孕产妇、0~6岁儿童、残疾人等人群为重点,在全市范围内的152家社区医院,全面实施全科医生与社区居民的契约式服务。市民只需自掏50元即可签约家庭医生,享受一整年"私人订制"服务。同时,还能享受更加优惠的医保报销和慢性病用药配药服务。

4. 体育设施不断完善,全民健身广泛开展

(1)公共体育设施不断完善。2015年,借助浙江省创建体育强市、强县(市)区之势,一批县(市)区和镇(乡)级全民健身中心、健身广场(公园)相继建成使用。截至6月底,县(市)区新建成并投入使用大中型体育场馆数量2个、乡镇(街道)全民健身中心5个、中心村全民健身广场(公园)18个;更新完善了一批全民健身路径,基本实现健身路径社区(行政村)100%全覆盖。此外,宁波市奥体中心、老年体育活动中心等4个在建项目均按计划有序实施。

(2)全民健身活动广泛开展。市本级传统群体活动,如迎新年元旦万人长跑、龙腾狮跃闹元宵、群众登山大会等,已成为年度品牌项目。全市各级各类体育社团根据自身项目特点,积极组织开展系列主题活动,如"快乐体育进社区"主题活动,共在21个街道的30个社区进行,受到社区群众高度肯定;民间草根篮球活动,参与队数达到100多支,人数达到数千人。据统计,截至6月底,各级各类体育社团共举办全民健身活动140多项,参加人数到2万余人。健身活动已成为人民群众日常生活不可或缺的组成部分。

5. 生态治理深入开展,空气质量逐步改善

(1)生态治理深入开展。伴随着"史上最严"环保法的实施,宁波市在生态治理、环境保护方面力度不断加大。在河道治理方面,提前一年完成"清三河"全治理目标,省市县乡四级河道实现"河长制"全覆盖,33条市级河道实施"一河一策";在废气治理方面,大气联防联控框架基本形成,全年淘汰黄标车近4万辆,建成"禁燃区"1083平方公里;在环保执法方面,重点开展网格化、精细化及错时执法,重点打击大气污染和重污染行业企业,以及饮用水源地污染等环境违法问题,集中曝光一批典型案例。

(2)空气质量逐步改善。近年来,宁波不断加快淘汰落后产能,优化产业和能源结构,多方面防控大气污染,空气质量得到明显改善。截至2015年上半年,全市15个辖区空气质量达标天数比例平均为78.4%,PM2.5浓度同比下降 4.1％,中心城区空气质量Ⅰ级(优)28 天,Ⅱ级(良)121 天,达标天数比例为 82.3％,同比上升 2.9 个百分点;空气质量指数为 4.97。空气质量达标天数比例和综合指数均名列全省第五。

(二)社会保障

1. 就业形势基本稳定,创业创新氛围浓郁

(1)就业形势基本稳定。2015 年以来,受复杂经济形势和企业转型升级战略等影响,就业形势不容乐观。全市各级公共就业服务机构积极健全就业创业工作机制,确保就业各项主要指标处于正常范围内,就业形势总体趋于稳定。截至 6 月底,全市新增城镇就业 8.84 万人,实现失业人员再就业 3.48 万人,帮扶困难人员就业 0.86 万人,开发(保持)公益性岗位 9038 个,城镇登记失业率始终控制在 3.5％以内。

(2)创业创新氛围浓郁。自 2014 年 9 月李克强总理在达沃斯论坛上提出"大众创业、万众创新"以来,创业创新成为新一轮热潮。8 月初,市委、市政府出台《关于培育发展众创空间促进大众创业创新的实施意见(试行)》,从培育创业创新平台、完善创业投融资机制、健全政策保障机制等多方面扶持大众创业创新,各类众创空间遍地开花。截至 6 月底,全市新增各类创业实体 5.69 万家,完成创业培训人数 3132 人,创业带动就业人数达到 48.66 万人。

2. 新型救助体系建成,医疗保障城乡一体

(1)新型救助体系建成。宁波市是全省率先实现低保标准"城乡一体、标准一致"的地区,截至 2014 年底,全市共有城乡低保对象 35560 户 51282 人,城乡低保平均补差分别达到每人每月 495.4 元和 358.25 元,低保救助标准、补差力度和城乡统筹水平均居全省前列。社会救助信息化水平不断提升,实现省、市、县(市)区三级救助信息管理平台联网,全面实行最低生活保障申请网上审批。居民家庭经济状况核对信息平台全面建立并有效运作,截至 3 月底,共检出不符合救助条件对象 2.94 万人次,有力地保障了各类社会救助对象认定的科学性和准确性。

(2)灾害救助不断完善。不断健全市、县(市)区、街道(乡镇)、社区(村)四级自然灾害灾民救助应急预案体系,各级政府每年投入足额资金用于救灾物资储备,各类应急生活物资储备充足。积极开展避灾安置场所规范化建设,全市设有避灾安置场所 1683 个,总面积达到 228 万平方米,可容纳灾民 60 余万人。启动巨灾保险理赔工作,市财政出资 3800 万元购买灾民救助保险,在台风"灿鸿"和"杜鹃"袭击过后共受理 17.4 万户受灾家庭的赔付申请,赔付金额超 8000 万元。

(3)医疗保障城乡一体。从 9 月份起,市区先行启动实施并轨后的城乡居民基本医疗保险制度,这标志着已经分别运行了 12 年和 8 年的新型农村合作医保制度和城镇居民医保制度将彻底退出历史舞台,今后无论是城市居民还是农村居民,在医保缴费、待遇、补助、就医结算等方面都将不受户籍限制,实现城乡一体。同时,积极推进阳光医保监督平台建设,截至 6 月底,医保医师协议签订率达 100%,智能提醒系统已覆盖全市 240 家定点医疗机构。

3. 慈善事业全民参与,爱心宁波尚德甬城

(1)慈善事业全民参与。截至 7 月 31 日,市慈善总会共收到"慈善一日捐"善款 815.7 万元,其中单位捐款 222.1 万元,个人捐款 593.6 万元,捐款数额同比增长 5.94%。与往年相比,2015 年的"慈善一日捐"活动社会参与面广、参与率高,捐款数额增长明显。此外,企业通过建立"慈善冠名基金"的形式反哺社会,成为慈善事业发展的重要方式。截至 10 月 9 日,市慈善总会新建(扩大)企业冠名慈善基金 10 个,基金规模达 860 万元,到位善款 366.5 万元;累计企业冠名基金 57 个,基金规模达 1.5 亿元,到位善款 9235 万元。

(2)爱心宁波尚德甬城。弘扬"爱心宁波·尚德甬城"社会风尚是宁波培育和践行社会主义核心价值体系的主要目标。2015 年,宁波先后涌现出以"爱心妈妈"刘国娟、"让群众真心点赞民警"胡朝霞、"最美援疆教师"沈益飞等为代表的一大批爱心道德模范人物。在 8 月初举行的宁波市第四届道德模范表彰会议上,划船社区党委书记俞复玲等 10 位道德模范受到表彰。俞复玲还被授予第五届全国道德模范荣誉称号,成为宁波首位获此殊荣者。在模范们身上展现出的助人为乐、见义勇为、诚实守信、敬业奉献、孝老爱亲等道德风貌,是每一位甬城市民学习和践行的榜样。

(3)义乡鄞州全面打造。鄞州素有"义乡"之称,"义"文化在鄞州有着深厚的历史底蕴和认同基础。年初以来,鄞州区全面启动打造"义乡鄞州"公益文化品牌,围绕信义、忠义、孝义、道义、善义、节义等"义"文化内涵展开各类活动,自 5 月底以来,先后开工建设国内首个公益慈善综合体项目"善园",设立全省首家民间发起的公益基金"宁波善园公益基金",出版国内首部慈善专业志《鄞州慈善志》,营造了良好的社会风尚。

(三)社会治理

1. 公共安全监管有力,平安建设成效卓著

(1)公共安全监管有力。在加强安全生产监管上,始终注重源头管理,

强化隐患排治。通过开展"八打八治""三打一整治"等活动,2014 年共检查生产经营企业 5 万余家(次),查处非法违法行为 8.24 万起,关闭取缔 676 家,责令停产整顿 333 家,吊销许可证 128 个,对 113 项重大隐患实施省、市、县三级挂牌督办。在强化食品药品、医疗卫生等民生领域监管上,2014 年共梳理食品风险隐患 29 类 944 个点位,药品风险隐患 10 类 26 个点,医疗器械风险隐患 13 个,查处案件 2090 件;开展医疗器械"五整治"专项行动,检查企业单位 4310 家,立案查处 96 起。

(2)平安建设成效卓著。稳定是发展的前提,平安是民生的保障。自 2004 年市委作出建设平安宁波决策以来,全市上下齐心协力、不懈奋斗,创建水平不断提升。截至 2014 年底,全市刑事发案总量下降 1.2%,其中命案、五类案件、抢劫案件、盗窃案件分别下降 29.9%、7.2%、4.27% 和 1.62%;人民群众安全感满意率、平安建设知晓率和参与率,分别达到 95.53%、82.5% 和 43.1%,比 2013 年度分别提升 0.86 个、4.2 个和 1.5 个百分点。在 4 月初举行的全省建设平安浙江工作会议上,宁波市实现平安创建"九连冠",成功捧回"平安银鼎"。

2. 基层治理扎实推进,社会组织繁荣发展

(1)治理理论深入研究。年初以来,市委决定将"基层社会治理"这一主题列入 2015 年市委、市政府重点调研课题,由省委常委、市委书记刘奇作为课题主持人,市委副书记余红艺作为总牵头人,市委办公厅等 9 个单位为课题牵头单位,17 个市级部门为课题参与单位,同时邀请北京大学国家治理协同创新中心共同开展联合研究,明确了"1+9+1+N"的课题研究计划①,对基层社会治理理论进行了系统研究,为实践的推进提供了切实可行的理论依据。

(2)治理实践扎实推进。在理论研究的基础上,7 月中旬,市委十二届九次全体(扩大)会议通过《关于创新社会治理全面加强基层基础建设的决定》,为深入推进基层社会治理实践指明了方向。全市进一步深化"网格化管理、社会化服务"工作,扎实推进基层社会治理"一张网"和县(市)区、乡镇(街道)两级综合指挥平台建设,成效卓著。截至 8 月底,全市共划分网格 18031 个,其中一般网格 16533 个、专属网格 1498 个,共配备网格员近 5 万名,其中专职网格员 4469 名,组建服务团队 3.2 万支,服务成员 17 万人。同

---

① 即形成 1 个课题研究总报告、9 个子课题报告,在此基础上形成 1 个市委文件及 N 个配套文件。

时以省平安建设信息系统为骨干平台,建设统一的数据采集共享模式,有效解决了"多头管理、各自为政、资源短缺"等乱象。

(3)社会组织繁荣发展。社会组织是参与社会建设和社会治理的重要主体力量。年初以来,全市将激发社会组织活力参与社会治理创新作为突破口,通过政府购买服务和公益创投机制,在区、街道、社区三级层面建立社会组织服务平台,形成"孵化器"。截至 2014 年底,全市共有登记注册法人社会组织 5759 个,同比增长 7.4%,每万人拥有法人社会组织数量达到 7.6 个,远远高于全国每万人 3.7 个的平均水平。此外,在全市城乡基层,还活跃着 1.1 万个经过备案的基层社会组织。社会组织发展呈现"向下扎根、向上成林"的成长态势。

(四)社会服务

1. 政府职能加速转变,法治政府成效显著

(1)政府职能加速转变。加快政府职能转变和机构改革,是全面深化改革的重要内容。年初以来,全市按照严控总量、盘活存量、优化结构、增减平衡的要求,启动新一轮政府职能转变和机构改革,新组建成立了市卫生和计划生育委员会、市商务委员会,对市政府金融办、市科技局、市农机服务总站等市级部门(单位)职能予以调整,通过"瘦身"与"强身"相结合,盘活现有编制资源,提高政府治理能力,推动政府职能向提供优质公共服务、维护社会公平正义、创造良好发展环境转变。

(2)法治政府成效显著。自 2004 年国务院颁布《全面推进依法行政实施纲要》以来,全市着力深化审批制度改革、完善行政执法体制、依法化解社会矛盾,全面推进法治政府建设,取得明显成效。坚持把行政审批制度改革和行政执法体制改革作为突破口,优化审批流程,扩大网上审批;通过多种渠道加快推进政府信息公开;健全"大调解"工作体系,建立健全跨区域(行业)重大矛盾纠纷和不稳定因素联调机制。3 月初,宁波市政府荣获"2014 年度浙江省法治政府建设(依法行政)先进单位"荣誉称号。

2. 公交服务优化提升,垃圾分类全面实施

(1)公交服务优化提升。9 月 26 日,宁波轨道交通 2 号线一期开通试运行,2 号线一期全长 28.35 公里,与 1 号线一期形成"十"字运营架构。同时,由于轨道交通与栎社机场、火车站和客运中心三大交通枢纽相连,进一步优化了城市交通出行格局。为了凸显轨道交通骨干作用,优化和实现轨道交通与公交、公共自行车之间的无缝接驳,市公交总公司配套建成使用公交首末站 5 个、停靠站 19 个,新增(更新)公交车 300 辆,公交路网延长 38 公里;新建公共自行车网点 45 个,配套公共自行车 1185 辆。全面优化提升了多模式、一体化的城市公共交通服务体系。

(2)垃圾分类全面实施。实施垃圾分类,是建设美丽宁波,推进文明城市建设的重要举措。年初以来,全市上下广泛发动、群策群力,重点推进居民小区、学校及机关事业单位和国有企业"三大阵地"垃圾分类工作,着力推动和培育全体市民养成垃圾分类的良好习惯;同时积极完善设施体系、工作体系和管理体系建设,推进生活垃圾分类处理走上良性轨道。截至 11 月底,全市共有 23.8 万户居民家庭、432 个居民小区实行垃圾分类,1186 家机关事业单位、国有企业以及 130 所中小学推广垃圾分类工作,城区生活垃圾分类收集覆盖面达 65%。

二、2015 年宁波社会发展存在的薄弱环节

总体而言,2015 年宁波社会发展仍然保持着和谐稳定、稳步提升的发展态势。随着基层社会治理创新工作的深入推进,基层基础建设进一步得到重视和加强,社会建设领域内的一些重点难点和突出问题都得到了有效解决。但是,由于受到日趋复杂严峻的国际国内发展环境影响,2015 年宁波社会发展也面临一系列严峻的问题和挑战,存在着一些亟须重视和解决的薄弱环节。主要表现在以下几个方面。

(一)"被抛弃论"引热议,宁波发展期待跻身大城市第一方队

5 月底,就在习近平总书记回浙江调研考察后不久,一篇发表在人民网宁波视窗旗下微信公众号"人民直通车"上的文章《宁波被"抛弃"了吗》,引发了社会各界的强烈共鸣和广泛热议。文章以习近平总书记来浙江考察,先后去了舟山、杭州,却未能来宁波为援引,直言不讳地指出近年来宁波城市发展速度放缓,竞争力下降。与国内同类城市相比,"宁波发展落后了"。虽然这篇文章只是一家之言,但它之所以能够在网络上"一石激起千层浪",却深刻地反映出近些年来坊间百姓对于宁波发展现状的不满,以及对于未来宁波发展何去何从的迷惘与忧虑。

确实,近几年来,宁波享受的一些政策红利和体制机制优势在渐渐丧失,相比较前些年宁波发展领跑国内诸多城市,现在不少城市都逐渐后来居

上,"标兵越走越远,追兵越来越近"。同时,宁波人谋求发展、开拓创新的"精气神"似乎也没有像以前那么强烈了。但是就连上海和深圳这样的大城市,也于近期相继提出要"再来一次思想大解放",提出要"换基因""大换血"的口号。面对日趋激烈的城市竞争,宁波市民在发展面前再也"坐不住",再也"等不起"了。这样一种复杂情绪经过积累酝酿,恰逢习总书记考察浙江,对浙江提出新任务和新使命之际,于是喷薄而出。可以说,这篇网文及其引发的热议,既是一次忧虑和反思的总爆发,也是一次追求新一轮发展希望和激情的总动员。

可喜的是,无论是市委、市政府领导,还是普通市民,都强烈意识到了宁波发展面临的紧迫感和危机感,思想高度统一。7 月 13—14 日,市委召开十二届九次全体(扩大)会议,提出要准确把握宁波发展的历史方位,积极探索"跻身全国大城市第一方队"的实践路径,走出符合科学发展要求、彰显宁波特点的现代化建设之路。会议结束后,《宁波日报》以"论学习贯彻市委十二届九次全会精神"为主题,连续 4 天在头版刊发评论文章,对"跻身全国大城市第一方队"进行阐述。从 7 月 20 日起,《宁波日报》又连续 9 天在头版推出"更进一步更快一步,全力跻身第一方队"特别报道,从港口经济圈建设、改革创新、新型城市化、干部担当、激发社会活力等多个方面探寻"跻身第一方队"的实践路径。

"跻身全国大城市第一方队"既是中央和省委对宁波发展提出的新要求,也是"十三五"时期宁波奋起直追、争先进位的新坐标。对于宁波的城市定位和发展,既不能好高骛远、自满自大,也不必妄自菲薄、自怨自艾。只有正视差距、凝聚共识、上下同心、积聚力量,不断破除发展中的传统路径依赖,不断攻克各领域体制机制的顽瘴痼疾,不断破解群众反映强烈的突出问题,才能让宁波早日跻身全国大城市第一方队,才能让宁波这座城市再创新辉煌和新荣耀。

(二)"公共安全"成热点,监督管理亟须走出命令控制型模式

2015 年以来,以"电梯吃人"事故和危化物品爆炸为代表的公共安全问题一再成为全社会共同关注的热点和焦点。年初以来,全国多地各类"电梯吃人"事故频频发生。仅 2015 年 7 月 26—28 日连续三天内,湖北荆州、广西梧州、江苏无锡和河南潢川四地就相继发生四起自动扶梯"吃人"事故,造成 3 人死亡,1 名儿童终身残疾。据统计,2015 年 1—7 月间,全国共发生电梯事故 30 起,导致 27 人死亡,11 人不同程度受伤。一时间,全国人民谈"梯"

色变。同样,年初以来,全国各地也先后多次发生危化物品爆炸事故。在震惊中外的天津港"8·12"特大火灾爆炸事故之前,在昆山、南京、唐山等地已先后发生了5起化学工业品爆炸事件,天津港爆炸事故发生后,在全国各地全面加强安全生产检查期间,8月22日山东淄博恒台润星化工厂再次发生爆炸事故。即便是在天津,10月22日晚又发生了一起化工仓库起火爆炸事故。在我们宁波,9月23日石化经济技术开发区内的大地化工环保有限公司也发生了废液投料槽爆炸事故,造成1死3伤。

反复发生的电梯故障和危化物品保障事故,需要引起我们的高度重视和深刻反思,为什么花费了巨大的精力进行隐患排查仍然无法阻止事故的发生?现有的"命令—控制型"监管模式在守护公共安全方面还有效吗?传统的"命令—控制型"监管制度模式最大的特点在于发证式的审批监管,监管聚焦于一些指定性的行为,实现监管目标的基础是监管部门制定出实现目标的规程,生产企业依法依规执行。但是这种监管模式有效的前提是被监管主体相对同质,环境相对稳定,监管者对于要实现的具体目标及达到的手段充分理解[1],是一种静态的监管要求。

而在现实中,作为被监管者,生产经营单位尤其是中小企业,人员流动性大,岗前安全教育和培训往往流于形式,新入职职工也存在文化层次低、学习能力差,对安全生产知识、安全操作技能以及安全生产规章制度和安全操作规程的学习不深不细等问题,有的企业排查整治隐患流于形式,浮于表面,重经济效益轻安全生产,敷衍塞责,安全意识淡漠。作为监管者,政府在安全监管方面缺乏有效整合与衔接,隐患排查程序不规范,多头审批、交叉审批以及多头、分段监管等问题,都迫切需要政府部门在安全监管职能方面进一步优化和调整。

频繁发生的重大公共安全事故,警示我们在监督管理方面,必须走出传统的"命令—控制型"模式,可以借鉴发达国家和地区的有益经验:如将职业安全健康与企业的信用体系挂钩,运用市场机制,将安全管理单纯靠政府强制性管理,变为企业自愿参与、自主管控、自担风险的市场行为;如进一步简政放权,充分发挥行业协会自律和监管(如安全托管)作用,由行业协会自行制定质量及监管标准体系实施内部监督;如对高危或风险行业建立强制提存保障基金制度等。总而言之,通过政府与社会的合理分工、协作治理,共同实现安全生产。

---

① 董春晓:《天津港爆炸事故三题》,共识网,http://www.21ccom.net.

三、2016 年宁波社会发展形势展望及对策建议

2016 年是"十三五"时期的开局之年,也将会是宁波社会发展历程中非常关键的一年。从发展时机和发展阶段来看,2016 年将会是经济发展迈入"新常态"后各种特征深化显现的一年,原先在经济高速增长时期被暂时吸纳和遮蔽的一些社会矛盾和问题,在经济增速放缓、结构调整、动力转化和财政压力增大的新形势下,将会在各个领域进一步凸显。同时,社会转型发展中出现的一些新态势也值得我们高度关注,如城镇化发展的新态势、就业和劳动力供求关系的新态势、收入分配变化的新态势、职业结构变动的新态势、老龄化的新态势等。① 面对愈加复杂多变的国际国内发展环境,宁波必须以适应"新常态"特点为主要思路来构建社会建设和社会发展新战略,以深化社会建设和社会发展为契机,为全面深化改革赢得时机。

(一)要重视社会事业与结构调整的有效联动,以体制改革作为适应新常态的重要抓手

在 2016 年里,宁波社会发展面临的不确定因素将进一步增多,宏观经济走势将进一步复杂化,在新常态下寻找经济增长的新动力和新优势,加快经济结构的调整和转型升级将成为经济工作的重中之重。因此,宁波的社会事业工作要从拉动经济增长的全局高度和改善民生的紧迫要求出发,要充分把握和利用好经济结构调整升级的有利时机,把为社会提供更完善、更健全的社会服务和社会事业作为促进社会建设和发展的重要基础。尤其是要加快社会事业的体制改革和创新,以构建公益服务新格局为重点,建立健全基于 PPP 模式的多元投融资新机制,大力引导民间资本进入社会事业领域,鼓励引导社会组织、公民个人以各种方式发展社会事业,更好地满足人民群众的个性化、多样化的需求。教育事业要围绕"均衡化、优质化、多样化、终身化"目标,努力深化教育体制机制改革,积极创新办学模式,充分调动社会力量办学积极性,为全社会提供更多优质高效的教育资源。随着人口老龄化浪潮的到来,尤其要将老年教育放在更突出的位置。公共文化事业要以"加快文化强市建设"为目标,大力构建覆盖城乡、普遍均衡的公共文

① 李培林:《开启中国社会学研究的新"黄金时代"》,《社会治理》2015 年第 3 期。

化服务设施网络体系,拓展县(市)区、乡镇(街道)、村(社区)基层公共文化服务网点,创新政府购买公共文化服务机制,完善公共文化产品配送模式,努力争创国家公共文化服务体系建设示范区。医疗卫生事业要围绕"构筑惠及全民的公共卫生服务体系"目标,遵循"政府主导、市场辅助、公平优先、兼顾效率"原则,进一步深化市级公立医院综合改革,提高医疗卫生服务领域资源共享配置效率,实现基本公共卫生服务人群全覆盖。要不断加强卫生监督体系建设,进一步提高突发公共卫生事件的应急处置能力。生态事业是新常态下推进新一轮发展的核心和关键,必须牢牢守住发展和生态这两条底线,以改善水环境和大气环境为重点,着力优化城市生态环境,深入整治农村生态环境,全面改善海洋生态环境,不断引导社会公众树立绿色低碳环保的生态文明意识。

(二)要重视社会保障与转型升级的有效联动,以促进消费作为适应新常态的重要举措

新常态预示着世界经济和中国经济都将长期处于增长方式趋缓的发展阶段,原先依靠投资和出口的增长方式将难以为继。从长期来看,扩大内需、促进消费将成为新常态下拉动中国经济增长的主要动力,而就业和社保是拉动消费背后的重要保障。要实施积极的就业拉动消费政策,继续深化推进"大众创业、万众创新",多方面多渠道拓展就业增长空间。通过完善各类就业政策,创新创业服务模式,推动建设一批创业创新平台,扶持高校毕业生就业创业。其中高校毕业生是创业创新的重点人群,对于高校毕业生就业创业,尤为重要的是要营造宽容失败的政策和氛围。据统计,目前我国高校毕业生创业成功率不到 5%,高校毕业生创业失败,关系到背后整个家庭及社会的稳定和谐,因此要对创业失败者给予一定的政策保障,如设立代偿基金、设立保险等,创造宽容宽松的环境氛围,力争使更多的劳动者成为创业者。要着力完善收入分配制度拉动消费,建立健全更加科学合理、更加人性化的收入分配制度,进一步健全困难群众生活补贴与物价水平联动机制,完善工资动态增长机制,确保困难群众生活水平不会因为通货膨胀因素而下降。要着力完善社保制度拉动消费,努力解决社保、就医、就学等关系群众切身利益的问题,继续提高各项社会保障的参保覆盖面和保障水平,不断推动社会保障由制度全覆盖向人群全覆盖转变,推动社会福利向适度普惠转变,形成积极、公平、可持续的社会保障福利制度,促进社会保障水平的整体协调提升。要着力完善慈善制度拉动消费。慈善被称为"第三次分配"，在转移社会财富的同时，能够增进社会福利。2016 年里，除了要广泛宣扬传播慈善理念，积极培育各类社会慈善组织之外，尤其要重视网络慈善、微慈善的发展，促进传统慈善事业模式向社会多元主体互动参与的全民慈善模式转变，优化社会结构，促进社会稳定。

（三）要重视社会治理与和谐稳定的有效联动，以精细治理作为适应新常态的重要突破

党的十八届五中全会公报提出，要"加强和创新社会治理，推进社会治理精细化，构建全民共建共享的社会治理格局"。这是中央首次明确提出社会治理精细化的理念和方向，社会治理精细化是新时期新阶段应对复杂社会矛盾和社会问题的有效手段。其实，宁波早在 2013 年就开始了社会治理精细化的理论和实践探索，经过近年来的努力，已经在基层治理网格化、标准化等方面探索出了许多成功的经验，很多实践都走在全国前列。在 2016 年里，宁波的社会治理应以精细治理为重点，在社会治理标准化上求突破，努力把各地的成功做法，通过标准化的方式上升到规章制度层面，形成可复制的经验。具体而言，精细治理的重点包括以下几个方面。一是治理流程的标准化。要建立健全社会治理通用与分类标准体系，全面梳理现有社会治理各领域流程，绘制简洁直观、规范可行的流程图，并尽可能升级为时间矩阵流程、空间矩阵流程和责任矩阵流程。二是治理资源的统筹化。要以"资源集成、统筹调度、协同联动、信息共享"为核心，突出抓好"资源集成"和"统筹联动"这两个关键环节，进一步增强社会治理资源集成的科学性和统筹联动的执行力。三是信息支撑的现代化。要依托大数据和智慧城市建设，加快社会治理综合信息系统建设，消除"信息孤岛"，推进各级各类平台数据资源的互联互通和信息共享，真正实现以信息化、智能化推动社会治理的增效升级。四是绩效管理的动态化。要加快构建社会治理绩效评估多维指标体系，建立健全"考、评、议"相结合的工作机制，把阶段性评估结果体现到社会治理的预算配置、机构设置、工作计划和人员考核等方面，从而不断发现问题、诊断问题和改进问题，更好地发挥绩效评估的"纠偏"功能。

（四）要重视社会服务与政府转型的有效联动，以普惠均衡作为适应新常态的重要保障

切实转变政府职能，深化行政体制改革，推进简政放权，建设法治政府和服务型政府，是全面深化改革的重要内容。因此，2016 年在社会服务领域，宁波要以普惠、均衡、便捷为目标，不断强化政府公共服务职能，提升社会公共服务能力,加快形成政府主导、覆盖城乡、可持续的基本公共服务体系,从公共资源分配的角度来解决权利、机会和规则不公问题,使得发展成果惠及全体民众。重点是三方面。一是要加快转变政府职能。加速推进与经济转轨、社会转型相匹配的政府自身转型,强化政府公共服务和社会管理职能。要继续深入推进行政审批制度改革,积极探索新型政府提供公共服务模式。要更加注重政府与社会的合作治理,加快培育发展各类社会组织,尤其是能承接社会服务的基层社会组织及枢纽型社会组织,支持群团组织立足自身优势,以合适方式参与政府购买服务,形成政府与社会分工清晰、共同管理社会事务的工作机制。二是要优化公共资源配置格局。能否公平地分享公共资源,在很大程度上决定着人们能否公平地参与社会竞争。要进一步深化公共财政体制改革,加大公共财政投入向社会事业、向各类民生项目、向农村和偏远地区倾斜的力度。要加强公共资源市场化配置平台建设,完善规范公共资源进场交易办法。切实改变重硬件项目投资、轻软件服务投资的观念,健全财权事权相匹配体制。创新和改革公共服务供给方式,采取 PPP 等多元融资方式,提高公共资源的配置效率,增强资源配置的公开性和透明性。三是要加强社会服务机构及人才队伍建设。要进一步推动深化事业单位机构改革,大力支持和发展社会工作机构,培育和建设职业化、专业化的社会工作人才队伍,将具备良好的政治素质、丰富的实践经验、扎实的理论功底的优秀人才,纳入各级人才培养工程,努力提升社会服务的专业化水平和能力。

参考文献

[1] 李培林,陈光金,张翼.社会蓝皮书:2015 年中国社会形势分析与预测.北京:社会科学文献出版社,2014.

[2] 詹鑫华.宁波发展蓝皮书 2015(社会卷).杭州:浙江大学出版社,2015.

[3] 刘国红.对政府安全监管的反思.南风窗,2015(22).

(作者单位:宁波市社会科学院)

2015 年宁波文化发展总报告

陈珊珊

摘　要：2015 年，宁波继续努力建设文化强市，发展成效主要表现在社会主义核心价值观建设进一步落细落小落实，现代公共文化服务体系建设步伐加快，文化产业发展质量显著提升，文化遗产保护扎实推进，文化传播和文化交流工作取得重要进展。但同时，宁波城市文化发展仍有较大的上升空间，文化发展活力有待进一步激发，文化发展特色有待进一步彰显，公共文化服务体系建设的"现代性"有待进一步增强，文化产业作为国民经济支柱性产业的地位尚未确立。根据发展现状及发展趋势，宁波应积极推动文化改革创新，激发文化创造活力；深入挖掘优势文化资源，彰显城市文化特色；加快推进基本公共文化服务标准化、均等化，构建现代公共文化服务体系；促进文化产业转型升级，提高产业核心竞争力。

关键词：社会主义核心价值观　现代公共文化服务体系　文化产业　文化发展活力

2015 年是全面深化改革的关键之年，是全面推进依法治国的开局之年，也是全面完成"十二五"的收官之年。2015 年，宁波市力争完成"十二五"时期文化发展规划制定的各项目标和任务，努力建设文化强市，在社会主义核心价值观建设、现代公共文化服务体系建设、文化产业发展、文化遗产保护和文化传播、文化交流等方面取得重要进展，为深入实施"六个加快"战略，实现"两个基本"、建设"四好示范区"提供了有力的思想保证、舆论支持和文化条件。

一、2015 年宁波文化发展概况

(一)社会主义核心价值观建设进一步落细落小落实

1. 社会主义核心价值观宣传普及活动深入开展

为了使社会主义核心价值观更具象化、大众化,更好地为市民所践行,2015 年 2 月,宁波市制定出台了《宁波市培育和践行社会主义核心价值观落细落小落实行动纲要》,实施节庆涵养、活动推动、典型培树、阵地拓展、队伍培优五大工程,开展社会主义核心价值观宣传普及系列活动,弘扬"爱心宁波·尚德甬城"社会风尚。一是评选各类先进典型,构建市级道德荣誉体系。2015 年 2—8 月,精心组织宁波市第四届道德模范评选表彰工作,评选出俞复玲、陈怡、高顺伟等 10 名道德模范及王光明等 13 名道德模范提名奖。2015 年 10 月,俞复玲作为宁波的唯一代表,成功当选全国道德模范,系宁波市首位。深化"宁波好人""最美宁波人"主题宣传活动,优化身边好人推荐、评选和宣传工作,在社会各界发挥了积极的示范带头作用。二是广泛开展诚信教育,开展"信用宁波"主题实践活动。落实《宁波市推进诚信建设制度化实施方案》,扎实推进诚信建设制度化。加强重点领域诚信建设,政务诚信、商务诚信、司法公信、社会诚信、金融诚信、工程建设诚信等信用建设特色亮点凸显。按行业分类建立实施诚信"黑名单"发布制度,加大曝光典型失信案件力度,建立健全联合奖惩机制。三是在全市多层面、多形式组织开展了家风家训主题教育活动、节俭养德全民节约行动、学雷锋志愿服务活动等其他社会主义核心价值观宣传普及系列活动。

2. 精神文明创建活动扎实推进

一是启动新一轮的全国文明城市创建活动。2015 年 4 月,出台了《中共宁波市委、宁波市人民政府关于深入推进全国文明城市创建工作的意见(2015—2017)》,在全国文明城市"四连冠"的新起点上建设全域化更高水平的文明城市。二是深化"文明有礼、整洁有序"主题实践活动,围绕城乡环境整治开展系列行动,城乡环境面貌有了明显变化。推进城市硬件提档升级,对城市主要道路路面破损、绿化带损毁等进行修复,提升绿地景观档次,改善城市人居生态环境。开展市容环境洁化行动,重点对社区、城中村、背街小巷环境、秩序"脏乱差"等问题进行整治。深化道路清爽行动和沿街店铺

"门前三包",推进生活垃圾分类工作。开展"三美乡村"建设,组织开展农村墙绘比赛和文化庭院创建活动,实施城镇文明程度指数测评。三是围绕公共秩序规范、文明有礼教育,强化教育引导和综合整治,市民文明素质和城市文明程度有了较大提升。持续深入开展了文明旅游、文明餐桌、文明交通、文明施工、文明物业等丰富多彩的"文明宁波"系列活动。

3. 未成年人思想道德建设不断加强

一是贯彻落实全国未成年人思想道德建设工作会议精神,完善学校、家庭、社会"三结合"的未成年人思想道德建设工作网络。建立全市未成年人思想道德建设工作联席会议制度,定期交流、研究全市未成年人思想道德建设重点工作。开展文明校园创建,加强改进学校德育教学,推进立德树人。办好各级各类家长学校,深化"母亲素养工程",提高家庭教育质量水平。加强网吧、校园周边环境整治,做好留守儿童、孤残儿童和流浪儿童等特殊群体未成年人的关爱工作。二是创新实践载体,培育未成年人的社会主义核心价值观。以"铭心践行、伴我成长"为主题,组织实施"六同五强"系列活动①。深化"我的中国梦"教育实践活动,组织开展清明祭英烈、六一"学习和争做美德少年"、七一"童心向党"、十一"向国旗敬礼"以及中华经典诵读进校园、"国学经典伴我行"征文等活动。三是加强未成年人心理健康教育。健全学校心理辅导体系,加强对学生心理健康的宣传教育、团体辅导、沟通咨询和早期干预。完善市、县(市)区、社区三级工作网络,推进未成年人心理健康促进机制建设。四是推进未成年人校外阵地建设。推进乡村学校少年宫建设、"春泥计划"实施,为未成年人搭建寓教于乐、学技学艺、立德树人的平台。在2015年2月召开的全国精神文明表彰暨学雷锋工作大会上,江东区镇安小学被评为第三届全国未成年人思想道德建设工作先进单位。

(二)现代公共文化服务体系建设步伐加快

1. 公共文化设施建设有条不紊

一是稳步推进文化重点项目建设。2015年6月,市图书馆新馆项目正式开工,标志着该工程进入全面快速的建设阶段,根据建设计划,新馆将于2017年底建成使用。宁波报业传媒大厦、广电传媒大厦、宁波奥体中心等项

---

① "六同"指的是开展"同唱、同讲、同绘、同诵、同演、同书"社会主义核心价值观的系列活动,"五强"指的是围绕强化未成年人在"爱国、诚信、勤俭、友爱、孝敬"五个方面的认知和践行,组织开展系列活动。

目建设取得重大进展。艺术剧院(凤凰剧院)和天一阁博物馆东扩项目完成阶段性建设目标。宁波非遗总馆、河海博物馆等项目前期可行性调研论证工作进展顺利。二是扎实推进基础文化设施提升改造工程。完成宁波博物馆二次提升工程,推进保国寺科技保护展示与交流中心项目、江北老外滩天主教堂修缮工程、天一阁古籍库房整改项目建设等。

2. 公共文化服务网络持续拓展

一是农村文化礼堂覆盖面不断扩大,运行有序。2015 年,宁波投入1500 万元专项资金扶持农村文化礼堂建设,以"文化地标、精神家园"为目标定位,建成 250 家以上农村文化礼堂。自 2013 年 4 月启动至 2015 年 4 月底,全市文化礼堂已开展各类活动 6000 余场次,近 80 万人次积极参与到活动中来。2015 年 5 月,宁波网上文化礼堂正式开通。二是城乡演出院线运行方式逐步完善,加盟剧场数量不断增加。城乡演出院线于 2014 年 9 月在集士港广德湖剧院推出试点,由逸夫剧院和乡镇剧院组成连锁化剧院管理运营机制,通过以城带乡,建立统一的专业管理平台、演出采购平台、票务流通平台等,促进城乡演艺资源的有效整合,实现乡镇剧院的一体化经营管理,目前已有集士港广德湖剧院、五乡文化中心剧院、姜山文化中心狮山剧院加盟。三是城乡一体公共图书馆建设扎实推进,乡镇(街道)分馆提升工作有序开展。镇海区在全市率先实现了镇(街道)"一馆一特"公共图书馆分馆建设全覆盖,并实现了村落文化活动中心、社区文化宫、村(社区)公共图书馆、电子阅览室网格化全覆盖。开展全国第四次文化馆评估定级工作,全市文化馆均达一级标准。四是积极推动文化与科技深度融合,努力探索运用"互联网+公共文化"服务模式。2015 年 9 月,推出"文化宁波"公共服务平台官网、"文化宁波"微信公众号、"文化宁波"移动 APP、《宁波城市文化艺术手册》、"文化宁波"公共服务平台自助终端等 5 个项目,为市民提供形式多样、内容丰富的文化资讯服务。

3. 文化惠民活动深入开展

一是做大做强文化惠民服务品牌。2015 年,实施"天然舞台""天天演""海享大舞台""雄镇大舞台""百姓舞台"等文化惠民演出共计 6000 余场次,提升"天一讲堂""天一阁书院""群星展厅""群星课堂""讲座展览联盟"等系列公共文化服务品牌,全面提升公共文化服务水平。二是精心组织各类文化节庆活动。组织以纪念中国人民抗日战争暨世界反法西斯战争胜利 70 周年为主题的合唱大赛、文艺汇演等主题文化活动,举办第七届中国(宁波)

农民电影节暨首届"阿拉电影周"活动、第二届"市民文化艺术节暨惠民文化消费月"系列活动、第三届"阿拉非遗汇"活动等各类品牌文化节庆活动。广泛开展"文化走亲"活动。三是扎实推进文化惠民工程。开展农家书屋"你点我送"菜单式服务,完成图书流转、更新 30 万册次任务。高质量完成市政府实事工程,建设市级农村应急广播中心,实现全市农村应急广播体系全覆盖。继续实施农村电影放映 331 工程,设立公益放映基地 30 家。完善"广播电视对农宣传服务"工程建设。继续实施广电低保工程,免除低保户有线电视终端维护费。

4. 文化精品创作保持良好势头

一是精心组织文化精品的创作与生产。创排多媒体舞台剧《霸王别姬》、越剧《貂蝉》、甬剧《赶海的女人》和话剧《大江东去》,修改提升越剧《凤姐》、甬剧《筑梦》和景观剧《宁波的故事》,完成舞剧《十里红妆・女儿情》的剧本创作。重点扶持原创长篇类文学作品《女船王》《大西迁 1937》,戏剧《中国船娘》,歌曲《梧桐雨》《畅想中国梦》等 29 项文艺创作项目。二是进一步加大对重点文艺创作项目的扶持力度。扶持费从过去的 5000 元至 10000 元提高到 8000 元至 20000 元。三是省级以上奖项的文化精品层出不穷。赵柏田的长篇小说《买办的女儿》、杨东标的长篇纪实文学《此心光明——王阳明传》、张忌的短篇小说《素人》等 9 部作品获 2012—2014 年度浙江省优秀文学作品奖。工夫影业股份有限公司的《少年班》(电影类)、宁波广电集团的《主义之花》(纪录片类)、宁波市演艺集团有限公司的舞剧《十里红妆・女儿情》(戏剧类)等 5 个项目入选省文化精品扶持工程。

(三)文化产业发展质量显著提升

1. 文化产业结构优化调整

一是文化产业发展规模进一步扩大。2014 年,宁波文化及相关产业实现增加值 339.39 亿元,占现价 GDP 比重 4.46％,较上年增长 10.1％,高出同期 GDP 增幅 2.5 个百分点,其中文化内容产业发展增速超过了 20％。全市文化产业规模(限额)以上单位 832 家,文化产业对全市经济的贡献率不断提高。二是文化产业内部结构进一步优化,全市文化制造业、文化批发零售业和文化服务业增加值之比为 53.3：20.5：26.2,相比 2012 年的 61.4：29.2：9.4,文化服务业增长势头良好。三是文化产业跨界融合发展力度不断加大。近年来,宁波探索以"文化＋"的方式让文化与科技、金融、旅游等元素跨界融合,努力实现从传统单一文化产业到多元、现代、高科技文化产业的演变。如随着市民对文化休闲产业的需求不断增长，"文化＋旅游"模式焕发蓬勃生机。"2015 上海宁波周"期间举行的宁波文化产业项目推介洽谈会，现场达成合作项目 9 个，总金额 9.65 亿元，其中就包括弥勒文化园、观云山居影视休闲文化园等多个文化旅游项目。

2. 文化产业的政策环境和发展条件更趋完善

一是优化政策环境，明确发展目标和方向。2015 年 5 月，出台《宁波市文化产业发展三年行动计划(2015—2017)》和《关于推进文化产业加快发展的若干意见》，提出了下一阶段宁波文化产业的发展目标、主要抓手和具体政策措施。两个文件对文化产业的扶持力度很大，对产业发展势必起到积极的推动作用。二是借力国家级平台，深化文化与金融合作。2015 年 7 月，上海文化产权交易所宁波分中心签约落户。中心将创立文化产业基金、创办投融资平台、构建信贷风险体系，并开展国际文化交流和交易等活动，打造服务文化产业发展的一站式金融服务平台。启动"文化金融合作试验区"创建工作。三是创新文化管理体制，文化行政审批在全省首创"市县同权同批"模式。2015 年 6 月，在保留市本级审批权限的同时，市文广新闻出版局正式依法将市级本身的 15 个行政审批事项，委托到县(市)区文广新闻出版局行使，实现市县同权同批审批模式。

3. 文化消费市场培育力度加大

一是抓住宁波发展"月光经济"的机遇，积极开拓夜间文化消费市场，培育文化消费特色街区。江北区着力挖掘文化创意、时尚休闲等消费热点，以外滩大商圈理念，搭建"文化夜市""公益集市""创意街市"多元化展示平台，力图将老外滩区域打造成文化时尚街区。宁波第二届市民文化艺术节举办了为期 6 天的"文化夜市"赶集活动，200 余家文化企业、商户，20 余家艺术培训机构，40 余家动漫企业举行推介和惠民展销活动，全市各类文化消费场所也通过延长营业时间、加大折扣力度等手段吸引更多市民参与文化消费。从 2014 年底始，宁波推出首台大型夜间旅游演艺文化体验项目《明秀·大航海》，取得良好的经济效益和社会效益。二是加大"文化消费卡"平台建设力度，激发市民文化消费需求。截至 2015 年 5 月，宁波文化卡发卡数量已超过 10 万张，加盟商户 100 余家。宁波文化卡持有者可以享受加盟商户的折扣优惠，如在新华书店购书享 8.5 折，宁波剧院(逸夫剧院)票价享 9折等。

（四）文化遗产保护扎实推进

1. 历史文化名城保护走上法治化轨道

一是《宁波市历史文化名城名镇名村保护条例》获市人代会表决通过，省人大常委会批准，自 2015 年 7 月 1 日起正式实施。这是 1986 年宁波被授予国家第二批历史文化名城称号以来，首次以地方立法形式出台专门的保护条例，填补了宁波作为国家历史文化名城却没有历史文化保护专门法规的空白，为宁波历史文化名城名镇名村保护工作提供了坚实有力的法律保障。二是《宁波历史文化名城保护规划》编制完成，进入公示阶段。出于历史文化名城保护建设的实际需要，以及与新出台的法律法规衔接需要，宁波市启动了《宁波历史文化名城保护规划》编制。2015 年 7 月，住建部和省建设厅联合召开专家审查会。9 月，对外公示。规划第一次提出了"市域"的概念，构建全域范围的保护框架，规划涉及范围面积达 9618 平方公里，规划期限到 2030 年。三是基本建立起"名城—街区—名镇名村"多层次的保护规划体系。到 2015 年底，全市所有已命名的名城名镇名村、街区保护规划编制全面完成，逐步建立保护名录体系。2015 年 3 月，鄞江成为省级历史文化名镇，全市省级以上历史文化名镇达到 6 个。为保护历史文化名村的空间完整性、文化遗产的真实性，宁波市将在已公布的市级以上历史文化名村、中国传统村落中，分三批遴选 15 个古村落进行保护试点工作，入选的古村落在未来 3 年内每村将获得总额达 500 万元的保护资金。

2. 文物保护工作进一步落实

一是加强重点领域、重点文物的保护工作。做好申遗成功后大运河宁波段文化遗产的常态保护和管理，建立大运河（宁波段）监测预警平台，制定遗产要素监测管理标准，运用现代科技手段对运河遗产进行监测管理。进一步开展"海丝"文化遗产的保护和研究，出炉首张"海丝"文化遗存手绘地图，标注了三江口的和义门遗址、渔浦门码头遗址、明州港海运码头等 20 余处与"海丝"相关的文化遗产点。2015 年 6 月，与北京外国语大学合作共建"海上丝绸之路研究院"。推进灵桥、江北老外滩天主教堂、郡庙等重点文保单位的修缮工程。2015 年 10 月，它山堰申遗成功，成为宁波市首个世界灌溉工程遗产。二是基本完成宁波市第一次全国可移动文物普查工作。普查的范围涵盖了 11 个县（市）区，以及各级国家机关、事业单位、国有企业和国有控股企业，分属国民经济 19 个行业类别，共调查 5937 家国有单位和其他机构（主要是宗教场所），普查覆盖率达 100％。现已确定收藏有文物的单位

99 家,其中非文物系统的单位 73 家。经初步估算,需要清点登录的文物在 12 万件(套)以上。举办宁波市第一次全国可移动文物普查成果展。三是开展民办博物馆星级评估,公布了首批 12 家市星级非国有博物馆名单。

3. 非遗传承保护力度持续加大

一是公布第四批宁波市级非物质文化遗产代表性项目名录。将"招宝山风物传说""冠庄船灯""响器木偶"等 30 个项目列入第四批宁波市级非物质文化遗产代表性项目名录,"泥金彩漆"等 10 个项目列入扩展项目名录,同时还公布了 41 个传承基地和 41 名传承人。"梁祝传说"等 7 个项目被命名为 2015 年度宁波市非遗"三位一体"保护示范项目。二是开展丰富多彩的非遗宣传展示活动。举行第三届"阿拉非遗汇"以及 2015 宁波市龙狮争霸邀请赛、"海上丝绸之路"设计作品展、雅韵——传统折子戏专场演出、万里学子体验鄞州非遗、新疆库车农民画宁波展、非遗进机关、听·见宁波评话、宁波菜烹饪技艺展示活动等多姿多彩的非遗活动。三是启动宁波非遗保护高校联盟。该联盟在国内具有首创性,将有力推动高校与本地非遗的互动,首批成员包括宁波大红鹰学院、宁波职业技术学院等 8 所高校。

(五)文化传播和文化交流工作取得重要进展

1. 对外文化交流活动亮点频出

一是加强文化引进来,提升宁波城市国际化程度。以承办首届中东欧博览会为契机,宁波与中东欧国家开展了广泛的文化艺术交流活动。2015 年 6 月,开展了为期 10 天的 2015 中国(宁波)海商文化周暨宁波文化广场中东欧文化艺术交流展,与波兰驻华大使馆、匈牙利北京文化中心机构签约国际文化交流战略框架合作协议,成立了宁波文化广场国际文化交流中心。举办以"美术馆藏品"和"公共教育"为主题的中东欧国家美术馆馆长论坛,发出《中国(宁波)—中东欧国家美术馆合作共识》。不遗余力引进境外优秀文化艺术精品和培育涉外演展经营机构,每年引进 50 余场国外高雅文化团队来宁波交流演出。2015 年,举办了"撒哈拉的问候:非洲文物雕刻艺术展""书连法兰西——法国图书周暨鲁昂图书历史展"、第二届中国宁波—韩国济州国际书法艺术交流展等文化艺术交流活动。二是认真实施文化走出去战略,提高城市的知名度和美誉度。2015 年,共实施对外文化交流项目近 60 个,赴 19 个国家和地区开展文化交流,200 多名对外文化交流使者走向世界各大洲。2015 年 7 月,《十里红妆》作为俄罗斯国际创新工业展"中国之夜"上的重大国事文化活动,在俄罗斯叶卡捷琳堡国立模范歌舞剧院成功上演。《十里红妆》已成为宁波向世界传播城市文化形象的又一张亮丽名片。2015 年 8 月,首批 22 家宁波国际交流示范基地挂牌,这些国际交流示范基地将发挥城市"橱窗"的作用,使参观者体会到宁波独特的城市文化和城市魅力。2015 年 9 月,宁波市与韩国济州、日本奈良一起当选 2016 年"东亚文化之都"。

2. 对外文化贸易态势平稳

据宁波海关统计,2015 年 1—5 月宁波市出口文化产品 10.8 亿元人民币,同比(下同)下降 4.3%。出口文化产品主要为视觉艺术品(8.2 亿元,下降 5.8%)和印刷品(2.1 亿元,增长 16.9%)。美国和欧盟为前两大市场,分别出口 3.7 亿元和 2.9 亿元,分别增长 10.9% 和下降 9.8%,两者合计占同期宁波市文化产品出口总值的 61.1%。以一般贸易方式出口为主,价值 10.7 亿元,下降 3.7%,占同期出口总值的 99.1%。民营企业是出口主力军,价值 9.2 亿元,增长 0.3%,占同期出口总值的 85.2%。积极探索文化保税贸易,从 2013 年下半年开始,宁波保税区努力把功能向文化产业延伸,推出了"文化保税区"建设项目。2015 年,宁波保税区正式试水"文化产品保税",分别于 6 月、10 月、12 月举办了跨境文化艺术作品展,跨境进口艺术品开始交易。

3. 城市形象塑造推广更加有力

紧紧围绕提升城市知名度、美誉度,积极创新城市形象对外传播的内容和形式,全方位、多层次宣传宁波,推介宁波。一是积极拓展外宣渠道。2015 年 3 月,由宁波市委外宣办与《中国日报》合作的"聚焦宁波"英文频道(ningbo. chinadaily. com. cn)正式在国内最大、最具海外影响力的英文门户网站——中国日报网开通上线。"聚焦宁波"英文频道旨在大幅度提升宁波的国际形象,打造海外受众了解宁波的权威平台,成为宁波声音在全球发布的第一窗口。二是积极推进外宣品升级换代。制作以"宁波的 6 种颜色"为主线的新版城市形象片、城市双语画册、双语宁波城区地图,出版《外国人眼中的宁波》外文图书。三是加大城市形象广告传播力度。市旅游局整合资源,共安排经费 2000 万元用于各类广告投放,重点做好宁波栎社国际机场、火车站、轨道交通 1 号线等城市形象窗口区域的广告投放,继续在央视荧幕播放《相约宁波》城市形象宣传片,加强重点境内外客源市场公交车身广告、轨道交通广告的投放。

二、宁波文化发展存在的问题

（一）城市文化发展活力有待进一步激发

宁波正处于转型发展的关键期,亟须注入强大的发展活力、激情和能量,而文化发展活力正是城市活力的重要源泉。但目前宁波文化发展自身活力不足,改革创新力度不够,引领作用难以发挥。一是文化体制机制改革有待深化,创新活力相对缺乏。如宁波日报报业集团、宁波广播电视集团两大国有文化传媒集团,媒体改革与融合发展才刚刚起步;民营企业参与文化建设尤其是文化事业建设的积极性不高;文化类社会组织不发达等。二是文化建设的投入总量不够多。2014 年宁波全市文化体育与传媒支出 16.91 亿元,占地方财政支出的 1.69%,低于全省文化体育与传媒支出占地方财政支出的比重 2.24%。从历年发布的《浙江省文化发展指数》来看,"文化投入"是影响宁波文化发展指数考核排名的重要指标。三是文化人才紧缺,结构相对失衡。高端文化人才,如有广泛影响力的学科带头人、文化领军人物、大师级文化创意产业人才匮乏,城市对文化人才的吸引力不足,人才引进、培养和发展环境亟待进一步优化。四是文化发展所涉部门间的有效联动、资源整合和工作合力有待强化。现有文化发展政策比较分散,政策合力明显不足。

（二）城市文化发展特色有待进一步彰显

城市文化特色是一个城市文化积淀的外在体现和城市内在本质的外部表象,是城市文化魅力和生命力之所在。有城市文化特色的城市才具有灵魂。但目前宁波的城市文化形象还较为模糊,特色不明显。一是城市的文化定位不明晰,缺乏彰显宁波文化特色的统领性文化名片。杭州早在 2007 年就将"东方休闲之都,品质生活之城"作为城市总体形象定位,数年来一以贯之,精心营造,"品质"已成为新时期杭州发展的鲜明特征、强大动力和核心竞争力。反观宁波,却始终没能形成一个能体现反映宁波城市区域文化特色的战略性、总括性的城市形象总体定位。二是区域性特色文化资源深度挖掘和传承创新相对不足。宁波历史悠久,文化底蕴深厚,拥有史前文化、海洋文化、浙东学术文化、藏书文化、佛教文化、商帮文化等类型丰富、特色鲜明的文化资源,但对这些文化遗产缺少深入、系统的内涵研究,没有构建完整的研究团队和价值体系。社会公众对本土历史文化缺乏基础的了解,区域文化自信不强。三是特色文化产业发展不足,业态简单、同质化,缺乏足够的创造性和好的商业模式。特色文化产业的发展需要依托区域性特色文化资源,但目前宁波的特色文化资源市场化利用程度较低,文化资源没有有效转换为文化产品,其蕴含的巨大经济价值尚未发挥出来。

(三)公共文化服务体系建设的"现代性"有待进一步增强

党的十八届三中全会通过的《中共中央关于全面深化改革若干重大问题的决定》,第一次明确提出"现代公共文化服务体系"概念,为我国公共文化服务体系建设指明了新的目标和方向,使我国公共文化服务体系建设站在了新的起点上。公共文化服务体系的"现代性",主要体现为文化领域内基于市场经济结构的制度体系替代计划性制度体系的制度嬗变过程,也可以理解为国家文化治理方式逐步超越传统的计划性公共供给方式,根据市场经济的基本规律重构公共文化供给和分配方式的过程。与新时期公共文化建设的新要求相比,宁波公共文化服务体系建设的"现代性"仍有待进一步增强,突出表现在以下三个方面:一是在公共文化服务的理念和能力方面,公共文化服务发展的体制机制障碍有待破解,公共文化服务体系建设面临资金、区域统筹的难题。二是在公共文化服务的内容方面,公共文化服务供需之间存在结构性失调的矛盾,文化供给还不能完全适应新时期民众的精神文化需求,公共文化服务效能有待进一步提高。三是在公共文化服务的手段方面,综合运用现代传播手段推动公共文化服务体系建设的能力还有所欠缺,文化与科技融合度不高,公共文化服务的信息化水平仍有较大提升空间。

(四)文化产业作为国民经济支柱性产业的地位尚未确立

2011 年《宁波市"十二五"时期文化发展规划》提出,"十二五"时期"全市文化产业增加值占全市地区生产总值的比重达 5% 以上,文化产业成为我市国民经济的支柱性产业"。2014 年,宁波文化产业增加值 339.39 亿元,占GDP 比重 4.46%,与文化产业增加值占 GDP 比重 5% 以上的目标仍有一定差距。宁波文化产业占地区 GDP 的比重甚至低于全省的平均水平,早在2013 年,浙江省文化产业增加值占 GDP 的比重就已跨过 5% 的门槛,文化产业已经成为国民经济支柱性产业。与杭州、深圳等同类城市相比,文化产业总量规模、占 GDP 比重、发展速度等的差距进一步拉大。制约宁波文化产业发展的因素包括:一是文化产业的素质结构还不够优,新技术、新产品、新模式、新业态偏少,文化制造业所占比重过大,产业的现代性还有待增强。二是文化企业竞争力不够强,普遍规模较小,产业层次不高,引领性的龙头企业相对偏少。三是多层次、多渠道的文化产业投融资体系尚不健全。四是文化消费观念还不够强,文化消费增速仍滞后于居民可支配收入增速。五是发展平台搭建等需要进一步加大力度。

三、宁波文化发展的前景展望

(一)基本公共文化服务标准化、均等化成为构建现代公共文化服务体系的重点和抓手

党的十八届三中全会将"构建现代公共文化服务体系"作为全面深化改革的重要任务之一,提出要"建立公共文化服务体系建设协调机制""促进基本公共文化服务标准化、均等化"。2015 年 1 月,中共中央办公厅、国务院办公厅印发《关于加快构建现代公共文化服务体系的意见》(以下简称《意见》),对加快构建现代公共文化服务体系,推进基本公共文化服务标准化、均等化,保障人民群众基本文化权益作了全面部署。《意见》作为我国公共文化领域的重要指导性文件,将为"十三五"时期公共文化服务体系建设专项规划的制定和今后一段时期的公共文化服务工作提供重要遵循。一同印发的还有《国家基本公共文化服务指导标准(2015—2020 年)》(以下简称《标准》),对各级政府应向人民群众提供的基本公共文化服务项目和硬件设施条件、人员配备等作出了明确规定。随后,文化部在全国开展了公共文化服务标准化试点工作,确定了 10 个国家级试点地区,探索标准实施的具体路径,进一步推动建立公共文化服务标准化体系框架。这 10 个国家级试点地区就包含浙江省全省。根据文化部的工作部署,未来几年,将在总结试点经验的基础上,以县为基本单位实施基本公共文化服务指导标准。

标准化、均等化建设是构建现代公共文化服务体系的内在要求,也是深化文化体制改革、增强文化治理能力的重要途径。其中均等化是目的,标准化是推进公共文化服务均等化的基本手段。通过加强标准化建设,将为各级政府和公共文化机构设定标准规范,有助于明确责任目标,促进资源的有效配置,对解决当前基层政府越位、缺位等问题,提升公共文化服务能力具有重要意义。当前,宁波正在结合《国家基本公共文化服务指导标准

（2015—2020 年）》，研究制定地方实施标准，探索符合本地特点的标准化工作模式。2015 年 7 月，镇海区率先颁布实施《镇海区基层公共文化服务规范》，为全市乃至全省的标准化试点提供了宝贵的借鉴。可以预见，"十三五"期间，基本公共文化服务标准化、均等化将成为现代公共文化服务建设的主攻方向。

（二）转型升级成为文化产业发展的主线

党的十八大从国家战略高度提出，要"推动文化产业快速发展，促进文化和科技融合，发展新型文化业态，提高文化产业规模化、集约化、专业化水平"。在新的经济发展阶段，面对众多的内部瓶颈和外部挑战，文化产业的转型升级势在必行。首先，从产业自身发展规律看，加快文化产业转型升级是文化产业发展进入新阶段的必然选择。其次，从国家发展战略层面看，加快文化产业转型升级是当前我国经济结构战略性调整的重要支点和转变经济发展方式的重要着力点。再次，从全球发展视野看，打造文化产业升级版是维护国家文化主权、实现公民文化权利的重大使命。

与全国形势相比，文化产业的转型升级对于宁波显得尤为迫切。宁波作为传统制造业大市，文化产业的文化内涵、创意特征不突出，科技含量低，创新能力弱，产业附加值低，长期以来是制约宁波文化产业成为国民经济支柱性产业的最主要原因之一。为了从根本上转变宁波以文化制造业为主的产业结构，实现文化产业快速、健康、可持续发展，宁波在 2015 年制定的《文化产业发展三年行动计划（2015—2017 年）》中提出了明确的发展目标："产业结构更加合理。文化内容产业增加值占文化产业增加值的比重，由 2012 年的 32％提高到 2017 年的 40％。文化与制造业、旅游、科技、金融等融合发展格局进一步形成，文化数字化工程建设成效明显。"从近两年宁波文化产业的发展情况看，文化产业结构确有向好的趋向，全市文化制造业占文化产业增加值的比重由 2012 年的 61.4％下降到 2014 年的 53.3％。当前，宁波依托国家级文化和科技融合示范基地，文化和科技及相关产业融合进一步加速，工业设计、动漫游戏设计制作、文化演艺与影视制作业等内容产业蓬勃兴起，呈现出广阔的发展前景。这些导向和趋势表明，宁波文化产业结构即将进入新的优化调整期，文化产业的发展质量和效益将进一步提升。

（三）文化"走出去"面临重大发展契机

我国正在推进实施"一带一路"战略，这为全国各大城市深化对外开放合作、加快经济转型发展带来了崭新的机遇。宁波作为东南沿海重要的港口城市、古代海上丝绸之路的始发港之一,对于融入和服务"一带一路",既有担当的责任,也有积极的行动。宁波力图通过打造港口经济圈积极对接"一带一路"战略,使本市成为"一带一路"的枢纽城市、"21 世纪海上丝绸之路"的支点城市、经贸合作和人文交流的先行城市、跨境电子商务的试点城市。宁波已编制对接"一带一路""1+4"实施方案,"1"是指 1 个总方案,即《宁波参与"一带一路"建设行动纲要》;"4"是指 4 个子方案,其中就包括了《扩大对外人文交流实施方案》。这意味着扩大对外人文交流将成为宁波参与"一带一路"的四大战略重点之一。2015 年,首届中东欧博览会落户宁波,成为宁波参与国家"一带一路"建设的重要抓手和突破口。借助中东欧博览会,宁波与波兰、匈牙利等中东欧国家开展了广泛的文化艺术交流活动,促成文化交流合作常态化。未来,宁波将谋划建设一批经贸人文交流平台,包括争取中东欧博览会永久落户宁波、承办国际港口文化节、中国航海日等活动,进一步扩大"一带一路"城市间的文化交流和文化贸易。

为抢抓"一带一路"为宁波带来的经贸合作与文化交流机遇,宁波市委宣传部、商务委员会等部门积极探索对外文化贸易体制机制创新,拟制定发展对外文化贸易的专项政策和实施意见,加强对文化产业重点出口企业培育和扶持;宁波保税区将力争通过 3~5 年的努力,引进 200 家左右的文化生产与文化贸易企业,重点打造对外文化保税贸易基地、创意设计研发基地、文化产品制造基地,同时积极建设国际文化商品展示交易中心、国际文化产品仓储物流中心和文化产业展示贸易中心,为文化产品的展示、仓储、交易、研发、生产提供专属保税服务。通过多方联动、多措并举,宁波对外文化贸易的规模总量、增长速度、辐射的国家和地区范围,或将出现较为快速的增长。

四、宁波文化发展的对策建议

(一)积极推动文化改革创新,激发文化创造活力

1. 全面深化文化体制改革

一是推进文化行政管理体制改革。以转变政府职能为核心,加快实现政企分开、政事分开、政社分开,推动党政部门与其所属的文化企事业单位进一步理顺关系。不断完善"四张清单一张网",进一步规范行政审批,全部

取消非行政许可审批。推动文化综合执法工作规范化、科技化、信息化建设。二是深化文化事业单位改革。完善绩效考核机制,深化事业单位内部人事、收入分配、社会保障制度改革,激发事业单位内部活力。加快实施文化馆、图书馆、博物馆、美术馆等理事会试点改革,构建多元的公共文化机构理事会制度。三是深化国有文化企业改革。以规范经营决策、资产保值增值、公平参与竞争、提高企业效率、增强企业活力、承担社会责任为重点,推动全市国有文化企业加快完善现代企业制度。建立健全全面覆盖、分工明确、协同配合、制约有力的国有文化资产监督体系。有序推进宁波日报报业集团和宁波广电集团媒体改革与融合,打造有较强影响力和竞争力的文化传媒集团。

2. 加大文化建设投入

一是建立公共文化投入与财政增长相适应的稳定联动机制。调整支出结构,切实增加财政文化投入,文化建设投入的增长幅度应高于同级财政经常性收入的增长幅度,争取在"十三五"期间,文化支出占财政支出比例达到或超过全省平均水平。二是逐步扩大文化产业专项资金规模,并提高财政资金综合使用实效。在文化产业项目、文化遗产保护、开展全国性或全省性公共文化活动等方面积极争取中央、省级资金。三是充分利用和发挥宁波民营经济发达、社会资本丰厚、民间文化底蕴深厚的优势,引导和鼓励社会力量参与文化建设。四是探索设立公共文化事业发展基金和文化产业投资基金,组建市文化投资控股有限公司,构建完善的文化金融服务体系。

3. 加强文化人才建设

一是加强宁波文化人才信息统计工作,建立健全年度统计调查制度,建立和完善以高层次人才为重点、覆盖各领域人才、分级分类管理的全市文化人才数据库。二是充实、完善和细化高层次文化人才认定标准,有针对性地引进宁波文化领域各类紧缺人才。三是创新文化人才引进培养形式,积极实施柔性引才策略,加快建设柔性引才特色载体,鼓励文化领域领军和拔尖人才采取柔性流动方式来宁波从事兼职、咨询、研究和项目合作工作。四是加快实施文化名家开发计划、文化大师工作室制度、文化创新团队培育工程、青年英才培养计划、"六个一批"人才选拔工程等文化人才开发工程,激发文化人才创新创造活力。

(二)深入挖掘优势文化资源,彰显城市文化特色

1. 加强对文化资源的挖掘和保护

一是对宁波全市域的文化资源进行全面调查、挖掘和科学评价,尤其是史前文化、海洋文化、浙东学术文化、商帮文化等。二是加强对文化资源的科学保护,构建一个文化资源的总体保护利用框架,建立全面系统化的文化资源保护数据库。三是重视对宁波历史文化资源的展示与宣教,提升市民对宁波区域文化的自信心和自豪感。

2. 发展特色文化产业

一是依据宁波的文化资源禀赋和产业发展基础,重点发展工艺品、演艺娱乐、文化旅游、特色节庆、民俗展示等特色文化产业。二是支持各地实施"一地(县、镇、村)一品"战略,传承宁波历史文脉,发展一批区域性特色文化产业带,建设一批特色文化产业示范区,打造一批特色文化城镇和乡村。三是培育特色文化品牌,加强创作规划与引导,集中优势力量,推出一批以宁波优势历史文化资源为题材的文学、戏剧、影视、民俗等各艺术门类的作品,打造成具有宁波特色、宁波风格、宁波气派,具有较强影响力和市场竞争力的艺术精品和文化品牌。

3. 打造鲜明的城市形象

一是做好顶层设计,找准宁波核心性、特色性、战略性资源,确立形成一个清晰准确、简洁凝练、特色鲜明、一以贯之,体现宁波城市文化特质的城市形象总体定位。二是加强城市营销,围绕城市形象总体定位,统筹配置营销资源,组合运用传统媒体和新兴媒体多种传播渠道,借力重大节庆活动、国际会议等载体,进行城市营销活动。三是设计和建构具有宁波特色、能被强烈感知的城市标识系统,将标识系统应用到城市标志性建筑、交通枢纽、城市景观、各类公共服务设施等。

(三)加快推进基本公共文化服务标准化、均等化,构建现代公共文化服务体系

1. 建立公共文化服务标准体系

一是严格落实即将出台的《宁波市基本公共文化服务标准》和《宁波市基本公共文化服务保障标准》,并形成动态调整机制,适时调整提高具体指标。县(市)区政府是落实基本公共文化服务标准体系、实现基本公共文化服务均等化的责任主体,要结合国民经济和社会发展"十三五"规划的制定

实施,确定基本公共文化服务标准化均等化的时间表、路线图,以标准化建设为契机,合理、有效弥合县域之间文化建设标准及资源投入差距。二是进一步完善公共文化设施建设和管理标准,加快制定政府、公共文化单位和重大文化工程评估标准,争取在 3～5 年内逐步建立起较为完善的基本公共文化服务标准体系,引导各级政府和公共文化机构科学、规范地开展公共文化建设,切实提高整体服务效能。

2. 促进城乡基本公共文化服务均等化

一是把城乡基本公共文化服务均等化纳入国民经济和社会发展规划及城乡规划。推动公共文化设施、产品供给、服务提供、队伍建设、资金保障与城镇化发展、城乡常住人口基本匹配。二是构建城乡一体化公共文化服务网络,缩小城乡和区域之间基本公共文化服务水平的差距。进一步提高以县文化馆(图书馆)为中心的乡镇分馆建成率,实现流动文化服务和数字文化服务全覆盖,基本形成农家书屋与公共图书馆互通互联机制;积极探索城乡演出院线制,建立统一的专业管理平台、演出采购平台,票务流通平台,以城带乡,让农村居民共享优质文化资源;健全"三农"出版物体系和发行网络,提升广播电视涉农节目质量,加强农村题材文艺作品创作。三是深入开展城乡结对子、种文化,促进城乡文化资源互动共享。系统谋划城乡、区域合作,发挥城市文化的辐射带动作用,通过战略投资、合作共建共享公共文化资源及公共文化设施、业务合作、人员培训等方式支持农村地区发展公共文化服务;农村地区要主动加强与城市全方位的合作联动,配套发展,努力构建与城市文化建设优势互补的公共文化服务均等化发展格局。

3. 建立基本公共文化服务的绩效评估体系

一是研究提出符合实际的宁波市基本公共文化服务绩效评价指标体系,并纳入对各地各部门的考核评价体系之中。二是探索实施公共文化服务第三方评价机制,增强评价的客观性和科学性。把政府评估与专家学者、社会公众等社会主体评估有机地结合在一起,提高公共文化服务政策评估的透明度、客观性和公正性。三是建立问责机制,对基本公共文化服务标准实施过程中政府不作为、少作为、变相作为进行有效约束。

(四)促进文化产业转型升级,提高产业核心竞争力

1. 强化创新发展,推动综合发展

要通过创新和创意创造出新的产业形态和内容产品,将文化产业从传

统的发展模式中跳脱出来。首先,在产业外延不断拓展和全产业链延伸的基础上,将促进文化产业转型升级与宁波创新驱动发展战略结合起来,在以科技进步和技术研发创新提升文化产品和文化服务附加值的同时,还要在商业模式、运营模式、服务平台等多方面加大创新力度,推动文化产业发展模式从单一创新模式向综合创新生态体系升级,加快向文化产业的高端形态发展。其次,创新还必须要有国际视野,提高宁波在全国乃至全球的创新资源、文化资源、信息资源的配置能力,将高端科技人才、文化创意人才引进来,将先进的管理理念和公司治理模式引进来,确立适合自身发展的科学经营策略,不断增强核心竞争力和发展持续能力。

2. 促进业态融合,培育优质增量

要以"文化＋"推动文化产业与经济各行业、各领域的联动发展,不断拓展新型文化产品和服务。一是继续推进文化和科技融合发展。积极运用科技手段丰富文化产品的生产方式和传播方式,发挥科技创新对文化产品内容的启发效应和对产品形式创新的带动作用,增强文化产品的表现力和吸引力。发挥宁波高新区"国家级文化和科技融合示范基地"的示范效应,探索建立文化科技产业联盟,推动文化产业共性技术、关键技术和核心技术的研发、推广和应用。二是加快"文化＋信息"融合的探索发展。随着互联网时代的到来,文化产业新业态的信息创新空间愈来愈无边界,要以及时满足需求为业态创新的立足点和出发点,利用网络信息技术改造文化产品创作、生产、传播和消费的每一个环节。三是加强新兴业态的细化创新。要不断在细分市场中探索新的业态和模式,更加注重推动文化产业与制造业、休闲旅游业等其他产业的交融,催生更多产业发展的新引擎。

3. 推动传统产业升级,提升存量价值

要以结构性、差别化的资源供给机制,引导资源向产业转型升级的重点领域、重点行业和重点企业配置,使宁波文化产业结构向"微笑曲线"的两端提升。一是提高创意研发环节的比重和水平。要从主要依靠生产到依靠智力、知识、创意、创新的投入,提升所处产业链环节的级别,促使企业经营由低端向中端高端发展。二是传统文化制造类企业更要强化文化创意和科技创新环节,使先进的创意设计理念、新技术、新工艺快速渗透到传统文化制造业,推动传统文化制造企业的优化升级,加快"宁波制造"向"宁波智造"转变。三是在市场营销环节,要树立品牌意识和精品意识,重视衍生产品的研发与销售,使富有内涵、制作精良、创意领先的文化产品有效地占领市场,实现文化产业的全链条发展。

4. 开放合作升级，扩大对外文化贸易

要抓住"一带一路"为宁波带来的经贸合作与文化交流机遇，以全球化的视野进一步扩大对外文化交流和文化贸易，提升宁波文化软实力和影响力。一是搭建文化贸易平台。依托宁波保税区的优势，学习借鉴上海、北京、深圳的国家对外文化贸易基地建设经验，推进宁波保税区的"文化保税区"项目，建设区域性对外文化贸易中心。二是调整文化出口结构。鼓励文化企业开发具有自主知识产权的原创性产品；培育知名文化出口企业和品牌，打造区域性重点文化出口企业基地；推动文化资本走出去，实现产品输出与资本输出双轮驱动。三是拓展文化出口渠道。系统调研不同国家和地区文化市场特征，细分目标市场，实行差异化产品输出；鼓励重点文化出口企业参与各类国际性文博会、影视节、出版物展销等活动；培育对外文化中介机构。

参考文献

[1] 黄志明,姜建蓉.宁波文化强市建设研究.杭州:浙江大学出版社,2012.

[2] 黄志明.宁波文化产业发展报告.杭州:浙江大学出版社,2014.

[3] 詹鑫华.宁波发展蓝皮书 2015(文化卷).杭州:浙江大学出版社,2015.

[4] 王京生.打造文化产业升级版(上).中国文化报,2013-11-19.

[5] 王京生.打造文化产业升级版(下).中国文化报,2013-11-23.

（作者单位：宁波市社会科学院）

2015 年宁波法治建设总报告

姜彦君

摘　要:法治建设的全面推进对推进宁波经济社会发展具有重要作用。2015 年宁波在地方立法、法治政府建设、司法公正建设、法律援助和法治教育各方面都取得了一定进步。法治建设表现为四大特点:一是法治宁波建设进程得以推进;二是法治政府建设力度明显加大;三是民主管理民主监督力度增强;四是以法治合力助推社会治理法治化。在党的十八届四中全会提出全面推进依法治国重大决策背景下,2016 年全面深化法治宁波建设将成为宁波法治建设的发展趋势。深化法治宁波建设尚有广阔空间,可以从找准深化路径、完善考核标准入手强化法治建设。

关键词:法治　地方立法　法治政府　司法公正　法治教育

一、2015 年宁波法治建设的总体情况

(一)发挥立法主导作用推进科学民主立法

1. 突出重点领域和关键环节的立法跟进

2015 年,宁波人大围绕全面深化改革和建设法治宁波目标,找准新形势下加强和改进地方立法工作的着力点,深入研究改革发展、转型升级、社会

治理、生态保护、城市建设等方面的立法需求,加强重点领域和关键环节的立法跟进。审议大气污染防治条例、预防腐败条例、市政设施管理条例(修订)等立法项目,完成上年结转的城市房屋使用安全管理条例修订工作和人代会表决通过的历史文化名城名镇名村保护条例后续工作。根据市十四届人大五次会议代表提出的议案建议,研究制定职业技能培训条例。调研城市管理综合执法若干规定、四明山区域生态保护条例、地名管理条例、劳动争议处理办法(修改)、非机动车管理条例(修订)、招投标管理条例、农业机械管理条例(修改)、象山港海洋环境和渔业资源保护条例(修订)、轨道交通管理条例、生态区保护条例、矿山管理条例、华侨归侨侨眷权益保护条例、遗体捐献条例(修订)、有线电视广播管理条例(修订)等14件立法项目。对城市绿化条例、征收集体所有土地房屋拆迁条例进行立法后评估,并及时清理、修订不适应全面深化改革要求的地方性法规。

2. 发挥立法主导作用推进科学民主立法

一是发挥立法主导作用。坚持党对立法工作的领导,进一步发挥市人大及其常委会在立法工作中的主导作用,着力构建党委领导、人大主导、政府配合、社会参与的立法工作格局。健全人大主导立法工作的机制,加强立法工作组织协调,做好法规草案起草、一审、二审之间的工作衔接,完善人大常委会与"一府两院"沟通机制,完善人大各专门委员会、常委会工作委员会与政府法制部门、职能部门之间的沟通机制,形成破解立法难题的合力。二是推进科学立法、民主立法。围绕提高立法质量,进一步健全立法建议征集、项目确定、调研论证、草案起草、座谈听证、审议表决等工作机制,推进立法精细化。建立立法项目筛选和评估制度,完善代表议案、代表建议与立法规划、立法计划的衔接机制,深化立法项目调研论证,适时调整五年立法规划项目库。扩大公民有序参与地方立法的途径,建立立法意见建议征求网络平台和立法协商工作机制,健全法规草案征求意见和公众意见采纳情况反馈机制,形成立法机关与人民群众之间的良性互动,充分发挥社会力量、专家学者和公众在立法工作中的作用。扩大县(市)区人大、乡镇(街道)人大和各级人大代表对立法工作的参与,完善向县(市)区人大、乡镇(街道)人大和立法工作联系点征询立法意见机制,探索开展委托县(市)区人大征求代表立法意见的做法。建立重大利益调整论证咨询机制,根据实际需要,试行对有争议的法规草案重要条款实行单独表决。健全立法后评估机制,探索开展第三方评估地方性法规。加强对新制定地方性法规的宣传和解读,推动法规有效实施。

（二）全面推进法治政府建设

2015年，宁波市政府全面贯彻落实党的十八大和十八届三中、四中全会精神，认真学习贯彻习近平总书记系列重要讲话精神，加快建设法治政府。

1. 推进科学行政

注重高层领导法律素养的教育，健全依法决策机制，严格规范重大行政决策的公众参与、专家论证、风险评估、合法性审查、集体讨论等程序，加强决策评估和跟踪反馈，健全终身责任追究及责任倒查机制。推进政府职能转变和机构改革，加强政府事权规范化、法制化，完善宏观调控方式，创新资源配置模式，最大限度减少政府对微观事务的管理。如，建立市政府常务会议集体学法制度。从2015年开始全面建立市政府常务会议集体学法制度。全年组织10期学法课堂，由法学界的教授、专家授课，除常务会议成员外，与学法主题相关的市级部门负责人也要参加。到目前为止，集体学法制度顺利推进，对提高高层领导干部依法决策意识起到积极作用。再如，深化"四张清单一张网"改革①，就表现了政府职能转变，强化政府事权规范化。截至7月底，市级部门行政权力由1.03万项减少到4189项，实现公布时限和减幅目标"双超额"完成；企业投资项目核准目录和财政专项资金管理清单正在修改和完善；政务服务网宁波平台建设取得明显成效，市本级实现行政权力网上运行的事项已达756项，市本级服务进驻率达93.32%。② 目前已完成了行政权力事项信息梳理入库工作，建立了行政权力事项信息动态调整机制。

2. 推进依法行政

一是完善关注民生的规章建制。2015年度，拟制定政府规章9项，修订项目2项，废止项目2项，调研论证项目10项。截至7月底，已公布的规章有《宁波市信访事项复查复核实施办法》《宁波市人民政府关于进一步完善城乡居民基本养老保险制度的实施意见》《宁波市人民政府关于加强食品安全体系建设的意见》《宁波市城乡居民基本医疗保险办法》《宁波市水利工程维修养护管理办法（试行）》《宁波市国有土地上房屋征收与补偿办法》《宁波

---

① "四张清单一张网"："四张清单"具体指的是政府权力清单、企业投资负面清单、政府责任清单、省级部门专项资金管理清单。"一张网"则指的是宁波政务服务网。

② 数据来源：2015年7月21日市政府"四张清单一张网"协调推进会发布。

市国有土地上房屋征收补偿、补助、奖励规定》,这些规章使政府在民生领域执法有法可依。

　　二是完善执法体制,强化依法行政。完善行政执法体制,推动跨部门、跨领域基层综合执法,探索部门联合执法,严格规范行政执法行为,坚决纠正行政不作为、乱作为,进一步提高政府执行力、公信力。市政府继续把加快转变政府职能、简政放权作为深化行政审批制度改革的重要内容,加快建设法治政府,努力为人民提供优质高效服务。经过各方面共同努力,宁波市行政审批制度改革取得显著成效,权力清单制度进一步推进,明确了部门岗位职责权限,为公务人员依法行政打下良好基础(见表1至表6)。

表 1　宁波市行政处罚案件总数统计(2015 年 1—6 月)

承办案件数(件)	办结案件数(件)	罚没款总额(元)	结案率(%)
1022463	1001167	397702770	97.92

数据来源:宁波市政府法制办。

表 2　宁波市行政处罚案件情况(2015 年 1—6 月)

警告(件)	罚款(件)	没收违法所得(件)	没收非法财物(件)	责令停产停业(件)	暂扣许可证或执照(件)	吊销许可证或执照(件)	行政拘留(人)	其他
4380	986523	2669	1330	337	2218	599	10473	870

数据来源:宁波市政府法制办。

表 3　重大处罚(处理)决定备案情况(2015 年 1—6 月)

经审查纠正数(件)	应上报备案数(件)	实际上报备案数(件)
2	11536	11536

数据来源:宁波市政府法制办。

表 4　适用处罚程序情况(2015 年 1—6 月)

适用简易程序(件)	适用一般程序(件)	适用听证程序(件)
639709	361458	331

数据来源:宁波市政府法制办。

表 5　处罚执行情况（2015 年 1—6 月）

当事人自行履行（件）	行政强制执行（件）	申请法院强制执行（件）		未执行（件）
		申请（件）	执行（件）	
997650	2336	555	226	955

数据来源：宁波市政府法制办。

表 6　行政救济情况（2015 年 1—6 月）

行政复议（件）						行政诉讼（件）					
总数	维持原决定	变更原决定	撤销原决定	撤回申请	审理中	总数	维持原决定	变更原决定	撤销原决定	撤诉	审理中
92	62	0	1	14	15	90	51	0	0	7	32

数据来源：宁波市政府法制办。

三是创新法治政府建设的督查和评价机制。在规范性文件备案审查方面，一改传统内部审查的做法，市政府法制办采用部门审查与专家审查相结合的做法，采用提件部门参加，市及各县（市）区政府法制办、市政府法律顾问集中审查方式，对市级部门和各县（市）区政府报备的行政规范性文件 28件作出审查，并对行政规范性文件存在的问题逐一进行讨论和分析。这种审查方式便于集各方意见集中发现问题，对进一步提高文件管理工作质量起到了积极作用。在法治政府建设评价方面，也一改以前的内部独家评价的做法，采用政府内部评价占 50%，第三方专业评价占 35%，社会评估占15% 的做法，对各政府部门的法治政府建设情况进行打分，予以综合评价。这种内部评价与第三方评价和社会评价相结合的做法，在省内走在前列。

3. 推进勤廉优政

践行"三严三实"，强化党风廉政建设主体责任，推进"四风"整治和腐败惩治。加大对权力集中部门和重点岗位的监督力度，推进重点领域审计监督全覆盖，防止权力乱用滥用。深化财政体制改革，推进部门预算公开，完善建设资金和政府债务统一管理制度。加强公务员培训和监督管理，深化公务员分类制度改革，探索县以下机关公务员职务与职级并行制度，强化绩效考核和纠错问责机制。完善重点产业（功能）区及相关县（市）区目标管理考核办法，切实发挥考核的导向激励作用。厉行勤俭节约，反对铺张浪费，严格控制一般性支出，确保"三公"经费继续下降。如，2015 年 4 月，宁波市人民政府办公厅发布了《关于进一步加强政务督查工作的实施意见》（甬政办发〔2015〕71 号),加强政务督查工作,不断完善政务督查工作机制、建立健全政务督查工作制度、切实加强对政务督查工作的领导提出实施意见。再如,余姚出台《余姚市行政不作为问责暂行办法》,对因不履行岗位职责或履行岗位职责不力、工作不负责任、影响行政工作效率、降低工作质量、造成不良影响和后果等行为进行问责。这是全省率先针对行政不作为单独出台的问责细则。

(三)推进严格司法维护公平正义

1. 围绕四个"重心"推进司法建设

2015 年,全市法院系统紧紧围绕公正这一法治的生命线,坚持依法独立行使审判权,按照中央、省委、市委部署,积极稳妥推进司法改革,推进严格司法,不断深化司法公开、司法民主,为法治宁波、平安宁波建设提供更有力的司法保障。

一是围绕执法办案重心,坚持依法独立公正行使审判权。严格规范司法行为,增强法治定力,坚决抵制权力、金钱、人情、关系的干扰,确保案件处理经得起法律和历史的检验。推动建立领导干部干预司法、插手具体案件处理的记录制度,建立通报和责任追究制度。落实新行政诉讼法各项规定,进一步督促行政机关依法出庭应诉,促进法治政府建设。建立诉讼参与人庭前诚信宣誓制度,遏制不诚信诉讼行为。如,2015 年 7 月,中级人民法院会同市政府行政复议办公室联合发文,建立了宁波市行政机关负责人出庭应诉情况通报工作制度。从 8 月 1 日起正式施行,并将该项制度纳入法治政府建设考核体系。推进执行权优化配置改革,依托信息技术,努力破解执行难,不使胜诉当事人的合法权利因执行不力、不公得不到保护。加大对妨碍司法机关依法行使职权、拒不执行生效裁判、藐视法庭等违法犯罪行为的惩戒力度,维护司法权威。又如,江东区人民法院出台了《网络司法拍卖(变卖)工作暂行办法(试行)》,加强网拍节点管理,提高了工作效率。据统计,2015 年前 5 个月已成功网拍 91 件,成交总金额超 2.2 亿元,同比上升48.32%,平均溢价率 26.34%,为当事人节省拍卖佣金 605.47 万元。

二是围绕司法保障重心,促进多层次多领域依法治理。围绕市委实施"双驱动四治理"和推进经济社会转型发展"三年行动计划"的部署,积极延伸司法职能,运用法治思维和法治方式,支持"五水共治"和"三改一拆"等重点工作依法有序推进。积极适应我市经济新常态,加强金融、涉企案件司法应对。充分发挥司法的预警指引作用,继续通过发布审判执行系列白皮书、发送司法建议、制作司法统计数据分析等方式，主动参与社会治理，为依法治市提供司法保障。

三是围绕严格司法重心，积极稳妥推进司法改革。推动以审判为中心的诉讼制度改革。全面贯彻证据裁判和直接言词原则，保证庭审在查明事实、认定证据、公正裁判中发挥决定性作用。深化审委会制度改革，限缩个案讨论范围。不断深化司法民主，完成人民陪审员"倍增计划"，聘任有意向的人大代表担任人民陪审员。在全市法院推广实施适度分权陪审模式。倡导法官尊重律师，切实保障律师的表达权与辩护权。推进案件受理制度改革，对依法应当受理的案件，做到有案必立、有诉必理，保障当事人诉权。落实终审和诉讼终结制度，实行诉访分离，建立涉诉信访律师代理制度。加强法律文书释法说理，让当事人赢得理直气壮、输得清楚明白。探索实施刑事诉讼中认罪认罚从宽制度，推进庭审记录录音录像、简式裁判文书改革，节约司法资源，提高司法效率。

四是围绕惠民实事重心，提升便民利民实效。整合立案大厅现有功能，升级综合性诉讼服务中心，解决群众的所难所急所需。打造12368短信平台，确保当事人及时了解案件进展。推动扩大刑事案件法律援助范围，免收劳动争议案件诉讼费，建立小额简单案件鉴定评估替代机制，进一步减轻当事人诉累，不使有诉求的群众因经济困难打不起官司。建设律师服务平台，为律师参与诉讼提供便利。

表7　宁波市全市法院案件受理及办结情况（2015年1—9月）

新收案件（件）	办结（件）	一审刑事新收（件）	一审刑事办结（件）	一审民商新收（件）	一审民商办结（件）	一审行政新收（件）	一审行政办结（件）	执行新收（件）	执行办结（件）
同比+−%	同比+−%	同比+−%	同比+−%	同比+−%	同比+−%	同比+−%	同比+−%	同比+−%	同比+−%
129461	117373	9292	9214	73765	67425	1156	776	36501	31533
13.85	5.77	−4.66	−5.61	20.23	13.92	149.14	85.65	10.92	−3.33

数据来源：宁波市中级人民法院办公室。

表8　宁波市中级人民法院案件受理及办结总体情况（2015年1—9月）

新收案件（件）	新收案件同比上升率（%）	办结（件）	办结案件同比上升率（%）
8968	8.85	8160	4.92

数据来源：宁波市中级人民法院办公室。

表 9　宁波市中级人民法院一审案件受理及办结情况(2015 年 1—9 月)

案件类别	一审刑事新收	一审刑事办结	一审民商新收	一审民商办结	一审行政新收	一审行政办结	执行新收	执行办结
数量(件)	113	102	83 民/1322 商	68 民/1086 商	246	120	394	268
同比 +－%	0.89	－6.42	－38.06/106.56	－45.16/126.25	884	471.43	－13.41	－36.79

数据来源:宁波市中级人民法院办公室。

表 10　宁波市中级人民法院二审案件受理及办结情况(2015 年 1—9 月)

案件类别	二审刑事新收	二审刑事办结	二审民商新收	二审民商办结	二审行政新收	二审行政办结
数量(件)	612	585	1565 民/1225 商	1447 民/1155 商	221	165
同比+－%	5.7	5.03	12.43/9.47	9.62/13.68	43.51	27.91

数据来源:宁波市中级人民法院办公室。

2. 适应法治领域新常态,进一步提高公正司法水平

2015 年,全市检察机关全面落实市委和上级检察机关决策部署,以充分发挥检察职能、服务全面深化改革为主题,以保证公正司法、提高司法公信力为主线,主动适应法治领域新常态,进一步提高公正司法水平。

一是适应新常态下法治的新要求,不断提高服务大局水平。坚持把落实党委决策部署作为检察工作重要使命,自觉将检察工作融入全面深化改革和法治宁波建设总体布局。坚持以法治为引领,积极参与平安宁波建设,全面贯彻宽严相济刑事政策,探索完善刑事诉讼中认罪认罚从宽制度。加大食品药品安全和生态环境司法保护力度,更好体现司法为民宗旨,更好服务美丽宁波建设。

二是适应新常态下人民群众对公平正义的新要求,切实加大法律监督力度。推进以审判为中心的诉讼制度改革,更加注重人权司法保障,更加重视证据审查和办案质量,依法保障律师和诉讼当事人合法权益,坚守防止冤假错案发生底线。积极探索行政执法检察监督、提起公益诉讼等制度,深入贯彻市人大常委会《关于加强和改进检察机关民事行政诉讼法律监督工作的决定》,加大民事执行监督力度,坚决监督纠正执法不严、司法不公的突出问题,努力让人民群众在每一个司法案件中感受到公平正义。如,为给民事执行监督工作创造良好的外部环境,宁波市检察院主动与宁波市中级人民法院加强沟通,达成了"监督就是支持"的共识,先后与市中级人民法院会签了全面贯彻市人大常委会决定的 48 条实施意见、《民事执行检察监督工作座谈会纪要》等,解决了调卷、检察建议回复等困扰实践的问题。

三是适应新常态下反腐败斗争正逐步迈向法治化的新要求,坚决有效惩防职务犯罪。继续保持惩治职务犯罪高压态势,认真落实上级部署的对土地出让、工程建设、房地产开发领域和领导干部、基层干部职务犯罪专项整治工作。明确纪检监察与刑事司法的办案标准和程序衔接,健全完善内部线索管理、初查立案等工作制度,严格规范职务犯罪侦查工作。认真履行预防职务犯罪领导小组办公室职责,立足职能优势,加强重点预防、专业预防和同步预防,推动形成不敢腐、不能腐、不想腐的长效机制。

四是适应新常态下司法环境日趋民主化和公开化的新要求,着力提升社会公信水平。坚持人民检察为人民,依靠人民推进公正司法,不断健全自觉接受人大监督各项工作机制,努力为人大代表、政协委员了解和监督检察工作创造便利条件。全面深化阳光检务建设,主动回应社会关切,更大程度保障人民群众对检察工作的知情权、表达权、参与权和监督权。按照上级统一部署,有序推进检察人员分类管理、检察官办案责任制、检察官职业保障等改革试点项目。深入开展为期一年的规范司法行为专项整治活动,更加全面落实人民监督员制度,确保严格规范文明廉洁司法。

2015 年 1—9 月,共批捕各类刑事犯罪嫌疑人 6618 人、起诉 12460 人。密切协同公安机关、人民法院和有关部门,开展打黑除恶等专项行动,依法规范市场经济秩序。加大职务犯罪查办和预防力度,扎实推进反腐倡廉建设,不断加强反贪污贿赂工作。共立案侦查贪污贿赂案件 108 件 156 人。不断加强反渎职侵权工作。立案侦查渎职侵权犯罪案件 26 件 32 人。不断加强职务犯罪预防工作。充分发挥检察机关在职务犯罪预防方面的作用,着力推进惩防一体化建设。强化对诉讼活动的法律监督,切实维护社会公平正义。共监督侦查机关立案 35 件,监督撤案 7 件;追加逮捕 22 人,追加起诉 58 人;依法决定不批捕 1328 人、不起诉 605 人;对认为确有错误的刑事裁判提出抗诉,法院已采纳 35 人。加强民事审判和行政诉讼监督,对认为确有错误的民事、行政裁判提出抗诉案件 8 件。

(四)法律援助关注民生

2015 年全市法律援助工作的总体要求是:认真贯彻党的十八届三中、四中全会精神,习近平总书记对司法行政工作的重要讲话精神,围绕"扩大援助、优化服务、提升质量、加强监管"的要求,进一步扩大法律援助事项范围,放宽经济困难标准,提高法律援助质量,完善法律援助工作制度,健全法律援助监管体系,深化法律援助便民服务,扩大法律援助宣传,有效发挥法律援助职能作用,为维护社会大局稳定、促进社会公平正义、保障人民安居乐业作出新贡献。1—9 月,全市法律服务中心共解答来访群众法律咨询20293 人次,接待涉法涉诉 1115 人次,接听"12348"法律咨询电话 26554 个,接受法律援助申请 11916 件,受理矛盾纠纷调解 5681 件,发放宣传资料35545 份,法律援助为受援人挽回或取得经济利益 17085 万元,工作成效显著,①法律援助工作走向深化。

1. 紧贴民生需求,进一步扩大法律援助范围

一是进一步扩大法律援助覆盖面。要按照"让困难群众打得起官司"的要求,加强全面放开法律援助范围的可行性研究。加大援助范围放开的步伐,紧贴民生需求,降低经济困难标准,进一步扩大法律援助范围,将食品药品安全、产品质量、环境污染、公共卫生、安全生产等与民生密切相关或涉及公共安全领域的事项纳入法律援助范围,不断扩大法律援助覆盖面。开展对未成年人、残疾人等特殊群体的援助范围不受限制的试点工作。丰富法律援助形式,增加书写法律文书、单独调查取证、司法鉴定法律援助、公证援助等多种援助形式的占比,为群众提供多方位的法律援助服务。

二是探索建立申诉案件法律援助机制。落实党的十八届三中、四中全会决定对法律援助的新要求,积极探索建立与之配套的新机制。针对逐步实行律师代理申诉制,"对聘不起律师的申诉人,纳入法律援助范围"的要求,探索开展申诉案件法律援助试点工作。各地建立与法院的协调沟通机制,具体落实做好申诉案件法律援助对接工作。市局会同市中院出台《关于做好申诉案件法律援助工作的意见》,规范申诉案件法律援助工作的申请受理等工作。各地援助中心设立申诉案件承办人员准入机制,成立申诉案件办理专家人才库,建立申诉案件受理把关、办理、监督等工作机制。有条件的地区探索在法院建立法律援助工作站,方便群众咨询办理法律援助工作。

2. 狠抓法律援助服务质量,提高法律援助公信力

一是提高法律援助办案质量。认真贯彻落实司法部《办理法律援助案件程序规定》、省厅《法律援助案件质量标准化管理规定》和市局实施细则规

---

① 数据来源:宁波市司法局办公室。

定,进一步规范审查、审批、指派等各个环节,进一步推进法律援助规范化、标准化和优质化建设,提高法律援助工作质量。重点规范非诉讼案件办理,完善非诉讼案件办案程序、补贴发放、结案归档、数据统计等工作。加强案件质量管理,健全完善办案质量监督管理机制和考核评价机制,加大法律援助案件质量监控,组织开展多层级、多形式的法律援助质量检查活动,积极推进法律援助服务标准化建设,全面提高法律援助服务质量和水平。

二是全面推开法律援助案件同行评估工作。按照《浙江省法律援助案件质量评估指导标准》,全面推开法律援助案件质量同行评估工作,各县(市)区援助中心2015年开展同行评估工作,不断总结法律援助"同行评估"工作经验,完善质量评估体系,丰富与灵活运用评估手段,做到动态评查与静态评估相结合,科学评估、客观反馈、有效监督。加大工作组织力度,提高案件旁听率,继续挑选一批可听性强、案件难度大的案件,组织中心工作人员和志愿者律师参与旁听。推进全市范围内的异地评估工作,运用质量评估手段加强对县(市)区办案质量的监督。

3. 继续深化便民服务措施,加大服务保障民生力度

一是深入开展专项维权活动。着眼于特殊人员权益保障工作,联合劳动、工会、妇联、残联、团委等单位,开展形式多样的专项行动,开展法律援助"六进"活动,积极提供上门服务,推出简化申请、审批手续等专项服务措施,畅通特殊人员援助"绿色"通道,优化服务质量,增强服务的针对性和实效性。

二是加强示范援助站(点)建设。加大乡镇、行业援助站、村(居)联系点建设的工作力度,建立日常巡查制度,防止因办公场所搬迁、人员调动、村(居)合并、村委换届等因素,出现站点"名存实亡"现象。推选一批规范建设示范站(点),发挥示范单位带动作用。加强对工作站信息平台业务培训与应用监督,依托信息化平台建立便民服务通道,方便群众通过网络申请。

三是加强法律援助信息化运用。进一步加大信息技术在法律援助管理工作中的运用,健全完善"12348"信息平台功能设计,加大技术支持力度,提高热线电话接听率。加强法律援助信息化平台运用,完善平台功能,新增法律援助案件同行评估、质量管理等模块,加强网上监督办案流程,简化环节,提高应用时效。继续做好"掌上法律顾问"网站和手机APP在线咨询工作,提高法律服务的及时性、准确性。按照市局信息化建设要求,配合抓好网上公共法律服务平台开发建设,方便群众网上咨询和申请,优化法律援助事项

办理流程。探索构建与民政、残联、老龄委等部门的网络信息共享平台，建立法律援助对象和受援人动态数据资料库，实现网上核验申请人身份信息，提高服务效率。

（五）深入开展全民法治宣传教育，大力弘扬社会主义法治精神

2015 年，全市以党的十八大和十八届三中、四中全会精神和习近平总书记系列重要讲话精神为指导，深入贯彻落实中央依法治国、省委法治浙江、市委法治宁波建设决定，紧紧围绕市委十二届八次全会精神，深入开展全民法治宣传教育，大力弘扬社会主义法治精神。

1. 大力推进全民学法守法

认真贯彻落实习近平总书记关于法治宣传教育"要创新宣传形式、注重宣传实效"的重要指示，不断增强法治宣传教育的实际效果。在全社会普遍开展宪法教育，大力宣传宪法至上、依宪治国、依宪执政等理念。坚持把领导干部带头学法、模范守法作为树立法治意识的关键，引导全民自觉学法、守法。加强与组织、人事等部门的沟通协调，将宪法、法律列入党委（党组）中心组学习内容，完善国家工作人员学法用法制度，做好领导干部任前法律知识考试和公务员年度法律知识考试工作，增强领导干部和国家工作人员学法用法的实际效果。积极推动把法治教育纳入国民教育体系，加强对企业经营管理人员、外来务工人员等重点对象的法治宣传工作。

2. 繁荣发展法治文化

进一步贯彻落实《关于加强社会主义法治文化建设的实施意见》。广泛开展群众性法治文化活动，推动法治文化与地方特色文化、行业文化、乡村（街区）文化、企业文化的融合发展。继续推进法治公园、法治广场、法治长廊等基层法治文化设施建设，培育、推广一批具有浓郁地方特色的"一地一品"法治文化建设示范点。继续推进法治教育基地、青少年法治教育基地建设。积极推进法治宣传教育工作方式方法创新、载体阵地创新。依托文化馆、剧团等专业文艺团体和动漫、微电影制作等文创企业，创作一批思想性、艺术性与观赏性有机统一的法治文化精品。加强新媒体新技术在普法中的运用，提高法治文化传播能力。组织开展法治理论研究，营造浓厚的法治文化氛围。会同文明办、宣传部等部门，将法治教育纳入精神文明创建内容，扩大法治宣传教育工作的深度和广度。

3. 健全普法宣传教育机制

推进《宁波市法制宣传教育条例》全面实施，进一步落实市委办公厅、市政府办公厅《关于健全社会普法教育机制的若干意见》,努力在健全工作机制、发挥相关部门职能作用、强化普法责任制、动员社会各方力量参与普法上下功夫。根据"谁执法谁普法"原则,落实好各部门单位及各行业、社会组织的普法责任,切实把普法教育贯穿于立法、执法、司法和社会治理的全过程,推动建立法官、检察官、行政执法人员、律师等以案释法制度。推动建立健全媒体公益普法制度,落实大众传媒的普法责任,推动公益法制宣传在公共场所的延伸覆盖。进一步加强普法讲师团、普法联络员、法治副校长队伍建设。着力培育一批普法志愿者品牌团队,不断发展壮大普法志愿者队伍,建立普法志愿者协会,依托公共法律服务体系,为志愿者开展工作创造条件。充分利用公共场所和公共交通工具中的传播载体以及户外广告设施,不断拓展法制宣传新阵地。

4. 深化"民主法治示范村(社区)"创建

将创建"民主法治示范村(社区)"作为基层民主法治建设载体和实现基层依法自治的有效途径。梳理市级"民主法治示范村(社区)"创建标准、动态管理办法,研究"民主法治示范村(社区)"测评体系。加强创建工作分责指导,对乡规民约、市民公约进行法律体检,发挥其在社会治理中的积极作用。年内力争创建市级以上"民主法治示范村(社区)"75 个。

二、2015 年宁波法治建设的主要特点

(一)法治宁波建设进程得以推进

中共宁波市委十二届八次全体(扩大)会议于 2014 年 12 月 30 日审议通过《中共宁波市委关于认真贯彻党的十八届四中全会精神全面深化法治宁波建设的决定》,全面肯定自 2006 年《中共宁波市委关于建设法治宁波的决定》实施后,宁波在地方立法、依法行政、公正司法、普法教育以及基层依法治理等方面取得的成绩基础上,进一步阐明当前面临的新形势,研究部署全面深化法治宁波建设。指出宁波发展进入新常态、改革进入深水区、社会进入转型期,提出要用法治思维和法治方式来深化改革、推动发展、化解矛盾、维护稳定,依靠法治为现代化建设提供根本性、全局性、长期性的制度保障的重要性。提出了全面深化法治宁波建设的总体目标,指出到 2020 年,力争在依法执政、科学民主立法、法治政府建设、公正廉洁司法、社会治理法治

化、提升全民法治意识和法律素养、加强法治工作队伍建设等七个方面走在全国全省前列。这是自 2006 年宁波市委作出建设法治宁波的重大决策以来的又一次重大决定,确立了法治宁波的建设进程。

随之,市政府出台了《宁波市人民政府关于加快建设法治政府的意见》(甬政发〔2015〕43 号),提出着力建设职能科学、权责法定、执法严明、公开公正、廉洁高效、守法诚信的法治政府,使宁波的政府职能科学度、制度健全度、执法规范度、信息公开度、公众参与度、人民满意度走在全国前列的加快建设法治政府的总体目标。明确依法全面正确履行政府职能、提高制度建设质量、健全依法决策机制、深化行政执法体制改革、严格规范公正文明执法、加强对行政权力的监督和制约、依法化解社会矛盾纠纷、加强法治政府建设的组织领导和工作保障等八个方面任务。市政府办公厅下发了《宁波市加快建设法治政府重点任务分工方案》(甬政办发〔2015〕124 号),强调各项任务的牵头单位要切实承担起牵头责任,统筹协调相关单位,按要求推进工作,确保法治政府建设的各项措施在本行政区域内得到贯彻落实。市政府的贯彻落实,使全面深化法治宁波建设的决定得以推进,也促进了法治宁波的建设进程。

(二)法治政府建设力度明显加大

随着《宁波市人民政府关于加快建设法治政府的意见》和《宁波市加快建设法治政府重点任务分工方案》的具体落实,宁波法治政府建设力度明显加大。

1. 行政执法体制改革力度加大

宁波行政执法体制改革经历了大部制的综合执法改革、城市管理领域综合行政执法改革、卫星城市中心镇执法体制改革、特定区域内联合行政执法等四个阶段,对城市综合执法体制改革作出了不断深入的探索。出台了《宁波市文物保护点保护条例》《宁波市大运河遗产保护办法》,为文化市场综合执法提供了有力的制度保障。出台了《宁波市城市管理相对集中行政处罚权实施办法》,建立了相对集中处罚权工作制度体系。出台了《宁波市卫星城市行政执法管理办法》《关于扩大中心镇行政执法权限的决定》等规章,为卫星城市、中心镇基层执法体制改革提供了有益探索。在前期工作基础上,2015 年,按照党的十八届四中全会提出的减少层次、整合队伍、提高效率的原则,有针对性地开展综合执法、大部制改革,深化城市管理相对集中行政处罚权,完善卫星城市中心镇行政执法体制,推进行政机关内部执法力量的整合,强化部门协调衔接,同时加强改革的制度保障和行政执法规范化建设。

2. 行政审批事项办理时限提速明显

全市继续贯彻落实权力清单与负面清单制度,推进行政审批的标准化建设,探索多证同办制度,全面推行网上审批,方便群众办事,接受群众监督。按照《国务院关于清理国务院部门非行政许可审批事项的通知》(国发〔2014〕16 号)和《浙江省人民政府关于清理非行政许可审批事项的通知》(浙政发〔2014〕29 号)要求,在 2014 年权力清单清理大幅减少部门非行政许可审批事项基础上,2015 年又组织对市本级保留的 135 项非行政许可审批事项进行了再次清理。经市政府同意,决定再取消 36 项,调整为政府内部审批和转为其他类别的行政权力事项 99 项。今后市本级不再保留"非行政许可审批"这一审批类别。2015 年上半年市级行政审批事项办理时限提速明显。1—6 月,市行政服务中心行政审批平台累计办结事项 31.3 万件,提前办结率达 98.91%。与此同时,进中心办理的有业务发生的审批事项(含即办件)平均承诺办理时限和实际办理时限分别缩至 3.42 天和 0.91 天,在上年同期基础上又压缩了 1.25 天和 0.36 天,比平均法定办理时限分别提速73.43% 和 92.93%。①

3. 涉法指引工作力度加大

市政府法制工作部门,严把法治关,积极对行政机关负责人出庭应诉、行政机关合同审查作出工作指引。为深入贯彻落实修改后的《行政诉讼法》及相关司法解释,应对行政复议机关应诉工作的新常态,市法制办出台全国首部《行政复议机关行政诉讼出庭应诉工作指引》,这将规范和引领全市各级行政复议机关行政诉讼出庭应诉工作,提高行政复议机关工作人员出庭应诉质量和水平。按照指引要求,行政复议机关及工作人员在行政诉讼应诉工作中应按收案登记、审查答辩、出庭应诉、执行归档备案等阶段分别做好相应工作。为了贯彻落实中央、浙江省关于加强行政机关合同管理的有关规定,宁波市政府法制办在全国率先出台了《行政机关合同合法性审查工作指引》,为开展行政机关合同合法性审查工作提供了明确指南。这些规则的出台和运行,促进了行政复议出庭应诉工作的合法有效开展和行政合同合法性的严格把关。

---

① 数据来源:市政府法制办。

(三)民主管理民主监督力度增强

1. 发挥民主监督作用,推进民主行政

发挥人大和政协监督作用,推进政府民主行政,让人民监督权力,让权力在阳光下运行。市十四届人大五次会议上,共收到代表建议 593 件,其中:政治法律类 36 件,财政商贸类 83 件,工业交通类 105 件,农业农村类 58 件,城建环保类 151 件,社会事业类 116 件,综合类 44 件。涉及政府各部门的建议都得到了一定程度的落实或意见反馈。2015 年年初以来,全市各级政协组织扎实开展"五水共治"长效机制建设专项集体民主监督活动。[①] 至 6 月底,全市有近 2000 名省、市、县政协委员参与"五水共治"民主监督,发现并反馈问题 500 多个,提出的 350 多条意见建议被采纳。[②] 人大还强化政府规范性文件监督管理,认真落实《宁波市人大常委会规范性文件备案审查工作办法》,加大主动审查工作力度,完善网络报备工作机制,组建规范性文件备案审查专家队伍,提高备案审查质量和效率,维护法制统一,强化民主行政的源头控制。

2. 发挥人大监督职能,强化司法监督

市人大推动专题询问工作常态化,开展民事执行工作专题询问。配合省人大常委会做好公检法机关工作人员依法履职公正司(执)法情况的审议监督,市县联动开展法官、检察官履职评议,形成监督合力,强化监督效果。加强对法院民事执行工作的监督,推动民事执行相关法律法规落实。2015 年,人大充分发挥司法监督作用,全市各级人大坚持以问题为导向,找准司(执)法队伍建设存在的薄弱环节开展监督,把司法机关是否依法落实宪法、法律规定的互相制约机制,是否依法设置和落实内部监督程序及制衡纠错机制作为监督重点,从制度层面责成司法机关进行整改。如,2015 年 4—6 月,市人大常委会就民事执行难问题作为突破口,开展专题询问,对法院民事执行难问题开展专项调研、质询,目的就是贯彻市委关于全面深化法治宁波建设的决定,了解和掌握宁波民事执行工作存在的突出问题,共谋良策,督促和支持法院破解执行难题。同时,推动法院、检察院、行政执法机关、金

---

① 五水共治:指治污水、防洪水、排涝水、保供水、抓节水。这是一个大目标、大思路。这是浙江省政府近期推出的大政方针,是推进浙江新一轮改革发展的关键之策。

② 数据来源:《市政协"五水共治"民主监督工作推进会召开》,《宁波日报》2015 年 7 月 17 日。

融单位等协同配合,形成加强民事执行工作的合力,努力达到习近平总书记提出的"让人民群众在每一个司法案件中都感受到公平正义"的要求,促进社会公平正义,收到了较好效果。

(四)以法治合力助推社会治理法治化

宁波正处于社会转型的急剧变革中,经济社会发展迅速,基层矛盾随时发生,纠纷频繁,探索社会治理法治化势在必行。2015 年,宁波以法治合力推进社会治理,使社会治理走向法治化。

1. 法制教育与社会治理相结合,深化基层依法治理

"六五"普法以来,宁波坚持普治并举,在推进依法治市和法治政府建设的进程中,不断创新体制机制,深入推进法治宁波建设,切实提高经济、政治、文化和社会生活等各方面的法治化水平。2015 年,法治建设向基层社会拓展,深化基层社会依法治理。如,鄞州区区委出台了《关于全面深化法治鄞州建设的实施意见》,区政府出台了《关于加快建设法治政府的实施意见》,从当前和今后一个时期推进法治政府建设工作的实际出发,提出了依法履行政府职能、提高制度建设质量、健全依法决策机制、深化行政执法体制机制等六个方面具体工作任务,加快建设法治城区。目前,全区已建立完善区、镇乡(街道)、行政村(社区)三级法律顾问制度,实施行政村(社区)"星级动态考评",将民主管理和法治建设两项内容纳入考评体系。深入开展机关企事业单位依法治理活动,全区共有"依法行政示范单位"10 家,省级"诚信守法企业"1 家、市级 52 家、区级 1090 家,11 所学校成为市依法治校示范校。

2. 实现农村法律顾问体系优化升级

经过几年的努力,"一村一律师"的农村法律顾问制度在我市得以确立。2015 年,宁波司法行政部门加大服务力度,注重建立长效运行机制,注重融合网格组团服务,注重提升基层法治理念,实现农村法律顾问体系优化升级。法律顾问主动参与农村重大决策的法律前置审查和风险评估,确保村级(社区)自治措施合法有效;积极配合政府重大工程建设拆迁工作,促进征地拆迁"从讲人情到讲政策"转变;为村级信访工作提供专业法律服务支持,促进依法解决信访问题。如,江北区司法局不断深化农村法律顾问活动内容,进一步实现了农村法律顾问体系的优化升级。截至 2015 年 6 月底,全区 151 个村(社区)均实现"一村(社区)一顾问",累计为村(居)民提供法律咨询 4866 人次,开展各类法律知识培训(讲座)96 场,参与调解纠纷 943 件,参与处置涉法信访案件 637 起。

3. 司法机关创新专业化审理和多元化解纠纷对接机制，打造家事调处平台

近年来，宁波婚姻家庭矛盾纠纷呈多发上升趋势，呈现出发案增多、类型多样、成因复杂、调处难度加大等特点。由于婚姻家事案件具有强烈的伦理道德色彩，一判了之并不能有效化解家庭矛盾。为此，从 2014 年始，宁波法院系统和市妇联合作成立浙江省首个专业化家事审判合议庭。以审判与心理咨询调解相结合，探索出了一条专业化审理和多元化解纠纷之间通往婚姻家庭和睦之路。结合实际情况，宁波法院积极探索建设符合家事审判特色的独立法庭；开设"夜间法庭"，为工作时间不便前来开庭、调解的当事人提供便利；探索判后探视抚养档案，解决离婚后子女抚养探视难题；定期回访重大敏感案件，尝试已结案件社会帮扶机制，努力实现"清官善断家务事"。

4. 强化社会安全执法，保障社会治理平安有序

如，武装机动巡逻提升街面见警率。自 2014 年市公安局武装机动巡逻队成立后，我市的街面见警率显著提升，各类违法犯罪活动得到了相应遏制。截至 2015 年 6 月底，武装机动巡逻队共出动警力 15 万人次，接受指令出警 2300 余次。除了对各类违法犯罪活动起到威慑作用外，街面见警率的显著提升也给群众带来了实实在在的安全感。截至目前，武装机动巡逻队累计抓获违法犯罪嫌疑人 752 人，全市武装机动巡逻覆盖区域内，刑事、治安类警情同比下降 9.8%，其中街路面侵财类警情同比下降 21.3%。又如，开展关系民生的专项执法，打击违法，保护民生。2015 年 5—7 月，宁波市开展食品药品专项执法活动。围绕群众关注的食品、药械安全方面的突出问题，开展"甬剑一号"食品药品专项执法行动。重点检查肉类冻品、橄榄油、隐形眼镜、微整形产品、成人用品等。对生产经营单位的违法产品一经发现，立即依法从严查处。

三、2015 年宁波法治建设存在的不足

（一）全面深化法治宁波建设落实不足

《中共宁波市委关于认真贯彻党的十八届四中全会精神全面深化法治宁波建设的决定》，从地方立法、法治政府建设、司法公信力、法治宣传教育、社会治理法治化、法治工作队伍、加强和改进党的领导七大方面提出建设任务和具体措施，并明确近期要重点抓好 10 个建设项目，政策比较明确，指导

性较强。但从实际贯彻落实看,各方面落实进度不一,全面深化法治宁波建设落地不足。主要表现:一是人大主导立法机制需进一步深化。目前,宁波地方性立法大多采用政府部门委托立法。由政府部门提出立法草案上报通过,很难避免部门利益倾向。尽管人大在通过时也会作出审核评议,但基于部门设计的法规基础无法改变,所以无法彻底消除存在的问题。故发挥人大立法主导权,建立由市人大相关专门委员会、市人大常委会法制工作委员会组织相关部门参与起草综合性、全局性、基础性等重要法规草案制度应当提上日程。二是立法后评估开展不足。立法在于实施,其实施效果需要跟踪评估才能发现法律规定是否存在问题,是否需要废改立,以保证法律的规定能促进经济社会健康发展。但我们的立法在立法后评估监督方面还很欠缺,一年中仅对国家统一安排的立法项目进行评估,并且数量很少,对于自己的立法是否得以有效实施、是否存在问题,掌握得并不清楚。深化立法后评估工作应是切实问题。三是法治政府建设中推进政务公开需要进一步落实。从宁波市法院报出的信息看,新行政诉讼法实施后,行政机关败诉率大幅上升。主要是在征地补偿纠纷衍生的政府信息公开案件中,不少行政机关未在法定期限内对原告的公开申请作出答复,影响原告实体权益因而败诉。强化信息公开的落实,具有现实意义。四是司法审判效力要得到落实。尽管人民法院在司法公正建设方面做了巨大努力,改革立案程序,规范审判流程,使审判环节表现了程序公正,但法院判决得不到公正执行仍是一纸空文。所以,建立健全执行制度,保证案件审判得以执行,当事人的权益得以保障,才能实现真正的司法公正。五是法制教育的针对性、实效性需要进一步深化。目前的法制教育还缺乏有针对性和实效性的具体落实措施,教育仅停留在形式的变化而没有反映需求教育。六是在社会治理法治化方面缺少创新,仍然沿袭着传统做法,缺少法治社会的框架构建,需要进一步深化。

(二)社会安全方面的法治强制力保障需进一步加强

2015 年,宁波社会安全方面还存在许多隐患,需要增强法治的强制力保障,打击违法,保护公民合法权益,维护社会稳定。随着经济社会的发展,农村城市化的变革,企业的大幅度增加,外来流动人口的增多,公共安全隐患也随之增多。如,截至 6 月底,宁波市共发生火灾 2965 起,7 人死亡,9 人受伤,直接经济损失 2279.7 万元。[①] 从火灾原因看,多数是由电气线路故障和

---

① 　数据来源:宁波市消防支队。

用火不慎引发的火灾。又如,刑事犯罪仍大量存在。从公安机关报出的数据显示,1—5 月,全市公安机关刑侦部门共侦破刑事案件 6088 起,刑事拘留犯罪嫌疑人 4103 名。社会安全的不稳定因素,除了严加防范外,还应当加大打击力度,发挥法治的强制力,使违法和犯罪行为惧于法治的威慑力,才能实现社会的安定,社会安全方面的法治强制力保障需进一步加强。

另外,在解决民事纠纷,维护社会稳定方面,也应当增大人民法院的强制执行力。执行工作是维护人民群众合法权益、维护司法公正的最终落脚点,与人民群众的切身利益息息相关。公平本身就蕴含着形式意义上的平等与实质意义上的平等。尽管我市法院系统不断推进执行体制和机制改革,组织开展集中清理执行积案活动,努力实现形式意义上的公平,保障人民群众合法权益,但由于民事案件量大面广,从总体情况看,我市民事执行工作与人民群众的期待还有一定的差距,人民法院执行偏“软”,强制力不足,还没有实现权利保障的实质意义上的公平。截至 9 月底,全市法院尚有 4968 件申请执行案件没有执结,与 2014 年同期相比,执结率呈下降态势。所以,需要解决法院执行偏“软”问题,制约、监督执行人员滥用执行权问题,解决基层检察机关民事执行案件零监督的现象。需要推动法院、检察院、行政执法机关、金融单位等协同配合,形成加强民事执行工作的合力,真正促进社会公平正义。

发挥法治的强制力,对于破坏社会安全秩序的各类犯罪认真查处、严厉打击,强化法院民事执行案件的执行强制力,形成维护社会安定的法治合力,积极营造遵守、敬畏法律,尊重执行法院生效法律文书的法治氛围,努力推进社会诚信体系建设。

(三)民主决策需进一步深化

尽管市政府已经出台《宁波市重大行政决策程序规定》,把公众参与、专家论证、风险评估、合法性审查、集体讨论决定确定为重大行政决策法定程序,健全了依法决策机制,但就课题组调研显示,目前基层民主决策仍然表现为决策在先、协商在后的形态。据课题组对我市具有代表性的 5 个主要镇(街道)政府决策协商民主程序调研,显示出存在以下问题:一是工作认识存在偏差,没有将基层协商民主作为一种必经程序纳入政府的决策程序之中。调研显示,多数乡镇(街道)把基层协商民主仅仅作为征询意见、接受监督、减少矛盾的手段,实践中表现为事后协商,多把协商民主作为决策后化解矛盾和纠纷的途径,没有将基层协商民主作为一种必经程序纳入政府决策的前置程序。二是协商制度不健全,协商程序有待完善。目前基层协商民主还没有形成系统完备的制度体系,特别是缺少可操作性的程序规定。基层协商民主的参与主体、协商形式、协商内容、协商程序等基本问题还没有统一、明确的规定,导致基层协商民主工作开展存在一定的随意性。三是参与主体不够广泛,民意代表性有待提高。各镇(街道)的民主协商多表现为"两代表一委员"的参与,参与协商的公民也是各行各业的社会精英人士,普通民众的参与更多为一种间接参与或被动接受,民意代表性不高。四是协商形式过于单一,协商渠道不太通畅。调研显示,一些乡镇(街道)在推进基层协商民主过程中多数以会议协商的方式,缺少平等充分的对话、讨论、交流。五是协商内容缺少重大决策事项的协商。各地在开展基层协商民主过程中,主要涉及公共服务设施建设、土地征用、房屋拆迁等问题,对政府重大决策事项协商较少。六是协商成果应用和监督机制有待强化。一些乡镇(街道)对协商意见办理和协商结果反馈缺乏应有的保障机制,有时不了了之或领导一批了之。实践中很少有通过正式形式进行反馈,即使反馈,也比较笼统。政府督查部门尚未将政府领导关于基层民主协商意见办理的相关批示列入督查事项,难以保证协商意见建议得到及时有效采纳。

四、全面深化法治宁波建设是 2016 年宁波法治建设的必然趋势

(一)全面深化法治宁波建设的要旨

《中共宁波市委关于认真贯彻党的十八届四中全会精神全面深化法治宁波建设的决定》展示的核心内涵,就是在今后的法治建设实践中,我们要在五个方面进一步深化认识、取得实效。一是始终坚持法治宁波建设的正确方向,把党的领导贯穿于依法治市全过程;二是构建具有宁波特色的地方法规,让每一部法规都经得起实践的检验;三是全面推进法治政府建设,让依法行政成为各级政府的自觉行动;四是坚决维护司法权威,让人民群众在每一个司法案件中都感受到公平正义;五是大力弘扬法治精神,让法治信仰镌刻在全民心中。近期要重点抓好 10 个项目:健全公众有序参与立法机制、深化"四张清单一张网"建设、推进行政综合执法、加快信访法治化、深化"阳光工程"、建设法律职业共同体、构建社会征信体系、推进网络法治化、加强公共法律服务、创新基层社会治理。

(二)全面深化法治宁波建设要解决的关键问题

1. 找准深化路径

一是扭住"牛鼻子"精准发力。宁波要跻身全国大城市第一方队,全面深化法治宁波建设既是必然要求和题中应有之义,又是重要引领和坚实保障。要始终坚持问题导向,增强厉行法治的大局意识和担当意识,扭住"牛鼻子"精准发力、精细施策,解决好法治建设的"最先一公里"和"最后一公里"问题。二是"项目化管理"推进法治建设。要始终坚持改革创新,敢于先行先试,善于顶层设计,勇于突破体制机制障碍,力求取得更多的制度红利。要始终坚持干在实处,把法治的服务保障功能体现到省市重点工作上,以项目化管理的理念和办法推进法治建设,更好地服务改革发展稳定大局。三是建立"一把手"抓法治责任制。领导干部是全面依法治国的关键少数,要做尊法学法守法用法的模范。领导干部能不能把好"关键"、当好"模范",事关法治宁波建设的广度和深度。要构建以上率下的责任链条,建立健全"一把手"抓法治的责任制,一级做给一级看,一级带着一级干,推动形成办事依法、遇事找法、解决问题用法、化解矛盾靠法的良好氛围,让法治成为全社会的共同意识和行为准则。要形成科学有效的考核督查机制,加强绩效考核,加大督办力度,确保法治宁波建设各项工作落地生根,取得实效。

2. 完善考核标准,强化推进步伐

行政决策在设定任务或目标之后,还要在决策时确定实现目标、达到任务所要采取的各种手段措施。依法治国是党领导人民治理国家的基本方略,是推进国家治理体系和治理能力现代化的必然要求。《中共中央关于全面深化改革若干重大问题的决定》将"推进法治中国建设"确立为我国新时期法治建设的新目标和全面深化改革的重大内容,并提出要建立科学的法治建设指标体系和考核标准。建立科学的法治建设指标体系和考核标准,让法治真正有尺可量,既能引导和督促各级、各部门认真落实法治建设的目标要求,扎实推进法治建设的各项工作,又能充分发挥人民群众参与和监督法治建设的作用,对于建设法治中国、推进国家治理体系和治理能力现代化,具有重要意义。建立科学的法治宁波建设指标体系和考核标准,是新时期全面推进法治宁波建设的重要步骤。

一是考核标准要成为"指挥棒",发挥导向功能。在考核指标体系中可以设置"坚持依法执政""建设法治政府""推进公正司法""深化法制教育""发展基层民主"5个考评项目,下设若干具体指标。概括地讲,考核指标体系要突出

三方面的特点:一是定性与定量结合。考核指标体系通过评分项与扣分项的连环设置,把对法治建设的定性评价与定量评价有机结合起来。二是客观与主观互证。既有反映各地、各部门、各行业法治建设的客观指标数据,又有法治建设群众满意度调查数据,使考核评价结果更具全面性。三是规范建设与创新推动呼应。考核指标体系设置加分项,比如,基层司法机关获得全国先进单位称号的,可以加分。加分项的设置可以提高各地各部门工作创新的积极性,推动运用法治思维、法治方式深化改革的进程,使法治建设考核指标体系成为法治宁波建设的重要"指挥棒",有效地发挥激励、引导和监督作用。

二是考核标准要成为"紧箍咒",发挥制约功能。推进法治建设,重点是要规范约束公权力,坚持用制度管权管事管人,让人民监督权力,让权力在阳光下运行。通过建立和完善考核指标体系,为权力套牢"紧箍",念好"紧箍咒",使制度成为"硬约束"。一是设置扣分项,使"紧箍"紧起来。设置考评项目、二级考评指标和扣分项,使各级各单位对在法治建设方面要干什么、不能干什么都非常清楚。比如,政府对与群众利益密切相关的重大事项,在决策前未经过公开征求意见、专家论证、风险评估、合法性审查和集体讨论环节的,要扣分。二是设置"一票否决"项,使"紧箍"紧上加紧。考核指标体系要设置"一票否决"项。比如,党委、人大常委会、政府、政协领导班子成员和法院、检察院主要负责人发生违法违纪行为被处以撤销党内或行政职务以上处分的,行政机关拒不履行生效的司法判决和裁定,造成严重影响的,都要"一票否决"。

三是考核标准要成为"听诊器",发挥民意功能。某种意义上说,法治建设指标体系和考核标准就是一张"体检对照表",考评工作的最终得分可以反映出一个地区法治建设的真实现状,也可以反映出老百姓对法治工作的真实感受。实行考核评价,一能听诊出法治建设的进展成效和问题症结。做得好的就坚持下去,做得不好的就切实改进,真正做到对症下药。二能听诊出老百姓对法治建设的愿望和呼声。老百姓期待的就要干起来,老百姓不满意的就要改起来,真正做到有的放矢,不断提高各方面工作的法治化水平。

参考文献

[1] 徐显明.法治与社会公平.济南:山东人民出版社,2007.
[2] 马怀德.全面推进依法行政的法律问题研究.北京:中国法制出版社,2014.

(作者单位:浙江万里学院)

2015 年宁波党的建设总报告

邢孟军

摘 要:2015 年,宁波市在党建方面取得的最重要成果,就是以扎实开展"三严三实"教育为统领,细化"幸福党建",聚焦监督执纪问责,加强党的建设的制度化和法治化。全面从严治党思想是习近平总书记关于党的建设的重要指导思想,在 2016 年,全面从严治党必将贯穿党的建设的全过程。宁波市要组织全市各级各部门和广大党员干部认真学习领会习近平总书记关于全面从严治党的重要论述,深刻理解和全面把握全面从严治党的精髓要义,着力在干部选拔,尤其是干部"能下"方面作出积极探索;着力在加强基层党组织的政治功能,尤其是加强党对社会组织的领导方面下些力气;着力在党风廉政建设,尤其是在依规治党,加强作风建设和反腐倡廉的制度设计并提高制度的执行力方面下大功夫。

关键词:党的建设 现状 问题 展望 宁波

一、2015 年宁波党的建设基本状况

2015 年,宁波市各级党组织认真学习习近平总书记系列重要讲话精神,紧紧围绕中央决策部署,扎实开展"三严三实"教育,切实做好基层党建规范提升工作;抓实抓细抓强党的建设,引领基层社会治理法治化;继续从严整治"四风",细化"幸福党建",推动服务下沉,突出群众导向;聚焦监督执纪问

责,密集出台各项制度措施,强化"两个主体"责任落实。一年来,党的思想建设、组织建设、作风建设、反腐倡廉建设和制度建设都取得了丰硕成果。

(一)开展"三严三实"专题教育,唤醒党章党规意识

开展"三严三实"专题教育,是中央着眼于新的历史条件下加强党的建设作出的一项重大战略决策,是党的群众路线教育实践活动的延展深化,是持续深入推进党的思想政治建设和作风建设的重要举措。宁波市各级党组织和广大党员干部充分认识"三严三实"的丰富内涵和时代价值,主动对标"三严三实"要求,大力弘扬"三严三实"精神,扎实推进"四个全面"战略布局在宁波的生动实践。

1. 开展"三严三实"专题教育

根据中央要求,宁波市在县处级以上领导干部中开展了"三严三实"专题教育。各地各单位始终坚持问题导向,深刻剖析"不严不实"的具体表现和严重危害,切实把"不严不实"问题解决好。各级领导干部努力增强思想自觉和行动自觉,把"三严三实"作为修身之本、为政之道、成事之要,努力做到心中有民不忘本,心中有责不懈怠,心中有戒不妄为,做一名离不开群众、群众离不开的好干部。在专题教育中,市委书记率先走上讲台,讲党课、谈信念,带动各地各单位"一把手"真学在前、真改在先,把对党绝对忠诚的要求融入血脉。各级各部门党委(党组)书记纷纷联系实际,以"三严三实"为主题讲党课。每位市级领导干部按照"必学+选学"模式,制定个人研修计划,所有处级以上干部都分批次接受党章轮训、廉政培训,通过这些专题教育,在全市打下了践行"三严三实"的坚实思想基础。

2. 加强党章党规教育

为全面唤醒全市党员干部特别是党员领导干部的党章党规意识,从严治党推进主体责任落地生根,宁波市委在全市率先举行"学习党章落实主体责任"专题研讨会,要求每位党员都要唤醒党章党规意识,并将党章党规意识写入灵魂。各级各部门也都在处级干部中开展党章党规党纪专题集中培训。通过培训,全市党员干部,特别是党员领导干部都更清晰地认识到"党纪严于国法",纷纷表示要始终以党纪条规作为立身之本,模范遵守党纪条规,严守政治纪律和政治规矩。各级党委也都进一步增强了担当担责意识,深刻认识主体责任是政治责任、首要责任、刚性责任,牢固树立"不抓党风廉政建设就是严重失职"的意识,毫不动摇坚守"主阵地",躬耕不辍种好"责任田",真正使纪律成为管党治党的尺子、党员干部不可逾越的底线。在集中培训中,宁波市始终抓住领导干部这个"关键少数",各级党员领导干部特别是"一把手",勇于担当,敢抓敢管,推动形成选人用人、行权用权的正确导向,努力交出党风廉政建设的合格答卷。

3. 加强纪律规矩教育

守纪律、讲规矩,既是对党员干部党性的重大考验,也是对党员干部对党忠诚度的重大检验。宁波市委非常重视各级党员领导干部的纪律规矩教育,要求广大党员领导干部深入学习贯彻习近平总书记系列重要讲话精神,严守纪律规矩忠诚干事,严于律己用权干净干事,养成讲规矩、守纪律、慎用权、敢担当的良好政治习惯。通过纪律规矩教育,全市广大党员干部特别是党员领导干部更加坚定地认识到守纪律首要的是遵守政治纪律,守规矩首要的是遵守政治规矩,把政治纪律严起来,把政治规矩立起来,锻造对党绝对忠诚的政治品格,始终做到维护中央权威不动摇、自觉遵守党章不走样、落实上级决策部署不变通、依法依规用权不任性。全市各级领导干部更加清晰地认识到"权为公器",纷纷表示要树立正确的权力观,正确处理情与法、权与法的关系,带头执行制度规定,自觉在党纪国法约束下行权,始终做到依法用权,自觉接受并正确对待党和人民的监督,勇于担当、干净干事,把权力用在为发展尽责、为人民服务上,切实做到勤政用权。

(二)抓实抓细抓强党建工作,引领社会治理法治化

加强和创新社会治理,基层基础是关键。宁波市委确定 2015 年为全市"基层党建规范提升年",提出以"五规范、五提升"①为主抓手,大力加强基层党组织和基层政权建设,着力增强基层党组织的政治引领功能,以党建引领民主选举,以党建引领权力规范,以党建引领区域治理,以党建引领服务下沉,走出一条农村治理法治化的新路子,为跻身全国大城市第一方队提供坚强组织保证。

1. 一线当赛场,实绩考干部

为培养造就有担当、有作为、有口碑的好干部队伍,宁波市把干部考核

---

① "五规范"指:"一库一图"规范基层党建制度建设;依法公开规范基层组织运行机制;从严从实规范党员发展和教育管理;"亮绩对账"规范基层党建责任落实;突出重点规范基层党建工作保障。"五提升"指:以"领头雁阵"为主体提升基层干部队伍能力素质;以"堡垒指数"为依托提升软弱落后基层党组织工作水平;以"幸福党建"为引领提升党员干部联系服务群众水平;以"电商党建"为重点提升基层党建工作信息化水平;以"项目立功"为导向提升基层党建助推中心工作实效。

的指挥棒指向一线赛场,先后围绕"生态环保""灾后重建""三改一拆""五水共治"等中心工作、重点任务,开展常态化干部专项考察,旨在通过专项考察来了解和检验领导干部的大局意识、工作能力、工作表现和工作作风。

探索一线考察干部,改变了以往对干部不提拔不考察、不考察不接触、不接触不了解的状况,变为主动走近干部,走进工作现场,了解识别干部。干部专项考察的常态化推进,向党员干部传递了积极信号——组织部门将更加注重在平时工作中考察了解干部的表现,更加注重凭实绩选人用人。这种考核方式激发了广大党员干部立足岗位、履职尽责的干劲和活力,引导党员干部把精力凝聚到科学发展、干事创业上来,有力地提振了党员干部服务中心大局的精气神。比如,在"五水共治"干部专项考察中,市县两级党委对治水表现突出的部门、乡镇(街道)和干部个人,给予重点关注,共有 27 人被提拔,18 人转任重要岗位,30 人被列入后备干部名单,2 名治水工作推进力度不大的干部被组织约谈。

2."集中选、分步派、统一管",健全干部挂职锻炼机制

宁波市曾连续多年选派干部前往重点工程项目进行挂职服务。2015 年,除了重大工程项目、重要工作任务、重点开发区域"三重"挂职锻炼外,宁波市首次推出"三跨"挂职,打破部门、行业、体制的藩篱,在市级机关、高校、企业、基层之间开展跨条块、跨领域、跨体制的互派干部挂职锻炼。207 名来自市县两级机关、乡镇街道、部省属驻甬单位、市属高校、国企民企的干部,围绕重点工程建设和"五水共治"等重点工作,到岗进行为期一年的挂职锻炼。

"三跨"挂职是在新常态下,针对宁波经济社会发展的现实考虑。过去一些机关干部对于不同规模、不同类型的企业缺乏深入了解,系统性主题性调研也不够,通过这样的挂职锻炼,可以通过岗位互换,增强市场经营主体和服务管理主体的交流对接。这样,就构建了以市内"三重三跨"和市外上级部门、发达地区、艰苦地区为四大核心阵地,全方位、多层次、广领域的干部挂职格局。2015 年,宁波市还集中派出 40 余名干部,到国家部委、央企和北京、上海、深圳等一线发达城市挂职,少则 3 个月、长至 1 年。另外还计划实施赴德国亚琛、日本长冈京等国际友城挂职,初步形成"集中选、分步派、统一管"的挂职模式。

3. 选出优苗子,培育好干部

对照跻身全国大城市第一方队目标和融入"一带一路"、打造港口经济圈的要求,必须谋划在先,抓紧储备培养一支年富力强、敢于担当、能打硬仗的骨

干队伍。2015 年 5 月,宁波市启动了第二轮"优苗选育工程"。通过组织推优、考场赛驹、考察比选等程序,公开比选一批优秀"80 后""85 后"干部"苗子"。

组织推优,从严推、从优荐,突出德才兼备。此次"优苗选育工程"从一开始就从制度层面立起了第一道"筛子"——进一步强化党委(党组)、组织部门在干部选拔任用中的权重和考察识别干部的责任,更加突出党组织领导把关的作用。人选推荐上的组织把关,是此次"优苗选育工程"的最大特点。

选好苗子是基础,育好苗子是关键。宁波市对选出来的"好苗子"进行个性化施训、跟踪式培养,建立了培训提优、一线赛优、干群评优、亮绩选优等一系列机制,树立起干部在基层一线成长、注重实绩、群众公认的用人导向。更加注重"严实"标准,对干部培育做到全面严、全程严、持续严,坚持动态管理、能进能出,随时作出调整。秉持"使用是最好的培养"的理念,以压担培育的方式对年轻干部进行基层磨砺和岗位历练,通过跟踪分析研判,该压担的压担,该铺路的铺路,该给台阶的给台阶,真正确保优进拙出,成熟一个,使用一个。

4. 全面推进农村基层党建,党建工作为幸福加力

基层富不富,关键看支部;支部强不强,关键看"班长"……这些耳熟能详的乡村俗语,彰显了群众对农村党组织带头人的热切期盼。2015 年,宁波市首次面向全市农村基层党组织书记开展"金雁奖"评选,大力培树、宣传"百名基层好干部"典型,着力加强农村党组织带头人队伍建设,通过选优配强、外援内联、示范引领等措施,培养了一批带头发展、带领致富、带动和谐的"领头雁"。

不拘一格选"头雁"。为了加强软弱落后农村基层党组织建设,宁波市结合村级组织换届选举,开展"竞标选才",组织各村以"党员群众提、乡镇党委审、村民代表议"的方式,打破身份、地域、资历等界限,面向社会各界公开选聘能人任党支部书记。还放宽视野挑选致富能人、企业经营管理骨干跨村任职,鼓励转来党组织关系的优秀外来党员、到村任职的优秀高校毕业生参加村党组织班子竞选。目前,全市"异地任职"村干部已有 50 多人。同时,针对村级班子结构老化、后备力量不足等问题,实施农村后备干部培养储备"春苗计划",物色选拔一批有较大发展潜力的优秀人才充实村级后备干部人才库,确保全市所有村党组织有 1 名以上能谋善干的带头人和 1 名近期可用的优秀正职后备干部。

"第一书记"强合力。随着新农村建设的持续深入和城乡统筹的逐步深

化,当好村里"一把手",不仅要会处理各式各样的矛盾纠纷,还要会算经济账、环境账、民生账,带领村子谋发展。为适应新形势的发展要求,宁波市把部门职能、行业优势、干部特点和任职村实际紧密结合起来,选派对"三农"有感情、干事创业有思路、带领队伍有方法的优秀干部到村任(挂)"第一书记"。针对同一片区域党组织发展不平衡的问题,奉化等地探索建立强村带弱村的区域党建联合体,统筹人力资源、产业资源、阵地建设和区域规划,联合共建、协同发展。

书记带头"向前冲"。联系服务基层群众,不能"人到心未到、见物不见情",必须把服务真正做到群众心坎上。北仑区的"书记,加油!"不仅给村党组织书记们一次亮相的机会,也可以吸引更多社会力量参与新农村建设。江北区的"书记·向前冲"活动,以项目为承载体,书记亲自领衔带动基层发展。抓住了村党组织书记这个"牛鼻子",就抓住了加强村级班子建设的关键一环。目前,宁波市2529名村党组织书记中,"双带"能力强的有1792人,占比70.8%,其中本村致富能人1053名,占比41.6%,在外创业能人回村的342名,占比13.5%。

5. 严格执行干部选拔任用规定,深入整治领导干部报告个人事项作假问题

完善干部任用全程纪实制度,修订《市管领导干部日常选拔任用工作内部流程》。全面梳理干部破格提拔情况,严格落实破格提拔的标准和程序,从严把好审核关,对违反规定的,坚决予以查处。按照"确定倒查对象、单位自查、组织复查、形成报告、抓好整改、追究责任"的程序,进行"带病提拔"集中倒查,坚决纠治选人用人上的不正之风。2015年,还结合巡视工作,对县(市)区和市直单位贯彻执行《干部选拔任用工作条例》情况进行专项检查。

严格执行《关于领导干部报告个人有关事项的规定》,完成市管领导干部个人有关事项年度集中报告受理、汇总综合工作,开展随机抽查核实。按照"凡提必查"要求,从3月份开始对全市拟提拔副处级以上的干部、后备干部人选及转任重要岗位的干部个人有关事项报告实行全面抽查核实,对少报、漏报的给予批评教育,并要求作出书面说明,存在瞒报情形的一律取消任用资格。

(三)继续从严整治"四风",扬帆"幸福党建"

2015年,宁波市继续从严整治"四风",群众反映的突出问题得到了有效解决,影响群众切身利益的症结难点得到了重大突破,以转作风改作风为重点的制度体系更加完善,党在群众中的威信进一步树立,党心民心进一步凝聚。

1. 深入开展"基层党建规范提升年"活动，推动服务下沉

以"幸福党建"为载体，全面发挥农村基层党组织在推动发展、服务群众、凝聚人心、促进和谐中的积极作用，用党员干部的"辛苦指数"换取人民群众的"幸福指数"。各级党组织总结推广了余姚谢家路村"小板凳"群众工作法、慈溪"圆桌夜谈"、鄞州龙观乡"谋事进农村、服务进民心"、宁海"走村不漏户，群众考干部"、江东"俞复玲 365 社区服务工作法"、北仑大港社区"小马拉大车"等一批贴近基层、群众欢迎的服务品牌。一方面，各级各部门做足"基本服务"，汇集群众共性需求，把与千家万户生产生活息息相关的证照办理、民政社保、户籍计生、教育入学等事务列入基本服务清单，通过全程代办等途径把服务送到群众家门口；另一方面，各级各部门做实"拓展服务"，以党组织服务为主导，整合行政服务、市场服务、社会服务资源，在基层打造涵盖农资购销、医疗卫生、家政养老、费用代缴等事项的"服务超市"，为群众就近提供便捷服务。

创新推出"公益集市"等服务形式。"七一"前夕，宁波市委举行纪念建党 94 周年暨两新组织"公益集市"优秀项目展示活动。"公益集市"以公益项目为载体，积极回应群众诉求，已经成为密切党群血肉联系的一个好载体，成为深化服务型基层党组织创建的一个好形式。"公益集市"的一个个项目，用"小集市"凝聚了"大能量"，用"微心愿"汇聚了"大爱心"。三年来，有 526 家民营企业、283 家社会组织认捐认领了 297 个公益项目，募集善款善物 1500 多万元，帮助基层群众实现"微心愿"6 万多个，超过 20 万人次受益。"公益集市"正在向更广范围延伸覆盖，正在由"树木"变为"森林"，由"盆景"变为"风景"。

2. 着眼净化政治生态，深入查摆解决"不严不实"问题

深挖不严不实问题，扭住问题不放松，边查边改，立行立改。宁波市发出《关于在县处级以上领导班子和领导干部中建立"不严不实"问题清单的通知》，要求采取群众提、自己找、上级点、互相帮、集体议等方式，认真查摆梳理"不严不实"问题。各级各部门紧紧围绕修身、用权、律己、谋事、创业、做人等六个方面，深入细致地查找问题，找准靶子、点中穴位，把思想上的模糊认识点出来，把普遍存在的共性问题点出来，把基层党员群众反映强烈的突出问题点出来，初步梳理领导班子整改问题 2100 余个，市管领导干部个人整改问题 1 万余个。

解决不严不实问题，对存在的突出问题集中力量进行解决，做到小问题

立即改、老问题不断改、突出问题用力改，持之以恒抓好问题整改落实。列出问题清单和整改清单，把班子问题分解到人，把个人问题细化到事，列出时间表，落实整改时限，做到问题不整改不销号，事情不解决不放手。开展"为官不正""为官不实""为官不为""为官不廉"集中整治，对不严不实的干部督促整改，对屡教不改的干部进行组织处理。采取定期调度、跟踪督查督办、整改销号、阶段排名、媒体曝光等措施，促进问题得到整改落实。围绕群众关注的热点难点问题，解决好出行难、入学难、就医难、养老难等问题，让群众得到实惠。

3. 大抓基层夯实基础，正风肃纪力求实效

建立面向全体党员的"锋领考评网"，实施"堡垒指数"和"锋领指数"管理，充分发挥基层党组织战斗堡垒作用和党员先锋模范作用。完善基层党建工作责任制，把创业致富、遵纪守法、参加活动、志愿服务等量化为具体的考核指标，划定"行为底线"和"行为红线"，促使党员干部重心下移、服务下沉，真正做到急事难事见干部、化解矛盾见干部、项目推进见干部、群众有事没事都能见到干部，既强化了基层党组织在农村治理中的重要作用，又化解了一大批矛盾。

宁波市还通过案例形式集中曝光发生在群众身边的腐败问题，包括滥用职权、暗箱操作，不作为、乱作为，侵吞国家、集体和群众财产等现象，让广大党员干部自觉谨言慎行、严以用权。同时，各类"正风肃纪"专项行动也常态化进行。仅在 2015 年上半年，宁波市就开展"正风肃纪"专项行动 266 次，查处违反中央"八项规定"精神的问题 39 起，处理 43 人，其中党纪政纪处分 27 人。

(四)聚焦监督执纪问责，强化"两个责任"落实

2015 年，宁波市各级党组织坚持从严治党，深化纪律检查体制改革，持之以恒抓作风，坚定不移反腐败，加强对纪律执行情况的监督检查，强化责任追究，使党的纪律成为必须遵守的刚性约束，构建了党风廉政建设新常态。

1. 强化各级党委(党组)的主体责任和纪委的监督责任

规范和严格落实党内监督制度，完善党委(党组)履行党风廉政建设主体责任情况双报告、签字背书、述责述廉等 7 项工作制度，细化党委(党组)主体责任、主要领导第一责任人职责、班子成员"一岗双责"的履责内容。

进一步加强党风廉政建设监督责任落实，深化纪委内设机构改革调整，

做好纪检机构派驻工作,对派驻纪检机构实行"机构、编制、人员"的统一管理,实现对全市 122 个市直部门、单位、群团组织和重点国企的派驻监督全覆盖。建立健全下级纪委向上级纪委报告工作制度,修订完善《县(市)区纪委向市纪委报告工作暂行办法》,强化上级纪委对下级纪委的领导。各级纪检监察机关突出监督执纪问责主业,着力"把纪律挺在法律前面"。结合违纪违法案件开展警示教育,督促相关单位抓典型、促警示、补漏洞、建机制;强化纪律提醒,对有轻微苗头性问题的党员领导干部,做到早提醒早教育、早防范早纠正,防止小错酿成大错、违纪走向违法;狠抓纪律审查,始终保持惩治腐败的高压态势,做到无禁区、全覆盖、零容忍。仅在 2015 年上半年,全市纪检监察机关就立案 695 件,处分党员干部 458 名;开展"正风肃纪"专项行动 266 次,处理人员 123 人。

2. 加强执纪监督

一是加强问题线索排查。成立问题线索收集排查工作领导小组,出台《违纪问题线索管理处置暂行办法》,建立违纪问题线索三级分流督办和月度工作例会机制等举措,深入排查、梳理相关问题线索和信访件,实现问题线索排摸"有重点、不疏漏"。特别加强排查、梳理领导干部违规插手土地出让、工程建设、房地产开发领域问题线索,确保对每一件问题线索有措施跟进、有结果反馈。

二是加强腐败案件查办。注重从信访举报、党风政风监督、媒体曝光和上级转办等多渠道挖掘有关腐败问题线索,加强与检察机关、审计部门的沟通协作,畅通问题信息和案件线索共享渠道,进一步拓宽案件线索来源,加大案件查办力度。

三是加强领导干部利益冲突和利益输送问题专项检查。根据省委有关文件要求,将领导干部利益冲突和利益输送这一突出问题列入专项检查的重点,通过联合财政部门对全市机关、企事业单位公款保管情况进行全面摸底,对行政事业单位和国有企业的公款存放情况进行专项检查等措施,着力查纠存在问题,切实防止领导干部利益冲突和利益输送,并把领导干部家属(亲属)在银行工作情况、单位存放公款情况纳入个人重大事项报告和民主生活会报告的重点内容。

3. 督促派驻(出)机构严格履行职能

宁波市纪委要求各派驻(出)机构切实发挥发挥"派"的权威和"驻"的优势,严格履行派驻(出)机构的监督职能,进一步完善派驻监督工作体系,实现派驻监督工作的内容更加完善，途径更加清晰，举措更加有力，作用更加明显。

把"摸廉情"作为履行监督职能的基础性工作来做，通过听取汇报、座谈讨论、蹲点调研、信访举报处理、行风监督员情况报告等途径，下功夫了解驻在部门及所属系统党风廉政建设的实际情况，准确掌握驻在部门权力比较集中、廉政风险点多、群众关注度高的机构及下属单位情况，做到情况明、底数清。

把"把廉关"作为履行监督职能的政治责任扛在肩上，对领导班子及其成员执行议事、决策的规则和程序情况开展监督检查，加强对重大决策、重要干部任免、重大项目安排和大额资金使用情况的监督，督促驻在部门建立行政权力监督制约的制度机制，确保行政权力规范运行、公开透明。对监督检查中发现的违规违纪问题，区分问题性质和程度，正确运用通报、曝光、问责和提出监察建议或作出监督决定等措施，充分发挥执纪问责的警示教育和查办案件的治本功能。

把"增廉效"作为开展监督工作的根本点和出发点，坚持多措并举，综合施策，确保派驻监督落到实处、取得实效。一是始终把派驻监督工作的重点，放在加强对驻在部门领导班子及其成员的监督上。二是督促驻在部门认真落实党风廉政建设主体责任、"第一责任人"责任和班子成员"一岗双责"。三是着眼建立长效监督机制，督促和协助驻在部门建立健全领导班子集体议事决策、选人用人、规范行政权力运行和加强作风建设等方面的制度规定，不断完善监督制度体系。

（五）加强法规制度建设，防止利益冲突预防腐败

制度建设是更带有根本性、全局性、稳定性、长期性的建设。2015 年，宁波市密集出台各项制度，着力提高党的建设规范化水平，尤其是紧密配合省委巡视工作要求，为防止利益冲突预防腐败，出台了一系列法规制度建设。

1. 制定防止领导干部利益冲突和利益输送的若干规定

制定下发《关于严格禁止领导干部违反规定插手干预工程建设领域防止利益冲突和利益输送的规定》，明确提出严格禁止领导干部违反规定插手干预工程建设领域"十种具体行为"，进一步规范领导干部廉洁从政行为。制定出台《宁波市市级财政资金竞争性存放管理暂行办法》《宁波市市级预算单位银行账户管理暂行办法》等制度，深入开展领导干部防止利益冲突和利益输送专项整治行动，对全市《关于防止领导干部在公款存放方面发生利益冲突和利益输送的办法》的贯彻执行情况,开展专项监督检查和审计,重点检查公积金、医保社保资金等专项基金存放情况,切实纠正"以权经商""以权吸储"等利益输送现象。

制定《加强预防腐败工作的意见》,重点对落实预防主体责任、禁止领导干部谋取不正当利益行为、领导干部作风行为等方面,作出明确规定。探索建立领导干部廉情报告分析预警机制,建立以廉情报告、廉情收集、廉情评估、廉情分析、廉情处置和领导干部廉情档案库为主的"五制度一档案",对市管领导干部、市管后备干部的廉情,进行集中统一管理,并适时扩大至处级干部。制定《宁波市党员干部廉情分析实施办法》,修订《宁波市管领导干部廉情预警处置办法》,对县(市)区和市直部门领导干部定期进行廉情分析,落实廉情预警要求。

2. 出台党风廉政建设责任追究暂行办法

为严格执行党风廉政建设责任制,全面落实"两个责任",制定出台《宁波市党风廉政建设责任追究暂行办法》(以下称《办法》),对责任追究作了明确规定。

明确"两个责任"内容。对党委在党风廉政建设中承担主体责任和纪委全面落实监督责任的内容进行了明确,对领导班子、主要负责人和领导班子其他成员各自职责范围内的党风廉政建设责任进行了再次重申,为责任追究提供了依据。

明确责任追究情形。为增强责任追究的针对性和可操作性,《办法》明确了41种对应的责任追究情形,其中包括11种追究领导班子主体责任、9种追究领导班子主要负责人的责任、10种追究领导班子其他成员的责任及11种追究纪委领导班子或相关人员的监督责任的情形,以责任追究的倒查方式,形成强大震慑。

明确严肃问责方式。《办法》明确了对领导班子和班子成员落实"两个责任"不力的9种追责方式。对领导班子进行责任追究的方式有3种,包括责令作出书面检查、通报批评、进行调整处理;对领导班子成员进行责任追究的方式有6种,包括批评教育、诫勉谈话、责令作出书面检查、通报批评、组织处理和党纪政纪处分。涉嫌犯罪的,移送司法机关依法处理。凡领导班子成员在任期内发生应当追究责任的情形,不论职务和岗位发生何种变化,都要进行相应的责任追究。

3. 完善加强和改进巡视工作的一系列规章制度

加强巡视工作制度建设,以《巡视工作条例》为基本依据,建立市委常委会听取巡视工作情况汇报制度,修订《市委巡视工作实施办法》,制定出台《建立巡视工作协作机制暂行规定》《巡视工作规范流程》《巡视成果运用暂行办法》,逐步形成系统的巡视工作制度体系,不断提高巡视工作规范化和科学化水平。

宁波市把抓好制度执行作为推动《巡视工作条例》落实的核心工作。进一步加强对《巡视工作条例》贯彻执行情况的监督检查,把监督检查、目标考核、责任追究有机结合起来,坚决纠正随意变通、恶意规避、无视制度等现象,切实维护《条例》的严肃性和权威性。把落实好中央巡视组和省委巡视组反馈意见作为一项严肃的政治任务,确保巡视组指出的问题件件有着落、事事有回应。对巡视发现的违纪违法问题线索快查快办、签字背书,对巡视意见整改落实情况实行"双报告""双公开",对巡视反馈意见实行"双反馈",切实提高巡视工作效果。

二、2015 年宁波党的建设需要进一步重视的若干问题

2015 年,宁波市坚决贯彻执行党的路线方针政策和省委的决策部署,认真落实党风廉政建设主体责任和监督责任,严格执行中央八项规定、省委"28 条办法"和"六项禁令"精神,党的建设各方面都取得了很大成绩。但也存在一些问题,尤其是在"不严不实"方面,还有很多问题,需要引起足够的重视。

(一)理论学习方面

一些党员干部对强化理论武装的重要性、长期性认识不够,缺乏"本领恐慌"的危机感,对政治学习缺乏热情,不愿学、不勤学、不真学,在研读经典著作方面下功夫不深,不会运用理论成果分析、研究和解决重大现实问题。一些党员干部不善于从新常态中认识新规律、尊重新规律、把握新规律,习惯于"原来就是这样做的",凭经验办事、靠"老皇历"吃饭,"穿新鞋走老路",不敢闯、不敢试,解放思想的力度不够,改革创新的步子太小,分析研究新情况、新问题和谋划新措施不够。一些单位组织理论学习不多,学习方式不灵活,以传达上级文件、领导讲话、会议精神为主,不能够有效调动党员干部理

论学习的积极性。

(二)组织纪律方面

一些单位履行主体责任存在层层递减现象,落实监督责任不够有力;一些基层组织软弱涣散,对党员干部监管不力。一些党员干部对党组织缺少敬畏心,执行党内政治生活制度不够到位,缺乏全局意识和团结协作精神,有令不行、有禁不止,合意的就执行,不合意的就"偷工减料",搞上有政策、下有对策。

在执行组织纪律、民主集中制和干部选拔任用方面:一些领导干部对在个人重大事项报告中藏着掖着、漏报瞒报,甚至在档案上涂改作假;一些领导干部热衷于"找门路、拉关系、接天线";一些领导干部信奉"多栽花少种刺",搞无原则的一团和气;一些领导干部自我意识较强,做事从部门利益出发,甚至以自我诉求为考虑问题的出发点和落脚点,较少考虑组织需要,没有站在党和政府全局的高度看问题。一些单位执行干部选拔任用有关规定不够严格,干部薪酬不规范等问题仍然存在;一些单位对不正之风纠正不及时、处置不严厉,甚至听之任之。

一些党员干部纪律意识、规矩意识淡薄,视规定为无物,视纪律为摆设,该请示的不请示,该报告的不报告,会上不说、会下乱说,对上级重要决策部署口无遮拦、说三道四,会议刚研究什么外面就知道什么,班子刚酝酿什么外面就传言什么。一些党员领导干部管不住自己,管不好家人,利用职务之便,为亲属就业、工作调动和职务升迁想方设法,处心积虑一步一步设计好路线图。

(三)作风建设方面

一些党员干部在重大政治问题上头脑不清醒,不能同党中央保持高度一致,不能很好地执行中央八项规定、省委"28 条办法""六项禁令"精神。一些党员干部缺乏开拓创新精神,责任担当意识不强,精神状态不佳,作风懈怠,"四风"问题趋向隐蔽化,顶风违纪行为仍时有发生。

一些党员干部服务群众意识不强,经常把服务群众挂在嘴边,没落实在实际行动上,把为群众办事当成"帮忙",把"本分"的事当作"情分"来送,对服务对象不热情,对群众困难视而不见,主动服务、帮助群众解决实际困难做得不够;一些党员干部热衷搞老乡会、同学会、战友会,喜欢交富商傍大款,与企业老板称兄道弟,行哥们义气,一有空就呼朋唤友、灯红酒绿,打牌 K 歌搓麻将;一些党员干部履职尽责不到位,甘当橡皮图章,走走过场、被动应付,该抓的事不抓,该管的事不管;一些党员干部领会上级政策和规定不够全面,机械执行相关政策规定,这也不能办,那也行不通,满足于当"传声筒""中转站","木偶式"工作,提不出新思路,拿不出新举措,打不开新局面;一些党员干部对业务钻研不深,满足于一知半解,基层碰到的问题给不了指导和帮助,甚至还帮倒忙。

一些党员干部视野不宽,调查研究不深入不具体,喜欢玩噱头,工作缺乏前瞻性,走一步、算一步,对事业缺乏长远谋划和宏观把握,做人不踏实、做事不扎实,缺乏孜孜以求、精益求精的精神,调查研究、请示报告缺乏前期调研和横向沟通衔接;一些党员干部对改革中遇到的新情况、新问题思考不深、想法不多,怕出错,怕担责,缺少碰硬的勇气,缺少担当的精神,缺少抓落实的狠劲,缺少改革的闯劲,缺少拼搏的干劲,有风险的事不敢干,有难度的事不愿干,没有先例的事不肯干,工作挑肥拣瘦,习惯于"矛盾上交",不愿碰情况复杂、矛盾集中的问题;一些党员干部对最新的政策和重点工作研究不够,不善于总结经验,对待上级精神断章取义,执行上级决定照本宣科,学习"他山"经验生搬硬套。

(四)在党风廉政建设方面

一些党员领导干部插手干预土地出让和工程招投标,腐败问题隐患较大;一些党员领导干部家属子女"以权经商""以权吸储",存在利益输送现象;一些国有企业资产管理不够规范,存在廉政风险;一些农村基层党员干部侵害群众利益和腐败现象并存,影响基层组织执政能力建设;一些党员干部利用手中的项目审批权、资金分配权、人事调配权,设租寻租、吃拿卡要,名里简政放权,暗地转给"红顶中介",办事不公,不给好处不办事,给了好处乱办事,把分管工作当成"私人领地",不愿放权、不愿公开,滥用自由裁量权,搞选择性执法。

三、2016 年宁波党建展望及对策建议

全面从严治党是习近平总书记对党的建设的重要指导思想,在今后相当长一段时期,全面从严治党将贯穿党的建设的全过程。全市各级各部门和广大党员干部要认真学习领会习近平总书记关于全面从严治党的重要论述,深刻理解和全面把握全面从严治党的精髓要义,全面加强党的思想建

设、组织建设、作风建设、反腐倡廉建设和制度建设。2016 年,重点要抓好以下几项工作。

(一)从严从实选用能够担当推进"四个全面"重任的好干部

用人导向是政治生态的源头。用人导向正了,风才能清、气才能正,人心就顺;用人导向不正,则会涣散党心、冷了人心。一个地方政治生态堪忧,总能从选人用人上找到问题;选人用人风气不正,也会投射到政治生态上来。

全面从严治党,重要的是营造良好政治生态;坚持正确用人导向,是净化政治生态的治本之策。"四个全面"中的每个"全面",都对干部素质能力提出了新的更高要求。具体来讲,就是要选拔那些能够推动全面建成小康社会的干部,就是要选拔那些想改革、谋改革、善改革的干部,就是要选拔那些尊法学法守法用法的干部,就是要选拔那些自觉履行全面从严治党责任的干部。

在协调推进"四个全面"战略布局的新形势下,各级党委都要把"三严三实"作为工作目标、工作标准和根本路径、根本方法,真正以严的措施、严的标准、严的纪律,确保干部任用工作取得实实在在的成效。首先,要把握"三严三实"的正确方向,以"三严三实"为标尺,选干部配班子、严管理实监督;以"三严三实"为准绳,加强引领,激发活力,促进发展;以"三严三实"为砝码,抓基层夯基础,使每个基层党组织都成为坚强战斗堡垒。其次,要运用"三严三实"的基本方法,严格按照动议、民主推荐、考察、讨论决定、任职等各个环节的要求和规范操作,把每个环节、每个步骤的工作做实、做到位。最后,要体现"三严三实"的实际成效,要对照"三严三实"这把尺子量一量、比一比,看解决了多少问题、攻克了多少难题;看党员干部的素质有没有明显提升,好干部是不是真正选了出来、用了起来;看基层党组织战斗力是不是得到了加强。

(二)在领导干部"能下"方面作出突破性改革

"能上能下,能进能出",是当前干部制度改革的关键环节。"能上不能下"是干部队伍管理工作中存在的突出问题。解决这个问题,是干部人事制度改革的重点和难点。在实际工作中,一些干部存在只要不违法违纪,组织上"不能拿我怎么样",事业进步与否、单位发展好坏"与我没有多大关系"的思想。表现在工作上就是不求有功、但求无过,在岗不作为、少作为,这些情况都与新时期新形势新任务的要求极不适应。当前,要重点解决干部"下"的问题,着力解决为官不正、为官不为等问题,形成能者上、庸者下、劣者汰的用人导向和从政环境。

细化考核标准。什么样的干部该"下",是深化干部制度改革、推进干部能上能下工作首先要明确的问题。中央强调,对政治上不守规矩、廉洁上不干净、工作上不作为不担当或能力不够、作风上不实在的领导干部,要坚决进行组织调整。根据这一要求,以下几类干部应在"下"的范围:民意差、公众形象不佳的;工作能力弱、政绩平庸的;拉帮结派、闹不团结的;为政不廉、作风不正的;组织纪律观念淡漠、不遵守组织纪律的;身体状况不好、不能坚持正常工作的。

完善相关机制。要完善相关制度的科学设计,让干部下得合理、下得合法、下得服气、下得真正能够起到对干部队伍的激励作用。一是稳步实行任期制。党政领导干部任期届满时,对其进行全方位考核评价,凡达不到任期目标或发现有违法违纪行为不宜再担任领导职务的,自然解除领导职务。二是逐步实行聘任制。对党政机关、事业单位的副职和中层干部,可逐步实行聘任制,在聘任期间可享受相应的职级待遇,经考核不称职者解聘后不再享受原职级待遇。三是积极推行试用制。促使新提拔使用的干部尽快进入角色,让不胜任领导工作的干部及时退下来。四是建立健全淘汰制。使那些只守摊子、做表面文章、不干实事的政绩平庸者没有立足之地。五是探索实施辞职制。对经考核认定不称职或工作中出现重大失误的领导干部,要坚决劝其辞职;对符合辞退条件的,坚决辞退。

(三)强化基层党组织政治功能的发挥

党的基层组织是党的全部工作和战斗力的基础,是党在基层组织中的战斗堡垒,具有鲜明的政治属性。基层党组织建设要强化政治功能、注重政治引领,使每个基层党组织都成为落实党的路线方针政策和各项工作任务的坚强堡垒。

准确把握职责定位,明晰基层党组织政治功能。加强基层党组织建设,一个基本前提是把握好职责定位。基层党组织必须以党的使命为使命,以落实党的任务为职责,着眼于履行党的政治责任、实现党的执政使命,发挥政治功能和政治作用。作为执政党的基层组织,各级基层党组织要加强党的基本理论、基本路线、基本方针和基本政治原则的学习,增强坚持政治方向的坚定性;要坚持党性锤炼,教育党员干部做政治上的明白人,增强维护党的领导的自觉性;要严肃党内生活,发扬实事求是、理论联系实际、开展批评与自我批评、坚持民主集中制等优良传统,注重基层党组织的政治引领,严格组织生活、严明组织纪律。

严格落实党建责任,增强基层党组织政治功能。坚持开展县乡村三级党组织书记抓党建工作述职评议工作,做到述职测评全覆盖、点评问责全覆盖、整改落实全覆盖,推动各级党组织书记切实履行第一责任人责任。各级党委书记要在其位、谋其政,要重要工作亲自部署、重大问题亲自研究、重点环节亲自协调、重大事项亲自督办,发挥带动示范作用。要严格党建工作述职考核,建立下级党组织书记向上级党组织进行党建述职测评制度,把党建工作作为考核评价领导班子和领导干部的重要内容,纳入各级绩效考核目标,加大党建分值在综合目标考核中的比重,考核情况作为分析研判干部和使用干部的重要依据。

整合资源倾斜基层,保障基层党组织政治功能。党的工作最坚实的力量支撑在基层,最突出的矛盾问题也在基层,必须把抓基层打基础作为长远之计和固本之举。要坚持眼睛向下、重心下移,力量下沉、资源下放,在人力物力财力上向基层适当倾斜,确保基层党组织有资源、有能力为群众服务;要推进资源下沉,通过部门帮扶、支部结对等措施,推动科技、教育、信息等下基层,加大财政投入,落实稳定的经费保障制度,保证基层党组织日常活动所需,落实基层党组织服务群众专项经费和基层干部报酬待遇;要推进基层组织活动场所建设,完善配套设施,增加各领域基层党组织活动场所党建元素,凸显政治功能和形象。

(四)切实加强党对社会组织的领导

随着改革开放不断深入,社会组织快速发展,已成为社会主义现代化建设的重要力量,党的工作和群众工作的重要阵地。在协调推进"四个全面"的战略布局中,社会组织承担着重要任务。社会组织党组织是党在社会组织中的战斗堡垒,发挥着政治核心作用。加强社会组织党建工作,对于把社会组织及其从业人员紧密团结在党的周围,增强党的阶级基础,扩大党的群众基础,夯实党的执政基础,引领社会组织正确发展方向,激发社会组织活力,促进社会组织在国家治理体系和治理能力现代化进程中更好地发挥作用,都具有重要意义。

明确社会组织党组织功能定位。要着眼履行党的政治责任,保证政治方向,紧紧围绕党章赋予基层党组织的基本任务开展工作,严肃组织生活,严明政治纪律、政治规矩和组织纪律,充分发挥党组织的政治功能;要按照建设服务型党组织的要求,创新服务方式,提高服务能力,提升服务水平,关心和维护职工群众的正当权利,通过服务贴近群众、团结群众、引导群众、赢得群众,增强群众政治认同,激发群众工作热情和主人翁意识,汇聚推进改革发展的正能量。

拓展社会组织党组织和党员发挥作用的途径。推行社会组织党员管理层人员和党组织班子成员双向进入、交叉任职,党组织书记应参加或列席管理层有关会议,党组织开展的有关活动可邀请非党员社会组织负责人参加。社会组织党组织要深入了解、密切关注职工群众思想状况和实际需求,创新思想政治教育方式,组织开展群众欢迎的活动,提供群众期盼的服务,切实增强党组织的吸引力和影响力。贯彻从严要求提高组织生活质量,积极开展批评和自我批评,教育引导党员守纪律、讲规矩,坚决防止组织生活随意化、平淡化、娱乐化、庸俗化。

加强社会组织党务工作者队伍建设。按照守信念、讲奉献、有本领、重品行的要求,选优配强社会组织党组织书记,提倡党员社会组织负责人担任党组织书记。社会组织中没有合适人选的,可提请上级党组织选派,再按党内有关规定任职;适应加强社会组织党建工作需要,坚持专兼职结合,多渠道、多样化选用,建设一支素质优良、结构合理、数量充足的党务工作者队伍。在社会组织相对集中的区域建立党建工作站,配备专兼职人员做好党务工作。把社会组织党务工作者纳入基层党务干部培训范围,提高做好群众工作、服务社会组织发展的能力。坚持严格管理和关心激励相结合,建立健全符合社会组织特点的管理考核和激励约束制度,根据实际给予党组织书记和专职党务工作者适当工作津贴。注重推荐优秀党组织书记作为各级党代会代表、人大代表、政协委员人选,作为劳动模范等各类先进人物人选。推荐社会组织负责人作为上述人选时,要征求社会组织党组织意见,使社会组织党务工作者干事有平台、待遇有保障、发展有空间。

参考文献

[1] 习近平.干在实处,走在前列.北京:中共中央党校出版社,2013.

[2] 本书课题组.习近平总书记系列讲话精神学习读本.北京:中共中央党校出版社,2013.

[3] 全国干部培训教材编审指导委员会.提高党的建设科学化水平.北京:人民出版社,党建读物出版社,2015.

（作者单位:宁波市社会科学院）

2015 年宁波工业发展情况分析及 2016 年展望

罗　丽　王懿栋

　　摘　要:2015 年以来,面对错综复杂的国内外形势,我市围绕创新驱动建设工业强市的总体部署,加快工业转型升级,全市工业经济保持平稳增长且提质增效显现。2016 年是实现"十三五"规划的开局之年,将紧紧抓住国家实施"中国制造 2025"和"互联网十"重大机遇,继续强化工业强市战略,优化工作机制和发展环境,推动宁波工业经济平稳健康运行。

　　关键词:工业经济　发展　展望

　　2015 年以来,面对复杂严峻的宏观经济形势,我市认真贯彻落实国家"中国制造 2025""互联网十"战略和市委、市政府"双驱动四治理"总体决策部署,以工业强市为总引领,以工业发展提质增效为总目标,全面推进信息化与工业化深度融合,深入实施"四换三名三创"工程和"精准服务企业"活动,整体工作取得积极成效,有力支撑了全市经济社会平稳健康发展的大局。

一、2015 年宁波规上工业运行情况

　　1—9 月,全市规模以上企业累计完成工业增加值 1845.8 亿元,同比增长 3.4%;完成工业总产值 9905.7 亿元、销售产值 9585.0 亿元、出口交货值 2096.6 亿元,同比分别下降 1.3%、1.9% 和 6.9%;累计产销率 96.8%。全市规上企业累计实现利税总额 1064.5 亿元、利润总额 523.1 亿元,同比分别增长 14.7% 和 11.4%。全市工业经济运行呈现以下几方面特点。

（一）工业生产缓中趋稳

2015 年以来，全市规上工业增加值、产值等生产指标增速均高开低走，但 9 月呈现缓中趋稳态势。1—9 月全市规上工业增加值同比增长 3.4%，累计增速较上半年回落 1.6 个百分点，但较 1—8 月回升 0.3 个百分点；目前虽低于全省平均 0.8 个百分点，但差距较 1—8 月收窄 0.4 个百分点。其中，9 月当月增长 5.1%；在 7 月（-2.1%）、8 月（-1.3%）连续两个月负增长的情况下回升明显。1—9 月，全市规上企业累计完成总产值下降 1.3%，降幅虽高于 1—6 月 2.5 个百分点，但较 1—8 月收窄 0.2 个百分点。

（二）发展质量明显提升

一是经济效益较快增长。1—9 月，在主营业务收入下降 3.5% 的情况下，利税、利润分别增长 14.7% 和 11.4%，明显好于全国（利润下降 1.7%）、全省（利润增长 4.9%）；全市规上企业百元主营业务收入成本 83.3 元，低于上年同期 1.9 元，低于全国平均 2.8 元。在 2014 年高于全国平均 0.2 元的情况下，企业主营业务成本下降明显。石油加工（106.0%）、汽车制造（47.1%）、仪器仪表（24.9%）、专用设备（16.5%）、电气机械（14.1%）等我市主要行业利润均提高较快。二是生产效率不断提高。全员劳动生产率持续提升，1—9 月，我市全员劳动生产率达到 17.4 万元/人，同比增长 6.9%；万元工业增加值用工同比下降 6.5%。三是 GDP 能耗水平继续向好。1—9 月，全市 GDP 能耗下降 2.6%，比上半年继续下降 0.2 个百分点，超额完成全年目标任务 0.4 个百分点。

2015 年宁波工业利润月度增长趋势如图 1 所示。

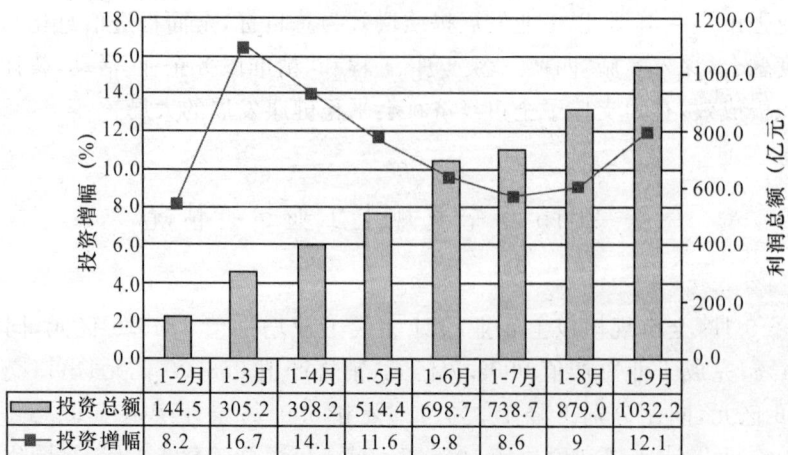

	1-2月	1-3月	1-4月	1-5月	1-6月	1-7月	1-8月	1-9月
投资总额	144.5	305.2	398.2	514.4	698.7	738.7	879.0	1032.2
投资增幅	8.2	16.7	14.1	11.6	9.8	8.6	9	12.1

图 1　2015 年宁波工业利润月度增长趋势

（三）工业投资亮点纷呈

1—9 月全市完成工业投资 1032.2 亿元,同比增长 12.1%,高于 1—6 月 2.3 个百分点;累计增速扭转了自一季度的回落走势,7 月以来出现企稳回升。工业投资结构优化亮点纷呈。一是装备制造业投资高速增长。1—9 月装备制造业投资增长 43.1%,增速较上半年提高 5.2 个百分点,且远高于同期工业投资。二是技改投资继续提高。1—9 月全市完成技改投资 856.0 亿元,同比增长 30.4%;占工业投资比重(82.9%)维持历史高点,高出全省(73.9%)、全国(约 40%)水平。三是民间投资步伐加快。全市工业投资中民间投资达到 644.4 亿元,同比增长 17.4%,占工业投资比重达到 62.4%,较上年同期提高 2.8 个百分点。

2015 年宁波工业投资月度增长趋势如图 2 所示。

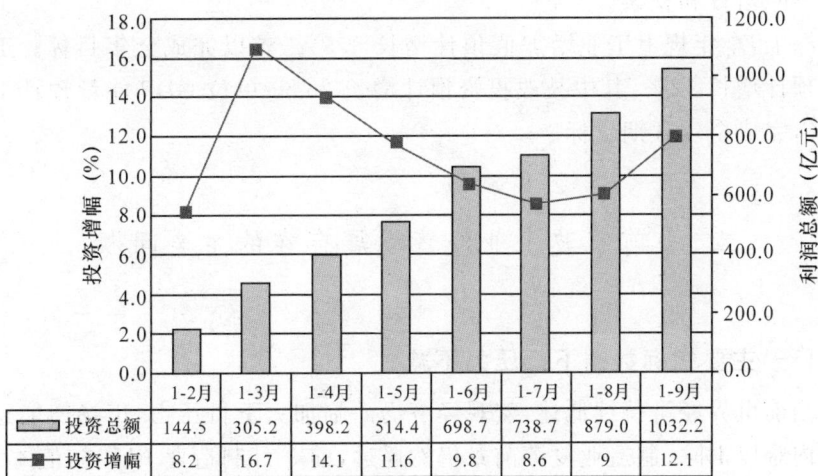

	1-2月	1-3月	1-4月	1-5月	1-6月	1-7月	1-8月	1-9月
投资总额	144.5	305.2	398.2	514.4	698.7	738.7	879.0	1032.2
投资增幅	8.2	16.7	14.1	11.6	9.8	8.6	9	12.1

图 2　2015 年宁波工业投资月度增长趋势

（四）新增长点加快培育

一是信息经济加速发展。1—8 月软件产业实现业务收入同比增长 25.7%,连续两年保持 20% 以上的高速增长。第五届智博会上完成 28 个项目签约,涉及可穿戴设备、云计算、智慧消防等众多领域,总投资约 70 亿元。二是先进制造业不断壮大。1—9 月装备制造业、高新技术产业分别完成增加值 846.1 亿元、678.4 亿元,同比增长 7.5%、4.6%;占全市规上工业比重达到 45.8%、36.8%,分别比上年同期提高 4.8% 和 1.8%。三是新产品研发继续加快。1—9 月全市规上工业完成新产品产值 2819.9 亿元,同比增长

15.9%,增速高出同期产值 17.3 个百分点;新产品产值率达 28.5%,比上年同期提高 3.8 个百分点。

总体而言,我市工业经济发展处于正常区间,符合增速换挡期的特点。当前我国经济发展进入"以速换质"的新常态,工业增长适度放缓,有其客观必然性和合理性。通过避免政府强刺激带来过剩产能的恶性扩张,倒逼产业结构优化,为企业创新发展和转型升级提供时间和空间,这也必将为今后长期健康发展打下坚实基础。整体看,我市工业现阶段的增长速度换挡和产业结构优化的趋势符合新常态下的运行特点和规律。我市主要工业品产量在增长,质量效益在提升,规上企业利润显著好于全国、全省;石油加工、汽车制造、专用设备、仪器仪表、电气机械等主要行业盈利能力提升明显,主要工业品市场竞争力和占有率不断提升,有利于工业转型升级的各项因素正在不断培育和积累。

综上,全年规上工业增加值预计增长 3.5%,难以完成全年目标。工业投资预计增长 12%,其中技改投资预计增长 25%;单位 GDP 能耗预计下降 2.2%,完成全年预期目标。

二、当前宁波工业经济发展存在的主要问题

(一)主要指标数据下行压力不减

当前世界经济持续低迷,宏观经济仍面临加大下行压力,市场产能过剩短期内难以消除;制造业复苏前景仍然遥远,前 9 月制造业 PMI 初值 47.0,创 2009 年以来最低水平,产出、新订单双双下滑,投入产出价格指数继续回落;大宗原材料价格波动剧烈持续下跌,国际原油价格已从 2014 年 6 月的 112 美元跌至目前的 45 美元,创下 6 年来新低。在宏观环境持续趋紧、国内工业增长普遍乏力的背景下,我市工业经济发展难以独善其身,主要指标数据下行压力不减。从现实情况看,随着中金石化的投产,新增产能将对对冲 2014 年四季度的高基数起到积极作用,全年规上工业增加值增速保持平稳。

(二)市场信心不足

近期对主要工业行业协会调研,大多数行业对下步宏观形势判断不容乐观。钢铁协会反映,当前行业内产能严重过剩,产能利用率低于 70%,钢材价格屡创新低。电力行业协会反映,1—5 月我市企业累计业扩报装申请

受理容量同比降低22.1%,累计报停完成容量同比增加26.8%。汽车协会反映,当前整车库存量快速上升,行业内企业产品利润空间相对缩小,行业发展速度料将出现回落。电工电器、服装、塑料、文具等行业协会对下步宏观形势判断均不乐观。

(三)要素制约破解困难

从日前开展的重点企业(产值超10亿元企业全覆盖)走访服务情况看,企业提出的困难问题主要集中在用工、资金、用地等方面。从用工方面看,结构性矛盾突出,中高级技工短缺,新业态人才稀缺,高技术高层次人才难留;从资金方面看,央行降息降准释放的流动性,并未大量进入实体经济,银行惜贷抽贷,贷款成本高,两链风险高。从用地看,企业存在用地紧张、用地成本高等问题。这些困难问题均是长期以来制约企业发展的顽疾共性问题,各类要素制约破解困难。

(四)增量产能支撑不足

2015年缺乏增量支撑。2014年尚有杭州湾大众、海越新材料等重大新项目投产,但2015年尚未有规模较大的增量项目投产,现有产能由于内需不足也不能充分释放。5月以后,汽车制造业景气度下降,生产回落明显。剔除杭州湾大众后,我市461家汽车制造企业1—8月产值增长17.6%,虽整体增长仍较快,但较一季度回落21.3个百分点,回落幅度居各行业之首。此外,截至6月底,全市工业投资新开工项目847个,同比下降9.4%,计划投资478.3亿元,同比下降25.5%,项目平均投资额5646.9万元,同比下降17.8%。新开工项目数、项目投资额、项目平均投资规模的缩减,表明在宏观经济下行压力较大环境下,企业家投资意愿不高,投资行为更为谨慎。伴随2014年下半年以来的股票等资本市场活跃,部分企业家投资实业的定力不足,积极性下降,轻则将放缓投资项目进程,重则将产生"实业融资、分流股市"的现象。

三、2016年宁波工业经济发展形势预测

(一)2016年宁波工业发展面临的外部环境及影响分析

1. 国际环境总体呈现"两大调整"

2016年世界经济仍将处于深度调整期,将呈现"整体向好,风险犹存"的

总体特征,具体来看将呈现"两大调整"的特点。

一是世界经济总体温和复苏,增长格局分化。目前,美国经济表现趋向良好;在量化宽松政策和欧元区政府财政合作的支持下,欧洲经济不断得到改善,日本经济政策性复苏特征明显;新兴经济体增速不同程度放缓,中国经济中高速增长,巴西、俄罗斯经济大幅减速,但总体看新兴经济体仍将是世界经济增长的重要动力。从实体经济复苏进程来看,美国＞欧日＞新兴经济体,发达国家经济增速相对比较稳健,新兴经济体增速下滑。美国为全球制造业驱动主力,扩张略有回升;欧元区制造业稳固扩张,日本制造业扩张提速;部分新兴市场国家继续恶化。预计 2016 年这种分化态势将持续。

二是全球竞争态势不断调整演变。以美国为代表的发达国家将深化实施扩大出口战略和"新工业革命",高技术制造业成为产业和贸易发展的重心,而东南亚等发展中国家的劳动力等成本优势进一步显现,新兴经济体面临更多竞争压力。在货币方面,从货币强弱看,美元＞日元＞欧元＞新兴经济体货币,美联储年内大概率加息,欧元区和日本继续实施 QE 且存在进一步加大力度的可能。未来,欧元、日元保持相对稳定,部分新兴经济体由于资金外流导致汇率贬值可能。同时,全球贸易保护主义不断升级,贸易摩擦呈现常态化、复杂化趋势。

2. 国内发展面临"两大问题"

2015 年,中国经济新常态在大改革、大调整等多重因素的冲击下发生变异。在外需低迷、投资大幅度下滑的作用下,产能过剩,总需求收缩明显,同时,在不平衡力量持续发力与结构性政策的助推下,中国经济在总体疲软中出现了深度的分化,2015 年的宏观调控主要是"定向调控、相机调控、精准调控"。2016 年,中国经济"缓中趋稳,稳中向好,稳中有难",结构性调整进一步深化,发展面临两大问题。

一是潜在风险隐患防范和化解任务艰巨。其主要包括:出口竞争力减弱,2015 年中国被排除出受惠国行列,欧盟对华所有产品普惠制"毕业",对欧盟出口将增加 6％左右的运营成本;外资撤离不断加剧,大陆的外资企业如富士康、歌乐、三星等纷纷把投资转移到东南亚成本较低的国家,中国劳动力和生产成本的激增已经让中国制造优势不再;汇率持续波动,考虑到中国经济增速放缓而美元进一步走强,预计 2016 年人民币将对美元小幅贬值(＜3％),且双向波动增大;外资抽逃,金融市场风险加大等。2016 年,防范和化解这些风险难度依然较大。

二是结构调整依然任重道远。国内经济仍处于"去产能、去库存、去杠杆、降成本、补短板"过程中,从需求侧看,我国需求结构正在从以工业为主向以服务业为主转变,对传统商品的需求相对萎缩,相关产业产能明显过剩;从供给侧看,钢铁、煤炭等传统行业过剩压力较大,而信息软件、生物医药、高端装备制造、新能源等新兴产业虽增势强劲,但尚不足以抵消传统产业的放缓,新老产业增长"青黄不接",产业结构调需要一个长期缓慢的过程。

3. 宁波工业面临的机遇和挑战

总的来讲,宁波工业发展面临着许多新的考验,机遇与挑战并存,需要积极有效应对,更需要抢抓机遇塑造区域发展新优势。

三大机遇:

一是深度参与国际合作的新机遇。国际经济政治格局正在调整变化,但经济全球化之势没有改变,宁波作为我国首批沿海开放城市、"一带一路"战略支点城市和长江经济带龙眼城市,在全国开放格局中的地位没有改变。国家大力实施"一带一路"、长江经济带、自贸区网络等战略,有利于宁波企业与国际组织、跨国公司以及国内地区间合作创造更大的空间,构筑更广阔的平台,更利于宁波工业深度融入全球经济,积极引进海外人才团队和优势产业项目,提升合作水平。

二是调整产业结构的新机遇。从国际看,国际产业转移新特征有利于宁波先进制造业尤其是装备制造业的发展,部分领域新技术的突破有利于宁波技术更新和新兴产业的发展。从国内看,随着国家制造强国和网络强国战略的深入实施,以移动互联网、云计算、大数据、物联网为代表的信息经济,正极大改变现有生产模式、消费模式。"互联网十"加速应用,有利于宁波加快传统优势制造和特色服务业的改造提升,更有利于直接嫁接新技术和新模式,聚焦新领域、超前布局,形成新的增长点。

三是宽松宏观调控政策带来的新机遇。针对需求不足问题和为促进投资结构和消费结构调整优化,2015 年相继取消房地产限购、限贷政策,降低住房首付比例和住房交易环节税,完善出口退税和贸易便利化。针对货币政策传导不畅和实体融资成本过高,国家连续四次降息、三次降低存款准备金率,并利用其他货币政策工具,引导利率下降;政策组合使股市恢复了融资功能。这一系列宏观调控的政策都有助于激发市场活力,降低企业成本。

三大挑战:

一是外贸出口持续较快增长难度较大。由于世界经济复苏总体依然低迷,2015 年中国出口增速和进口增速虽然将改变上半年持续回落的局面,于下半年出现轻度的反弹,但依旧难以改变低迷的局面。预计 2015 年出口增速为 2.6%,比 2014 年回落 2.3 个百分点;进口增速为 -8.0%,比 2014 年回落了 7.4 个百分点。同时,由于人民币汇率的不稳定性,也给外贸接单带来了不确定性。我市工业外向度约 22%,显著高于全国(12%)和全省(18%),外贸出口的大幅回落将严重影响我市的工业经济发展。

二是工业转型升级面临战略挤压和政策挤压。美国、英国、德国、日本等发达国家纷纷推行"再工业化"战略,俄罗斯、印度、越南、马来西亚、印尼、菲律宾等新兴市场国家加快确立制造业比较优势,在双重挤压下,宁波工业继续保持较快增长面临巨大战略挤压。国内工业发展政策导向强调东部地区对中西部地区的辐射带动,更加关注均衡化、扩散化发展,政策资源将更多地向中西部地区集中,特别是在中国经济进入新常态,国内外市场空间受限的情况下,中西部地区将在政策带动下提前进入高端发展阶段,与东部地区形成水平竞争,宁波作为东部地区,工业转型升级面对政策挤压。

三是经济平稳向好面临挑战。2016 年国内外经济发展环境仍较为复杂,世界经济仍处于危机后的调整期,发达经济体增长乏力,新兴经济体增速放缓,国内市场需求不足、投资乏力的局面短期内难以改变。对我市来说,外贸出口持续较快增长难度较大,投资驱动面临难以高位持续增长,经济增长主要靠资木和简单劳动投入的模式没有根本转变,产业转型升级尚需时日,我市经济运行平稳向好依然面临诸多挑战。

(二)2016 年宁波工业经济发展趋势预测

综上可看,2016 年,国内外发展环境依然错综复杂,不确定因素依然较多,诸多因素相互交织叠加,对我市工业经济将产生一定影响。预计 2016 年我市工业经济总体将继续保持稳定健康发展的态势,主要经济指标增速将处于中速到中高速之间,但企业经营状况分化的压力仍然较大。

1. 工业经济稳中有进

随着宁波"工业强市"战略稳步推进,智能制造、信息经济、工业创新驱动等深入发展,战略性新兴产业和高新技术产业政策逐步到位,我市工业增长有望得到提升。预计 2016 年全部工业增加值增长 5.5% 左右。

2. 工业投资稳重趋缓

受宏观经济环境影响,企业投资意愿减弱,民间投资活跃度降低,但随着我市转型升级步伐加快,资本技术密集型产业将成为我市工业投资增长主力军。预计 2016 年限额以上工业投资增长低于 2015 年。

3. 工业结构调整不断优化

深入推进"中国制造 2025""互联网＋"战略,大力发展智能制造、信息经济,深入实施制造业创新中心建设工程、智能制造工程、"互联网＋"制造业工程,鼓励企业培育自主品牌,加强产品质量建设。预计 2016 年装备制造业、战略性新兴产业、高新技术产业增加值增速均快于规上工业,规上企业科技活动经费支出增长将快于工业增加值增幅。

4. 节能降耗不断深化

加大节能改造投入,加大淘汰落后产能,完善节能工作机制,合力推进重点领域节能。预计 2016 年全市单位 GDP 能耗下降 2%。通过淘汰落后、腾笼换鸟,再腾出 20 万吨标煤左右用能空间;通过重点企业、重点节能技改项目,再挖掘 50 万吨标煤左右节能空间。

四、2016 年推进宁波工业经济发展的对策举措

2016 年,全市经信系统将紧紧抓住国家实施"中国制造 2025"和"互联网＋"重大机遇,继续强化工业强市战略,重点围绕智能转型、创新驱动、融合发展、产业升级等开展一系列工作。

(一)加快智能转型,形成增长合力

1. 建设重大创新载体

启动建设全市新材料创新中心和智能装备创新中心建设,推动一批材料基因组、绿能交通、模具等本地优势产业创新中心和创新联盟建设。加强重点领域应用研究,深化与工信部、中国工程院对接,积极谋划一批重大发展平台和重点项目,推动工信部软件与集成电路中心、中关村科技评价研究院落地。

2. 培育智能装备产业

贯彻落实《关于加快发展智能装备产业发展的实施意见》各项扶持举措,重点推进智能装备优势企业和高成长企业等主体培育、产业服务平台建设、全产业链打造、应用示范企业评选等工作,培育工业有效投资新的增长点。

3. 加快智能装备应用

深度推进"机器换人"工作,组织自动化(智能化)改造试点,指导已竣工试点项目的装备制造企业开展自动化(智能化)装备的系列化开发;组织实施 2016 年成套装备改造试点和智能工厂/数字化车间项目,进一步提升我市智能装备产业技术水平和特色块状经济行业生产的自动化、智能化水平。搭建技术对接平台。依托拟筹建的市智能制造行业协会,组织省市"机器换人"专家指导组和工程服务公司,开展面向劳动密集型行业的综合性、分行业的技术对接活动。

4. 推进制造过程智能化

依托"互联网+"推动传统产业转型升级,制定"互联网+家电"、"互联网+时尚"、"互联网+模具"等"互联网+传统制造业"融合发展路线图,支持企业开展异地协同开发、云制造和个性化定制试点,推进价值链中低端产业的产品升级和制造转型。加快新一代信息技术的推广应用,深化信息化与制造业的融合,开展供应链管理试点,推动制造资源和制造能力虚拟化和服务化。

(二)强化创新驱动,提高发展动力

1. 加强企业创新能力建设

继续深化国家级、省级、市级三级企业技术中心管理体系建设,开展省级企业技术中心的培育辅导,进一步推进省级重点企业研究院建设;加快新产品开发,加大重要新产品产业化项目扶持力度。深化"互联网+"产业创新,加快培育关联新兴产业以及跨境电商、工业互联网、移动互联网、互联网金融等新业态,培育新的增长点。

2. 加快工业设计产业发展

编制发布宁波市工业设计"十三五"行动计划,以新型产品、专用电子产品、高端装备的开发设计,以及装备、软件、在线服务为一体的集成设计为重点,强化设计与产业对接,完善工业设计长效对接机制,组织 2016 年"和丰奖"工业设计大赛。加强设计人才培训,加快宁波市工业设计孵化中心建设,加强对工业设计园区、工业设计中心和设计主导性制造企业的跟踪管理。

3. 加快推进企业管理创新

继续实施"百家企业管理创新辅导"活动,出台中小企业管理咨询工作指导意见,收集项目典型,推广成功案例,推动企业管理创新社会化服务,组织招募管理咨询志愿者队伍,开展管理诊断义诊服务。持续推进中小企业素质提升系列培训工程,分行业推进"互联网＋制造"专题培训,实施"先进制造卓越工程师培养工程",培育企业管理标杆,建立精细化管理示范企业的评定和培育机制。

(三)紧抓信息经济,深化融合发展

1. 加快信息产业发展

落实《关于加快发展信息经济的实施意见》,编制信息经济三年行动计划和年度计划,出台《加快发展信息经济重要工作任务分解方案》。主抓重点领域和重点项目,推进信息经济"一县一品"特色产业示范区建设,布局全市信息经济产业载体。加强产业资金扶持,引培信息经济产业人才,制定出台《宁波市信息经济创业创新创业创新扶持办法》等系列配套措施,引导信息经济行业"大众创业万众创新"。

2. 力推两化融合

加快两化融合贯标和普及培训,实施企业应用信息技术重点项目认定培育工程,推进两化融合贯标评定,研究建立两化融合专家库,提升企业信息化支撑能力。加快中之杰"一云通"等产业云、大数据公共服务平台建设,协调做好纺织服装创新云平台和智能家电物联网创新云平台推进工作,将其创建成为两化深度融合典范,助力我市中小企业转型升级。谋划启动航天科工工业云制造创新服务平台,促进制造企业应用。

3. 加强信息网络基础设施建设

大力推动高速移动网络建设和免费无线网络覆盖工作。深入贯彻落实"宽带中国战略";积极推动我市互联网出口带宽提升和提质,鼓励有条件的企业和园区开通国际出口直联业务;进一步扩大免费无线 WiFi 的覆盖范围,提升市政务云计算中心支撑能力;积极采用社会化投资建设平台,建设我市城市公共设施物联网平台。

4. 深化智慧城市建设水平

尽快启动智慧城市运营中心项目建设,搭建城市治理与服务体制机制创新的虚拟载体。继续推进国家级、省级、市级试点工作,抓好智慧物流、智慧健康保障、智慧交通、智慧教育等试点项目建设,继续拓展居民健康卡就诊应用的医院覆盖面,推进市民卡在交通、金融、教育、卫生等领域的发展。

加快推进基层社会服务管理信息系统建设试点。办好第六届智慧城市博览会。

(四)推进有效投资,增强发展后劲

1. 深入谋划重大产业项目

深入谋划一批"十三五"重大产业项目,研究制定"十三五"重点产业发展三年行动计划,跟踪重大项目推进和用地保障。按照"中国制造 2025"宁波实施纲要要求,建设"中国制造 2025"项目库,着力推进智能制造、强基工程、两化融合、创新中心等项目的引进和建设。加强项目前期工作,主动做好项目的规划预审和组织协调工作,为后续推进奠定基础。

2. 完善工业投资推进机制

修订工业投资考核评价指标体系,从投资绩效、组织领导、工作措施和要素保障等方面对各地工业和技改投资工作推进情况进行量化考核,并参照省考核标准落实土地和财政奖励资金。健全市、县两级和各部门协同推进的工作机制,加强对工业投资和智能制造工作的政策指导和宣传引导,协调解决困难和问题,落实相关政策。

3. 大力支持重点行业技术改造

健全完善企业技术改造支持方式,积极引导鼓励企业应用自动化、智能化为特征的现代制造方式加大技改力度,制定发布我市加快扶持技术改造的实施意见,适时启动《宁波市工业企业技术改造促进条例》立法调研工作。深入推进"零土地技改"政策实施。实施市本级技改专项,推进智能制造、高成长企业、产业链龙头企业等技改专项建设,加强对国家技改专项项目的跟踪协调和服务。

4. 强化重大项目跟踪服务

建立健全领导联系服务重大工业投资项目机制。落实"月跟踪、季汇总、年考评"工作制度,每月跟踪统计重大工业投资项目建设进度。依托市、县两级工作联动机制和 8718 企业服务平台,跟踪监测"中国制造 2025"项目、2000 万元以上工业投资项目、5000 万元以上工业投资项目和 500 万元以上技改投资项目等四类项目的实施进度,每季度形成项目分析报告。加强项目精准服务,协调解决项目推进中遇到的问题,继续推动东软集团、新松机器人、同方泰德、海尔集团、腾讯、航天科工等重点项目,促进项目早竣工、早投产、早见效。加强工业集聚平台建设,探索出台工业集聚区发展的

有关配套政策。

(五)加快产业升级,力促结构调整

1. 促进战略性新兴产业发展

加快新材料、新能源产业发展。要发挥我市装备制造业和新材料产业各自优势,促进重点企业对接,开展新产品新材料现场会等产业对接活动,积极破解新技术新材料推广应用的"最后一公里"问题,加快壮大相关产业规模。加快石墨烯、南车新能源汽车等项目建设和应用推广,强化上下游产业协调,加快千亿级产业链打造。编制发布工业机器人、集成电路和永磁伺服电机细分产业链建设方案。

2. 推进传统产业转型

深入实施"腾笼换鸟",以"五水共治"为抓手,配合市级有关部门做好印染、造纸、化工、电镀等行业的整治行动,加快淘汰落后产能、落后设备。加快实施"空间换地"工程,加快旧厂房改造,激发和调动各地对旧厂房改造的积极性和主动性,积极探索建立完善旧厂区改造长效机制,确保完成省里下达的目标任务。

3. 深入实施工业强基工程

进一步强化工业基础能力,围绕智能装备、海洋工程装备、轨道交通装备、高端电子等重点领域需求,争取一批国家重点工程、科技重大专项、科技计划、产业化项目和应用示范工程,加快突破一批关键部件,掌握一批先进工艺,攻克一批基础材料,布局一批行业技术平台,提升"四基"创新能力,增强工业发展根基。

4. 推进军民结合产业发展

加大航空方面军民结合产业发展的推进力度,扩大我市涉军单位的业务与市场;组织开展涉及军工科研生产管理、认证等内容的培训,提高涉军单位的业务水平和管理能力;积极推进军民技术成果双向转移,重点推进军民两用新材料、新能源、航空航天、船舶制造、电子信息和公共安全等六大领域军民结合产业发展。

(六)深化节能降耗,提升发展质量

1. 加大节能改造投入

围绕余热余压利用等先进节能技术,加大在石化、建材、钢铁、化纤、造

纸等重点耗能行业的推广应用,计划组织实施节能改造项目 500 项以上、节能量 50 万吨标准煤以上。继续推进"万台注塑机电机改造"专项行动,改造重点从注塑机向压铸机、成型机等领域扩展。推进合同能源管理促进企业节能改造的新模式,引导金融机构支持合同能源管理项目。加大节能新产品(技术)的推广应用。推进制造业清洁生产,组织 150 家企业清洁生产审核。

2. 加大落后产能淘汰

加大产能过剩行业落后产能的淘汰,运用行政、法律、经济等综合措施,计划淘汰 30 家重点企业,实施 20 项整治提升项目。推进全市高污染燃料锅炉淘汰改造工作,力争完成 700 台高污染燃料锅炉淘汰改造任务。继续推进不锈钢熔炼和铸造企业的差别电价政策实施工作,力争腾出用能空间 20 万吨标准煤以上。

3. 完善节能工作机制

落实和优化能评审查制度,强化单位资源产出绩效理念,严格控制高能耗、重污染、低产出项目的准入。组织开展节能竣工验收和能效后评估工作,计划对 150 家企业开展能源监察(审计、对标、能效)工作。继续举办以节能节水为重点的节能宣传月活动,组织开展形式多样、内容丰富的宣传活动,进一步营造节能节水良好氛围。

4. 合力推进重点领域节能

交通领域重点推进低碳运输体系建设,实施新能源汽车、黄标车淘汰、公共自行车等项目。建筑领域重点是推进绿色建筑建设,提高可再生能源的应用。公共机构领域重点推进 LED 照明改造,推进节约型公共机构建设。商贸、旅游等领域重点推进中央空调等节能改造,促进节能新技术的应用,加强用能管理,提高能源利用效益。

(七)完善公共服务,强化发展保障

1. 强化精准服务

进一步开发建设"企服云"载体功能,完善企服网络体系。督促企服责任人进企服务,并及时登录"企服云",登记企服事项,健全企服档案。完善督查考核和评价奖励机制,委托第三方机构开展关于"企业服务责任人、政府部门、中介机构"服务满意度评价。运用大数据、云服务,梳理分析企业困难(需求),协调解决企业困难(需求),协同处理重点问题。

2. 促进融资担保行业健康发展

建立具有融资担保和再担保功能的宁波市中小企业融资担保集团公司,为全市范围内的融资担保公司提供再担保服务。研究设立市级融资担保基金,完善银担合作模式,创新产品和服务,建立健全融资担保业务风险分散机制,努力实现我市小微企业和"三农"融资担保业务较快增长、融资担保费率保持较低水平,小微企业和"三农"融资担保保户数占比在五年内达到不低于 60% 的目标。

3. 推进小微企业创业体系建设

积极引导乡镇(街道)、社会机构依托现有工业园区、产业基地,建立小微企业创业基地,为创业者提供生产经营场所。鼓励创业基地完善公共服务设施建设,引入专业化服务机构,为创业基地内的小微企业提供多功能、个性化的服务。加大市级小微企业创业示范基地培育力度,力争 2~4 家成为国家级小企业创业示范基地。推进中小企业创新服务体系建设,培育一批市级公共技术服务平台、市级示范平台和国家级示范平台。

4. 加强运行监测预警

加快推进工业和信息经济综合数据平台建设,加强工业经济运行专题分析,提高运行分析质量。做好全市工业经济月度、季度、半年度的运行分析工作;注重重点行业的监测分析,探索、尝试运用大数据预测行业运行情况;加强重点企业特别是龙头骨干企业(10 亿元以上)的监测分析。完善重点企业月度预报制度,优化预报、反馈、核实工作机制,第一时间掌握其生产经营情况;完善与统计部门的联系会商制度;继续落实县(市)区工业转型升级考核工作。

(八)深化机制改革,激发发展活力

1. 健全完善发展资源统筹协调机制

建立全市制造业发展的重大政策、重大规划、重大项目、重大工程和要素保障配置等综合协调机制,完善制造业发展的体制机制保障,建立资金、土地、能源、人才等发展要素科学分配机制。完善工业投资及工业集聚区管理体制,探索实施负面清单管理。

2. 完善制造业发展评价机制

建立"中国制造 2025"推进工作和政策实施评价机制。建立有利于各类高端要素流向制造业的自由配置机制和开放协同高效的创新服务体系,推

进完善制造业发展全要素单位产出评价机制。探索用能权确权、节能量交易、区域能源平衡等新机制。

3. 深化改革行政审批机制

创建以"四张清单一张网"为核心的制造业减负强基可持续的发展环境,主动做好经信系统行政审批职能,进一步理顺内设机构审批职能,优化审批流程设置,提高行政审批服务效率,基本形成批管分离的高效行政审批运行体制。逐步落实重大行政决策合法性审查制度归并工作。

4. 推进建立产业金融融合机制

充分发挥产业基金、信用担保、融资租赁和转贷基金等机构主体对制造业发展的重要支持作用,健全完善工信产业基金运作和管理制度,积极推进母基金和三个子基金的投资进度。健全完善制造业与银行、保险等金融机构的互动互助机制。探索打造具有区域特色的产业金融生态环境。

参考文献

[1] 宁波市经信委.2015 年前三季度工业运行情况分析.2015.

[2] 詹鑫华.宁波发展蓝皮书(2015).杭州:浙江工业大学出版社,2015.

[3] 宁波市经信委.宁波工业和信息化发展报告(2015).2015.

(作者单位:宁波市工业经济发展研究所)

2015 年宁波农业发展情况分析及 2016 年展望

屠雯珺　胡飞白

摘　要：农业是国民经济中最重要的物质生产部门之一，关系到国计民生。2015 年我市农业呈现平稳发展态势，现代农业产业布局逐步完善，农业服务水平进一步提高。但是我市农业发展仍受到生态环境、土地流转速度和规模、资金、经营主体治理结构、从业人员素质和社会化服务效率的多重制约。根据我市的资源禀赋和经济特征，我市下一步应通过大力推动农业高效生态发展，通过机制体制的改革，推动农村土地流转，培育新型农业经营主体等方面来发展可持续农业，推进农业产业融合互动。同时，还应该进一步推动农业社会化服务，解决农业现代化发展资金不足和农业信息不对称等问题。

关键词：农业经济　发展现状　发展趋势

一、2015 年宁波农业的发展情况

（一）农业生产基本情况

2015 年，全市农业经济稳中有进，主要得益于种植业生产平稳增长、畜牧业生产降幅收窄、渔业产量较快增长。前三季度完成农林牧渔业总产值为 300.7 亿元，同比增长 1.6%；完成农林牧渔业增加值 197.2 亿元，同比增

长 1.8%。

1. 种植业生产平稳增长

早稻种植面积稳中有升。2015 年早稻种植面积为 23 万亩,比 2014 年增加 0.5 万亩,面积稳中有升。早稻品种仍然以甬籼 15、甬籼 69 和中早 39 为主,面积分别为 8.9 万亩、4.8 万亩和 7.7 万亩。2015 年我市继续执行国家发布的稻谷最低收购价政策和早稻订单粮价外补贴和种粮大户收购环节补贴政策。

春粮丰产又丰收。在粮食扶持政策推动、良种良法等实用技术大力推广,高产栽培与机收作业有机配合下,春粮种植形势喜人,呈现"三增",即"面积增、单产增、总产增",春粮面积同比增长 1.5%、单产增长 18.26%、总产增长 19.6%;其中,小麦 16.7 万亩、亩产 304 公斤、总产 5.1 万吨,比上年面积增加 2.2 万亩、亩产增 20 公斤、总产增 0.9 万吨,创历史新高。

油菜及蔬菜瓜果等其他种植业发展平稳。2015 年我市油菜生产表现为"二增一减",即单产和总产增加而面积减少:油菜面积同比减幅 1%、单产增长 3%、总产增长 1%。2015 年全市蔬菜瓜果面积 66.2 万亩,呈现面积略减、产量增、效益增的态势。

2. 畜牧业生产降幅收窄

2015 年是贯彻落实省委、省政府"五水共治"和深入推进畜牧业转型升级的攻坚之年。全年仍有大量的畜禽养殖场被关停搬迁,受畜禽养殖场关闭和存栏下滑的双重影响,我市畜牧业生产仍呈下滑态势,但降幅继续收窄,收缩幅度有所减缓。据统计,前三季度全市完成肉类总产量 11.61 万吨,同比下降 12.1%;禽蛋产量 4.71 万吨,同比下降 4.2%;而牛奶产量因奶牛养殖量和单产的双增,出现了大幅度上升,总产量达到 22753 吨,同比增加 323.8%。

表 1　2015 年前三季度宁波畜牧业生产情况

	存栏		出栏	
	总量	同比增幅	总量	同比增幅
生猪(万头) (其中:能繁殖母猪)	89.99 (7.72)	−18.1% (−24.0%)	109.9 (—)	−11.3% (—)
家禽(万只)	793.92	−11.4%	1241.51	−18.4%

	存栏		出栏	
	总量	同比增幅	总量	同比增幅
牛（头） （其中：奶牛）	17100 （7949）	－3.01% （2.9%）	6183 （—）	17.6% （—）
羊（万只）	12.42	9.2%	8.39	5.0%
兔（万只）	37.08	－12.6%	44.51	1.7%

注：数据来源宁波市农业局三季度年度统计数据。

由表1可知，生猪存栏89.99万头，同比下降18.1%，其中能繁殖母猪存栏7.72万头，同比下降24.0%；生猪出栏109.9万头，同比下降11.3%。家禽存栏793.92万只，同比下降11.4%；家禽出栏1241.51万只，同比下降18.4%。牛存栏1.71万头，其中奶牛7949头，同比分别小幅增加3.01%和2.9%；牛出栏6183头，同比增加17.6%。羊存栏12.42万只，出栏8.39万只，同比分别增长9.2%和5.0%，较快的增长得益于近年来羊的养殖效益增加，各地纷纷改扩建羊场。兔存栏37.08万只，同比下降12.6%；出栏44.51万只，同比增加1.7%。

3. 林特经济有升有降

全市生态环境进一步好转。全市林地面积688.8万亩，其中森林面积650.6万亩，森林覆盖率50.35%，活立木蓄积量1420.8万立方米，其中森林蓄积量1364.8万立方米，全市平原林木覆盖率19.4%，城市建成区绿化覆盖率38.28%，绿地率35.01%，人均公绿10.58平方米。全市森林年吸取二氧化碳400万吨，释放氧气300万吨，涵养水源45亿立方米，森林植被固碳、固土保肥、涵养水源等生态效益贡献值190亿元。苗木销售有升有降，花灌木量价齐涨。以樱花、红枫为代表的较大规格常规苗木量价齐跌，规格越大，下跌幅度越大。

名优茶开采延后，呈现量质双增。2015年上半年产量2125吨，同比增加13.1%，产值5.4亿元，同比增加7.2%。其中红茶产业快速发展，产量24.1吨，产值2334.5万元，同比分别增加31.7%和11%，已成为名优茶第二大茶叶产品。茶类销售先抑后扬，前期高档名茶价格平均下降10%左右，消费多元化对地产名茶销售的冲击开始显现。

竹笋产量大幅增加，产量17.41万吨，比2014年增加21.2%，产值7.2亿元，与2014年持平，但受外贸形势影响，价格下降明显，比同期下降20%

以上。枇杷、杨梅量减价升,其中,枇杷产量同比降幅 16.3%,价格提高二成至三成;受梅雨季节多雨天气影响,象山杨梅产量约 6540 吨,较 2014 年减产六成,但"物以稀为贵",自 6 月中旬销售以来,价格稳步上升,总产值达到 6828 万元,是 2014 年的两倍多。受"灿鸿"影响,梨、桃产值同比降幅 40%,葡萄产值与 2014 年同期持平。

4. 渔业产量较快增长

2015 年宁波渔业继续平稳增长,1—9 月,全市水产品总量 54.11 万吨、总产值(含苗种产值)70.48 亿元,比 2014 年分别增长 2.85% 和 1.84%。其中,海洋捕捞产量 30.57 万吨,同比增长 1.75%,预计随着新增 9 条远洋船投入生产,产量将进一步增加;因水环境整治,海、淡水养殖面积减少,海、淡水养殖产量,同比分别下降 0.13% 和 4.35%。从渔业生产效益来看,经济鱼类占比有所回升,柴油和钢材价格下降明显,水产品价格总体上涨,渔民收入总体有所增加。受国际市场需求疲软和汇率波动的影响,全市水产品出口呈现"量额齐减",据宁波海关提供的数据,1—8 月水产品出口总量和出口额分别为 10.99 万吨和 26.26 亿元,同比分别下降 22.6% 和 19.6%。

(二)现代农业产业布局逐步完善

1. "两区"建设不断推进

"十二五"以来,我市以农业"两区"(现代农业园区和粮食功能区)建设为重点,全力发展新型农业。2015 年 1 月 22 日,农业部正式认定宁波为国家现代农业示范区,开启了我市现代农业发展的崭新征程。2015 年度全市现代农业园区计划完成投资 2 亿元,截至上半年,现代农业园区项目已完成投资 8797 万元,完成计划投资的 106%,有 5 个园区项目通过了竣工验收。目前全市已累计开工建设现代农业园区项目 199 个,其中主导产业示范区 50 个,特色农业精品园 149 个,总面积 27.3 万亩,计划总投资 13.33 亿元,已完成投资 13.40 亿元,有 128 个项目通过了竣工验收。计划新建 10 万亩粮食生产功能区,目前在建和建成的总面积达 45 万亩。

2015 年全市粮食功能区标准化建设任务 9.9 万亩,其中农业局单独实施 1.8225 万亩,共 10 个项目,涉及余姚、宁海、象山、鄞州等 4 个县(市)区,总投资 2580.3 万元。截至 2015 年 6 月 24 日,已完成总工程量(进度)的 34.4%,完成总投资 877.3 万元,占 34.4%,其中余姚泗门项目(0.1 万亩)已完成土建工程。

2. 新型主体培养初显成效

新型农业经营体系是对农村基本经营制度的丰富发展，也体现了现代农业的客观要求。我市通过强化政策扶持，技术支持和规范管理等多项举措，培育壮大了一批农业龙头企业、农民专业合作社、家庭农场、专业大户、农民经纪人等新型农业经营主体。2015 年新增示范性家庭农场 40 个，示范性农民专业合作社 8 家，组建农民专业合作联合社 2 个，新增市级以上农业龙头企业 11 家，农业生产组织化程度稳步提高。新型主体的快速发展主要依赖于以下三个原因。一是 2015 年我市出台《关于进一步加快农村土地承包经营权流转促进农业转型升级的意见》，进一步规范流转行为，通过机制改革扶植新型主体。全市土地流转率达到 65.2%，适度规模经营率达到67.3%，均居全省第一。二是我市加快新型农民培育，为农业发展提供现代化的人才。2015 年我市在全省率先出台新型职业农民（现代农业职业经理人）认定管理办法，宁海县和慈溪市成为国家级试点县。至 10 月底，全市已完成各类农民培训 8.3 万人次，其中农村实用人才 1.2 万人次，农村实用人才总数达到 15.5 万人，占全市农村实有劳动力的 6.5%。三是大力培育社会化的服务组织，提升新型经营主体的竞争力。上半年，全市新增农机合作社 6 家，农机合作社总数达到 388 家，平均每个涉农乡镇 3.2 个，居全国领先水平；新成立股份制农机作业服务公司 4 家，累计达到 7 家，服务面积进一步扩大，效率进一步提高。

3. 农业技术创新成效明显

技术创新是建设现代化农业，促进产业转型升级的基础。2015 年，我市农业科技支撑水平进一步提升，农业科技创新力度更大。2015 年共申报国家、部、市级项目 36 项，已立项 30 项，"十二五"国家科技支撑计划项目"果蔬绿色化学防腐剂研发与应用"正式立项，实现我市此类项目"零"的突破。现代种业发展态势良好，甬优 538 被农业部确认为国家超级稻推广品种，累计已有 4 个超级稻品种。甬榨 5 号打破榨菜亩产和单个两项浙江省吉尼斯纪录。粮食高产能力提升明显，自主选育品种推广面积不断扩大。甬优 538等 9 个水稻品种列入全省性主导品种，落实超高产百亩示范方 100 多个，推广面积超 420 万亩。大力推广"万元地"与"粮经结合"等高效种植模式，引进新品种 206 个，推广主导农作物品种 35 个、主推技术 10 项，创建"粮经结合"示范点 5 个，落实"万元地"面积 17.5 万亩。完成海洋与渔业科技创新基地和国家宁波岱衢族大黄鱼良种场建设，实施各类科研项目 18 项，其中主持承担国家重点星火计划项目 1 项。

4. 新型业态农业发展态势良好

宁波是经济大市、资源小市,全市耕地保有面积在 300 万亩左右,人均耕地只有 0.55 亩,仅为全国平均水平的 40%。但宁波山地丘陵、平原湖泊、海域滩涂等资源齐备,农、林、牧、渔等产业齐全。基于宁波农业资源要素稀缺,但品类丰富这种资源禀赋,我市从"十一五"开始就大力推动高技术含量、高附加值的新型业态农业发展。宁波市"十二五"规划纲要提出发展新型业态农业,涵盖了出口型农业、循环农业、农家乐、乡村旅游、景观农业等新型农业发展方向。2015 年,我市新型业态农业推进顺利,农家乐休闲旅游发展态势较好。全市农家乐休闲旅游共接待游客 3206 万人次,营业收入 32.6 亿元,同比分别增长 23.5% 和 22.0%,继续保持高速增长态势。同时,宁波市农家乐联盟服务平台正式运行,有望实现线上线下订单销售,宁波农家乐特色村(点)无线 WiFi 实现全覆盖,宁波农家乐与上海及本土旅行社体验游推进,将进一步提升农家乐的品质和人气,增加客流量和收入。我市积极发展农牧结合、立体种植等循环农业,加强畜禽排泄物和农作物秸秆资源化利用。预计 2015 年底全市规模养殖场畜禽排泄物综合利用率达 98%,农作物秸秆综合利用率达 87%。

(三)农业服务水平进一步提高

1. 农业相关补贴资金落实到位

2015 年上半年,安排粮食生产扶持资金 1400 万元,分别为农作物病虫害专业化统防统治补助经费 600 万元,种粮大户收购补贴 800 万元,对稳定春粮面积起到积极作用。全市已实施中央、市级农机购置补贴资金 1244 万元,市级农机作业补贴资金 2500 万元,直接引导农民投入 2500 多万元,补贴机具 1705 台套,受益合作组织和农户 705 个,使我市农机装备水平进一步提高,结构进一步优化,助推了农业特色产业的发展。2015 年,全市申报审核渔业油价补助 37.86 万吨,渔业柴油补贴政策的实施为降低渔业生产者的生产成本、促进渔民增收发挥了积极的作用。

2. 政策性农业保险不断完善

农业投资周期长,并具有外部不确定性,农业保险对于农业的转型升级必不可少。2015 年 3 月,《关于明确 2015 年政策性农业保险有关政策的通知》出台,推动了农业政策性保险快速发展。截至 11 月底,全市已有政策性农业保险品种 26 个、附加险 6 个,基本覆盖全市主要农作物和畜禽产品。全市参保户 16 万户,保费收入 12996.7 万元,在保险品种、参保农户、保费收入等方面均为全省第一。这次"灿鸿"台风过后,全市农险经营机构第一时间深入灾区,开展查勘、定损和理赔工作,截至目前,已受理报案 4470 件,报损金额 1.52 亿元,已查勘定损 3930 件(剩余主要是水稻,在收获后定损),估损金额 1.15 亿元,其中 398 件已完成理赔,共计赔款 898 万元。

3. 社会化服务体系不断完善

2015 年,我市为农服务水平进一步提升。培育了社会化服务组织 388 家,平均每个涉农乡镇 3.2 个,居全国领先水平。"三位一体"新型供销服务网络日益健全,新增专业合作社联合社 8 家,累计 16 家,余姚市率先实现基层供销社乡镇全覆盖。优化农资供应服务,落实春耕用肥储备与供应,举办全市供销社春耕支农惠农服务活动,推广农田病虫害统防统治服务,上半年实际供应化肥 9.3 万吨、农药 5090.3 吨。全市域农村电商网络渐趋成形。出资 1000 万元成立宁波供销电商公司,现已成为淘宝大学全国首批 22 家县域电商人才服务商之一。淘宝"特色中国·宁波馆"上半年实现总销售额 7000 万元,累计突破 1.2 亿元,居淘宝特色中国市级馆第一。现代农业综合服务中心建设逐步完善,其中江北已建成,余姚临山等 4 个中心开工建设。抓好农产品流通服务工作。举办第六届全市供销社系统迎春优质农产品展销会,220 多家参展商家 7 天展销时间实现现场销售额 1500 万元,网上同步展销交易额 530 万元,并组织农产品经纪人培训 222 人次。金融支农服务平台加快建设,自办金融服务实体探索卓有成效,市农信担保公司上半年担保余额 8200 万元,累计为农户提供信用贷款担保 5.6 亿元。

(四)美丽乡村建设稳步推进

1."三村一线"创建全面铺开

2015 年,宁波"三村一线"建设全面展开,为农业的多维发展提供可能。全市计划创建全面小康村 45 个,培育中心村 18 个、特色村 30 个、精品线 8 条,年度预算 7000 万元已全部下拨各县(市)区。在建设的同时做好历史文化村落保护利用,提出《宁波市 2015 年度历史文化名城名镇名村保护工作要点》,今后三年,市财政每年落实保护专项补助资金 5000 万元。2015 年上报的省第三批历史文化村落保护利用重点村与市确定的 5 个试点村落已实现有效对接。

2. 农村环境不断改善

以垃圾处理和污水治理为突破口,2015 年我市不断推进农村环境治理,加强生态建设。我市积极扩大农村垃圾减量化资源化处理试点,启动实施试点村 4 个,目前 4 个村都已编制试点实施方案上报省里。污水治理方面也有较大推进,截至 6 月底,共有 781 个村完成施工方案设计,占省任务 102%;各县(市)区全部完成主要管材采购;598 个村完成建筑施工招标,占省任务 78%;532 个村已经进场施工,占省任务 69%,工作进度明显快于上年同期。各县(市)区已落实农村生活污水治理资金约 21.2 亿元。同时我市继续推进水生态文明城市建设试点工作,上半年已投入资金 0.5 亿元完成姚江东排江北一期、鄞东南沿山干河东钱湖段、鄞州古林西洋港生态河道等一批示范河段;上半年建成 2 个省级生态乡镇(街道),北仑区通过国家级生态区现场验收,江北区通过国家级生态区技术评估,全市累计已建成国家级生态县(市)区 4 个(宁海、象山、镇海、北仑)、生态乡镇 96 个、生态村 2 个,所有 9 个涉农县(市)区均建成省级生态县(市)区。四明山区域毁林开垦势头得到有效遏制,森林生态修复工作同步展开,全市森林覆盖率达到 50.4%。继续开展大规模渔业资源增殖放流行动,上半年市本级已投入市财政资金 772.1 万元,总计放流 3.0179 亿多尾,全大市已完成人工放流 4.1206 亿尾。

二、制约宁波农业发展的主要问题

(一)农业产值提高和农产品品牌建设受生态环境制约

农业的发展和生态环境的保护是一个相辅相成的过程。李克强总理在中央农村工作会议上把生态环境比作农业的一道"紧箍咒"。尽管农业是生态产业,但当前农业对环境的影响已成为宁波不得不重视的问题。反过来,生态环境的破坏拖累了宁波农产品的品牌建设和农业产值的提高。近年来,宁波市围绕品牌大市建设,积极实施商标战略,通过农产品商标和地理标志促农增收。特别是地理标志产品具有地域不可更换性,一经权威部门认定,就会产生巨大的品牌效应和经济附加值,例如"余姚瀑布仙茗""宁海梅林鸡""奉化水蜜桃"都快速提升了宁波农业的声誉。目前,宁波市已有地理标志证明商标 25 件,但农产品创牌这两年是"零增长"。统计数据显示,目前宁波市拥有农产品商标 8846 件,只是杭州的四分之一。农产品的品质在很大程度上由种植地的生态环境决定,所以种植地的地域环境在商标,特别是地理标志的申请中起到决定性作用。

(二)农业发展速度受土地流转速度和规模制约

土地流转和规模经营是现代农业发展的基础。联产责任承包使所有权和经营权分离,而土地流转使承包权和经营权分离,承包权还在农户,但经营权转给了合作社或企业。单户生产一般规模较小,只有农业适度规模经营才有利于采用现代生产要素和生产方式,有利于降低成本和资源利用,从而提高效率和效益,使农业生产达到规模经济。虽然目前我市土地流转率已达到 65.2%,规模经营率已达到 67.3%,但与现代农业的要求还有较大差距。而且近几年我市土地流转速度也有所放缓,这主要是因为我市的产业比较稳定,农村劳动力向城市的流转规模减小。在我市,散户经营还是主要的农业经营形式,接近一半的土地还处在分散经营的状态,户均经营面积仅 3.1 亩。即便在流转的土地中,经营规模也不大,100 亩以上的规模经营面积只有 57 万亩,只占到流转总面积的 40%,存在流转时间短、规模小、稳定性差等问题。这些问题主要是由于农民对于土地的天然情结造成的,宁可粗放经营,也不愿放弃土地;即使流转,合同期限也普遍较短,而且有半数以上没有签订规范的书面合同,双方责任不明确,不确定性大。由于权益得不到保障,新型经营主体不敢投入,影响了农业的规模经营。

(三)新型农业发展受资金制约

新型农业对金融的需求尤其突出。第一,农村土地流转需要较大的资金量。土地流转涉及的一个重要问题就是交易的融资,融资是大规模交易的必然需求。第二,农业新型经营主体快速发展,与传统散户相比,新型经营主体投入大,对资金的需求也大。第三,现代农业的发展离不开先进的技术和现代化设备,技术的研发和设备的投入都需要大量的资金。相对于现代农业发展的巨大资金需求,农业的融资渠道却很有限。目前主要的融资方式有两种:一种是外部金融机构融资,另一种是政府融资。农业是弱势产业,受自然环境影响大,外部依赖性高,开展农业金融业务的成本高、风险大,而且农民缺乏抵押的资产,即使拥有土地、房产等资产,由于缺乏完整的权能而不能作为抵押物。这使得银行等一般金融机构不太愿意对农业进行贷款。而农村信用社信贷手续复杂,贷款额度小,难以满足生产需要。我市农林牧渔业增加值的信贷资金投入只有 0.48 元,而基本实现农业现代的目标是 0.8 元。政府融资一般有政府补贴和政策性保险。我国农业补贴占农业增加值的比例在世贸谈判中约定上限为 8.5％。近 10 年来,不断增加的农业"黄箱"直补,已接近限额,个别品种甚至超过了约束上限,所以对农业的直补已无增加的可能。政策性保险可以帮助农业企业规避一定的环境风险,但我市农业保险深度只有 0.48％,离基本实现农业现代化目标值 1％还有一定距离。

(四)农业发展受经营主体治理结构和从业人员素质制约

现代农业的发展受经营主体治理结构模糊和从业人员素质不高的制约严重。首先,新型农业主体,特别是农村专业合作社,由于企业治理结构的问题导致发展后劲不足。农村专业合作社成员出资不规范,个别合作社为了符合出资人数的政策规定,虚增出资成员人数,存在产权界定不清的问题。一些农民合作社、家庭农场内部制度不健全,民主管理机制不完善,运作管理随意性大,基本上大多数专业合作社的章程没有得到落实,内部制度建设不规范,信息没有对全体社员披露。其次,宁波各类现代农业经营主体大都存在从业人员综合素质不高、适应市场经济能力不强等问题,生产经营型人才严重缺乏,对新型经营主体的创新和发展形成较大制约。

(五)农业发展受社会化服务效率制约

社会化服务体系,主要是指由政府职能部门、行业协会、经济合作组织和其他服务实体组成的,集政府公共服务体系和群众自我服务体系于一体的综合性服务系统。农业社会化服务将成为今后现代农业发展的重要力量。近年来,虽然我市的农业社会化服务建设取得了一定成效,但还是存在一些问题,影响了社会化服务的效率。我市社会化服务水平只有 1.33％,基本实现农业现代化目标值是 4％。农业服务并不是单一环节的服务,农业服务强调产前,产中和产后全程服务。我市提供农技推广服务的能力与广大农民、农业主体对农业服务的需求相比,差距还很大,"最后一公里"问题还没有在根本上得到解决。我市的信息化建设还不够,大多数农民的农业种植经营还是依靠经验判读,并没有及时地从政府公开平台上获得种植物的产销信息。

三、2016 年宁波农业发展趋势预测

(一) 农业发展趋势分析

1. 国际农业形势分析

粮食供求的平衡仍是国际农业的重要问题。联合国粮农组织预测在未

来 30 年,全球粮食需求将从过去 30 年的平均增长 2.2%下降到年均增长 1.5%。但是由于本身的基数庞大,粮食安全问题仍然是世界关注的课题。而且,粮食生产增长受农业用地、环境问题和变化的政策环境等的多重影响,呈现下降趋势。在不同的地区,生产增长动力有明显的差异。在过去 10 年中,全球农业生产增长率为平均每年 2.2%,包括俄罗斯联邦在内的东欧国家增长最快,达到 3.3%,非洲以及亚洲和太平洋地区都为 2.9%,西欧国家只有 0.7%,甚至美国也只有 1.5%。

根据 2015 年 9 月 10 日最新发布的每月粮农组织食品价格指数(FPI)和每季度作物前景与粮食形势报告,2015 年,世界谷物产量预计会达到 25.4 亿吨,比上一年度降低 0.8%。同时,8 月份谷物价格指数平均为 154.9 点,比 7 月份和 2014 年同期分别下挫 7.0%和 15.1%。其原因是,继连续两个月小幅上涨之后,小麦和玉米价格出现回落。2015 年全球粮食生产总体平稳,与需求增长相适应,世界各国的粮食政策也较稳定,世界范围内的粮食紧缺不太可能出现。但是在个别国家和地区粮食安全问题还较严重,全世界约 34 个国家,尤其是非洲 20 个国家粮食供求矛盾突出。

2. 国内农业生产形势分析

保障粮食安全仍是我国农业工作的重点。2015 年,我国夏粮顶住压力迎来"十二连增",全国夏粮总产量为 14106.6 万吨,较 2014 年增长 3.3%。这主要受益于 2015 年夏粮种植结构调整,小麦播种面积有所增加,小麦单产小幅上升,加之品种更新、种植技术和生产投入等多种因素作用。除了夏粮有所增加,秋粮前景也较乐观,原因主要有三点:一是农业生产资料价格下降,有利于降低粮食生产成本,从而促进粮食增产。二是种植结构变动进一步提升粮食总产。中国棉花协会、中棉所和中储粮 2015 年年初的调研显示,棉花种植意向减少,减少的大部分棉田将用于种粮。三是部分地区实现恢复性增产,2014 年以东北为主的粮食主产区遭受严重旱灾,粮食产量锐减,而 2015 年这些产区生产态势良好。

虽然我国粮食生产态势良好,稳中有升,但快速稳定的粮食增产速度依然赶不上粮食需求的增加速度。到 2014 年止,全国粮食产量比 2003 年增加了 3500 亿斤以上,但是我国的粮食进口也从 2003 年的 10.6 亿斤增长到 2014 年的 1798 亿斤,粮食自给率由 99.9%下降到 87.1%。农业是高度环境依赖性产业,我国的粮食生产受土地和水资源等环境因素制约。而且,由于农产品价格国内外长期倒挂,我国的农业补贴已经接近天花板,并随着种植成本上升和土地流转减缓等因素影响,农业补贴的边际效益也正在下降。

我国人多地少,人均水资源偏低,资源的硬约束日益加剧,保障粮食等主要农产品供给的任务非常艰巨。国家高度重视新型农业发展,强调农业生产方式转变,促使农业长期可持续发展。2015 年中央一号文件围绕建设现代农业、加快转变农业发展方式明确提出,必须尽快从主要追求产量和依赖资源消耗的粗放经营转到数量质量效益并重、注重提高竞争力、注重农业科技创新、注重可持续的集约发展上来。国务院于 3 月 18 日审议通过的《全国农业可持续发展规划》提出,到 2020 年,农业可持续发展取得初步成效,到 2030 年,农业可持续发展取得显著成效。为了保证农业安全,推进农业的可持续增长,2015 年起国家在调整农业补助结构的基础上不断加大农业补助力度。从 2015 年起,调整完善农作物良种补贴、种粮农民直接补贴和农资综合补贴等三项补贴政策,其中全国范围内调整 20% 的农资综合补贴资金,用于支持粮食适度规模经营,真正从事粮食生产的种粮大户、家庭农场以及农民合作社等新型经营主体可以获得补助。

(二)2016 年宁波农业发展趋势预测

2016 年宁波农业生产将呈现以下发展趋势。

1. 粮食生产稳中有升

2015 年总体天气较好,有利于粮食作物增长,虽然受到"灿鸿"等台风的影响,但是影响不大。随着粮食生产功能区建设的进一步推进,加上粮食扶植政策推动,宁波的粮食种植面积将有所增加,达到 193.1 万亩。在良种良法等实用技术大力推广下,2016 年的粮食的亩产可能会略有增长,粮食总产量企稳回升,保持在 80 万吨左右。

2. 畜牧产品生产趋稳

2015 年,为继续贯彻落实"五水共治"的决策部署,加快推进畜牧业转型升级,按照《畜禽规模养殖污染防治条例》和《关于深化推进畜牧业转型升级科学落实生态化治理要求的指导性意见》(浙农专〔2014〕74 号)要求,我市制订《宁波市畜禽养殖场生态化治理达标验收办法》,继续治疗畜禽养殖污染。受小型畜禽养殖关闭和存栏下滑的双重影响,2016 年宁波畜牧业生产仍会呈下滑态势,但随着污染治理的推进和猪肉价格的强势反弹,降幅继续收窄,预计 2016 年小幅下降 5%,总产值在 50 亿元左右。

3. 水产品生产形势稳定

宁波大力推进海洋经济的发展,海洋渔业有了长足的发展。预计在

2016 年海水养殖将保持稳定,而随着新增的 9 条远洋渔船投入生产,远洋捕捞的海产品产量将进一步增加。但由于污水治理的原因,我市淡水养殖面积受限,处于逐年减少的状态。所以虽然海洋渔业会有较大的增长,但是受到淡水养殖产量减少的影响,2016 年渔业总产值较 2015 年将小幅上升 2.59%,达到 158.17 亿元。

4. 林特产品产量有所增长

随着生态农业和宁波农产品品牌建设的推进,宁波的林特产品产量会稳步上升。现代产业园区的建设对于林特产品的种植面积有比较详细的规定,而且网络平台的发展也促进了林特农产品的销售,从而带动农民种植积极性。预计 2016 年林业产值为 7.76 亿元,增加 9.3%。

四、2016 年推进宁波农业发展的对策建议

宁波是经济大市、资源小市,基于宁波农业资源要素稀缺但品类丰富的资源禀赋,以及宁波加工制造业和服务业发展较好的经济特征,我市可以考虑把产业链、价值链等现代产业组织方式引入农业,促进农业一、二、三产业融合互动,尽快形成农业经济新增长,发展可持续农业,有力推动农民增收。

(一)推进农业提质增效,推动农业高效生态发展

第一产业是基础,农业产业融合离不开第一产业的发展。农业是高度环境依赖型产业,保持良好的生态环境是生产高品质农产品,推进农业品牌建设的基础。我市应大力推进标准化生产,促进农业生态化发展。一是坚持控量提效,发展节水农业,实施化肥、农药的严格控制。二是大力推广农牧结合等生态循环模式,推进农业水环境和重金属污染的治理。三是利用科技支持农业发展,提升农业灌溉技术,发展高效环保的秸秆和禽畜粪便的资源化利用。在保证良好的生态环境的同时,积极开展"三品一标"优质农产品认证,建立起一套行之有效的农产品质量监管、检查和追溯体系,增强信息的透明度。此外,我市应加强无公害农产品、绿色食品、有机农产品基地建设,探索建立农产品放心基地,全面推进宁波农产品的品牌建设,增加宁波农产品的附加值。

(二)深化体制机制改革,激发农业农村发展活力

现代化农业是适度规模化的农业,解决好土地流转和适度规模经营是

我市农业产业融合发展的关键。深化体制机制改革,保护承包经营权人的合法权益,从根本上解决土地流转问题。第一,引导农户将土地经营权委托村集体经济实行统一规划和连片种植,或鼓励农户以土地经营权入股组建土地股份合作社,由合作社统一管理经营,形成规模效应。第二,探索农民土地承包经营权的有偿退出机制,推动土地流转。一是依托宁波市产权交易中心,开展农村集体经济组织的资产所有权或经营权,农村土地承包经营权等的产权交易,并在现有的信息化平台——宁波产权交易信息网上开辟农业专版,推动农村土地的流转。二是完善农村养老体系,给予适当的优惠措施,解决出让土地承包经营权的农民的后顾之忧。可以学习法国和日本的经验,对出让方进行"离农补贴"。结合我市正在开展的失地农民养老保险制度,对愿意转让或者长期出租土地承包经营权的农民,根据年龄、转让土地的规模等制定合适的标准,符合标准的农民在办理新农保的时候给予相应的升等,争取使转让土地的农民没有后顾之忧,可以享受和城镇居民一样的待遇,以此鼓励他们进行出让或长期出租。第三,要加快落实土地承包经营权确权登记颁证工作。由于之前农村土地流转中存在权属不清问题,很多新型农业主体因为对土地经营权和权利期限的不确定,不敢进行大规模生产或不能很好地对土地进行长期规划,落实确权登记颁证工作可以保障生产者对承包地占有、使用、受益、流转及承包经营权抵押、担保的实现,为农业现代化奠定更好的产权基础。

(三)完善金融服务体系,解决农业发展资金瓶颈

金融是农业发展的重要推动力。农业产业融合、生态农业建设、农业规模化生产和农业科技进步都离不开金融工具、金融政策和金融服务的助推。农业的自然依赖性决定了农业产业具有较大的不确定性,所以政府的金融支持和社会化的金融服务是现代农业发展的重要保障。第一,由于农业有个体经营的特点,可以推进在较优质的农民专业合作社和村股份经济合作社组建农村资金互助组(以民办非企事业单位性质登记),解决农业生产的小额临时性资金不足。第二,厘清农村房屋、土地等各种资产的所有权和使用权,出台清晰的农村股份抵押、海域使用权抵押、农村房屋抵押、农业装备抵押和活体禽畜抵押等抵押办法,联合银行等金融机构创新金融产品。第三,创新担保模式,努力解决由于农业产业自身的不确定性造成的银行融资难问题。可以参考温州模式,以优质的农村合作社和农民联合会为基础成立担保体,由担保体成员以出资额为其他成员承担有限责任;并在政府层面

上继续推进政府、银行、担保公司三方共同分担担保代偿损失机制,发挥政府资金的杠杆作用。第四,完善农业保险制度,创新农业保险产品。以政府搭台提供风险金、保险公司为农业主体授信、银行按基础利率贷款的方式共同降低农业生产的不确定性,保障农民收入。

(四)培育农业经营主体,提升农业从业人员素质

现代农业建设和农业产业融合互动离不开高素质的农业人才。我市可以从以下四点入手培育农业经营主体,提升人员素质。第一,加快推进新型农业经营主体的法人化,针对新型经营主体产权不清和公司治理结构缺位等问题,由政府出面组织经营主体内部骨干学习,让经营主体真正公司化。第二,加强农业龙头企业、农民专业合作社和家庭农场之间的利益联结,大力发展农产品的深加工,注意挖掘农业生产功能的生活和文化功能,以形成农业全产业链。第三,创新对新型农业经营主体的补贴方式,加强对农业的生产性服务补贴和保险补贴。第四,积极培育新型职业农民,鼓励大中专毕业生到农业生产领域就业创业。一方面,在我市开展新型职业农民认定和培训工作,本市一些职业技术学校可合作开发一套农民接受继续教育的体系;另一方面,通过每月补助等形式鼓励他们进入农业龙头企业、农民专业合作社,服务农村经济。

(五)加快信息网络建设,解决农业信息不对称性

农业信息化建设是传统农业转型升级,大力发展现代农业的必然选择。第一,建设专门的涉农信息服务平台,整合各类信息服务资源。一是时时提供国内外农产品价格以及气象信息,指导农民按照市场规律种植,把握先机,减少大年小年的现象。二是提供基本的农业科学技术信息,解决农业生产者生产中的一些基本问题。三是关注农产品销售对接,由市政府牵头,各级县区政府负责落实,推广涉农信息服务平台,以给予补贴等优惠措施鼓励农业生产者和农产品购买者进行网上注册和发布供求信息,逐渐使平台成为农产品生产者和购买者的网上桥梁。第二,抓好生产管理信息化,发展"智慧农业"。建立健全畜牧业、种植业生产管理与服务平台,进行农产品生产和土壤环境质量数据库建设,使农产品的生长环境、流转链条透明化,加强消费者对宁波农产品的信赖感,推进宁波农产品品牌建设。第三,建设政府专门的农业信息和行政审批服务平台,推进行政审批和公共服务事项在线办理,畅通咨询投诉等问政渠道,加强农业资产所有权、经营权和使用权的数据库建设,提供产权查询服务。第四,继续推动农业生产经营主体与电

商平台对接,打造农业产业链,把生鲜农产品和新型的观光休闲农业联系起来,打造"美丽田园＋美丽乡村＋美味农产品"的农业经济新业态。

参考文献

[1] 高强,孔祥智.国外及中国台湾土地流转规范化管理与服务经验借鉴.世界农业,2014(1).

[2] 国务院办公厅.国务院办公厅关于加快转变农业发展方式的意见.http://finance.people.com.cn/n-0810/c1004-27435266.html,2015-08-20.

[3] 宁波市农业局.宁波市 2015 年前三季度农业农村形势分析.2015.

[4] 农业部,国家发展改革委,科技部,财政部,国土资源部,环境保护部,水利部,国家林业局.全国农业可持续发展规划(2015—2030 年).http://www.mof.gov.cn/zhengwuxinxi/zhengcefabu/201505/t20150528_1242763.htm 2015-08-20.

[5] 徐玲玲,谭方颖.2015 年春季气候对农业生产的影响.中国农业气象,2015,36(3):372-373.

[6] Food and Agriculture Organizations of the United Nations. OECD-FAO Agricultural Outlook2015-2024. http://www.fao.org/3/a-i4738e.pdf. 2015-08-29.

[7] Food and Agriculture Organizations of the United Nations. FAO Food Price Index Registers Sharpest Fall Since December 2008. http://www.fao.orgnewsstory/enitem327815/icode/ 2015-08-29.

[8] Food and Agriculture Organizations of the United Nations. World Crop Prospects Positive in 2015; But Food Insecurity Hotspots Pose Concern. http://www.fao.orgnewsstory/enitem297768/icode/ 2015-8-29.

[9] Reuters.全球农业:年底时稻米价格料大幅上涨,因厄尔尼诺现象影响亚洲产量.http://cn.reuters.com/article-07/30/asia-rice-prices-idCNL3S10A27020150730,2015-08-29.

(作者单位:宁波城市职业技术学院)

2015 年宁波服务业发展情况分析及 2016 年展望

励效杰

摘　　要:2015 年,宁波市服务业发展呈现临港服务业发展平稳、新业态不断涌现、开放发展有所突破、投资增幅领先等特点,同时也存在人才综合环境有待优化、消费性服务创新不足、生产性服务能级不高、部分行业领域风险进一步积累等问题。从服务业发展面临形势看,主要有收入与消费同步增长、公共服务提供模式创新、产业结构调整加快、现代信息技术应用深化、平台能级跨越发展等。综合考虑上述因素,本文提出推进公共服务均等化、提升生产性服务能力、创新消费性服务内容、搭建高端发展平台、优化人才综合环境、完善政府工作体系等六点对策建议。

关键词:服务业　转型升级　竞争力　宁波

2015 年,面对复杂多变的外部环境和艰巨繁重的改革发展任务,宁波全市上下紧紧围绕市委"双驱动四治理"决策部署,全面实施经济社会转型发展三年行动计划,服务业紧紧围绕创新驱动、转型发展这一主线,在社会各界的大力支持下稳步健康发展,为宁波实现"两个基本"、建设"四好示范区"奠定了重要基础。

一、2015 年宁波服务业发展主要特点

2015 年以来,以"互联网＋"为引领的服务业新兴业态崛起,传统服务业

纷纷加快转型升级步伐。2015 年前三季度,宁波市服务业实现增加值 2627.3 亿元,占 GDP 比重 47.1%,同比增长 10.6%,增速高出同期 GDP 增速 3.5 个百分点,服务业对宁波市经济增长的贡献率达 64.4%。

(一)服务业拉动作用明显

2015 年前三季度宁波市营利性服务业、金融业、房地产业及批发和零售业增加值分别增长 20.0%、15.9%、14.4% 和 8.0%,合计拉动服务业增长 8.8 个百分点;实现社会消费品零售总额 2330.7 亿元,同比增长 9.8%。其中,限额以上社会消费品零售总额 1153 亿元,同比增长 11.3%,增速比上半年提高 0.4 个百分点。限额以上贸易企业通过公共网络实现的商品零售额达 51.4 亿元,同比增长 84.5%;营利性服务业在商务服务业的强劲带动下,保持连续快速增长态势,截至 2015 年 8 月,宁波市规上营利性服务业企业营业收入增长 29.6%,其中广告业、人力资源服务业增速分别为 73.1% 和 34.1%;2015 年前三季度宁波市房地产业累计销售面积 651.4 万平方米,同比增长 43.2%,增速比上半年回落 40.7 个百分点;2015 年 1—9 月宁波市证券成交额 7.01 万亿元,同比增长 253.7%。2015 年上半年股市火爆,证券交易活跃,2014 年房地产基数较低,因此证券交易与房地产业的增长存在偶然性。

2011 年以来宁波市服务业增加值同比增速趋势如图 1 所示。

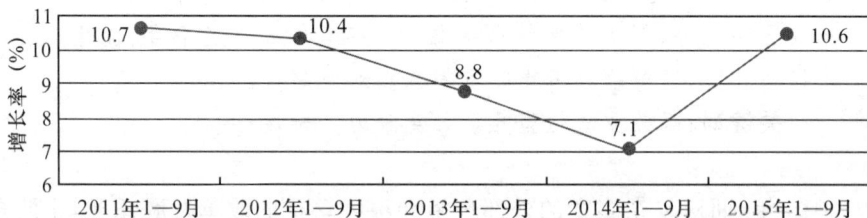

图 1　2011 年以来宁波市服务业增加值同比增速趋势

(二)临港服务业稳步发展

随着宁波港的快速发展,到港船舶数量逐年增加,因船舶到港和货物集散而直接产生的航运服务业、货运仓储、集装箱运输、船舶港口服务业等平稳发展。2015 年前三季度,宁波港完成货物吞吐量 39129.1 万吨,增长 -1.1%;集装箱吞吐量 1529.8 万标箱,增长 7.1%。2015 年 9 月,宁波舟山港集团有限公司正式成立,标志着宁波舟山港实现了以资产为纽带的实质性一体。海丝指数列入国家"一带一路"建设三年行动计划。2015 年 10 月,

"海上丝路指数"之宁波出口集装箱运价指数的 4 条航线指数,准时出现在波罗的海交易所官方网站首页。这是我国第一次在国际航运领域发出权威声音,引起各界广泛关注。集信息、交易、支付、结算一条龙服务的"物贸汇"多式联运模块正式上线,中欧铁路、铁拼快线、中俄海铁、中亚五国和东盟等"一带一路"沿线重要节点设立直通栏目。依靠海量交易和强大的云服务能力,宁波航运交易平台跻身"港口经济圈"建设重要的功能平台。2015 年1—6 月,宁波航运交易所完成交易额 24.36 亿元,同比增长 30.27%。其中航运舱位交易市场完成交易量 38.99 万标准箱,同比增长 115.4%;交易额17.41 亿元,同比增长 28.96%。航运服务企业实现"互联网+"全覆盖,基于互联网的虚拟海运、无船承运、第四方物流等新业态风生水起;国内首家专业航运保险法人机构获批、境外并购外汇管理改革试点获批。

2014 年以来宁波港口货物和集装箱吞吐量月度累计增速趋势如图 2所示。

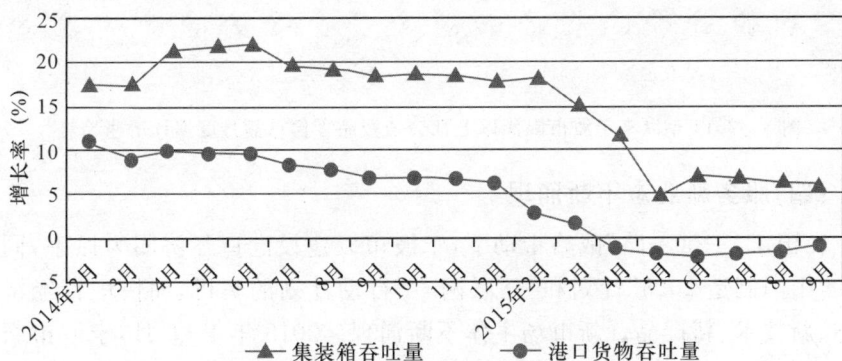

图 2　2014 年以来宁波港口货物和集装箱吞吐量月度累计增速趋势

(三)传统商贸业态转型加快

面对经济企稳回升和市场竞争的新特点,宁波商贸企业着力引导居民在文化、旅游、休闲、健身、通信、家政、科技信息等领域的消费,实现消费结构升级和消费质量提高。2015 年前三季度,宁波市限额以上贸易企业实现商品销售额 9604.1 亿元,同比增长 6.7%。从行业看,2015 年前三季度限额以上批发业零售额增长 58.5%,餐饮业、零售业分别增长 9.5%和 7%。从商品类别看,2015 年前三季度限额以上食品饮料、烟酒类,服装、鞋帽、针纺织品类,家用电器音像制品类商品零售额增长分别为 11%、27.1%和15.5%。商贸龙头企业拉动作用非常明显。月光经济成效显著,宁波市夜间商品销售额占比在 30％以上,特色夜市街区增加到 10 个。特色街区建设初见成效,南塘老街二期正式对外营业,整个南塘河项目全面完工,开街后的二期共进驻商家百余家,其中主力店、次主力店约占 47％,小店铺约占 53％。从业态分类占比来看,零售类 33.3％、餐饮类 54.8％、休闲健康类 7.5％,酒店配套和公共配套均占 2.2％。南塘老街二期通过主题活动,用潮流的方式玩转传统文化,重现"南门三市"往日繁荣。

2014 年以来宁波市限额以上社会消费品零售总额月度累计增速趋势如图 3 所示。

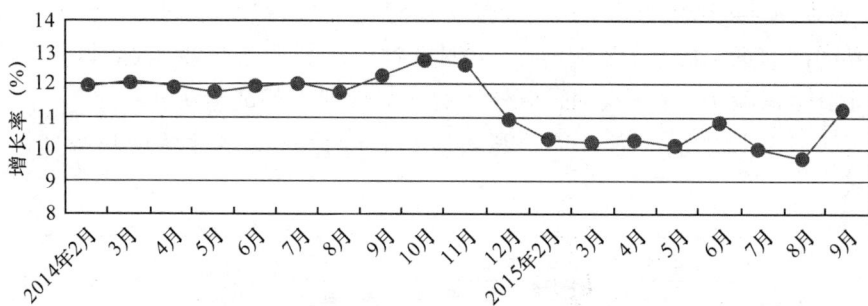

图 3　2014 年以来宁波市限额以上社会消费品零售总额月度累计增速趋势

(四)服务新业态不断涌现

在国家"一带一路"战略带动下,宁波市以建设港口经济圈为抓手,同时抓住"中国制造 2025"计划和"互联网＋"行动计划的契机,加快培育经济新业态、新技术、新产品。新市场主体不断涌现。2015 年 1—6 月,宁波市新设内资企业 1.94 万户,其中私营企业 1.89 万户。新设个体工商户 3.8 万户,同比增长 9.4％。科技创新表现活跃。2015 年前三季度,宁波市规模以上工业企业科技活动经费支出总额为 124.3 亿元,同比增长 3.7％。全市专利申请量、授权量分别达 43391 件、30242 件。其中发明专利申请量达到 8977 件,同比增长 24.4％;发明专利授权量达 3649 件,同比增长 90.3％。在创新驱动下,2015 年前三季度,宁波市规模以上工业企业新产品产值为 2819.9 亿元,同比增长 15.9％;新产品产值率为 28.5％,同比提高 4.2 个百分点。电子商务成为消费新增长点。2015 年前三季度,跨境贸易实现进出口业务全覆盖,跨境贸易进口额全国第一,与电子商务相关的商品销售逐渐成为宁波社零增长新的支撑点。

(五)服务业开放发展有所突破

2015 年前三季度,宁波服务业合同利用外资 20.3 亿美元,实际利用外资 11.3 亿美元。在城市国际化进程带动下,一大批文化、教育、卫生、科技领域新项目纷纷进驻,现代服务业成为吸引新一轮外商投资的亮点,也使宁波市招商引资格局从传统的"经济型"向"社会型"转变,"招大""引强""选优"的空间更加广阔。金融、养老等高端服务业和公共服务领域成为外商投资热点;台湾兆丰金控下辖的兆丰银行在宁波东部新城开出了大陆地区第二家分行。截至目前,恒生、汇丰、渣打等 6 家外资银行已落户宁波;宁波新批世界 500 强投资项目——象山华润燃气有限公司,该项目总投资 2778 万美元,合同利用外资 583 万美元,主要从事管道燃气、瓶装燃气经营;外资在宁波的垃圾处理、发电等环保能源行业布下重金;中外合资的养老项目"九亲堂长者怡园"正式落户宁海,该项目填补了宁波外商投资养老产业的空白;世界 500 强联合利华"牵手"宁波沁园共同开发新型净水设备,成为宁波企业参与国际化竞争的又一生动实例。

(六)服务业投资增幅领先

2015 年前三季度,宁波服务业共完成投资 2299.0 亿元,同比增长 12.4%,投资规模和增速超过工业投资。其中,水利、环境和公共设施管理业增长 43.1%,交通邮政仓储业增长 39.5%。重点项目是宁波经济社会转型发展三年行动计划的"重要板块",2015 年前三季度,重大前期项目有序推进,杭甬高速复线宁波段、甬金铁路等前期工作扎实推进,宁波长丰热电迁建等项目获得省发改委批复;新开工项目按期开工建设,水库联网联调工程、余姚陶家路江二期、东部新城公交综合停车场等 28 个项目开工建设,开工率为 28%;续建项目快速有效推进。轨道交通 1 号线二期进入最后设备安装阶段,2 号线一期试运行,3 号线一期全面开工建设。铁路宁波站交通枢纽全面建成投用。三门湾大桥及接线工程的最长隧道开始建设。李惠利医院东部院区、新江桥新建等项目年底前可以陆续建成投用或基本建成。

二、当前制约宁波服务业发展的主要问题

2015 年宁波服务业发展取得了长足进步,从现实情况来看,仍然有人才综合环境有待优化、消费性服务创新不足、生产性服务能级不高、部分行业

领域风险进一步积累四大问题困扰宁波现代服务业发展。解决这些制约宁波现代服务业发展的因素,是宁波市经济发展的当务之急,也将为宁波市经济进一步发展打开广阔的空间。

(一)人才综合环境有待优化

城镇化发展水平对人才开发有着重要影响。城市化是 20 世纪 90 年代以来我国人才集聚的主要动力,人才集聚的方向日益趋向于特大城市、大城市群、大城市带等高度城市化地区。城市化对人才集聚的影响既包含经济影响,也包含文化和社会影响。大城市不仅为人才提供了比较充分的经济机会,还能提供更为优越的人居环境和丰富多彩的文化娱乐设施。城市越大则城市的极化效应越强,城市人口的来源地越复杂则越能够形成多元化及宽容的社会文化环境。与北京、上海、杭州、深圳等国内一流城市相比,宁波的区位条件、能级层次、服务能力、薪酬水平、产业条件、生活环境、国际化水平等均存在一定差距,这样的"城市平台"水平很难形成突出的竞争优势,吸引留住高端人才的能力相对偏低。具体表现为:一是宁波缺乏高端事业平台,因为宁波以中小民营企业为主,既不像北京那样知名"央企"云集,也不像上海那样知名"外企"汇集,更不像深圳那样有华为、腾讯等知名"民企"领衔。二是宁波城市社会服务功能较弱,满足不了高层次人才对交通出行、交流联谊、培训学习、休闲娱乐等的要求。三是产学研资的融合度不够高,能真正有效运转、产生高水平创新成果的产学研合作机构不多,同时由于政策体制限制、对接平台缺乏、服务体系不健全,"智本"与"资本"融合度不够,科研成果转化率不高。一些人才反映有好的技术项目但却找不到"创业资本",一些企业家反映有充足的资本但却找不到好的"创新项目"。

(二)消费性服务创新不足

总体上看,宁波市消费性服务业的发展方式仍比较粗放,尚存在一些制约消费性服务业发展的障碍性因素和问题,行业的服务供给能力和质量亟须提高。一是由于行业发育不充分,行业标准有待完善,企业小、散、乱的问题严重,进而影响了服务消费的增长;二是与居民消费相关同时也与生产相关的生产性服务业垄断程度较高,如通信、金融等,由于垄断导致了高价,也影响了居民服务消费的释放;三是具有公共产品性质的服务,如医疗、教育等行业,由于政府支持力度不够大,因此供给不足,从而影响了居民消费潜力的释放。

(三)生产性服务能级不高

一是市场化程度偏低,缺乏发展动力。生产性服务业的市场准入门槛普遍高于工业。较高的进入门槛和狭窄的市场准入范围将潜在的投资者拒之门外。所有制结构单一,造成服务业部门资源流入不足,弱化了竞争机制在产业发展中配置资源的基础性作用,导致服务业创新不足,企业经营效率低下。二是体制性障碍明显,法律法规尚需完善。一些行业存在政策性进入壁垒和垄断现象,竞争不充分、服务质量差、服务方式单一。生产性服务业的法律政策体系并不是非常健全,新兴生产性服务业的发展缺乏规划和规范,相关政策法规不够健全配套。三是技术创新和相关产业的制约。信息咨询服务业、计算机应用服务业、科学研究、综合技术服务业等知识密集型生产性服务技术创新能力仍然不足,研发资金的不足和研发人员的缺乏致使众多本土生产性服务企业技术创新能力薄弱,只能在低端服务上盲目地进行重复性投资和恶性竞争。

(四)金融、房地产、债务等领域风险进一步积累

不良资产规模上升速度明显加快,截至 2015 年 9 月末,宁波市银行业金融机构本外币资产总额达到 24131.89 亿元,同比增长 7.05%。全市金融机构本外币不良贷款余额 380 亿元,比年初增加了 87.66 亿元,不良贷款率为 2.45%,较上一季度略有增加。2015 年以来,连续降息、降准刺激了房地产市场的需求和贷款力度。在楼市长期萎靡不利形势之下,政府连续出台利好政策,促成刚需释放,对楼市回转起到了至关重要的作用,但因前期多次心理起伏,投资显然比此前理性。从总体来看,楼市库存压力仍然巨大,供大于求的局面还将继续。全市商品房库存面积消化周期 28 个月,其中商业用房供需不平衡更为突出,消化周期普遍在 60 个月以上。另外,政府性融资平台偿债压力也在加大。

三、2016 年宁波市服务业发展形势展望

随着国家"互联网+"战略的深入实施和简政放权的深入推进,服务业已经成为"大众创业、万众创新"最重要、最活跃的领域。近几年,宁波市服务业发展势头很好,比重逐年提高,成为经济增长的主引擎。虽然与发达国家"三个 70%"的水平相去甚远,但其处于"扬帆正当时"的宝贵时期,发展空

间仍十分巨大。

（一）收入与消费同步增长

2015 年前三季度,全市城镇居民人均可支配收入 37238 元,同比增长 8.8％;人均生活消费支出 21840 元,同比增长 10.2％。农村居民人均可支配收入 21864 元,同比增长 9.4％,增速比城镇居民高出 0.6 个百分点。2015 年 1—9 月宁波城乡居民增收主要表现为财产净收入和转移净收入的快速增长,在可支配收入中占比进一步上升。收入的平稳增长为居民消费结构升级提供了经济基础。2015 年 1—9 月宁波市人均生活消费支出 13539 元,同比增长 9.1％。消费增势保持平稳,随着居民消费能力的不断提高,消费结构向更高层次转化,生存型消费占比下降,发展和享受型消费占比逐步上升。同时,城乡居民购买力和抗风险能力的增强,也对消费升级和消费热点转换起到一定的促进作用。城乡居民从千元、万元级消费向十万元甚至百万元级消费转变,其中购房、购车等几万元级以上消费由高收入阶层逐渐进入中等收入家庭,由城市逐渐扩散至农村,消费结构由衣、食消费向住、行消费转型,并步入快速转型期。随着人口结构变动,老龄化和中高收入人群比例不断提高,将进一步释放旅游、文化娱乐、健康养老、医疗服务、个性化消费等高层次的个人消费有效需求,推动个人消费性服务业加快发展。

（二）公共服务提供模式创新

2015 年前三季度,宁波市完成一般公共预算支出 860.8 亿元,增长 21％。财政支出支持经济转型发展的力度加大,节能环保、交通运输、文化体育与传媒等领域支出分别增长 138％、85.1％和 11.5％;科学技术支出虽然下降 1.8％,但降幅比上半年收窄 7 个百分点。社会保障和就业、医疗卫生这两项民生领域支出保持较快增长,分别增长 11.8％和 11％,比上半年分别提高 7.9 个和 2.2 个百分点。简政放权最终将改变政府包揽公共服务的局面,一方面,通过政府购买服务进一步推动基础设施、咨询、文化等公共服务业发展;另一方面,管制减少也将使得教育服务、医疗卫生和社区服务等需求较大的公共服务通过市场化得到满足,形成服务业新增长。党的十八届三中全会以来,改革步伐明显加快,多方面举措推进实施,如国有企业及垄断行业改革、负面清单管理、投融资体制改革、价格改革、信用体系建设、生态文明建设、新型城镇化、自贸试验区等,覆盖了创新转型的方方面面,无论是体制突破的力度,还是政策的含金量都在不断提高。宁波外向度高、民营经济发达、市场化程度高,具备先行先试的天然优势,更有利于把握改革机遇，为服务业的创新转型营造良好环境。

（三）产业结构调整加快

部分服务行业正由不可贸易部门加快转变为可贸易部门。近年来我国服务贸易发展速度较快，2012 年服务出口已位居世界第五，占世界服务贸易出口的 4.4%，进出口提升到全球第三位。在全球贸易和投资自由化继续推进的背景下，随着宁波企业生产和投资进一步国际化，服务业对外开放和自由化程度不断提高，加速服务贸易发展。生产性服务业是全球产业竞争的战略制高点，有利于引领产业向价值链高端提升。欧美等发达国家生产性服务业占服务业总量的比重达到 70% 以上，占 GDP 的比重也达到 50% 左右，而宁波远没达到这个水平。在转型升级关键时期，抓制造业提质增效，很大程度是抓制造业和生产性服务业融合发展，推动制造企业"服务化"，加快进行柔性制造、智能制造、虚拟制造、敏捷制造和绿色制造。美国 IBM、苹果公司等制造企业的转型发展历程表明，制造业之"强"，不在规模和比重，而"强"在能控制科技研发、信息服务、营销网络、资本运作、文化塑造等价值链高增值服务环节。

（四）现代信息技术应用深化

近年来，国内掀起的信息经济引领的新技术革命浪潮，正对各个行业的生产方式和经营理念，乃至城市建设理念、政府职能转变和整个经济社会发展方式，产生深远影响。以 BAT（百度、阿里巴巴、腾讯）为代表的信息服务企业迅猛崛起进一步证明，信息通信技术融合应用是 21 世纪发展的最强有力动力之一，并将迅速成为世界经济增长的重要动力。面对电商大潮，宁波正矢志打造一块可与上海前滩、深圳前海相媲美的"前洋创新高地"。宁波电商经济创新园区利用其独特的区位优势和现有产业基础，突出电商平台、众创平台、品牌电商、互联网金融和总部特色产业园五大发展方向，聚集高端人才、优质资本、总部机构等创新要素，服务、辐射、带动宁波市乃至更大范围电商经济的发展；作为较早进行智慧城市建设的城市，宁波已开始智慧交通、智慧医疗、智慧物流等一批先行先试项目的探索。德国 SAP 公司、宁波市政府、浙江中之杰软件技术有限公司三方共同构建的中小微企业信息化云服务平台，积极谋划中小微企业智慧制造云服务的新思路和新模式，加快推进信息化和工业化深度融合，助推宁波工业跨越式发展。目前该平台已进入良性发展状态，是国内首个真正落地的中小微企业信息化云服务平台。

(五)平台能级跨越发展

从全球范围来看,国际化大都市服务业增加值比重基本在 70％以上,纽约、伦敦和香港已经接近 90％。目前,国家三大战略顶层设计基本完成,正进入实质性推进阶段,对内对外开放新格局加速形成,资源整合和市场空间将进一步打开。这有利于宁波市加快"港口经济圈"战略谋划和推进,为深度融入全球经济、拓展市场空间、扩大开放领域、提高合作水平提供新契机。从需求看,国家积极推进六大消费工程和新型城镇化战略,有利于不断提升居民需求层次、消费总量,促进消费模式、消费结构升级。同时,资源环境约束、国家碳峰值目标等倒逼机制的不断强化,也将在新能源、新技术、新产品、新业态等新领域产生多方面新的需求。从供给看,以信息、生物、智能、新材料、低碳等为代表的新技术正在融合创新,制造业服务业化、智能化、生态化发展趋势在不断强化,绿色循环低碳发展的空间在逐步打开,引发制造业、能源、健康等领域新增长点形成,为供给结构深度调整创造了条件。宁波加快从县域经济向都市圈经济转变带来的城市化型态改变,将使都市区成为引领服务业集聚发展的主要载体。从当前的发展阶段研究和评价来看,宁波正处于中等收入向高收入迈进的阶段,亟须产业结构升级,发展动力转换。因此,新常态下,供求结构的深度调整,总体上有利于宁波的率先转型,实现产业体系的重构和升级。

长期来看,宁波服务业发展还受到制造业生产效率快速提升、全球价值链分工地位攀升、区域人力资源素质提升、消费观念转变等利好因素影响,有利于服务业消费群体持续扩大。但同时由于制约服务业发展的因素短期内难以完全消除,与发达地区如上海相比,宁波服务业虽然存在 20 个百分点以上的增长空间,但是服务业在 GDP 增长的贡献率以及所占的份额使得其在未来一段时间变化将比较缓慢。核心原因在于服务业发展在本质上存在自身的规律。第一,生产性服务业是工业化发展到一定阶段的产物,服务业的发展不能摆脱其工业依附的特性。特别是工业生产性服务业的发展,必须通过工业的进一步深化,通过工业服务的外包与分工的发展来推动,宁波服务业的大发展需要经历生产性服务业加快发展和升级阶段。第二,消费性服务业在本质上是消费水平大幅度提升、消费层级发生质变的产物,需要以收入分配机制、社会保障体制等不断完善为基础。我国的收入分配改革制度具体方案迟迟没有出台,宁波居民贫富差距加大,边际消费倾向降低,而且许多城乡居民对未来经济形势看空,这些将对未来服务消费产生一定的抑制作用。综合以上因素的叠加效应,考虑到 2016 年是"十三五"规划开局之年,制造业有所回升,初步预计 2016 年服务业增加值增速达到 9% 左右,增加值规模达到 4800 亿元左右,服务业增加值占 GDP 比重为 45% 左右。

四、2016 年宁波服务业发展对策建议

2016 年,是"十三五"规划的开局之年。2016 年服务业发展的基本思路是:紧紧围绕宁波进入全国大城市第一方队的目标,以新状态适应新常态,以新作为引领新常态,深化实施"六个加快"战略、"双驱动四治理"决策部署和经济社会转型发展三年行动计划,以"港口经济圈"建设为总抓手,加快功能平台和功能项目建设,扩大对内对外开放合作,构筑宁波市服务业新优势。

(一)推进公共服务均等化

一是加快完善信息消费设施条件。实施宽带提速工程和城市主要街区免费无线宽带全覆盖工程。完善农村信息基础设施建设,推动 4G 移动通信建设发展和 TD-LTE 产业化,加速物联网、云计算等信息技术的应用。二是通过社会办医加快增加医疗服务供给。推动社会资金以多种形式参与公立医院改制重组,允许医师多点执业。构建医生职称民办公办单位可携带流转制度,允许民办医疗机构纳入医保定点范围。三是增加优质教育服务供给。构建与全球知名高校联合办学的制度体系,指导开展国际办学试点,推动继续教育和职业教育的国际化,试点推进社区大学的兴办与运行。四是鼓励发展多层次全方位养老服务体系。支持社会力量运营公有产权养老服务设施,试点推动医养融合发展,鼓励发展养老服务中小企业,扶持发展龙头企业和知名品牌。五是大力推进全民健身工作。构筑"掌上健身"信息适时发布平台,研究制定分类鼓励和引导城乡居民参与体育健身的行动计划;鼓励社会资本参与将城市废弃厂房与建筑改造成为体育健身场所;鼓励健身服务进社区,降低公益性场馆体育消费的准入门槛;出台鼓励各类型各级别赛事进入社区、市(县)或中心镇的财政补贴政策,允许有条件的社区、街道或者乡镇承接各类体育赛事。

（二）提升生产性服务能力

一是着力扩大港口经济的辐射面。充分发挥宁波在国家"一带一路"和长江经济带战略实施中的"战略支点"和"龙眼"作用，加快多式联运国际枢纽港发展步伐，重点研究完善建设方案，积极争取国家海铁联运综合试验区，参与组建舟山江海联运服务中心，加快设立国际港口城市联盟，抓紧启动沿海铁路沪甬跨杭州湾通道、物联网信息化平台等一批支撑性项目。二是着力增强港口经济的带动力。继续打好港航物流服务体系建设这张牌，积极谋划港航物流服务"互联网＋"，研究现代物流业发展配套服务平台和金融、信息、人才政策支撑体系，加速推进大宗商品贸易、国际贸易物流、航运金融保险等高端服务业集聚，加快申报国家现代物流创新发展城市试点。三是着力提升港口经济的开放度。认真落实国家推进国际产能和装备制造合作的指导意见，加快宁波市先进制造业"走出去"步伐，依托中国—中东欧、中国—东盟等经贸合作平台，加强与"一带一路"沿线国家项目对接、洽谈和合作，拓展第三方合作市场。四是做大做强跨境电子商务规模。围绕国家跨境电子商务综合试验区创建，加快一批公共服务平台、基地等载体建设，支持发展跨境购等新业态，完善线上贸易和线下产业转型的双向联动机制。

（三）创新消费性服务内容

一是强化服务消费政策支撑。加大财政和金融支撑，设立消费性服务业引导股权投资基金，促进投资机构和社会资本进入消费性服务业投资领域。加大文化娱乐消费政策支持力度，鼓励城镇居民走进电影院、剧院和音乐厅消费。加大旅游消费优惠支持力度，研究制定入甬旅游的差异化消费奖励政策，规范和引导节假日消费高峰阶段的展销促销活动。大力培育新兴消费性服务业如创意设计、旅游度假、电子商务、物业管理、家政服务、社区服务等新兴服务领域发展潜力，新增新的经济增长点。二是加快构筑一批消费服务平台。搭建文化旅游消费服务平台，积极推广旅游商品电子平台、在线旅游服务平台和数字虚拟景区等旅游消费内容建设，举办文化、旅游精品汇集的推介博览活动，探索推广文化旅游消费折扣券和免费体验券的经验。构建宁波市名特优产品全方位汇展平台，分层分类推动涉及日常消费的精品名品综合会展业务。试点举办"电商节"，带动宁波市名优特色产品消费。推动生态主体功能区建设，加快建设集旅游、休闲、养生以及户外运动等多重功能于一体的综合休闲公园。打造一批"一站式"乡镇商贸功能区,鼓励乡镇规划打造集超市、集市、书店、网吧、美容理发等多重服务功能为一体的乡村商贸功能区。

(四)搭建高端发展平台

一是以规划带项目。做好项目跟踪评估,通过评估查找发展差距,优化项目目标和进度,更好地发挥规划对服务业项目的有效引导作用;高标准、高水平研究编制服务业集聚区、园区等规划,以规划带动项目,深入挖掘新兴领域的好项目、新项目;鼓励发展一批产业链长、产业带动性强、产业导向明确的服务业项目,促进项目谋划,促成项目落地。二是以计划引项目。坚持并完善上下联动的服务业重大项目计划制度,确保完成市服务业重大项目的年度投资计划,进一步发挥服务业在全社会投资中的主体作用;尽早谋划、选择一批前期手续完备、示范带动效应强的高质量服务业项目进行申报。在注重建设规模、投资强度、税收贡献等硬性指标的同时,结合服务业的特点,关注项目的创新性和成长性,注意服务业重大项目计划与其他各类重大项目的衔接;探索建设服务业项目储备库,进一步探索拓展项目储备领域,创新项目储备方式,提升项目储备层次,谋划一批单体规模大、产业层次高、带动力强的服务业项目。三是以平台扩项目。通过项目集聚和推进发展,巩固提升服务业集聚示范区的自身的产业结构,形成以项目提升集聚区、以集聚区吸引项目的良性互动;充分发挥宁波梅山国际物流产业集聚区等以现代服务业为主导的平台优势,引进具有产业特色的项目,形成与产业集聚区配套的产业服务链,聚焦于服务产业集聚区和提升宁波制造的生产效率和竞争能力;紧扣"腾笼换鸟""机器换人""空间换地""电商换市"的要求,明确主攻方向,与各类开发区、工业园区错位发展,既要引进新兴高端服务业项目,也要兼顾提升发展传统服务业项目,通过研发、设计形成一批项目,努力构建点面结合、集聚互动的发展格局。

(五)优化人才综合环境

一是构建人才市场环境。建设具有国际竞争力的人才市场,依托国家重大攻关项目、国际科技合作项目、产业化攻关项目和重点科研机构、重点企业,遵循国际通行标准和录用程序,大力推进并实施面向全球的人才招聘制度;健全人才自由流动和公平报酬制度,构建不受户籍、身份等限制的平等就业环境,促进人才自由流动和自由竞争。二是优化公共服务环境。建立面向经济建设一线企业倾斜的资助机制,完善经济社会发展重点领域人才培养资助计划。实施专业技术人才知识更新工程,加强专业技术人员继续教育,提升战略性新兴产业、城市建设交通和社会事业领域专业技术人才能级。三是打造宜居生活环境。实施高层次人才住房补贴政策;制定高层次人才补充医疗保险政策,完善高层次人才医疗服务;根据高层次人才子女就学需要,按照相对就近的原则,安排其子女到公办义务教育段学校或幼儿园就读;大力营造海纳百川的城市文化,积极培育鼓励创新、宽容失败的社会风尚。

(六)完善政府工作体系

一是进一步加强统筹协调。健全政府领导牵头、相关部门组成的服务业领导小组或联席会议制度,加强对服务业发展工作的领导和协调,及时研究解决发展中的突出矛盾和问题。二是进一步加强政策扶持,出台相应的配套政策或实施细则,确保每一条政策可操作、可考核、见成效。三是进一步加强督查考评。结合综合性的工作检查、督查,适当开展专项性检查、抽查,督促推动各地加大推进服务业发展的力度;建立服务业发展目标完成情况与市县营业税返还奖励挂钩机制。通过考评营造"比学赶超"的良好氛围。四是进一步加强宣传引导。通过广播、电视、网站、报刊等多种媒体,广泛宣传发展服务业在扩大有效投资、壮大实体经济、改善民生等方面的重要意义,广泛宣传宁波发展服务业的政策举措和有效做法,以及各地发展服务业的成功经验和先进典型,努力引导和推动更多的人、企业和单位支持发展服务业、参与发展服务业,形成发展服务业的强大合力和良好环境。

参考文献

[1] 宁波市统计局.2015 年前三季度宁波市经济运行情况.2015-10.
[2] 宁波市发展改革和委员会.2015 年上半年我市服务业发展报告.2015-07.
[3] 宁波市统计局.2015 年宁波统计月报(9 月).2015-10.

(作者单位:宁波城市职业技术学院)

2015 年宁波外贸发展情况分析及 2016 年展望

钟建军

摘　要:2015 年,在内外部约束条件趋紧的情形下,宁波市在保持原有外贸扶持措施不变的基础上,围绕"拓市场、降风险、保增长、优服务"四个方面,进一步加大了外贸资金扶持力度,积极发展外贸。展望 2016 年,国际贸易将持续缓慢复苏,增长的趋势易受地缘政治与金融风险的冲击。区域贸易自由化协定竞争加剧。国际贸易壁垒将升级。国际石油等大宗商品价格仍将维持低位。"一带一路"将给宁波释放外贸新活力,跨境贸易电子商务发展势头更为迅猛,发展外贸的制度环境更加完善。环境条件的变化,将促使宁波外贸向质量效率型方向转变。

关键词:外贸　进口　出口

2015 年,世界经济总体处于阶段性筑底和蓄势上升的整固阶段,美欧等发达经济体温和复苏,日本停滞不前,大部分新兴经济体经济增长分化加大,大宗商品价格、汇率等动荡加剧,世界经济复苏道路仍然曲折。中国处于经济结构调整、产业转型升级的阵痛期,经济下行压力加大。处于改革开放先列的宁波,提质增效的难度有增无减。在外需依旧疲软、汇率波动、国内下行压力明显加大的环境下,宁波外贸艰难发展。

一、2015 年宁波外贸发展情况①

2015 年,宁波外贸发展情况,主要体现在外贸进出口、口岸进出口、集装箱进出口,以及与其他计划单列市相比等四个方面。

外贸进出口方面,全市外贸进出口总额 741.41 亿美元,下降 5.8%,其中出口 525.83 亿美元,下降 4.0%;进口 215.58 亿美元,下降 9.7%。进出口和出口分别完成评价指标的 67.4% 和 66.9%。9 月,全市外贸进出口总额 91.87 亿美元,下降 5.8%,其中出口 67.73 亿美元,下降 2.3%;进口 24.14 亿美元,下降 14.3%。

口岸进出口方面,9 月,口岸进出口额 161.61 亿美元,下降 22.1%;其中出口 119.97 亿美元,下降 13.8%,进口 41.64 亿美元,下降 38.8%。1—9月,累计口岸进出口总额 1445.79 亿美元,下降 12.7%;其中出口 1051.33 亿美元,下降 3.4%,进口 394.46 亿美元,下降 30.1%。

集装箱进出口方面,9 月,港口进出口箱量合计 167.22 万箱,增长 1.5%,其中出口箱量 82.78 万箱,下降 1.4%(出口重箱 70.13 万箱,下降 3.8%),进口箱量 84.44 万箱,增长 4.5%(进口重箱 28.61 万箱,增长 47.7%)。1—9 月,港口进出口箱量累计 1457.87 万箱,增长 2.3%,其中出口累计箱量 745.67 万箱,增长 2.4%(出口重箱 643.42 万箱,增长 3.1%),进口累计箱量 712.20 万箱,增长 2.1%(进口重箱 265.82 万箱,增长 7.0%)。

与其他计划单列市相比,1—9 月,我市进出口和出口规模仅次于深圳,均居计划单列市第二位,进口规模居计划单列市第四位;进出口和进口增幅均居计划单列市第二位,出口增幅居计划单列市第三位。

(一)出口止跌企稳,进口整体平稳

9 月,我市出口 67.73 亿美元,同比下降 2.3%,降幅自 3 月以来首次大幅收窄。受此带动,1—9 月我市出口同比下降 4%,比 1—8 月减少 0.3 个百分点。进口形势稳定,1—9 月同比下降 9.7%,整体呈平缓波动态势。

分月度来看,三季度以来宁波各月出口均保持了历史高位运行,月均出

---

① 本节数据来源于宁波市对外贸易经济合作局 2015 年 1—9 月的数据。

口额为 58.47 亿美元,其中,1、8、9 月刷单月出口额新高,9 月高达 67.73 亿美元(见图 1)。但是,表 1 显示,1—9 月进口呈现下降趋势,月均下降 0.16%。与全国和全省相比,1—9 月,宁波市进出口总额、进口额降幅分别低于全国 2.3 个和 5.6 个百分点,出口额高出全国 2.1 个百分点,进出口总额、出口额降幅分别高出全省 3.2 个和 5.2 个百分点,进口降幅低于全省 5.3 个百分点(见表 1)。

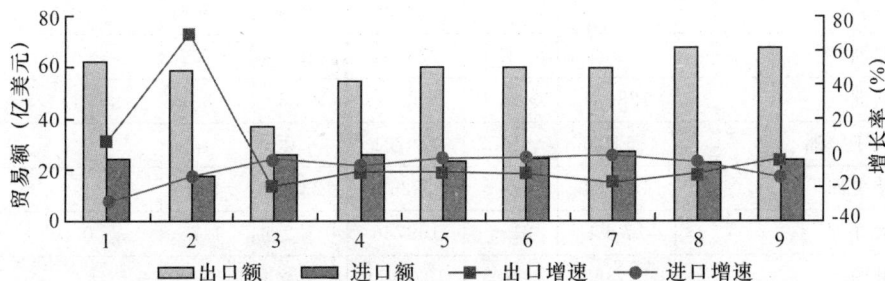

图 1 2015 年 1—9 月宁波市进出口贸易总体情况

表 1 2015 年 1—9 月全国、全省和全市进出口贸易数据对比

项目	全国		全省		全市	
	累计(亿美元)	同比(%)	累计(亿元)	同比(%)	累计(亿美元)	同比(%)
进出口	29041.39	−8.1	15902.21	−2.6	741.41	−5.8
出口	16641.15	−1.9	12632.62	1.2	525.83	−4.0
进口	12400.23	−15.3	3269.59	−15.0	525.83	−9.7

(二)对欧美出口趋势走弱,对新兴市场出口明显回升

1—9 月,我市对美出口增长 4.5%,增幅较上月减少 1.8 个百分点,已连续三个月下滑,美国市场对 2015 年我市出口的支撑作用在逐步减弱。欧盟市场低迷之势持续加深,1—9 月对欧盟出口同比下降 5.2%,降幅比上月扩大 0.5 个百分点。1—9 月对新兴市场整体出口有显著好转,其中对东盟、韩国、印度、阿联酋出口增速比 1—8 月分别提高 4.3 个、0.4 个、1.9 个和 2.7 个百分点,其中 9 月当月对上述四地出口同比分别增长 26.4%、3.4%、14.4%和 16.6%,拉动当月全市出口增幅 2.4 个百分点。此外,当月对"一带一路"沿线国家出口也表现较好,同比增长 5.3%。

1—9 月,我市对自贸区市场、金砖国家和"一带一路"沿线国家的出口额分别达到 99.98 亿美元、40.22 亿美元和 131.76 亿美元,占出口总额的比重分别为 19.0%、7.6% 和 25.1%,同比分别下降 5.5 个、14.3 个和 8.9 个百分点(见表 2)。

表 2　2015 年 1—9 月宁波市主要出口市场情况

市场名称	当月出口 (万美元)	同比 (%)	本年累计 (万美元)	比重 (%)	同比 (%)	比重同比增减 百分点
亚洲	215285	9.1	1573584	29.9	−6.6	−0.8
非洲	38864	−1.9	276584	5.3	−7.2	−0.2
欧洲	188187	−9.8	1555990	29.6	−8.2	−1.4
拉丁美洲	51165	−11.7	429701	8.2	−1.5	0.2
北美洲	155804	−6.5	1252671	23.8	4.2	1.9
大洋洲	27994	21.5	169766	3.2	4.7	0.3
欧盟	164395	−8.5	1378794	26.2	−5.2	−0.3
自贸区市场	144015	15.7	999849	19.0	−5.5	−0.3
其中:东盟	56587	26.4	366714	7	−7.8	−0.3
金砖国家	52576	−10.8	402174	7.6	−14.3	−0.9
中东	55185	−2.6	438585	8.3	−7.2	−0.3
"一带一路"沿线国家	182093	5.3	1317611	25.1	−8.9	−1.3
其中:中东欧	18171	−13.7	150720	2.9	−9.9	−0.2
主要市场	463577	−4.9	3678556	70	−4.5	−0.3
美国	142050	−6.7	1145601	21.8	4.5	1.8
德国	31595	−7.2	275110	5.2	−6.3	−0.1
日本	29749	−10	240800	4.6	−9.2	−0.3
英国	33744	−8.9	249336	4.7	3.1	0.3
中国香港	19535	17	141633	2.7	−21	−0.6
俄罗斯联邦	18042	−15.3	125497	2.4	−28.9	−0.8
荷兰	15918	−13.3	147049	2.8	−9.6	−0.2
澳大利亚	21083	7.1	141857	2.7	1.2	0.1
韩国	19095	3.4	138228	2.6	0.8	0.1
法国	12566	−1.6	122842	2.3	−8.2	−0.1
巴西	11064	−30.8	104560	2	−14.4	−0.2

续表

市场名称	当月出口（万美元）	同比（%）	本年累计（万美元）	比重（%）	同比（%）	比重同比增减百分点
印度	16120	14.4	119162	2.3	1	0.1
加拿大	13754	−4.3	107070	2	1.6	0.1
西班牙	11836	−14.2	100328	1.9	−6.2	0
阿联酋	14592	16.6	102163	1.9	−3.6	0
墨西哥	12220	1.9	103881	2	17.6	0.4
马来西亚	9876	13.6	59713	1.1	−33.1	−0.5
土耳其	6168	−30.8	70144	1.3	−17.4	−0.2
印度尼西亚	10449	27.5	60820	1.2	−20.1	−0.2

注:1. 主要出口市场为 2014 年出口前 20 位国家(地区),表 5 同。

2. 自贸区市场包括已实施自贸协定的东盟、新加坡、巴基斯坦、新西兰、智利、秘鲁、哥斯达黎加、冰岛、瑞士、中国香港、中国澳门、中国台湾、韩国、澳大利亚等 14 个自贸区,表 5 同。

(三)日用消费品出口有所好转,高新技术产品出口逆势增长

1—9 月,我市七大类日用消费品出口同比下降 5.1%,低于全市出口平均降幅 1.1 个百分点,但比 1—8 月收窄 0.7 个百分点。其中 9 月当月该项下合计出口仅同比下降 0.6%,尤其灯具、鞋类、箱包等当月出口同比分别增长 2.1%、8.2% 和 18.9%。1—9 月高新技术产品出口同比增长 0.9%,9 月当月增幅为 5.5%。机电产品出口仍然平稳,与全市出口平均降幅持平。项下产品中,船舶、通断保护电路装置及零件表现突出,同比分别增长 11.7% 和 9.6%,其中 9 月当月增幅分别为 86.5% 和 5.3%(见表 3)。

表 3　2015 年 1—9 月宁波市主要商品出口情况

商品名称	当月出口（万美元）	同比（%）	本年累计（万美元）	比重（%）	同比（%）	比重同比增减百分点
机电产品	363592	−2.2	2848131	54.2	−2.3	1
高新技术产品	42243	5.5	328301	6.2	0.9	0.3
主要商品	321173	−1.7	2496085	47.5	−1.7	−4.8
服装及衣着附件	81486	−2.8	640106	12.2	−2.8	−5.9
纺织纱线、织物及制品	44836	−3.1	362939	6.9	−3.1	−3.5

续表

商品名称	当月出口 （万美元）	同比 （％）	本年累计 （万美元）	比重 （％）	同比 （％）	比重同比 增减百分点
灯具、照明装置及类似品	29738	2.1	194569	2.1	3.7	−3.7
塑料制品	24479	−0.9	190820	−0.9	3.6	−3.1
汽车零件	17019	−1.6	135143	−1.6	2.6	−0.7
家具及其零件	13675	−2.5	125309	−2.5	2.4	−2.8
电线和电缆	10665	−8.9	82865	−8.9	1.6	−9.1
鞋类	12737	8.2	80627	8.2	1.5	−10.4
钢材	9770	−8.1	76191	−8.1	1.4	−4.9
液晶显示板	8133	−28.4	74534	−28.4	1.4	−10.7
船舶	6745	86.5	70060	86.5	1.3	11.7
通断保护电路装置及零件	9937	5.3	77864	5.3	1.5	9.6
轴承	6382	−12.4	58903	−12.4	1.1	−4.8
水海产品	5104	−15.1	47611	−15.1	0.9	−19
钢铁或铜制标准紧固件	6237	−14.3	51632	−14.3	1	−9.5
箱包及类似容器	8902	18.9	50409	18.9	1	−15
集装箱	5322	−2.9	43221	−2.9	0.8	−14.6
纸及纸板（未切成形的）	6765	2.6	47119	2.6	0.9	−5.6
玩具	8149	8.8	49893	8.8	0.9	8.1
体育用品及设备	5094	−6.3	36271	−6.3	0.7	−5.9

注：主要出口商品为 2014 年出口前 20 位商品。

（四）主要大宗商品进口量快速提升，从部分新兴市场进口增长较快

1—9 月，主要大宗商品进口量快速提升，同比增长 11.3％，其中液化石油气及其他烃类气、初级形状的塑料、苯乙烯、纸浆进口同比分别增长 178.5％、2.4％、8.3％和 20.5％。由于国际市场大宗商品价格整体低迷，我市进口前 20 位商品进口额同比下降 13.7％。2015 年 1—9 月宁波市主要商品进口情况如表 4 所示。

表 4　2015 年 1—9 月宁波市主要商品进口情况

商品名称	当月进口（万美元）	同比（%）	本年累计（万美元）	比重（%）	同比（%）	比重同比增减百分点
机电产品	44534	−25.9	379746	17.6	−16.4	−1.4
高新技术产品	27594	−31.1	237211	11	−20.5	−1.5
主要商品	155701	−18.7	1396900	64.8	−13.7	−2.9
初级形状的塑料	33344	5.7	294707	13.7	2.4	1.6
铁矿砂及其精矿	14744	−27.8	158492	7.4	−34.2	−2.7
废金属	19605	−28.6	167868	7.8	−19	−0.9
二甲苯	17408	−17.4	158540	7.4	−3.6	0.5
液晶显示板	9770	−53	92740	4.3	−28.9	−1.2
集成电路	8956	−7.4	78205	3.6	0.2	0.4
未锻造的铜及铜材	6544	−59.3	42259	2	−40.4	−1
苯乙烯	10580	170.9	74014	3.4	8.3	0.6
纸浆	5573	27.5	56090	2.6	20.5	0.7
纺织纱线、织物及制品	4794	−16.5	52612	2.4	18.7	0.6
煤及褐煤	2467	−16.9	25989	1.2	−28	−0.3
废塑料	3337	−27.5	28545	1.3	−25.2	−0.3
乙二醇	1533	−47.4	23951	1.1	−33.8	−0.4
原木	2322	−47.4	29860	1.4	7.1	0.2
非泡沫塑料的板、片、膜、箔	2992	7.9	24623	1.1	−10.9	0
原油					−100	−1.5
钢材	2021	−33.8	22168	1	−18.2	−0.1
液化石油气及其他烃类气	6169	29.1	41923	1.9	178.5	1.3
二极管及类似半导体器件	2110	−6.7	14119	0.7	−25.6	−0.1
纺织用合成纤维	1431	−49.8	10195	0.5	−35.8	−0.2

1—9 月，从欧盟、日本、美国和我国台湾地区进口同比分别下降

10.9％、0.8％、1.7％和21.2％。受二甲苯等化学品进口拉动，从韩国进口同比增长10.1％。新兴市场中，从伊朗进口同比增长12.5％，进口增量集中在初级形状的塑料；从巴西进口同比增长11.4％，主要是纸浆进口大幅增长（见表5）。

表5　2015年1—9月宁波市主要进口来源地情况

市场名称	当月进口（万美元）	同比（％）	本年累计（万美元）	比重（％）	同比（％）	比重同比增减百分点
亚洲	150661	−12.2	1332224	61.8	−9	0.5
非洲	3547	−46.1	41079	1.9	−22.2	−0.3
欧洲	27643	−18.7	246710	11.4	−10.3	−0.1
拉丁美洲	13686	−16.3	118322	5.5	−19.6	−0.7
北美洲	26428	1.6	219360	10.2	−2.8	0.7
大洋洲	19482	−28.9	198042	9.2	−11.8	−0.2
欧盟	23601	−24.7	209734	9.7	−10.9	−0.1
自贸区市场	114080	−24	1031957	47.9	−14.4	−2.6
其中：东盟	28014	−5.2	234602	10.9	−10.4	−0.1
金砖国家	13154	5.2	138687	6.4	0.2	0.6
中东	24146	14.2	217561	10.1	−8.4	0.1
"一带一路"沿线国家	59722	−3.6	534179	24.8	−7.7	0.6
其中：中东欧	1687	−70.6	15692	0.7	−14.8	0
主要市场	201393	−14.7	1794289	83.2	−10.2	−0.4
中国台湾	41251	−34.8	384664	17.8	−21.2	−2.6
日本	28994	10.5	232443	10.8	−0.8	1
澳大利亚	17013	−31.7	161447	7.5	−16.4	−0.6
韩国	21833	−9.3	195962	9.1	10.1	1.6
美国	21848	−1.3	169632	7.9	−1.7	0.6
泰国	6949	−30.2	60337	2.8	−25.4	−0.6
伊朗	7945	1.7	79404	3.7	12.5	0.7
沙特阿拉伯	7741	7	72198	3.3	−0.5	0.3
德国	7598	−5.6	55395	2.6	−16.7	−0.2
巴西	6507	2.6	64874	3	11.4	0.6
加拿大	4580	18.3	49728	2.3	−6.3	0.1

续表

市场名称	当月进口 （万美元）	同比（%）	本年累计 （万美元）	比重 （%）	同比 （%）	比重同比 增减百分点
马来西亚	7160	15.3	55423	2.6	20.3	0.6
新加坡	4428	−5.8	36219	1.7	−26	−0.4
印度尼西亚	3400	16.4	28060	1.3	−39.4	−0.6
智利	2760	−41.5	17842	0.8	−54.7	−0.8
南非	1946	14.3	22356	1	−34.7	−0.4
阿联酋	1790	−9.3	25715	1.2	−18.4	−0.1
荷兰	3156	−18	30101	1.4	0.8	0.1
印度	2079	−35.6	27973	1.3	0.9	0.1
比利时	2416	−19.5	24519	1.1	−4.5	0.1

（五）民营企业进出口好于其他企业，重点企业表现领先全市

1—9 月，我市民营企业出口同比下降 1.8%，其中 9 月出口同比增长 6.2%，拉动全市当月出口增幅 4 个百分点；进口同比增长 0.3%。1—9 月，外商投资企业出口、进口同比分别下降 7.5% 和 13.4%（见表 6）。1—9 月，我市出口前 108 家企业出口同比下降 2.2%，进口前 108 家企业进口同比下降 3.7%，好于全市 1.8 个和 6 个百分点，分别占全市总额的 32.0% 和 70.9%，比重提高 0.6 个和 4.4 个百分点。其中，有 55 家重点出口企业和 66 家重点进口企业实现增长。

表 6　2015 年 1—9 月宁波市进出口企业类别情况

	项目	当月实绩 （万美元）	同比 （%）	本年累计 （万美元）	比重 （%）	同比 （%）	比重同比 增减百分点
出口分企业类别	外贸公司	335360	6.6	2220380	42.2	−8	−1.8
	自营进出口生产企业	174250	−2.9	1491796	28.4	6.1	2.7
	外商投资企业	163427	−16.3	1508294	28.7	−7.5	−1.1
	其他企业	4261	4.4	37826	0.7	34.1	0.2
进口分企业类别	外贸公司	68511	−12.8	627159	29.1	−2.9	2
	自营进出口生产企业	65964	−2.4	543324	25.2	−10.2	−0.1
	外商投资企业	102109	−20.3	959631	44.5	−13.4	−1.9
	其他企业	4864	−35.4	25652	1.2	−12.7	0

(六)一般贸易比重继续提高,其他贸易项下进口降幅较深

1—9 月,我市一般贸易出口 441.3 亿美元,同比下降 3.4%,占全市出口总额的 83.9%,比重提高 0.5 个百分点;进口 163.48 亿美元,同比下降 2.8%,占全市进口总额的 75.8%,比重提高 5.4 个百分点。1—9 月,其他贸易项下进口同比下降 36.2%,其中保税监管场所进出境货物进口同比下降 53.7%(见表 7)。

表 7　2015 年 1—9 月宁波市进出口贸易方式情况

项目		当月实绩(万美元)	同比(%)	本年累计(万美元)	比重(%)	同比(%)	比重同比增减百分点
出口分贸易方式	一般贸易	587043	0.7	4413029	83.9	−3.4	0.5
	加工贸易	83848	−15.6	762058	14.5	−5.9	−0.3
	其中:来料加工	8514	−25.2	75163	1.4	−4.4	0
	进料加工	75334	−14.4	686895	13.1	−6.1	−0.3
	其他贸易	6407	−41.4	83210	1.6	−17.1	−0.2
	其中:保税监管场所进出境货物	921	−67.2	10718	0.2	−54.5	−0.2
	特殊监管区域物流货物	5352	−31.3	68335	1.3	−8.2	−0.1
进口分贸易方式	一般贸易	184141	−5.9	1634757	75.8	−2.8	5.4
	加工贸易	36294	−36.5	355309	16.5	−20.5	−2.2
	其中:来料加工	3721	−12	39086	1.8	−8.7	0
	进料加工	32574	−38.4	316223	14.7	−21.8	−2.3
	其他贸易	21013	−27.8	165701	7.7	−36.2	−3.2
	其中:外商投资作为投资进口的设备、物品	490	−61.8	2311	0.1	−75.2	−0.3
	保税监管场所进出境货物	7625	−36.6	56324	2.6	−53.7	−2.5
	特殊监管区域物流货物	12291	−18.9	102442	4.8	−18.2	−0.5

(七)出口订单指数小幅下降,企业信心指数回落

根据我市重点联系企业监测体系 9 月份数据显示,出口订单同比增长

及持平的企业占比为 62.7%,较 8 月份下降 1.6 个百分点。出口订单短期化现象略有上升,9 月份以三个月以内短期订单为主的企业比重 58%,较上月上升 1 个百分点。此外,监测数据显示 9 月份看好后期出口前景的企业占比为 12.7%,较上月下降 1.9 个百分点。

(八)各县(市)、区出口完成进度滞后,进口普遍下降

1—9 月,全市 14 个县(市)、区出口完成进度均落后于时间进度,其中有 5 个地区落后时间进度超过 1 个月。从同比数据来看,有 5 个地区出口实现增长,其中鄞州区出口 93.68 亿美元,同比增长 4.2%,占全市总额的 17.8%。进口方面,14 个县(市)、区中仅高新区实现增长,增幅为 39.5%,其他地区均有不同程度下降,如表 8 所示。

表 8   2015 年 1—9 月宁波市分县(市)、区进出口总值

县(市)、区	进出口				出口				进口	
	评价指标	本年累计(万美元)	完成(%)	同比(%)	评价指标	本年累计(万美元)	完成(%)	同比(%)	本年累计(万美元)	同比(%)
全市合计	11000000	7414063	67.4	-5.8	7860000	5258297	66.9	-4	2155766	-9.7
慈溪市	1192300	774332	64.9	-8.4	1007400	672177	66.7	-3.8	102155	-30.5
其中:慈溪(本级)	968400	635592	65.6	-7.5	871000	576865	66.2	-4.7	58727	-28.1
杭州湾	223900	138741	62	-12.6	136400	95313	69.9	1.9	43428	-33.4
余姚市	963200	667690	69.3	-3.3	761500	510756	67.1	-3.6	156934	-2.4
奉化市	309700	188650	60.9	-10.2	272200	162781	59.8	-7.8	25869	-23
宁海县	259100	185971	71.8	1.6	239400	170001	71	2.4	15970	-6.2
象山县	266400	185354	69.6	-3.1	253100	172895	68.3	-2.4	12459	-12.3
鄞州区	1537900	1118149	72.7	2.4	1297900	936816	72.2	4.2	181333	-6.1
其中:鄞州(本级)	1513000	1097515	72.5	2.1	1273000	916554	72	3.9	180961	-6.1
东钱湖	24900	20634	82.9	20.6	24900	20262	81.4	20.5	372	22.4
镇海区	667900	438536	65.7	-8.7	354900	248587	70	0.5	189949	-18.4
海曙区	692200	468927	67.7	-5.7	633900	421198	66.4	-4.9	47729	-12.3
江东区	694100	463464	66.8	-5	607600	403526	66.4	-3.9	59938	-11.3
江北区	419000	298186	71.2	-0.8	295200	213320	72.3	4.6	84866	-12.3

续表

县(市)、区	进出口				出口				进口	
	评价指标	本年累计 (万美元)	完成 (%)	同比 (%)	评价指标	本年累计 (万美元)	完成 (%)	同比 (%)	本年累计 (万美元)	同比 (%)
北仑区	1956300	1359230	69.5	-3.8	1115000	763205	68.4	-1.6	596025	-6.4
其中:北仑 (本级)	1896600	1290359	68	-5.7	1095000	746291	68.2	-1.9	544068	-10.5
梅山	59700	68872	115.4	54.1	20000	16914	84.6	8.7	51958	78.4
宁波保税区	1468900	853530	58.1	-19.6	764000	402648	52.7	-28.3	450882	-9.9
大榭开发区	322300	200981	62.4	-15	104400	68089	65.2	-7	132892	-18.6
宁波国家高 新区	248100	213255	86	19.8	155200	114426	73.7	6.7	98829	39.5

(九)跨境电子商务进口交易额呈井喷式增长,发展模式不断创新

宁波跨境贸易电子商务进口业务自 2013 年 11 月 27 日实单运行以来,宁波跨境电商实现了跨越式的发展,进口交易额呈井喷式增长势头。2015年上半年,宁波海关累计审核通过跨境贸易电子商务进口申报单 335.6 万票,货值 8.5 亿元,新增消费者 129.7 万人,比上年同期分别增长 48.3 倍、42.4 倍和 34.2 倍。截至 2015 年 8 月,宁波海关累计审核通过备案商品 1.7万多种,其中上架销售 1 万多种,主要为母婴用品、食品、饮料、纺织品及其制成品、厨卫用具及小家电、文具用品及玩具等 16 大类快速消费品,宁波保税区共有 113 家电商实单运行,涉及 533 个 HS 编码,商品备案 23077 条。据宁波海关统计,截至 2015 年 9 月 23 日,累计监管跨境贸易电子商务网购保税进口商品 17.1 亿元,验放包裹 605.7 万个,办理退货 1612 批次。

为了让跨境商品顺利通关,宁波海关进行了监管创新,在"保税备货""保税集货"模式的基础上,创造了"一般进口"(抑或跨境直购)的新的跨境贸易电子商务进口业务模式,大大缩短了货物通关时间,正常货物到宁波后,24 小时以内就能通关。因为,在商品进口前,已完成企业及商品海关备案手续,消费者购买商品后,电商企业、物流企业、支付企业分别向海关提交电子订单、电子运单及电子支付凭证,海关可基于数据来源的真实性给予跨境商品相应的通关便利。"一般进口"模式将减少电商企业商品囤积的风险,降低经营成本;也可满足消费者对进口产品个性化、多样化的需求,进而推动宁波跨境贸易电子商务的发展。

二、当前宁波外贸发展存在的主要问题

(一)出口综合成本上升

宁波外贸发展的要素支撑条件正发生显著变化,出口综合成本已进入上升通道。企业所面临的资源约束、环境约束等日益加强,融资约束也趋紧,以科技创新、人力资本等为支撑的新增长动力尚未形成,出口动力不足,出口空间受到挤压。其中,劳动力供给短缺和劳动力价格上升双重压力蹿升。根据海关总署的调查,2015 年 3 月有 56.2% 的企业反映出口综合成本同比增加,其中分别有 61.8% 的企业认为劳动力成本在上升,37.5% 的企业认为融资成本在上升,33.4% 的企业认为汇率成本有所上升。据宁波市对外贸易经济合作局官网的关于"当前企业出口面临的主要问题"的网上问卷,结果显示,截至 2015 年 6 月 30 日,有 19.19% 的人认为用工成本增加是最主要问题。

(二)出口产品质量偏低

从总体上来看,宁波外贸企业科研、设计力量薄弱,产品生产大多以贴牌为主,缺乏对目标市场产品的质量认证意识,出口产品质量低下。据宁波市出入境检验检疫局统计,2015 年上半年,宁波出口商品因产品遭国外退运共计 808 批,货值高达 3723.9 万美元(约 2.38 亿元人民币),同比分别增长8.5 和 19.5 个百分点。其中,机电产品为主要被退运产品,共退运 591 批,货值为 2604.4 万美元,占所有被退运产品的比重分别为 73.1% 和 69.9%。机电产品中,小家电、汽车零配件、灯具、光伏组件等退运金额居前。在退运产品中,约有 83.8% 的产品应质量原因而被退运,同比上升 11.6 个百分点。

(三)国际贸易壁垒阻碍出口发展

受美国次贷危机的影响,全球经济低档回升。一些国家为了保护本国产业发展,以及满足本国消费者对产品质量的非位似偏好的需求,而采取贸易保护主义政策。其中,技术性贸易壁垒已成为仅次于汇率的第二大非关税贸易壁垒。据调查,中国有 35.2% 的出口企业受到国外不同程度的技术性贸易壁垒影响。作为外贸依存度高的宁波市,所受到的影响更为明显。据宁波市出入境检验检疫局调查数据显示,宁波市有 54.95% 的出口企业受到技术性贸易壁垒影响,直接损失高达 24.77 亿美元,新增成本 9.50 亿美

元。作为宁波市传统优势的玩具行业,连续多年保持批次和出口双增长态势,年出口创汇逾 10 亿美元,出口欧盟占比四成以上。欧盟为了限制中国玩具的出口,发布了号称世界上最严玩具法规的《玩具安全指令》,设置安全、环保、卫生、健康、能耗等重重关卡,波及 66 种致敏芳香剂和 3000 余种 CMR 物质,将影响到宁波市玩具产品的出口。

(四)全球产品需求依然疲软

2015 年以来,全球经济总体呈现缓慢复苏迹象,但复苏仍然不平衡。2015 年上半年,主要发达经济体复苏势头较弱,新兴经济体整体表现低迷。受全球产品产量过剩和经济增长乏力的双重影响,大宗商品价格持续下降,对相关生产国和出口国经济复苏势必造成严重冲击。美国经济的持续复苏,加息成为抑制未来通货膨胀的必然措施。加息将使国际资本撤离新兴经济体,势必对新兴经济体资本市场产生一定影响,造成资金财力下降,融资成本上升。加之新兴经济体自身资本市场的脆弱性,美联储的加息对产品的连锁反应,势必会抑制新兴经济体的工业品投资,进而影响到全球工业品的需求。由宁波市对外贸易经济合作局组织的"宁波市出口企业面临的主要问题"的网上问卷调查结果显示,截至 2015 年 6 月 30 日,有 13.74％的人认为国外市场需求不稳是仅次于用工成本增加的一个主要问题。

(五)人民币汇率波动频繁影响国外客户下单

人民币汇率波动频繁、波动幅度较大,短期来看,对外贸企业不利。给出口企业带来的一个主要影响是企业接单时难以对汇率走势作出明确的预判,也使得国外企业在下单时犹豫不决或者越来越谨慎,造成"短单多,长单少"的局面。据汇丰银行研究部测算,人民币有效汇率上升 1 个百分点,中国出口贸易额将下降 1.5 个百分点。人民币汇率的升值,导致上半年宁波市规上工业企业完成出口交货值同比下降 5.2 个百分点,降幅较第一季度扩大 5.4 个百分点,仅为 1362 亿元。据宁波市对外贸易经济合作局的网上问卷调查结果显示,截至 2015 年 6 月 30 日,有 12.12％的人认为人民币汇率波动较大,出口经营风险加大是宁波市出口企业所面临的主要问题之一。

(六)地缘局势动荡加大部分市场出口风险

地缘局势动荡,对部分市场出口风险加大。2015 年年初以来,受乌克兰冲突影响,宁波市对俄罗斯市场的外贸风险加剧,1—9 月,宁波对俄累计出口 12.55 亿美元,出口额同比下降 28.9％,比重同比下降 0.8 个百分点。

三、2016 年宁波外贸发展形势展望

(一)国际贸易发展形势展望

1. 国际贸易持续缓慢复苏,增长势头易受地缘政治与金融风险冲击

随着各国采用财政政策和货币政策对金融危机后的本国经济进行系统性干预,国际贸易在低速中增长,但是颓势难以在短时间内转变。根据世界贸易组织于 2015 年 4 月发布的全球贸易预测,2016 年全球商品贸易量将增长 4.0%,但仍低于 1990 年以来 5.1% 的年均增长率水平,难以回到金融危机之前的水平。此外,国际贸易的增长还容易受到地缘政治冲突,如乌克兰和叙利亚危机、欧盟大量难民涌入等的冲击。随着美国经济的逐步复苏,美联储加息的预期将加速国际资本撤离新兴经济体,以回流到美国,势必会增加全球经济复苏,以及国际贸易的风险和不确定性。

2. 区域贸易自由化协定竞争加剧

美国主推跨太平洋战略经济伙伴关系协议(TPP)和跨大西洋贸易与投资伙伴关系协定(TTIP)谈判,力求巩固全球贸易主导地位。欧盟积极通过 TTIP、欧盟—加拿大 FTA、欧盟—日本 FTA、欧盟—东盟 FTA、欧盟—地中海南部国家 FTA 等协定谈判,构建以自身为核心的跨区域贸易体系。区域合作兴起和新游戏规则出现必然强化发达国家在全球经贸规则新体系中的地位,抬高我国参与国际竞争的进入壁垒和交易成本。

3. 国际贸易壁垒将升级

在全球经济疲软、复苏乏力的背景下,各国货币政策逐步分化,贸易保护主义和投资保护主义有抬头迹象。主要发达国家积极推动服务贸易、信息技术等专业性贸易协定谈判,扩大技术性贸易壁垒。以印度、巴西、埃及等为代表的新兴经济体也不例外,将紧随发达国家,设立严格繁杂的技术标准、出台严格的进口限制规定、反倾销等,贸易壁垒措施的严苛程度逐渐呈现出后来居上的态势。中国作为全球货物贸易第一大国,与新兴经济体在经济发展程度上相似,彼此间的竞争也将愈发激烈。中国出口产品中的机电、纺织服装等传统优势行业产品将遭遇新兴经济体更为激烈的贸易壁垒。此外,随着低碳、绿色意识的增强,绿色贸易壁垒也将成为部分发达国家推

进保护主义政策的新手段。

4. 国际石油等大宗商品价格仍将维持低位

在国际上,大部分大宗商品的价格是以美元计价和交易,其价格与美元走势相反。随着美国经济的逐步复苏,美联储加息以应对通货膨胀预期的变化,美元在 2016 年仍可能继续升值,大宗商品价格疲软态势短期内可能变化不大。世界银行于 2015 年 6 月发布了《全球经济展望》报告,预测全球经济增长 3.3%,较前两年下降 0.1 个百分点。此次预测全球经济增长速度下滑,主要归因于新兴经济体和发达经济体的经济增速下降,而新兴经济体又是大宗商品的主要需求方,将会抑制国际大宗商品的价格。此外,国际大宗商品仍将供过于求,尤其是原油市场。欧派克拒绝减产石油战略、美国页岩油产量的增长,石油供给过剩将会延续到 2016 年,国际石油价格仍将持续低迷。

(二)宁波外贸发展形势展望

1. "一带一路"释放外贸新活力

"一带一路"贯穿亚欧非大陆,沿线包括中亚、中东欧、西亚、南亚、东盟、北非等 65 个经济体,人口 44 亿左右,经济容量约为 21 万亿美元,分别占全球的 63% 和 29%。2015 年 1—9 月,宁波对"一带一路"沿线经济体的出口额累计达到 131.76 亿美元,占宁波市出口总额的比重为 25.1%。"一带一路"沿线经济体的铁路、公路、港口、电站等基础设施相对落后,"一带一路"战略的实施,将会带动宁波机械等制造业产品的出口。此外,宁波企业出口业务已遍及"一带一路"沿线经济体,积累了不少老客户。围绕"一带一路"战略而推出的税收、研发、报检、通关等环节政策,宁波市将在扩大与"一带一路"沿线经济体老客户业务的同时,还将开发新客户。宁波港和舟山港的合并,将无疑助推宁波与"一带一路"沿线经济体之间外贸的发展。

2. 跨境贸易电子商务发展势头依然迅猛

2014 年,宁波市人均 GDP 达 15996 美元,达到中上等国家水平。2016 年,宁波人均 GDP 提升趋势可预见,对产品质量的非位似偏好需求、个性化需求逐年增加,国外丰富多样的产品则在很大程度上能满足这种需求。从企业角度来看,宁波电商企业需要借助跨境贸易电子商务对接国内外市场,迅速做大市场;宁波物流企业也需通过开展跨境电子商务以做大业务规模,增强盈利能力。从监管部门视角来看,宁波海关不断创新监管制度(如跨境直购模式)以缩短货物通关时间,制定新的跨境贸易电子商务监管操作规程,便利国外产品顺利通关。此外,宁波保税区作为跨境贸易电子商务的试点区,开展跨境贸易电子商务可作为宁波对外贸易发展方式转变的一个重要突破口,增强招商引资吸引力。为此,宁波市制定了一系列发展跨境贸易电子商务的措施,宁波市跨境贸易电子商务发展势头势必更为迅猛。

3. 发展外贸的制度环境更加完善

面对全球需求疲软的困境,宁波市出台和实施了一系列鼓励外贸发展的政策和措施,取得了一定成效。2016 年,世界经济形势依然严峻。为了稳定外贸增长,宁波市将会在现有措施的基础上,出台更有针对性的稳增长、提质量、促效率的外贸发展的实施意见。

四、2016 年宁波外贸发展对策建议

(一)降低出口交易成本、改善外贸企业融资环境

1. 减轻外贸企业税费负担

整顿和规范进出口环节经营性服务和收费,行政事业性收费通过政府门户网站予以公布,建立健全各类经营服务性收费单位收费公示制度,降低企业进出口成本。对经营有困难的重点外贸进出口企业,可给予减征或免征地方水利建设基金。鼓励企业开展出口退税账户托管贷款业务,扩大享受贴息的企业范围并提高贴息比例。

2. 推进跨境贸易人民币结算

鼓励全市各金融机构在了解客户、业务和审查基础上简化跨境贸易和投资人民币结算业务流程。鼓励各金融机构为跨国企业集团提供跨境人民币资金集中运营业务,按照人民银行有关规定开展跨境双向人民币资金池业务和经常项下跨境人民币集中收付业务。支持各金融机构与支付机构合作开展跨境人民币结算业务。

3. 扩宽外企企业融资渠道

有效扩大外贸企业进出口融资规模,大力发展进出口贸易融资业务。完善出口退税账户托管贷款业务流程,探索该项贷款业务新模式。积极应用出口应收账款加出口信用保险融资模式,扩大出口信用保险保单融资的

覆盖面。鼓励金融机构开展保理、订单融资、福费廷等业务,优化业务流程,提高办理效率。拓宽外贸企业融资渠道,加强信托、租赁、股权等非信贷融资服务,引导符合条件的企业用好非金融企业债务融资工具。推动金融机构积极开展出口信用保险项下贸易融资,增加贷款比例,减少额外条件,进一步缓解外贸企业经营资金不足。

(二)提升产品质量,加大市场开拓力度

1. 提升外贸企业出口产品档次

以技术、品牌、质量、服务为重点,加快提升出口产品档次。实施出口质量工程,完善出口质量奖评选工作,推进进出口质量安全示范区建设,推动我市出口产业向高技术含量、高附加值、高效益提升,不断提高自主研发、自主知识产权产品出口比重。鼓励外贸企业采用国内外先进技术标准,参与国内、国际标准制定。深入实施"品牌强贸"战略,完善全市出口产品五级创牌体系,继续开展省、市级出口名牌评审工作,鼓励企业通过自创、收购、合作等多种方式扩大品牌产品出口。

2. 鼓励企业"走出去"

贯彻落实国家建设"一带一路"重大战略,鼓励企业积极参与沿线国家的基础设施建设,带动设备、材料、技术、服务"走出去"。支持企业通过各种方式开展境外投资、支持企业通过多种方式开展国际合作和工程承包,带动产品出口,引进优质资源。

3. 加大国外市场开拓力度

鼓励外贸企业参展,提高新兴市场展位补贴力度。加大境外重点展会推介力度,简化境外参展审核程序,加快参展补贴兑现进度。办好新加坡展、贝宁展、墨西哥展等境外自办展会。加大对中小微企业开拓国际市场的支持力度。加快建设我市境外直销网络,支持企业在境外设立直销机构、分拨中心和商业网点。

(三)大力扶持跨境电子商务,优化进口产品结构

1. 优化创新跨境贸易电子商务通关通检保险等模式

优化创新跨境贸易电子商务通关通检模式,提高自动审单通关比例,对低风险单证实施电脑快速放行为主。实施"入区检疫、区内监管、出区核查、事后监督"的通检新模式。增加进口商品品种、数量,推动进口集货模式开展。推进现有平台与知名第三方平台对接合作,探索建立准入备案制,力促

进口业务做大做强。积极推进宁波国际邮件互换局和交换站设立工作,尽快开展跨境电商出口业务。

2. 扩大进口贸易业务

加快发展宁波进口商品展示交易中心、宁波保税区进口商品市场、梅山保税港区进口商品市场等消费品进口专业市场,以及铜材、钢材、油品、煤炭、塑料等生产资料进口专业市场。培育各类进口服务平台和进口展会,培育进口龙头企业。抓住国家取消部分货物自动进口许可管理的契机积极扩大进口。扶持我市进口常年展、临时展发展。借鉴上海自由贸易试验区做法,促进宁波保税区国家进口贸易促进创新示范区建设,支持梅山保税港区开展汽车整车自营进口业务。加大进口贸易政策扶持,深化进口贸易便利化工作。

(四)促进贸易便利化,增强企业竞争力

1. 提高通关通检便利化

尽早开展宁波口岸"三个一"工作,力争早日运行。大力推动国际贸易"单一窗口"建设,加快推进加工贸易"一个平台、一次录入、信息共享、一口办理"。积极参与长三角区域通关通检一体化改革。加快复制推广上海自由贸易试验区 14 项海关监管创新制度,优化海关特殊监管区域管理。调整宁波关区通关模式,企业可自主选择在属地海关或口岸海关办理海关通关业务。尊重市场和物流规律,由企业自主选择进出口货物的申报、纳税和验放地点。优化通关通检方式,简化查验作业环节和手续,提高查验的针对性和有效性,利用科技手段进一步提高查验效率。全面推广实施分类管理,深入推进通关作业无纸化改革,确保年内宁波口岸无纸化报关单比例达到80%以上。改革检验检疫监管模式,强化诚信管理,推进检验检疫无纸化和第三方检测结果采信制度,逐步实施"即报即放、即检即放"等多种口岸放行机制。选择重点区域(企业)重点产品开展冷链产品、可再生废品等一站式通关通检模式试点。优化归类、审价工作。

2. 培育与扶持外贸综合服务企业

鼓励我市流通型外贸大企业走外贸综合服务之路;积极扶持"世贸通""商贸通"和"宁兴云"等外贸电商平台,增强其服务于我市中小微外贸企业的能力;鼓励我市外贸电商平台与外贸企业联合,以多种形式开展外贸综合服务。招引异地实力型外贸综合服务平台来甬落户。针对外贸综合服务企

业在通关、报检、出口退税、企业分类管理、财政扶持、出口信保等方面存在的问题,研究出台相关扶持措施。

3. 提升外汇服务水平

深化货物贸易、服务贸易外汇管理改革,简化技术进口用汇手续。便利外贸企业赴境外办展参展涉及的展览费、参展费以及出国人员费用等支出。完善跨境电子商务外汇管理配套政策。支持海关特殊监管区域创新业务发展,完善象保合作区外汇管理机制。深化跨境贷款试点,支持境外销售采购中心建设。简化跨境融资租赁债权登记及租金结汇手续,支持融资租赁企业发展跨境租赁业务,实施跨境担保外汇管理和特殊目的公司境外投融资及返程投资外汇管理改革。加强汇率避险产品创新和应用。

(五)支持服务贸易发展,培育外贸新增长点

用足用好各级服务贸易及服务外包相关政策,支持服务外包产业和文化对外贸易发展。落实国家对服务出口零税率或免税政策。鼓励政策性金融机构加大服务贸易扶持力度。建立和完善与服务贸易特点相适应的口岸通关管理模式。

参考文献

[1] 宁波市对外贸易经济合作局. 2015 年 1—9 月宁波市外经贸统计数据及综合运行情况分析.

[2] 宁波市对外贸易经济合作局. 宁波市人民政府关于进一步加强外贸稳增提质促效工作的实施意见.

[3] 宁波市对外贸易经济合作局. 关于进一步促进我市外贸平稳增长的若干意见.

(作者单位:宁波大学商学院)

2015 年宁波金融发展情况分析及 2016 年预测

何振亚　余霞民　俞佳佳　陈　科

摘　要:2015 年是内外部经济形势严峻复杂的一年。全市金融系统认真贯彻落实稳健货币政策,围绕"稳增长、调结构、惠民生"工作部署,深入开展"普惠金融深化年"和金融支持创新驱动加快经济转型发展"三年行动计划",持续引导金融资源更多投向实体经济,为促进宁波经济平稳增长和转型升级提供了有力支撑。

关键词:经济下行　普惠金融　转型升级

一、2015 年宁波市金融发展基本情况

2015 年前三季度,全市金融服务业运行平稳,信贷结构不断优化。1—9 月金融业实现金融业增加值 365.67 亿元,同比增长 15.9%,占全市 GDP 比重的 6.55%,占服务业比重的 13.92%。

(一)金融产业规模不断壮大

1. 银行业规模快速增长

2015 年 9 月末,宁波市金融机构本外币资产规模 24131.89 亿元,比年初新增 1617.54 亿元,同比增长 7.10%。本外币各项贷款余额 15588.29 亿元,比年初新增 1010.10 亿元,同比多增 74.96 亿元,比年初增长 9.06%,同比提高 0.4 个百分点。存款分流压力加大。各项存款余额 15568.81 亿元,

比年初新增 1239.48 亿元,比年初增长 7.13%,同比下降 2.62 个百分点。宁波金融机构本外币存贷款余额分别占全国的 1.13 ％和 1.59%,较 1978 年末的 0.44 和 0.37 分别提高 0.69 和 1.22 个百分点。宁波市贷款余额占比超过同期 GDP 全国占比 0.45 个百分点。余额贷存比超过 100%,仍然是全国信贷倾斜地区。

2. 证券融资较快增长

前三季度,全市证券成交 70113.52 亿元,同比增长 253.69 ％。截至 9 月末,全市证券投资者股票账户数为 137.57 万户,同比增加 36.01 万户。全市证券客户交易结算资金余额为 246.62 亿元,同比增长 140.14 ％,托管市值 3200.92 亿元,同比增长 56.84 ％。全市共有上市公司 65 家,其中 A 股上市公司 51 家,H 股及红筹股公司 14 家。历年累计从证券市场融资总额超过 750 亿元。证券业从业人员规模提升。全市共有证券分支机构 106 家,证券投资资金账户 135.4 万户;期货公司 1 家,期货分公司 2 家,期货营业部 35 家,期货投资资金账户 2.45 万户。1—9 月,全市债务融资工具新注册 373.8 亿元,同比增长 4.4 倍;共发行 233.4 亿元,增长 63.2 ％,

3. 保险服务社会转型成效突出

1—9 月,全市实现保费收入 179.73 亿元,同比增长 12.18%。保险公司赔款与给付累计支出 75.41 亿元,同比增长 9.01%。其中,财产险赔付支出 54 亿元,增长 1.23 ％;人身险赔款与给付支出 21.4 亿元,增长 35.24%。2014 年末,全市共有 53 家市级保险公司分支机构,其中 29 家财产保险公司,24 家人寿保险公司,保险从业人员 2.46 万人。另外,有全国首创的农村保险互助社 2 家,专业中介机构 40 家。

(二)金融服务结构不断优化

1. 金融组织结构不断完善

2015 年 9 月末,全辖已开业银行业金融机构(组织)共 65 家,较年初新增 2 家。包括 3 家政策性银行、6 家大型商业银行、11 家股份制商业银行、9 家城市商业银行和 6 家外资银行共 35 家宁波市级银行业分支机构。银行类机构从业人员总数 4.4 万人,机构网点数 2225 家,银行机构种类和网点持续增加,带动行业服务密度提高和资产负债规模壮大。新型农村金融机构试点顺利,数量列居全省首位。共有 13 家村镇银行,1 家农村资金互助社,43 家小额贷款公司。

2. 社会融资规模结构优化

1—9 月,宁波市社会融资规模为 1053.7 亿元,同比少增 38.63 亿元。其中,本外币贷款与表外融资规模为 791.98 亿元,同比少增 66.00 亿元,间接融资占社会融资规模比重为 75.16%,同比下降 3.38 个百分点;直接融资规模为 209.69 亿元,同比多增 31.33 亿元,直接融资占社会融资规模比重为 4.93%,同比增加 3.57 个百分点。其他融资占 4.93%。

3. 信贷投向结构重点突出

一是信贷资金重点投向主要行业。9 月末,贷款较年初新增额位列前五位的行业分别为租赁和商务服务业、房地产业、水利环境和公共设施管理业、批发和零售业,以及交通运输、仓储和邮政业,上述 5 个行业各项贷款余额分别较年初新增 188.1 亿元、171.78 亿元、65.05 亿元、33.91 亿元和 27.44 亿元。其中,租赁和商务服务业、房地产业贷款余额同比分别多增 13.82 亿元和 25.74 亿元。二是制造业贷款下降势头持续。9 月末,制造业贷款较年初减少 38.05 亿元,同比少增 65.86 亿元。在全部 20 个行业当中,制造业贷款减少规模居于首位。三是涉农、小微企业贷款同比少增。9 月末,全市涉农贷款较年初新增 255.28 亿元,同比少增 36.05 亿元,增长 7.1%,低于各项贷款增速 1.96 个百分点,较 6 月末回落 1.35 个百分点;小微企业贷款较年初新增 84.71 亿元,同比少增 47.87 亿元,增长 6.83%,低于各项贷款增速 2.23 个百分点,较 6 月末回落 2.0 个百分点。

4. 金融深化程度不断提高

9 月末,宁波市 FIR(金融相关率,贷款占 GDP 的比重)为 2.79,较 2014 年同期提高 4.8 个百分点,较 1978 年的 0.34 提高 2.45。在反映经济货币化程度不断加深的同时,也部分说明受制造业不景气的影响,贷款资金使用效率下降。

(三)金融改革创新持续深化

1. 普惠金融全面发展

作为普惠金融发展的重要方向,移动金融创新发展。2015 年 1 月,国家发展改革委和人民银行总行正式批复宁波等 5 个城市开展移动电子商务金融科技服务创新(以下简称"移动金融")试点工作。2 月,宁波市移动金融公共服务平台作为基础设施上线试运行。10 家试点银行快速形成业务规模,并在移动金融线上线下(O2O)融合应用上取得积极成效。依托移动金融确定普惠金融的发展方向,引起世界银行专家的关注。进一步深化农村支付服务环境建设,重点加快推广"微银行"式助农金融服务点,6月底率先在全省实现县域所有行政村支付服务 100%全覆盖,提前半年实现年度目标。截至 6 月底,宁波县域地区共设立助农金融服务点 2768 个,覆盖 1940 个行政村(含 1452 个金融服务空白行政村),平均每个行政村设立 1.5 个。10 月中旬,人总行办公厅下发《中国人民银行办公厅关于开展宁波普惠金融综合示范区试点的批复》,同意在宁波开展普惠金融综合示范区试点工作。这也是全国范围内首个以"普惠金融"作为试点内容的金融改革示范区。

2. 保险创新先行突出

作为全国保险创新示范基地,宁波的保险创新氛围浓厚。近年来在小额贷款保证保险、医疗责任保险、巨灾保险、食品安全责任保险等创新领域走在全国前列。5 月 12 日,全国区域食品安全责任保险首单落地鄞州。6 月 1 日,宁波镇海区政府与人保财险分公司正式签约城镇居民住房综合保险合同,标志全国首例区域性城镇居民住房综合保险在宁波正式启动实施。9 月 8 日,全国首家专业性航运保险公司——东海航运保险股份有限公司创立大会召开,该公司的成立有利于促进宁波融入上海国际金融中心和国际航运中心建设。10 月,省政府批复宁波成为商业健康保险个人所得税优惠政策试点城市。

3. 外汇试点政策红利扩大

支持宁波跨境贸易电子商务发展。截至 6 月底,宁波市跨境贸易电子商务销售额突破 12 亿元,排名全国前列。推进跨国公司外汇资金集中运营管理试点工作,新增 6 家试点企业名额。自 2014 年争取国家外汇局同意开展国内第一个境内海运费网上支付试点以来,积极推动宁波航运订舱平台完成了 58 家企业备案、341 笔金额共 2543 万美元的网上支付业务。促进投资便利化,推动宁波市成为全国第二个正式获得境外并购外汇管理改革试点的地区。积极推动跨境双向人民币资金池等创新业务发展。9 月末,共有13 家跨国企业集团开展跨境双向人民币资金池业务,应计所有者权益共计580.17 亿元。1—9 月,全市跨境人民币结算金额共 2274.5 亿元,同比增长 51.1%。

(四)社会融资成本下行

1. 贷款平均利率下降

年初以来,人民银行累计 4 次降低存贷款基准利率,再次扩大存款利率浮动区间并取消一年期以上存款利率上限,利率市场化加快推进。7—9 月,全市金融机构新发生贷款加权平均利率分别为 6.11%、5.96% 和 5.7%,分别较上年同期下降 0.91 个百分点、1.06 个百分点和 1.35 个百分点,下行趋势明显,下降幅度也逐月扩大,有效降低企业贷款利息负担。分企业类型看,9 月份大、中、小、微企业新发放贷款加权平均利率分别为 4.9%、5.24%、5.83% 和 6.53%,分别较 6 月份下降 0.68 个百分点、0.35 个百分点、0.55 个百分点和 0.04 个百分点,大型企业利率下行幅度明显较大。据测算,2015 年 3 次"普降"和 3 次定向降准,共释放辖区金融机构流动性 300 余亿元。定向支持政策提高了银行支持"三农"、小微企业贷款的积极性,促进涉农贷款和小微企业贷款较快增长。

2. 住房贷款优惠利率下浮

2015 年,进一步引导金融机构加强对居民首套自住住房及改善性住房的信贷支持力度,加大对保障性住房建设的投入,做好居民购房及企业开发投资的资金保障。当前,宁波金融机构首套房贷款最低首付比例 30%(公积金 20%),且首套房利率普遍实行基准利率下浮 10%~5%,有效满足了居民购房的资金需求。9 月末,全市金融机构个人住房按揭贷款较年初新增 203.47 亿元,同比多增 174.89 亿元,同比增长 20.45%,增速较上年同期、上季末分别提高 16.33 个百分点和 6.98 个百分点。9 月末,国家开发银行宁波市分行棚户区改造贷款余额 305.88 亿元,2015 年新增 167.26 亿元,优惠利率最低为 4.245%。

3. 票据贴现利率下行

受市场资金面宽松影响,宁波市票据贴现利率同比下降,但下行动力有所减弱。7—9 月辖区银票贴现加权平均利率分别为 3.75%、3.91% 和 3.94%,分别较上年同期下降 1.47 个百分点、0.99 个百分点和 1.11 个百分点;买断式转贴现加权平均利率分别为 3.86%、3.71% 和 3.68%,分别比上年同期下降 1.59 个百分点、1.47 个百分点和 1.52 个百分点。

二、当前宁波金融发展存在的问题

虽然宁波金融总体运行平稳,资产规模稳步扩大,但是不容否认,当前金融运行还存在着一些与区域经济发展要求不相适应的地方。主要表现在:区域金融发展能级有待增强、区域金融发展质量有待提高、金融发展基础环境有待夯实等。

(一)区域金融发展能级有待增强

纵向看,金融业对经济发展的贡献度有所下降。虽然近年来金融产业的规模在稳步壮大,但是其占 GDP 的比重却在 2009 年(峰值 7.76%)后逐步回落。2015 年上半年,宁波市金融业占服务业比重为 13.78%,同比下降 4.91 个百分点;金融占 GDP 比重为 6.49%,同比下降 1.73 个百分点。

横向看,宁波金融的区域辐射地位下滑。目前宁波的金融机构类别和数量都难以同杭州、苏州等城市相比。法人金融机构数量较少,到目前还没有法人证券机构,保险法人机构也仅有一家保险销售机构,缺乏保险综合经营机构。此外,从新兴金融业态发展上看,股权投资、融资租赁、互联网金融等相对滞后,缺少行业领头羊。

(二)区域金融发展质量有待提高

1. 金融转型升级尚未突破

尽管近年来,宁波金融体系从银行主导型向市场主导型调整,产品结构日益丰富,利润来源也逐步多元化,但是无论在融资结构、产品结构,还是利润结构上没有根本性改变,金融产业的发展还是停留在较低水平数量的扩张上。在金融结构方面,从机构到服务,从市场到产品,都存在着金融业总量的快速增长与金融结构固化停滞的矛盾。在金融产业链上,存在着诸多薄弱环节,既弱化了金融对经济的服务功能,又加剧了金融体系的脆弱性,金融的助推力与稳定性受到双重的削弱。资金流对物资流、人力流和信息流的引导和带动作用尚未充分显现,金融资源配置对经济运行的导向和调节作用难以充分发挥。

2. 资产质量劣化持续

信贷资产质量问题已经严重侵蚀了原有的金融生态红利,区域金融稳定面临着相当大的风险。9 月末,宁波市不良贷款余额 380 亿元,比年初新增 87.65 亿元;不良贷款率为 2.45%,比年初提高 0.44 个百分点。如果考虑 1—9 月宁波市共核销不良贷款 127.66 亿元,实际资产劣化形势更加严峻。年初以来新发生不良贷款 303.63 亿元,同比增加 78.09 亿元。从企业类型看,不良贷款向中小企业集中特征明显。截至 8 月末,全市各类型企业不良贷款均呈上升趋势,其中,中型、小型企业不良贷款余额分别为 155.35

亿元和153.66亿元,两者合计占所有类型企业不良贷款余额的87.74%,比年初增加0.49个百分点。从行业分布看,制造业不良贷款占比明显较高。调查显示,制造业不良贷款余额和当年新增不良贷款约占同期全部不良的一半以上。这其中固然有宏观经济下行导致企业经营困难等客观因素,但同时也暴露出金融机构经营治理机制扭曲、道德风险频发等问题。受经济下行、外需疲弱、大宗商品价格走低和担保链(圈)等不确定因素的交织和持续影响,区域不良资产"双升"态势未见有效遏止,见底信号尚未明确。

3. 传导机制部分梗阻

尽管央行连续降低基准利率,但价格先导下行还未能保证资金更多地流入实体经济,中小企业融资难、融资贵问题依然难以得到有效解决。中小企业享受的利率改革红利分配,需要进一步提高。这其中固然有中小企业经营风险居高不下,导致资金成本风险溢价高企的全球通病,但也有商业银行经营管理等金融层面原因。一是存款分流、竞争加剧造成商业银行资金来源成本居高不下,制约利率价格下行。目前银行普遍采用固定贷款定价机制回避利率下行期带来的利率敞口风险。二是实体企业投资意愿较低,有效信贷需求不足。在经济下行压力加大的情况下,以中小制造业企业为代表的实体企业投资意愿降低。前8个月宁波市民间投资同比仅增长5.8%。而据人民银行宁波市中心支行开展的银行家问卷调查显示,三季度,企业贷款需求感受指数为55.65,较上季进一步下降3.37个百分点,低于上年同期6.02个百分点。三是坏账核销导致银行业金融机构利差和盈利空间进一步缩小的压力,也削弱了金融支持实体经济发展的实力。前8个月,全市银行业金融机构利润总额较上年同期下降14.1%,在31家政策性银行、国有银行、股份制银行和城商行中,共有9家出现亏损,较上年同期增加2家。四是金融创新导致货币政策传导时滞加长。在这种情况下,人民银行加大了信贷质押再贷款的运用,通过定向货币政策,对关键领域加大信贷投入。

(三)金融发展基础环境有待夯实

1. 金融生态红利逐步淡化

随着长三角地区的不良率上升,宁波的资金洼地优势受到削弱。金融机构的公司治理结构中产权约束不健全、内部控制机制及手段处于低水平状态,以及随之有可能产生的严重道德风险,仍是阻碍金融主体健康成长的重要因素。金融外部环境中的企业故意造假以骗取银行贷款、逃废债务行为,中介机构参与造假以致公信力降低行为,以及对失信行为打击中的地方政府保护主义行为,仍然是影响增加地方信贷投入的重要制约因素。

2. 金融中介服务有待加强

信用担保机构发展能力较小、担保能力有限,担保公司代偿比例上升,经营风险加大,对缓解中小企业融资难问题难以发挥较大作用。法人律师事务所、会计师事务所力量薄弱,缺乏总部型的金融中介。各类理财公司、P2P,民间融资活跃,且规模逐步扩大,客观上对银行贷款等间接融资起到补充作用,但不规范程度较高,需要加强引导和管理。

3. 金融人才制约突出

金融的竞争最终是创新型金融人才的竞争。目前宁波金融从业人员占总就业人员的比例在 1.29%,与同类城市差距较大。金融人才培养资源的匮乏和有限的城市吸引力是宁波金融人才紧缺的重要原因。2014 年市政府金融高端人才奖励经费只用去不到 15%。

三、2016 宁波金融发展形势展望

当前,宁波经济处于周期性因素和结构性因素共同交织的复杂局面,经济金融运行面临的困难相对突出,经济下行的压力仍然存在,金融风险仍然有较大的滋长压力。在新的一年里,金融机构要继续以"稳增长,调结构、惠民生"为主线,强化保障,加大创新,促进宁波经济的"稳中求进",助力宁波尽快跻身全国大城市第一方队。

(一)全年宁波经济金融形势估计

在全球经济复苏疲软和国内经济增速放缓的背景下,2015 年宁波经济运行总体呈现低位运行态势,前三季度 GDP 增长 7.1%。下一步,预计在国家和省市稳增长、促转型的政策推动下,经济金融运行平稳运行的积极因素将进一步累积。根据过去 10 年前三季度信贷约占全年贷款总量的 85% 的经验,预计四季度我市还可以新增贷款 170 亿元左右。预计 2015 年全年本外币信贷增量为 1200 亿元,能基本满足经济增长要求。

(二)国际经济金融运行环境

当前全球经济仍然处于国际金融危机后的深刻调整期。国际货币基金组织(IMF)10 月 6 日在利马发布的最新一期《世界经济展望》报告中,下调了全球经济增长预期,认为 2015 年和 2016 年的增长率分别为 3.1% 和 3.6%,较 7 月份各下调了 1.2%。虽然美国和英国等国家经济稳定复苏,但其他地区的经济增长并不乐观。受欧央行量化宽松政策支撑,欧元区经济企稳,但价格水平仍无上升。宁波市其他主要贸易伙伴经济形势尚处于调整中。日本的量化宽松政策推动价格和工资水平上涨的效应在逐步减弱,在复苏步伐尚不稳定的情况下,日本央行可能会出台进一步的量化宽松政策。俄罗斯受地缘政治的影响依然存在,新兴市场经济放缓正将全球经济推向金融危机以来的最疲软的扩张周期。很多发展中国家和大宗商品出口国经济下行是影响世界经济增长的主要因素。下一步世界经济面临的主要风险包括大宗商品下跌和美联储即将开启的货币政策正常化等。

(三)2016 年中国经济金融政策预判

2016 年是"十三五"规划开局之年,也是经济增长动力转换、经济发展方式转变和新旧发展模式转变的关键时期。世界银行 10 月 5 日发布的《东亚与太平洋经济数据监测》报告,预计 2015 年中国 GDP 增速为 7%。之后将逐渐放缓,逐渐向以国内消费和服务业为主导的经济模式转变。这意味着经济增长率将逐步降低。中国拥有足够的政策缓冲和工具来应对更显著的减速风险。10 月 16 日,李克强总理在金融企业座谈会上提出,要继续坚持稳健的货币政策取向,保持政策松紧适度,增强针对性和灵活性,坚持推进金融市场化改革和法治化建设,在防范风险基础上促进金融创新。预计在坚持稳中求进和推进供给侧结构性改革过程中,物价水平基本平稳的格局下,货币政策和财政政策将继续延续降准降息、减税降费和稳定市场等定向调控上的轨道,"区间调控""定向调控""精准调控"仍然是宏观调控的核心。

四、2016 年金融发展对策与建议

新常态下,宁波选择了在全面深化改革中突围,经济社会发展活力不断增强,引领经济发展驶向"增长中高速、质量中高端"的新跑道。"十三五"时期是我市推进创新转型发展的关键时期,要紧扣转型升级主线,进一步强化金融创新动力,优化金融生态环境,创新推出针对性强的金融政策、金融服务、金融产品,着力构建适应新常态的金融保障体系,推动宁波加快建设更

高水平的全面小康社会、更高水平的现代化国际港口城市,努力跻身全国大城市第一方队。

(一)强化金融资源保障,支持区域经济发展

在贯彻落实稳健货币政策的调控要求下,通过统筹协调财政货币政策工具,推动信贷资产结构优化和融资模式创新,助力区域经济平稳增长。一是继续实施稳健货币政策,提高货币政策调控的前瞻性、针对性和有效性,引导信贷规模和社会融资平稳适度增长,为经济结构调整和转型升级提供适度货币金融环境。二是在甬金融机构的分支机构既要积极向总行争取政策倾斜和资金支持,也要重视存量信贷管理,推动信贷周转和结构优化满足宁波实体经济发展的合理资金需求。三是有效盘活,积极做好重点保障工作。根据"国家一带一路"战略,宁波市政府"港口经济圈"规划做好重点项目融资对接,继续做好金融支农支小,加大对"走出去"企业、制造业出口企业和涉外中小微企业的外汇资金支持力度和优惠让利幅度。四是多措并举,积极拓宽直接融资渠道,着力扩大中长期资本性资金来源,改善区域金融结构,增强金融宽度和弹性。争取到 2016 年末,直接融资规模年均增长15%,上市公司总数 70 家以上,场外市场企业总数 100 家以上。五是要大力发展种子基金、天使基金、风投基金等创业投资基金,加快创新型企业培育成长,促进金融等要素更多投向有前景的新产品、新技术、新业态。

(二)深化金融服务创新,提升区域金融能级

一是加快金融深化改革,应对金融改革与金融机构自身转型升级之间的关系,练好"内功",从理念、文化、人才、技术等方面入手,用"差异化、精细化"替代"同质化、粗放化",在加快改革中提升竞争力,在推动区域发展中享受改革红利。二是进一步提升产融合作层次、拓宽银企对接渠道,为制造业的转型升级和长期发展营造良好的财政金融政策环境。大力发展绿色信贷,推动社会经济可持续发展。三是以金融改革先行试点为抓手,推动金融先行先试。打造契合宁波特色的普惠金融发展模式,建设"全面覆盖、重点渗透、服务便利、信用完善、权益保障"的普惠金融体系,支持"大众创业、万众创新"。继续加快宁波保险创新示范区建设,加快推进保险业改革创新,切实服务实体经济发展,参与多层次社保体系建设,更好地发挥保险在服务经济社会发展和推进治理体系治理能力现代化中的作用。四是借助互联网金融的快速发展机遇,大力发展各类新型金融业态,拓展企业通过网络融资渠道获取资金,发挥互联网金融在金融资源供给及配置中的重要作用。五

是以区域金融集聚平台发展为抓手,提升区域金融能级。以强化核心、凸显特色、联动互补、协同发展为导向,推动形成"一心、两带、多点"的金融产业布局。

(三)加快金融发展改革,维护金融稳定

一是要稳步推进利率市场化改革、人民币汇率改革和商业银行经营体制改革,精准发力、定向调控,发挥价格信号在市场资源配置中基础作用,切实提升货币政策实施效果。二是要注重改革的系统性和协调性,既要着眼于金融机构和金融市场自身层面,比如加快培育市场定价基准和提升金融机构定价能力等,更要着眼于完善外部环境,比如监管上的公平准入,促进市场充分竞争。三是改善金融结构,致力于构建一个更具竞争性和包容性的金融市场体系,既为利率等资金要素的市场化发挥作用创造条件,也能更好地满足各类市场主体的多层次金融服务需求。四是要把维护金融安全贯穿于改革发展全过程,严厉打击恶意逃废债等行为,确保金融、经济、社会协调平稳健康发展。

(四)完善金融基础设施,优化金融生态环境

一是要加快农村产权市场改革,激活农村沉睡资产。加快完善农村金融创新的市场中介服务体系。通过税费减免、财政补贴等方式切实降低中介服务成本。二是继续加强社会信用体系建设,构建丰富完善的信用信息服务体系,推进中小微企业信用服务平台建设,实现中小微企业生产、经营、交易等信息共享与应用。完善多元化的农村信用体系,探索农村信用服务的新途径和新模式,力争 2016 年底建立信用档案的农户占比达到 65%。三是积极探索风险化解途径,切实改善银企共生关系。整合各类融资担保资源,形成以政府性担保为主导具有一定规模效应的新型融资担保体系,保障中小企业融资。四是加大研究金融人才保障和金融总部培育机制,不仅要引进来,关键还要留得住。五是深化金融消费权益保护工作。以推进金融知识普及和培育成熟金融消费者为重心,夯实区域金融改革的金融微观基础。

参考文献

[1] 李扬.新常态下应发挥好投资的关键作用.金融研究,2015(2).

[2] 张承惠.新常态对中国金融体系的新挑战.金融研究,2015(2).

[3] 王国刚.新常态下的金融风险防范机制.金融研究,2015(2).

［4］宋汉光.宁波金融业转型升级的思考:基于上海国际金融中心建设的视角.
中国金融,2011(12).

［5］江彦,刘美玲,储建国.宁波帮与中国近代金融业.北京:中国文史出版
社,2008.

［6］陈志武.金融的逻辑.北京:国际文化出版社,2009.

(作者单位:中国人民银行宁波市中心支行统计研究处课题组)

2015年宁波教育发展情况分析及2016年展望

董　刚

摘　要:教育是社会民生的基础工程,也是城市经济社会发展的强大助推器。当前,宁波市正在围绕"两个基本"战略目标,加快建设"四好示范区",全力打造港口经济圈,冲刺全国大城市第一方队。为此,2015年,宁波教育须紧密围绕和服务全市经济社会总体发展战略,进一步明确目标努力打造一流教育强市,进一步深化教育综合改革寻求机制体制突破,进一步拓展深化与国内外的教育合作交流,进一步推进基础教育优质均衡公平,进一步强化教育与经济社会、企业、产业、行业的联动发展和协同创新,全面推进区域教育现代化,实现教育新一轮发展,服务经济社会转型提升,努力让人民群众享有教育发展的更多成果。

关键词:宁波　教育　报告

宁波要实现"两个基本"目标、建设"四好示范区",迫切需要进一步深化教育综合改革,推动教育新一轮发展,办好更加优质的教育,让人民群众享有教育发展的更多成果,为宁波加快"港口经济圈"和新型城市化建设,早日跻身全国大城市第一方队提供更有力的人才支持和智力支撑。

一、2015 年宁波教育发展的现状与态势分析

（一）各级各类教育协调发展

2015 年，全市共有各级各类学校（幼儿园）2082 所，在校学生（幼儿）132.07 万人，教职工 10.51 万人，各级各类教育总体呈现健康运行、科学发展的良好态势。

1. 学前教育逐步得到强化

2015 年，全市共有幼儿园 1254 所，在园儿童 27.84 万人，学前三年净入园率达 99.2％。拥有省一级幼儿园 109 所，星级以上的幼儿园 1036 所，省等级幼儿园招生覆盖率达到 90％；乡镇中心幼儿园建园率达 93％，乡镇中心幼儿园标准化率达 100％。全市学前教育事业基本形成了公办幼儿园和普惠性民办幼儿园为主体、多种类型幼儿园共同发展的格局，公办幼儿园和普惠性民办幼儿园招生覆盖率已达 71.6％。全市幼儿园教职工 3.29 万人，其中园长及专任教师 1.68 万人，专任教师学历合格率为 99.76％，拥有大专及以上学历的占 86.93％。

2. 基础教育更趋优质均衡

2015 年，全市共有普通中学 292 所，在校学生 28.01 万名，其中初中 209 所，在校学生 18.98 万名；高中 83 所，在校学生 9.03 万名；小学 457 所，在校学生 48.26 万名；特殊教育学校 11 所，在校学生 955 名。高标准普及中小学教育，全市九年义务教育的入学率、巩固率分别达到 100％和 99％，"三残"儿童入学率达 96.6％以上，示范高中保送推荐名额分配到区域内各初中学校比例达 50％。所辖 11 个县（市）区全部通过国家义务教育发展基本均衡县（市）区评估认定，江东、江北、北仑、慈溪等 4 个县（市）区成为浙江省首批基本实现教育现代化县（市）区，占全省三分之一。全市拥有省特色示范普通高中 33 所（其中省一级示范普通高中 9 所、省二级示范普通高中 24 所），高考升学率、一本上线率继续保持全省前列。2015 年全市共有 38505 人参加普通高校招生考试。其中一批报名 32246 人，录取 6764 人，一本录取率达 20.98％，较全省平均高出 6.3 个百分点，市本级更是比全省高出近 10 个百分点。全市共有 42 人被北京大学录取，20 人被清华大学录取。

3. 中等职业教育亮点突出

2015 年,全市共有独立设置中等职业学校 38 所,其中,省级及以上重点、示范职业学校 29 所(国家级重点职业学校 21 所、省级改革发展示范学校 8 所;其中 10 所同时为国家级改革发展示范校)。全市职业教育共有国家级重点专业 3 个、省示范专业 48 个、省骨干专业 15 个、省骨干新兴专业 23 个、市品牌专业 30 个、市重点发展专业 20 个;中央财政扶持职业教育实习实训基地 31 个、省示范基地 24 个、设施设备投入在 1000 万元以上市级职业教育实习实训基地 22 个。全市职业学校现设 18 大类 112 个专业,基本覆盖全市一、二、三产业各个行业。2015 年,全市中职学校共有专任教师 5647 人,在校生 7.28 万人。毕业生当年一次性就业率达 98.9%。在 2015 年全国职业院校技能大赛上,宁波市中职代表团参加中职组 11 大类 42 个项目比赛,荣获 39 个一等奖、47 个二等奖、15 个三等奖,获奖率高达 95.2%,金牌总数连续三年在全国 37 个省(自治区、直辖市)、计划单列市和新疆生产建设兵团中位居第二。宁波职教工作得到中央、省、市领导的充分肯定,2015 年 6 月宁波市教育局负责人赴北京中南海参加了国务院深化职业教育改革创新座谈会。目前我市正积极争创国家现代职业教育开放示范区。

4. 高等教育层次水平持续提升

2015 年,全市共有高校 15 所,其中全日制本科高校 7 所,高职高专院校 6 所,成人高校 2 所,另有浙江大学软件学院归口宁波市教育局管理,培养层次涵盖本专科及硕士、博士研究生。全日制普通高校在校生 15.1 万人,本、专科在校生比为 62:38 左右,高校毕业生就业率达 95%。全市高校固定资产总值 105.4 亿元,专任教师 8283 人,"甬江学者计划"特聘教授 16 名。全市共有一级学科博士点 2 个,二级学科博士点 12 个,一级学科硕士点 19 个,二级学科硕士点 91 个。实施高水平大学建设工程,宁波大学被列为首批 5 所省重点建设高校,宁波大学水产学科排名首次进入全国前三,工程学、临床医学两个学科进入全球 ESI 前 1%;积极推动浙江大学宁波理工学院向浙江大学宁波分校转型,该校连续三年位居中国独立学院排行榜首位。在甬高校科研经费总量达 5 亿元。

5. 终身教育体系日趋健全

2015 年,全市拥有各级各类成人学校 2481 所,基本构建起了市、县、镇、村四级成人教育网络。全市拥有 4 个全国社区教育示范区、3 个全国社区教育实验区,社区教育普及率城区达 100%。大力推进现代服务业公共职业培训平台建设和企业职工培训项目,2015 年共计开展培训项目 62 个,完成企业职工培训项目 2 万人次,新型农民培训 10 万人次,成人中等学历教育 3000 名,扫除文盲 3 万人。

(二)教育综合改革深入推进

1. 深化中考中招改革

进一步完善中考改革,科学设置中考科目分值、考试内容和考试难度,优化志愿填报、录取途径和资源配置,把不同潜质的学生优化配置到最适合其发展的高中段学校。加强初中学业水平考试的研究与管理,探索中考大数据的综合运用,用于改进学科教学,提高教育质量。增加部分学科 PISA(国际学生评估项目)类等试题权重,强化对考生知识面、综合分析、创新素养方面的考查,引导学生更为重视实验和实践活动。提高体育中考部分测试项目标准,从 2015 年起中长跑考试次数增加到两次。回应新高考改革,将 2016 年中考社会政治学科分值调整为 80 分。公办优质高中按各初中学校(公办、民办)学生基数为主要依据均衡分配保送推荐名额,淡化学生及家长对热点初中的过分追崇。推进民办初中招生制度改革,出台《宁波市教育局关于进一步改进民办初中招生工作的意见》,首次规定公办学校参与举办的民办初中跨区域规模招生,须实行自主招生与电脑派位招生相结合的方式。

2. 推进新课程改革

鼓励普高与职高、高校合作开设选修课,构建多层次、有特色、可选择的高中课程体系,如宁波中学与宁波诺丁汉大学、浙大宁波理工学院、宁波经贸学校等合作开设选修课,深受学生欢迎。启动实施《普通高中多样化发展三年行动计划(2014—2016 年)》,通过建设学科基地、实施特色创新项目、推进与高校合作培养计划等具体措施实施,推进构建多层次、有特色、可选择的高中课程体系,以促进普通高中多样特色发展。把促进基础教育整体水平提升与加快拔尖创新后备人才培养有机结合起来,为有科学天赋和潜质、富有想象力和创造力的学生搭建发展平台,为他们脱颖而出创设更多条件。启动"宁波市科技新苗培养计划",通过导师结对开展个性化创新培养,已确定 150 名学生参与培养计划。深化拔尖创新后备人才招生方式、培养机制、课程设置等各项改革,确立效实中学等 8 所学校为宁波市创新素养培养实验基地。实施普通高中特色创新项目,确定由 35 所普通高中承办 35 个特色创新项目。实施学生综合素质提升工程。深入实施中小学生"社会实践大课堂"项目,启动建设国家级学生综合实践基地,累计建成市级资源基地 80～100 家,配套开发课程 80～100 门,建立完善的评估考核、运行管理体系,推出中小学德育重点改革项目 10 项。

3. 推进民办教育综合改革

目前宁波共有民办学校(培训机构)1914 所,其中高校 3 所、中小学校 135 所、民办幼儿园 1020 所、培训机构 756 所。为积极贯彻落实国家和浙江省鼓励民间资本进入教育领域的决策部署,加快改革创新,推进民办教育健康发展,2015 年 10 月 29 日起开始正式实施的《宁波市人民政府关于进一步鼓励民间资本进入教育领域的实施意见》,在规范管理、财政扶持、用地保障、金融保障、师资保障等方面出台一系列具有创新意见的政策措施,针对性强,含金量高。如建立民办教育分类登记管理制度,对民办学校和民办教育培训机构实行分类登记管理;允许各县(市)区利用配套教育用地举办民办学校或教育培训机构;允许非营利性民办学校和民办教育培训机构将教育设施以外的财产作抵押向银行申请贷款;鼓励民办学校设立年金等补充保险制度,给予一定的财政补助;打通到民办学校任教的公办学校教师回流渠道;探索设立教育发展产业基金及民办教育子基金,建立奖励性回报制度等。宁波市教育局还制定了《关于鼓励民办学校特色发展的指导意见》,鼓励民办学校充分发挥体制、机制优势,走特色发展之路。进一步创新监管方式,不断提高对民办教育培训机构的监管水平。

4. 继续推进现代学校制度建设和依法治校工作

加快现代学校制度建设,加快形成"一校一章程"的格局,到 2015 年底,全市已有 35% 以上公办中小学校通过章程核准。制发《关于全面深化教育综合改革深入推进现代学校制度建设实施意见》,强化简政放权,放管结合,统筹推动各项改革试点,落实学校主体责任,激发学校办学活力。推进学校自主办学和民主管理制度建设,推动各县(市)区加快中小学校校务委员会制度建设,在直属学校全面建立校务委员会制度。进一步加大依法治校工作的推进力度,出台《宁波市中小学校依法治校标准》,深入开展依法治校示范学校创建活动,完善学校依法办学的保障与监督体系,支持学校自我约束、自我管理。推进有条件的学校建立法律顾问制度,协助学校处理法律事务。

(三)加快构建开放办学新格局

1. 深入推进国家职业教育与产业协同创新试验区建设

瞄准宁波产业重点、急需发展领域,认定了"宁波工程学院城市智慧交通协同创新中心"等 7 家市级高校协同创新中心,启动杭州湾新区核心协同创新试验园、鄞州南高教园区科技创新创业园和一批平台建设,促进高端创新要素集聚。推进高校校地共建,院校与各县(市)区以开展二级学院共建、创新创业园区共建、项目共建等形式开展合作,促进高教资源向县(市)区、高新区和产业集聚区延伸。2015 年,鄞州区、北仑区、宁海县政府与在甬高职院校签订了全面战略合作协议,宁波大学科技学院签约搬迁慈溪,浙江医药高专签约搬迁奉化。建立起由行业主管部门牵头、教育部门保障、职业院校和行业组织、骨干企业共同参与的行业指导办学新机制,已分别与市旅游局、市文广新局等部门合作成立了旅游、影视动画等 6 个职业教育行业指导委员会。围绕宁波支柱产业、重点产业,投入 1700 余万元重点支持高职院校航运与港口物流、机电装备制造及自动化、水产养殖等专业群建设,积极加强海洋学科专业建设和涉海人才培养,实施高校电商人才培养培训三年行动计划,开办生鲜、跨境等电商经营管理人才培训班,与行业主管部门共建海洋、汽车、电子商务、旅游等特色学院。全市组建了卫生、纺织服装、旅游、建筑、园林、医药等 21 个以专业为纽带,由职业院校牵头,相关企业、行业组织多元主体参加的职业教育集团或联盟。

2. 着力引进国内优质教育资源

深化与中国社会科学院战略合作,组织开展 2015 年度宁波市与中国社科院战略合作研究课题申报工作,33 个课题获批立项。推动高教体制多元化,促成北大方正教育集团注资 10 亿元接收举办宁波大红鹰学院;促成宁波大学与中央美术学院共建潘天寿艺术设计学院;宁波工程学院与同济大学共建汽车学院,与北京科技大学共建新材料协同创新研究院;浙江万里学院与北京外国语大学合作共建海上丝绸之路研究院;积极开展与清华大学"学堂在线"的合作,推动创办宁波在线教育大学。推动高中与国内、省内名牌高校合作办学,促成北京外国语大学与宁波外国语学校合作共建北外附属宁波外国语学校,四明中学与浙师大合作共建浙师大附属宁波四明中学。

3. 加强教育国际交流合作

依托欧洲·宁波教育周,中国宁波—中东欧教育合作交流会,中美、中新(新西兰)等综合性教育国际合作平台,截至 2015 年底,全市各类学校与国(境)外近 800 所院校建立了合作关系,设立和举办中外合作办学机构和项目 39 个,占浙江全省的三分之一,教育国际化水平稳居全省首位。实现了宁波 TAFE 学院与澳大利亚西悉尼大学专本国际直通车,建成宁波诺丁汉国际海洋经济研究院等 6 个国际科研合作基地,中英时尚与设计学院顺利推进,中德汽车学院正在向省、部报批,积极推动美国麻省理工学院交通与物流中心与宁波合作建立宁波(中国)供应链创新学院,德国柏林职教集团等合作项目正在洽谈之中。推进普通高中中外合作办学项目(课程班),7 所普高分别办有中美(AP、IB、ACT)、中澳(VCE)、中英(A-LEVEL)、中加课程班和德语班。大力发展职业教育援外培训。宁波职业技术学院作为目前商务部唯一的职业教育援外培训基地,迄今已为 101 个发展中国家的 1000 多名学员提供了技术和管理培训。推动优质教育资源"走出去",与非洲贝宁 CERCO 学院、浙江天时国际有限公司合作共建中非(贝宁)职业教育培训基地,宁波市高校还在冰岛和马达加斯加建立了孔子学院,在格林纳达建立了孔子课堂。打响"留学宁波"品牌,2015 年共有来自 102 个国家的 5000 多名留学生到宁波学习交流,其中学历留学生占 60% 左右,同比增长 60%,是全省增长速度最快的城市。

(四)教师队伍建设得到新强化

1. 培养培训取得新进展

全面加大引才育才政策力度,推进中小学高层次人才引进"百川计划",加大高校高层次学科领军人物引进力度,确定 5 位甬江学者计划讲座教授。完善中小学校长专业发展培养培训制度,组建市级名校长工作室。深入实施青年教师队伍建设"曙光工程"和骨干教师培养"卓越工程",其中国内高端集中培训 196 人,"影子教师"和中外合作学科专业博士培养计划完成出国培训 40 人,选送 10 名优秀青年骨干教师到宁波诺丁汉大学攻读专业博士学位。2015 年成立宁波市高校教师发展中心工作联盟,搭建教师学术交流和资源共享平台。启动开展首批教师发展学校建设,成立教师专业发展培训质量监控中心,并开展首轮质量监控和县(市)区轮查工作。2015 年,全市小学、初中教师高一级学历比例分别达到 97.5% 和 95%,幼儿教师持证上岗率巩固在 90% 以上,培训高校思政骨干教师 150 名。

2. 激励提升开辟新渠道

加强教师激励机制,2015 年首次设立纵贯幼儿园、中小学、高校的人才奖项——宁波市教育名师奖,并将其列入市级"甬城英才"系列奖项,评审产生首批"宁波市教育名师奖"10 人。继续推行普高教育质量奖,并新推出中职教育服务奖。积极推进教师薪酬与公务员挂钩的联动机制,适度提高教师体检标准,建立健全市直属学校事业编教师重大疾病医疗互助保障制度,设立 600 万元重大疾病医疗保障基金,加强对教师的人文健康关怀。

3. 深化全员聘用机制产生新成效

尝试到师范类院校主动引才的办法,按程序聘用一批"学子英才""省优""校优"毕业生到我市任教。调整优化专业技术岗位结构比例,高级岗位比例最高提升 10 个百分点。贯彻落实省关于农村特岗教师津贴政策和特殊教育津贴政策,提升农村教师和特殊教育学校教师收入水平。完善教师约束机制,进一步推进教师队伍优化,落实《宁波市教育局关于深化教师全员聘用制度,完善教师退出机制的实施办法(试行)》,把制定退出机制的要求分别列入 2015 年县(市)区目标考核指标和直属学校发展性评价指标。鄞州区、象山县已出台《教师退出岗位暂行规定》,14 所市直属学校制定完成本校的实施细则。自 2014 年 7 月文件出台以来,全市已有 51 人退出教学岗位。

4. 师德师风建设建立新举措

召开 2015 年度全市师德师风建设工作推进会,多管齐下加强师德师风建设,暑期集中开展在职教师有偿补课专项整治行动,建立了人事、监审、终民、督导、宣德、基教、信访等七处(室)联动的监督检查机制,在纸质媒体、网络、微信等平台公布全市各级教育行政部门的投诉电话,严查在职教师创办培训机构、在培训机构兼课和组织学生有偿补课,对涉及的教师作出停课、通报和辞退处理。建立师德师风建设责任制,进一步规范教师从教行为,强调校长为学校师德师风建设第一责任人。市教育局与所有直属学校(单位)签订了《师德师风建设责任书》,各校与每位教师一对一签订承诺书。

(五)教育发展更加体现公益普惠

1. 着力推进教育民生实事工程项目

抓好省、市教育民生实事工程。有序推进农村寄宿制学校热水淋浴工程、中小学校塑胶跑道建设工程和薄弱学校改造。截至 2015 年底,全市省定义务段标准化学校达标率已达到 94%,义务教育农村寄宿制学校学生热水淋浴设施配备率达 100%,公办中小学校塑胶运动跑道建成率达 95%,积极推进全市九大"惠民利民"工程之"百万学生餐饮安全工程",着力提升师生对餐饮质量的满意度。目前,全市中小学、幼儿园食堂 A、B 级比例达到 85.5％以上,改造 170 所学校"直饮水"设备,全面完成全市义务教育段学校校园饮水质量提升工程,义务段学校加热保温饮水设施覆盖率达 100％。

2. 切实保障弱势群体子女受教育权利

对符合条件的困难家庭子女提供免费午餐,2015 年全市享受免费营养餐的义务段学生人数达 3.4 万人。加强特殊教育工作,2015 年,市财政安排 600 万元特殊教育专项经费,推进全市特殊教育标准化建设、资源教室建设、内涵质量提升等。加快推进随班就读工作,推进省示范资源教室建设,建成宁波市特殊教育中心学校。坚持"以流入地政府管理为主,以全日制公办中小学就读为主"原则,做好外来务工人员随迁子女入学工作。目前在宁波接受义务教育的外来务工人员子女共 26.43 万人,其中在公办义务教育段学校就读人数为 21.49 万人,占随迁子女义务段入学总人数的 81.31％。制定《关于加强规范流动人口子女学校建设的实施意见》,进一步加强流动人口子女学校建设,加强教研指导、年检年审和绩效评估,规范办学行为,改善办学条件,提高教育教学质量。

3. 有序推进宁波智慧教育(二期)项目建设

2015 年 8 月,宁波智慧教育正式启动运营,首批推出宁波智慧教育门户网站、学习平台、云平台、"甬上云校"、平安校园监控分析系统等多项应用,为全体市民提供多元普惠的一站式教育服务。宁波智慧教育学习平台整合了智慧教育一期已建的人人通空中课堂平台、数字化学习平台、终身教育公共服务平台,将海量教育资源汇聚到统一的资源库中,资源容量超过 300TB,内容覆盖基础教育、职成教育乃至终身教育。市民只要通过宁波市智慧教育统一门户网站进入该平台,就能快速找到既权威又优质的资源。通过实名制登录,每个账号的学习资源、学习痕迹都将被保留,形成"私人订制"的教育成长记录。智慧教育学习平台还将根据学习者个人学习记录,推送合适的教育资源,实现个性化学习。

二、宁波教育面临的发展形势

(一)在经济发展进入新常态的背景下,教育服务经济转型升级的作用将更为凸显

当前,我国经济正处于发展方式转变、发展动力转换的新形势、新时期。对于经济发展新常态,习近平总书记特别强调,今后要更加注重加强教育和提升人力资本素质,更加注重科技进步和全面创新。随着新常态下产业转型升级进程的加快,新产品、新业态、新的商业模式势必层出不穷,教育必须更好地适应新的生产和生活方式,更深入地参与到经济社会发展中来,发挥更为重要的作用。当前在"一带一路"、长江经济带这两大国家战略背景下,宁波正在以港口经济圈建设为引领,加快推进创新驱动和经济转型升级。但在外部经济形势纷繁复杂、内部发展新问题新挑战持续显现的情况下,我市经济发展也还存在不少困难和问题,如:经济结构不够合理,工业经济比重过大,战略性新兴产业、现代服务业发展不够快,高端产业、高端产品相对缺乏,经济内生增长动力不够强等。新常态下,全面推动宁波经济社会转型升级,迫切需要推进区域产业结构调整,培育新的经济增长极,提高发展质量效益。教育是经济建设的"发动机"和科技发展的"加速器",必须进一步强化对城市经济社会服务功能,把提升人力资本质量作为主要工作任务,加快培养经济社会转型升级所需的创新、创业、研发和高素质技术技能人才,助推宁波经济转型升级。

(二)从全面推进依法治国和依法治教的要求看,"教育管理"须加快转向"教育治理"

教育作为社会公共领域中的事务,是政府不可推卸的责任,教育的健康发展离不开政府的政策、财政支持和总体上的调控。而在依法治国大背景下,用法律的确定性和严格性来保障教育沿着既定的轨道平稳发展,将是教育持续快速发展的根基。如同确立经济新常态必须超越已有经济发展模式,社会治理也必须与经济新常态相匹配,加快推进教育治理体系和治理能力现代化已成必然趋势。要进一步转变政府职能,大力强化依法行政、依法治教、依法治校,简政放权,最大限度释放空间,厘清政府与社会、学校的边界,特别是要充分发挥社会第三方的地位和作用,通过多方参与和协商互

动,对接教育决策、政策与社情民意,寻求教育事务、学校事务的"善治"。

(三)从教育事业自身发展特征看,以规模扩张为特征的外延式发展必须转向以质量提升为核心的内涵式发展

从宁波教育发展情况看,目前全市对学校大规模的硬件投入已经基本完成,接下来的发展必须转型至内涵提升,进一步调整优化资源配置,巩固、凝练、强化办学特色,提高优质教育资源的供给能力,从而实现"以量谋大"到"以质图强"的重大战略转变。尤其需要注重推进多元化人才培养,努力让不同特点的孩子得到适合的教育,这也是教育和社会发展的要求。首先,多元化培养是教育的必然选择。人的智能是多元的,有的善于分析,有的善于综合,有的善于动手,有的善于动脑。我们必须提供适合的教育,使每一个学生的智能强项得到充分发展,从而促进学生其他各种智能的发展。其次,多元化培养是经济社会发展的需求。随着经济社会的快速发展,社会对人才的需求越来越多元,区域发展的差异性、经济形态的多样性、社会分工的广泛性等,对人才要求的标准不同,既需要拔尖创新人才,又需要各类技能型人才。再次,多元化培养是国家政策的体现。《国家中长期教育改革和发展规划纲要(2010—2020 年)》明确提出要"树立多样化人才观念,尊重个人选择,鼓励个性发展,不拘一格培养人才","尊重教育规律和学生身心发展规律,关心每个学生,促进每个学生主动地、生动活泼地发展"。

(四)教育步入"互联网＋"时代,须充分利用新载体和新手段助力教育组织形态和教学模式变革

深化教学改革是提高教育质量和教学水平的根本途径,只有持续推进教育内容、教学手段和方法的现代化,才能满足学生、家长和社会的需要。当前信息技术飞速发展,对教育教学产生了革命性影响,出现了一些教育教学新模式,如:翻转课堂、微课程、MOOC(慕课)、在线教育、电子课堂等,以云概念为基础,以多媒体、智能化、移动互联和大数据为主要特征的现代化信息技术在课堂教学中的运用,既可激发学生的学习兴趣,又利于学生对教学内容的理解和掌握,将有效地培养学生的自主探索能力,对课程改革和优化课堂教学有着巨大的推进作用。宁波要积极顺应这一重大发展潮流,充分利用现代信息技术,开设"空中课堂""甬上云校"等在线互动学习平台,提供多样化网络课程体系,构建多维教学环境,让学生可根据需要进行个性化选学,激发学生的探究兴趣,更新教师教学方式,拓展学生的学习方式,实现智慧教育与教育教学活动的深度融合。

（五）从社会发展和人民群众对教育的需求看，当前仍有不少矛盾问题有待破解

一是高水平大学建设还比较薄弱，职业教育对学生、家长的吸引力不够，教育有效服务、支撑区域经济社会发展的能力还不强。二是人才培养还不能充分适应学生多元化发展需求，学校特色多样不够鲜明，普通高中尚存在同质化、重升学倾向，学生课业负担仍然偏重，具有创新精神和实践能力的高素质拔尖创新后备人才培养水平还有待提升。三是对教师激励机制还有待完善和强化，绩效工资实施至今，教师收入与公务员联动机制尚未建立，亟须进一步贯彻落实好中小学教师待遇保障有关政策，有效调动教师工作积极性。四是外来务工人员子女入学压力较大、问题不少，尤其是部分符合市里就学政策规定的外来务工人员，由于暂住地和工作地、社保缴纳地不在同一县（市）区，其子女在居住地就学困难，引发上访群访，影响和谐稳定。五是教育治理能力有待提升，各种教育培训机构办学不规范现象依然存在，文化辅导、托管、早教等机构存在无序、跨界、违规办学问题，目前托管机构多数未经注册，而早教机构和一些文化辅导机构多以"教育信息咨询公司"等形式在市场监管部门注册，缺乏办学资质。这些机构亟待加强监管。

三、2016 年宁波教育发展对策建议

总体而言，2016 年推进全市教育事业又好又快发展，要以党的十八大和十八届三中、四中、五中全会精神为指导，紧密围绕市委、市政府中心工作，围绕"加速推进区域教育现代化"这一核心目标，坚持以法治思维和法治方式推进教育治理体系和治理能力现代化，大力推动教育重点领域和关键环节创新突破，全力服务经济社会转型提升，努力办好更加优质的教育，为宁波加快"港口经济圈"和新型城市化建设，早日跻身全国大城市第一方队提供更有力的人才支持和智力支撑。

（一）要进一步明确目标努力打造一流教育强市

牢固树立追求卓越、争创一流，率先发展、走在前列的价值追求，始终瞄准上海、深圳、香港等教育先进发达地区，拉高标杆，争先进位，比学赶超，不甘人后。要围绕率先实现教育现代化的战略目标，抓好顶层设计与"十三五"教育规划制定工作，并在国内继续率先推进"现代职业教育开放示范区"

"国家职业教育与产业协同创新试验区""部市共建教育国际合作与交流综合改革试验区"等先行先试重大项目建设,全力以赴推动教育改革发展更进一步、更快一步,力争宁波教育率先跻身全国大城市第一方队。同时,努力发挥教育规划布局在推进新型城市化中的集聚效应,强化中心城区对县域的引领、辐射、带动功能,助力宁波早日跻身全国大城市第一方队。

(二)要进一步深化教育综合改革寻求机制体制突破

把深化教育领域综合改革作为破解瓶颈难题、克服困难障碍的利器,坚持改革创新,大胆探索,努力挖掘教育发展的新增长点,进一步增强教育发展的内生动力和活力。在全面推进实施《教育现代化三年行动计划(2013—2015 年)》并取得显著成效的基础上,积极谋划制订新一轮《教育现代化三年行动计划(2016—2018 年)》,大力推进若干具有引领性和全局性的重大工程(项目),制定出台一系列具有创新性、突破性、引领性的重要公共政策,力求以教育体制机制创新、重点领域和关键环节突破,为全面实现教育现代化奠定坚实基础。

(三)要进一步拓展深化与国内外的教育合作交流

依托教育国际国内合作交流平台,进一步扩大教育对外开放,让我市的教育发展更有活力,更好地实现高位突破。探索以国际联合研究生院为基础的高层次人才培养模式,争取宁波(中国)供应链创新学院正式落户宁波,建设一批中外合作二级学院。强化国际高中特色课程的借鉴与融合,进一步激发学生学习自主性。鼓励姐妹学校开展实质性交流。加快建设现代职教开放体系,大力深化产教融合、校企合作,启动国家职业教育开放示范区合作项目,以宁波 TAFE 学院建设为引领,着力引进美国社区学院、德国双元制等先进模式,打造现代化职业教育体系。

(四)要进一步推进基础教育公平均衡优质

要始终坚持群众满意这个导向,促进基础教育优质均衡发展。进一步推动普惠性幼儿园评估认定和管理工作,推进义务教育课程改革,加快中小学生综合素质测评改革,稳妥推进招生制度改革,缩小教育发展的区域差距、城乡差距和校际差距。推进普通高中多样化、特色化发展,推动基础教育整体水平提升,加快拔尖创新后备人才培养。要把德育教育融入国民教育全过程,进一步深入推进学校社会主义核心价值观教育,探索构建以制度建设为主体、以价值认同和生活实践为两翼的"一体两翼"型学校社会主义核心价值观教育系统。促使每个学生将社会主义核心价值观内化为个人思想和态度,外化为个人行为和活动,树立人生远大志向,形成以价值认同为核心的内驱机制,为今后学习成长、人生发展提供不竭动力。

（五）要进一步强化教育与经济社会、企业、产业、行业的联动发展与协同创新

通过教产协同合作,实现互利共赢,促进创新要素、优质资源集聚,增强高等教育和职业教育对宁波建设创新新型城市、发展创新型经济的支撑力。推动在甬高校转型提升,启动建设浙江大学宁波研究院。深化宁波国家职业教育与产业协同创新试验区建设,加快建设一批不同层次、不同类型的高水平大学,并以此引领、提升宁波各级各类教育人才培养整体水平,培养更多高素质应用型人才。加快建设现代职教开放体系,加速培养技术技能人才。面向国家和省、市经济发展战略,努力推动职业教育与产业、科技联动,知识、技术、管理与人才培养紧密结合,争创全国现代职业教育开放示范区。大力深化产教融合、校企合作。要着力探索建立项目化合作、资源配置共享等多样化的校地共建共管合作体制。建立完善中职、高职、应用型本科相衔接的职业教育一体化人才成长通道。

参考文献

[1] 顾明远,石中英.《国家中长期教育改革和发展规划纲要(2010—2020 年)》解读.北京:北京师范大学出版社,2011.

[2] 靳培培.教育公平与教育质量的关系析论.教育导刊,2013(12).

[3] 朱永新.新教育年度主报告.武汉:湖北教育出版社,2014.

[4] 魏忠.教育正悄悄发生一场革命.上海:华东师范大学出版社,2014.

[5] 中国教育科学研究院课题组.未来五年我国教育改革发展预测分析.教育研究,2015(5).

（作者单位:宁波市教育局）

2015 年宁波人才发展情况分析及 2016 年展望

陈艳艳

　　摘　要：2015 年，宁波人才发展成效显著，人才队伍规模、素质、效能有新提升，人才开发工作有新举措，人才规划、政策和项目创新有新进展，人才平台载体建设有新成效，人才生态得到新优化。但与人才优先发展和引领支撑宁波跻身全国大城市第一方队的更高要求相比，宁波人才发展还存着人才队伍有结构性短板、人才政策体制创新突破深度不足、人才服务不够均衡等突出问题。2015 年及今后一个时期，宁波应积极应对区域发展对人才开发提出新要求、人才改革进入攻坚期、人才生态优化更重要的人才发展新趋势，突出抓好提升人才队伍素质结构、提升人才政策体制改革创新水平、提升人才平台载体特色能级、提升人才生态质量等重点工作，推动区域人才工作跃上新台阶。

　　关键词：宁波　人才　人才发展

　　人才是第一资源，是科技创新的主要承担者，是决定城市发展水平的最关键因素。2015 年，宁波各级各部门深入贯彻落实人才发展的各项战略和规划，不断创新政策、优化平台、提升服务，全力营造良好的人才生态环境，全力做好引才、育才、用才、留才各项工作，全市人才工作取得了显著成效，形成了鲜明的特色亮点。当前及今后一个时期，宁波正处于谋划实施"十三五"战略的关键期，正处于港口经济圈建设、冲刺全国大城市第一方队的攻坚期，全市上下应更加重视人才在创新驱动、转型升级中的引领支撑作用，进一步加大人才开发力度，加快建设"蔚蓝智谷"和人才生态最优市，坚定不移地走以人才为根本的创新发展之路。

一、2015 年宁波人才发展的成效特点

(一)人才队伍实力有新提升

1. 人才队伍规模有新提升

2015 年,宁波持续加大人才开发工作力度,深入实施"3315 计划""电子商务人才和团队引培计划""领军和拔尖人才培养计划"等各类人才引培工程,人才引进培养取得了明显成效,人才规模进一步增长。截至 2015 年 6 月底,全市上半年新增人才 6.1 万人,人才总量达 173.9 万人,比 2010 年增长了近 90%,近 5 年年均增长 15%;按常住人口计算,每万人人才数约为 2269 人(按照省统计局核定 2013 年底宁波常住人口为 766.3 万),按户籍人口计算,每万人人才数约为 2981 人(2014 年全市户籍人口 583.3 万)。

2. 人才队伍素质有新提升

2015 年上半年,全市新增高级职称人才 133 人、博士(后)223 人、硕士人 2324 人、海外人才 838 人。截至 2015 年 6 月底,全市副高及以上的高职称人才超过 5.51 万人,高学历的博士人才(后)总量近 0.43 万人、硕士人才总量超过 3.75 万人;海外留学人才超过 0.664 万人(近三年翻了一番多),其中国家、省"千人计划"专家 60 人和 154 人,分别比 2010 年增长 5 倍和 4.7 倍,"3315 计划"个人 269 名、团队 84 个;全市共有 3 人入选国家"万人计划",286 人被评为国务院特贴专家,289 人被评为国家、省、市突贡专家。

3. 人才创业创新效能有新提升

在一大批与宁波产业优势相结合的高端人才和团队引领带动下,人才的创业创新成效逐步显现,区域经济转型升级的步伐不断加快。从整体来看,全市专利授权总量跃居全国副省级城市前列,发明专利年授权量从 2010 年的 1209 件上升为 2014 年的 2832 件,年均增长 23.7%;2011 年到 2014 年,全市规模以上工业新产品产值年均增长 17.2%,高新技术产业产值年均增长 13.5%,均高于工业产值 5.6% 的年均增幅,人才对产业结构优化升级的引领支撑作用不断增强。从点上来看,以"3315 计划"为例,入选的人才和团队共创办企业 168 家,110 家已实现销售,61 家已实现盈利,2014 年实现

销售 22.8 亿元、利税 4.1 亿元,累计获得专利 1376 项,开发市级以上新产品 551 项,填补国内空白 326 项,承担国家级项目 305 项。

(二)人才开发工作有新动作

1. 推动"3315 计划"升级提效

创新实施"3315 计划",除已有的"3315 计划"引才举措外,首次发布实施了"3315 电商计划",并增设了知识产权真实性审查和尽职调查等工作环节,共有 619 个项目申报,比 2014 年增加 28.4%,申报项目在数量、人才层次、产业契合度等方面都有较为明显的提升。同时,组织完成 2014 年"3315 计划"成效评估,开展团队落户情况检查和扶持资金拨付等工作,并着手研究"3315 计划"引才政策升级版,完善入选团队管理办法,提升"3315 计划"政策体系竞争力。

2. 实施有影响的人才开发新举措

着眼突破人才结构性短板,打破体制内外分割,研究制定"泛 3315 计划",更大力度引进信息经济、文创、金融、港航、教育、卫生、时尚等城市经济发展亟需的各类人才。启动实施民间人才"万人计划",把基层群众中有一技之长、能进行创造性劳动并对社会作出贡献的人才发掘出来,推进大众创业、万众创新。整合设立"甬城英才"奖,组织开展首次评选活动,共评选出宁波市杰出人才奖、宁波市有突出贡献专家奖、宁波市卓越企业家奖等 12 类 125 名"甬城英才",并给予物质与精神奖励。

3. 加快多渠道引才步伐

探索创新海外引才模式,加大海外孵化、以外引外、中介引才力度,探索在海外建立人才项目孵化器。面向生命健康产业,在美国圣地亚哥举办第二届"3315 计划"海外创业创新大赛;组团参加浙江省委组织部在美国波士顿、休斯敦举办的海外人才洽谈会,并在日本东京举办宁波·东京海外人才对接洽谈会,与广岛大学中国留学生学友会进行深度对接;举办中国留日同学总会海外留学人才宁波创业行活动。积极筹备 2015 年度人才科技周活动,突出"大众创业、万众创新"主题,强化前期精准对接,丰富活动形式,提升活动成效。

(三)人才规划、政策和项目创新有新进展

1. 编制人才发展新规划和新政策

一是组织开展宁波"十三五"时期人才发展创新突破研究、发挥企业引

才用才主体作用等重点课题研究,启动编制"十三五"人才发展规划。二是借鉴吸收北京、上海、深圳、杭州、大连等地人才政策创新的最新成果,深入开展调查研究,广泛征求意见,制定出台了宁波人才发展新政总规。新政总规坚持问题导向,聚焦重点突破,以建立宁波人才分类目录为基础,突出"分类＋政策""新政＋总规""产业＋人才""资助＋创投""引进＋培育""政府＋市场""境内＋海外"等七个"＋",围绕引进培养、发展支持、评价激励、3H 工程、工作保障等五大方面,制定出台了 25 条创新政策。

2. 启动实施人才工作重点创新项目

采取"县级试点、市级推广"方式,启动实施发挥企业引才用才主体作用政策、深化"海外工程师"引进、以众筹模式创建"才·富"合作公社、实施民间人才"万人计划"、建立重点高中海外学子联谊会、在海外设立专门引才机构和孵化器、人力资源服务产业集群平台建设、专业化市场化留创园平台建设、探索建设"资本＋项目＋人才"融合小镇或探索建设"互联网＋"特色人才小镇等 13 个人才创新项目,通过点上的人才项目创新,带动推进全市人才工作的整体创新突破。

（四）人才平台载体建设有新成效

1. 推动"一园一城"升级为"两园两城"

一是加大已有的"一园一城"建设力度。推动浙江"千人计划"余姚产业园加快项目落地、开工、投产进度,分别累计集聚国家、省"千人计划"专家 32人、14 人;新增注册项目 14 个,累计达 46 个;新增投产项目 1 个,累计达 14个。推动新材料科技城加快新材料国际创新中心、大学创新园、新材料（国际）创业社区等平台建设,以更大力度引进集聚新材料领域高端人才,以人才高地建设创新高地、产业高地。二是启动实施新的"一园一城"建设工作。成立宁波"千人计划"产业园生命健康（宁海）园区,在 18 个重点项目已落户的基础上,新引进 6 个意向落户项目,其中 3 个项目已签约;配合启动国际海洋生态科技城建设,谋划研究相关人才扶持政策,力争与宁波新材料科技城形成"双子星座"。

2. 大力建设发展新的人才平台载体

积极推动各地建设"金融小镇""基金楼宇""海蓝宝"众创小镇等新型创业创新平台建设,谋划筹建宁波创业创新学院。在启动新一轮院士工作站申报工作的基础上,加快学会工作站建设,研定建站支持和管理办法,大力引进共建国家级学会工作站,拓展新的人才平台资源。围绕重大人才创业创新平台建设,制定专项政策,探索建立季度会商推进机制,及时帮助破解发展难题,突破人才创新平台能级不足制约。

(五)人才生态得到新优化

1.优化"妈妈式"人才服务

组建"3315 计划"助创专员队伍,出台助创专员管理办法,聘请首批 22 名领导干部担任"3315 计划"人才和团队创业企业助创专员,强化对人才创业项目全程跟踪服务和政策扶持,帮助科创企业突破成长周期瓶颈。提升服务联盟的服务成效,完善服务联盟窗口运行规则,开发服务联盟信息系统,梳理"绿色通道"服务清单,设计联盟 LOGO,加强规范化管理,持续优化服务、提升效能。指导实施"3315 计划"企业人力资源管理整体解决方案,举办"与千人同行、圆创业梦想"宁波市大学生创业就业对接洽谈会系列专场招聘会,开展"3315 计划"企业 HR 领导力培训班。

2.筹建宁波才·富合作公社

围绕实现人才项目和社会资本高效对接、共创共赢,筹建宁波才·富合作公社,协调市发改委、金融办等部门,并与宁波君润资本达成才·富基金、才·富孵化器建设方案,制定才·富公社创业投资合作企业合伙协议,明确以众筹模式建立首期 2 亿元的才·富合作公社基金,并在余姚、宁海、鄞州、高新区启动建设才·富公社分社。

二、2015 年宁波人才发展薄弱环节

(一)人才队伍存在结构性短板

虽然近年来宁波人才发展成效显著,但与宁波经济社会创新转型发展需求相比,人才结构"短板"仍比较明显。

1.顶尖人才非常匮乏

在顶尖创新人才方面,以院士人才为例,在甬全职工作的两院院士仅有 1 名,同为计划单列市的深圳、青岛、大连、厦门分别有 3 名、28 名、28 名和 12 名,杭州市则有 32 名,宁波差距明显。在顶尖创业人才方面,宁波虽然创业氛围浓厚,富有创业活力,但多是"草根创业",缺少像任正非、柳传志等那样的"战

略企业家",缺少像李彦宏、雷军那样的"科技企业家"。以较有可能成为"科技企业家"的"千人计划"人才为例,截至 2014 年底,宁波自助申报入选的国家"千人计划"专家 48 名,深圳、杭州则分别为 75 名、69 名,宁波也相对落后。

2. 新兴产业和城市经济人才相当紧缺

当前,宁波正在大力发展生命健康、节能环保、新材料等新兴产业和电子商务、文化创意、金融、会展等城市经济,这些产业对人才的需求非常迫切。但从供给情况来看,生命健康、新材料、电子商务等新兴产业的许多岗位都属于"红色预警"极度紧缺岗位,综合紧缺指数超过 0.9,人才非常紧缺。以电子商务人才为例,该产业领域人才全线短缺,平台架构、软件开发、店长、运营、微营销、美工等岗位人才均严重供给不足。2014 年宁波人才紧缺指数中 7 个属于红色预警的极度紧缺岗位中,电子商务领域就占了 2 个(即电商运营总监和经理),众多的电商企业都反映专业人才"招不到""留不住",人才已成为制约宁波电子商务产业、互联网经济发展的最主要瓶颈。

3. 高学历高技能人才仍显不足

硕士及其以上的高学历人才仅占人才总量的 2.4%,高级职称人才占人才总量的比重不到 4%。高技能人才占技能劳动者比重仅为 15.6%,与全国 25.6% 平均水平差 10 个百分点。反映在人才紧缺指数上,汽车及零配件、建筑与工程、机械制造与模具等领域的高技能人才紧缺指数一直居高不下,都在"非常紧缺"范畴。

(二)人才政策体制突破性不足

1. 人才政策体制改革创新深度不够

一方面,近年来,国家重大改革战略很少涉及宁波,宁波缺少国家级的人才、科技改革平台。比如,既不是国家级自主创新示范区,也不是国家级的人才管理改革试验区,围绕人才发展关键环节和根本性问题,自行进行政策突破和体制创新的权限不足、空间有限。同时,即使是在其他先行地区试点的一些突破性的创新政策,宁波也往往因资格或权限问题无法承接落地。比如,以中关村"1+6"政策为代表的许多推动人才创业创新的税收、科技等试点政策就无法在宁波实施。另一方面,人才政策创新的特色不够明显。这种"政策特色不够明显",主要表现在人才政策创新涉及的内容、针对的对象、采取的方法等与其他地方差别不大,基本上还未跳出"给票子""给房子""给特殊教育医疗待遇"等范畴,所选择的政策工具也主要是以"直接提供"

为主要内容的强制性工具。比如,直接提供创业创新启动资金、直接提供办公场所和家庭住房、直接提供配偶工作岗位、由政府部门直接提供创业创新服务等。

2. 人才政策执行效果不够优

一方面,一些人才政策没有真正兑现执行或执行效果不好。比如,政府优先采购人才企业自主创新产品的政策,由于招投标等限制,在实践操作中遇到了障碍,基本上没有兑现;对于创业辅导政策,一些地方就是简单地举办几场培训就算完成任务,效果相当一般。另一方面,一些人才政策执行效率偏低。比如,一些地方或部门虽然根据要求制定了某些人才政策,但往往只有"若干意见",没有"实施细则",导致政策长时间"飘在空中、看得见但摸不着";有些创业创新经费扶持政策虽然能够得到执行,但往往环节烦琐,流程冗长,经费到位速度非常慢,导致人才创业时"最需要钱时却拿不到钱"。

(三)人才服务仍有待进一步优化

1. 人才服务的时间阶段分布不均衡

这种"时间阶段的不均衡",主要表现为"引进阶段服务多、发展阶段服务少"。目前,全方位、全周期的人才服务理念尚未形成,因为存在引才考核的体制压力,一些地方或部门一般都较为重视引进阶段的人才服务,而对引进后人才发展阶段的服务往往不重视或不到位,由此导致一些人才感觉"没来之前是块宝,来了以后是根草",造成人才"引得进、发展不好、留不住"。

2. 人才服务的群体分布不均衡

这种"群体分布不均衡",主要表现为"对一些高端人才服务过度、但对多数基础人才服务不足"。当前,各地各部门都比较重视高层次人才的服务工作,多个部门都有针对高端人才的专门服务举措,相关项目资金、人才奖励、政治荣誉、工作协调以及医疗、教育、住房等服务资源往往高度集聚于院士、"千人计划"专家等少数顶尖人才,而对量大面广、对区域经济社会发展具有重要支撑作用的基础性人才往往关注不够、投入不多,由此导致一些服务往往是"锦上添花",而不是"雪中送炭",造成一些区域发展亟需的高素质的研发人才、高水平的技能人才引进困难、流失严重。

3. 人才服务的内容分布不均衡

这种"内容分布不均衡",主要表现为"面上服务多、个性化服务少"。不同类型的人才或人才的不同发展阶段对服务有着不同需求。比如,人才创业初期面临着搭团队、找资金等困难,而中期往往会在经营管理、市场开拓等方面遇到瓶颈,发展后期又会遇到股改上市、知识产权保护等方面的难题,而目前的人才服务大多是"通用型"或"撒胡椒面",尚不能提供"菜单式"精准服务。

三、2015 年宁波人才发展的主要趋势

(一)新常态下宁波经济社会发展对人才发展有新要求

1. 新常态下宁波经济社会发展对人才需求更加迫切

当前,我国进入到了新的发展阶段,经济发展正从高速增长转向"保持中高速增长、迈向中高端水平"的"新常态"。新常态下,从国际来看,全球新一轮科技革命和产业变革方兴未艾,科技创新正加速推进,正成为重塑世界格局、决定区域发展水平的主导力量。从国内来看,围绕"四个全面"战略布局,国家部署了"一带一路""大众创业万众创新""中国制造 2025""互联网+"等一系列重大举措,推动经济发展从要素、投资驱动转向创新驱动转型。从宁波来看,当前宁波面临着突出资源要素瓶颈、环境承载压力,传统的发展方式难以为继,亟须转换发展动力和方式。因此,新常态下,经济社会发展更加依赖创新驱动、人才引领,宁波要抢抓国际国内发展的新机遇,有效破解自身的发展难题,就必须走以人才为根本的创新发展新路子。

2. 新常态下宁波经济社会发展对人才开发提出了新要求

新常态下,宁波正在大力推进传统优势产业转型升级,加快培育发展战略性新兴产业和电子商务、会展旅游、文化创意等城市经济产业,这样的发展格局对人才开发提出了新的更高要求。比如,要培育战略性新兴产业,就必须要引进集聚一大批"科技企业家"人才,这些人才要兼具创新创业能力,既要站在技术创新、产业发展前沿,又要擅长经营管理之道;要大力发展城市经济就必须要引进培养一大批高水平的"专业人士",如工程师、规划师、设计师、培训师、律师、建筑师、金融师等;要推动大众创业、万众创新,就必须引进培养一大批在职人才、大学毕业生、民间优才等,助推其成为"创客"人才。

(二)宁波人才改革发展进入到攻深水区、攻坚期

1. 宁波人才发展中存在着一些亟待破解的体制机制性难题

近年来宁波在人才体制机制改革方面作了许多积极的探索,也取得了

不错的成效。比如,在全省率先出台"人才管理改革试验区"11 条新政,率先实施以"海外工程师"政策为核心的柔性引才机制等。但与推动人才优先发展的需要和增强城市人才竞争优势的要求相比,宁波人才发展中仍存在着一些比较"难啃的体制机制难题",亟须集中攻坚、改革突破。比如,在人才引进方面,企业的主体作用发挥还不够充分;在人才培养方面,培养与使用"两张皮"的问题仍比较明显;在人才评价方面,不同类型的人才究竟该"由谁评""评什么""怎么评"等仍未改革到位;在创业创新资源配置方面,市场化的配置机制尚未完全建立;在人才流动方面,跨区域、跨体制流动的编制、社保、户籍、证书认定等障碍仍在一定范围内存在。

2. 人才改革由"单项改革"迈向了"综合配套改革"

人才发展是一个复杂的系统工程,涉及引进培养、评价发现、流动配置、选拔任用、激励保障等多个环节,涉及组织、人社、教育、科技、经信、文化、财税等多个部门。在改革初期,由于改革具有"普惠"的特点和明显的"突破口",从某个局部、某个环节单项单兵推进人才体制机制改革,既容易达成共识,也能取得不错的改革成效。但改革进入了攻坚期、深水区后,单兵作战、单项改革很难取得预期成效,而必须向"多方协同、综合配套"转变,既要围绕推动人才与技术、产业、资金、市场有效融合进行综合改革,也要围绕某一项改革多个部门协同作战、出台综合配套政策。比如,要推动人才自由有序流动,就必须推动编制、户籍、出入境、档案、社保、机关事业单位人事管理体制等多方面改革,形成系统化的"综合配套改革政策"。

(三)宁波需要更加重视人才生态优化

城市间的竞争归根到底是人才的竞争,人才竞争归根到底是人才生态的竞争。当前,全球人才竞争日趋激烈,人才流动呈现出"全球流动、全球配置、全球定价、全球争夺"的趋势特点。面对这样的现实,要打赢人才尤其是高端人才的"争夺战",最为关键的一点,就是要扭住"优化人才生态"这个"牛鼻子",以优质的人才生态环境来吸引集聚人才、凝聚留住人才、用好用活人才、培育发展人才。美国、新加坡等发达国家之所以能吸引集聚世界各地的高端人才,其中一个根本性的原因,就是这些国家的人才生态环境非常好。因此,宁波要加快建设"蔚蓝智谷",形成人才竞争比较优势,就必须要在优化人才生态环境上下功夫、出成效。

人才生态是一个复杂的系统,宁波要优化提升人才生态,就必须打造有利于人才发挥作用、实现价值、幸福生活的工作环境、社会环境、文化环境、生活环境和自然环境等，做到"硬环境"和"软环境"系统集成、协同俱佳。比如，要保护生态的红线，为人才提供优质的自然环境；要提升公共事业发展水平，为人才提供优质的教育、医疗、交通、住房等公共服务；要提升城市建设水平，为人才提供优质的购物、休闲等生活设施和配套服务；要优化政府服务，为人才提供公开透明、廉洁高效、具有比较优势的政策和政务服务；要营造良好的社会氛围，为人才提供鼓励创新、宽容失败、多元交流的社会环境。

四、2016 年加快宁波人才开发的对策建议

（一）精准发力，提升人才队伍素质结构

1. 大力引进一批顶尖人才

一方面，坚持全职引进与柔性引进并重，采取"一事一议"的办法，加大对诺贝尔奖获得者、两院院士、各领域世界知名专家等海内外顶尖人才、大师级人才引进力度，力争集聚一批顶尖人才指导或参与宁波重要科学技术研究、重大项目建设、重点产业发展等。另一方面，创新实施"3315 计划"等重大人才工程，深入贯彻人才新政 25 条，大力引进国家"万人计划"专家、"千人计划"专家、有突出贡献的中青年专家、重点学科首席科学家、国家杰出青年基金获得者、长江学者特聘教授等国家级领军人才，不断夯实宁波战略科学家和高水平科技企业家的人才基础。

2. 大力引进培养亟需紧缺专业人才

根据发展城市经济的需要，出台实施"泛 3315 计划"，大力引进培养信息经济、港航物流、文化创意、教育卫生、时尚设计、财经金融、基金创投等重点领域人才，推动宁波城市经济做大做强。实施教育名师、文化名家、卫生名医"三名人才"培养工程，优化城市功能，提升城市生活品质。推动"海外工程师"政策扩面，加快外籍工程师、设计师、规划师等外国专家柔性引进，集聚更多推动宁波经济社会发展的外籍"海鸥型"人才。

3. 大力培养高技能人才

支持有条件的企业建立培训中心、技师工作站、技能大师工作室等，针对企业职工开展自主培训和委托培训，拓展高技能人才培养渠道。鼓励企业与职业院校共建学生实习实训基地、就业基地和教师培训实践基地，积极

开展订单培养,提升职业院校技能人才培养能力和成效。对企业、培训机构按规定直接培养或输送培养高技能人才,给予补助扶持,企业新录用符合职业培训补贴条件的高技能人才,给予企业一定的培训补贴,充分激发企业引进培养高技能人才的积极性、主动性。

(二)深化改革,提升人才政策改革创新水平

1. 提升人才政策精准度

一方面,要围绕人才新政 25 条,出台政策说明,制定实施细则和操作流程,确保人才新政能及时、精准地落地实施。另一方面,要加强人才政策的前瞻谋划和顶层设计,制定新的人才政策,要符合人才发展的实际需要,要与国家、省、市已有的政策相互协调衔接,要确保人才政策制定科学统筹、精准有效。比如,2016 年,宁波可以按照精准有效的原则,针对城市人才结构短板、平台能级不足、体制机制制约、服务体系不够健全等面上突出问题,以及人才和用人单位最关心、最迫切需要解决的融资扶持、持续资助、家庭生活、降低引才用才成本等点上难点问题,在人才新政的框架下,制定实施一些针对性、实效性较强的点上政策。

2. 提升人才政策开放度

一方面,深入研究、争取制定出台外国人在甬工作指导目录及计点积分实施方案,积极探索试行外国专家证和外国人就业证"两证合一",以及完善海外人才居住证(B 证),争取国家授权实施海外技术移民制度试点和国家授权宁波审批中国绿卡,提升宁波现行外国人才引进工作水平。另一方面,探索在甬外国留学生毕业后直接留甬就业试点,积极争取范围更广、力度更大的出入境创新政策先行先试,如试点为在甬投资科技创新企业的外籍投资者办理长期居留许可或永久居留等;积极推动宁波市博士后工作站、流动站招收外籍博士后。

3. 提升人才政策执行度

一方面,提升人才政策的知晓度和便捷度。创新人才政策汇编,实施核心条款汇编、分类汇编、全文汇编等多种汇编形式,建立公开便捷的政策查询渠道,提高政策的易得性,方便人才和用人单位"按图索骥",用好用足人才政策。同时,要加大人才政策的宣传推介力度,除了在报纸、电视、杂志、网站等媒体上进行宣传外,还要通过专题培训、专题宣讲、专题发布等方式,针对重点企业、重点区域、重点群体进行重点宣传推介,力争让更多的人才

和用人单位知政策、懂政策、用政策。另一方面,加强政策执行的协调和督查。加强相关部门在政策制定和执行中的沟通协作,完善政策实施细则,及时研判解决政策执行中的新情况新问题;要明确各类政策执行的责任单位,加强全程跟踪督查,强化政策执行的绩效评估,对不兑现、不落地的实行严肃问责,确保政策的权威性和公信力。

(三)加大建设力度,提升人才平台载体特色能级

1. 推动已有人才平台载体改革升级

一方面,要继续引导扶持中科院宁波材料所、兵科院宁波分院等大院大所做大做强,在人才引进、经费配置、基础设施建设、科技成果转换等方面给予特别支持,推动在甬大院大所引进培养更多领军型人才、研发转化更多领先的科技成果,培育发展更多有影响的高新技术企业和新兴产业集群。另一方面,推动在甬高校深化人事制度改革,试点建设"学科特区",在自主招生、教师评聘、经费使用等方面开展落实办学自主权的制度创新,加大对在甬高校博士点、国家和省级重点学科、重点实验室等载体建设的支持力度,提升高校的人才集聚效能。

2. 加快在建人才平台载体建设步伐

加快推进新材料科技城、海洋生态科技城、"千人计划"产业园等在建的创业创新平台建设步伐,加大重大人才平台招商引资、招才引智的工作力度,快速引进培养一批行业顶尖、领军人才(团队)和项目,力争把每一个在建平台(园区)都建成高端人才荟萃、创新要素集聚、创业激情涌动的人才发展示范高地。

3. 积极打造新型人才平台载体

一方面,要根据推动"大众创业、万众创新"的需要,建设发展一批市场化为主导,低成本、全要素、便利化、开放式的"众创空间"等新型孵化器,并积极争取纳入国家级科技孵化器管理体系。另一方面,要加快发展特色小镇,引导县(市)区、开发区合理规划布局,明确功能定位,打造一批机器人小镇、新材料小镇等特色小镇。同时,要继续加大海内外知名科研院所、高校、医院等引进共建力度,加快建设跨境创业平台建设步伐,培育形成一批新的特色人才开发平台。

(四)优化人才服务,提升人才生态质量

1. 大力发展市场化的人才服务

当前,宁波的人才服务,尤其是针对高层次人才的服务,主要是由各级党委、政府职能部门及其所属机构负责,多是一些普惠型、基础性的服务,除了这些以外,各类人才,尤其是高层次人才在创新创业中需求更多的是一些个性化、专业性服务。比如,针对各类"千人计划"人才的服务需求调查显示,人才创业创新除了需要启动资金、税费减免、土地资金倾斜等需求外,还需要人才招聘、市场拓展、品牌营销、科技创新指引、内部管理咨询等方面的服务。这些专业化、个性化的服务,显然既不是政府职责所在,也不是政府的强项,要满足这些服务需求,必须积极引进市场机制,充分利用"市场力量",大力发展市场化的专业人才服务体系。为此,宁波要进一步加大对中介服务产业发展的引导扶持力度,通过提供场地优惠、加大政府购买服务力度、给予资助补贴和服务奖励、搭建业务对接平台等方式,加快引进培育一批高水平的人才中介、科技中介、金融中介、管理咨询公司等,由这些市场化的人才服务主体,开发提供技术评估、成果转移转化、人才猎头、科技融资、内部管理咨询、创业政策咨询等服务产品,为人才提供多样性、个性化的专业服务。

2. 进一步提升人才政务服务水平

一方面,要提升政务服务的专业性。全面深化"妈妈式"服务理念,引入"客户体验"评价体系,提高人才服务联盟成员单位人员能力素质,建立严格的考核机制和满意度反馈机制,提高服务效率。另一方面,要提升政务服务的持续性。要根据人才创业创新的实际情况,实行全方位、全过程、跟踪式服务,围绕人才项目落地孵化、成长壮大、成功上市,形成可持续的全流程服务链,持续支持人才创业创新。同时,要提升政务服务的均衡性。要统筹配置人才公共服务资源,既要突出对院士、"千人计划"专家等高端领军人才的重点保障,也要为高素质研发人才、高水平技能人才等基础型骨干人才提供与其贡献和需求相匹配的政务服务。

参考文献

[1] 阎勤. 宁波人才发展报告(2015). 北京:中国发展出版社,2014.
[2] 余兴安,陈力. 中国人力资源报告(2014). 北京:社会科学文献出版社,2014.

(作者单位:宁波大学)

2015 年宁波医疗卫生事业发展情况分析及 2016 年展望

赵凌波

摘　要：2015 年，宁波市以建设"健康宁波"为引领，加强医疗、医药、医保"三医"联动，着力推进医药卫生体制改革向纵深发展；开展"服务提升年"活动，着力提升医疗服务品质，不断优化公共卫生服务；着力加强事业发展保障机制建设，进一步提高人民群众健康水平，加快建设人民满意的卫生计生事业。虽然取得了一定的成绩，但医疗卫生事业的发展不适应社会经济发展和人民群众需求的情况仍然存在。2016 年宁波医药卫生事业发展中应进一步引导分级诊疗，继续鼓励和引导社会资本办医，积极探索现代医院管理制度，促进健康服务业的发展，解决医疗卫生事业热点难点问题，满足居民日益增长的多样化健康需求。

关键词：宁波　医疗卫生　改革

医疗卫生事业是致力于促进、改善与维持居民身体健康状况的一项重要民生事业。宁波要跻身全国大城市第一方队，不仅要关注经济发展情况，也要看医疗卫生、人口素质在内的民生指标。积极发展医疗卫生事业，是建设"健康宁波"的主要途径，也是加快宁波经济社会发展水平的有力支撑。

一、2015 年宁波医疗卫生事业发展现状

截至 2015 年前三季度，宁波市各级各类医疗卫生机构总计 4077 个，其

中医院 123 个,社区卫生服务中心与卫生院 167 个,门诊部 125 个,急救中心(站)8 个,妇幼保健院(所、站)11 个,采供血机构 1 个,专科疾病防治院(所、站)3 个,疾病预防控制中心 13 个,卫生监督所 13 个,计划生育技术服务机构 7 个,其他卫生机构 20 个,诊所、医务室、社区卫生服务站 1503 个,村卫生室 2083 个。

全市实有病床数达到 30852 张,专业卫生人员 64567 人,其中卫技人员 54109 人。按 2014 年末全市户籍人口 583.78 万人计算,每千人口床位数、卫技人员数、执业医师(含助理)数和注册护士数分别达到 5.28 张、9.27 人、3.59 人和 3.57 人;按全市 2014 年末常住人口 781.1 万人统计,每千人口床位数、卫技人员数、执业医师(含助理)数和注册护士数分别达到 3.95 张、6.93 人、2.69 人和 2.67 人。上述指标均较 2014 年有所增长。

基层医疗卫生机构卫技人员达到 21556 名,占 39.84%,平均每万常住人口拥有基层卫技人员 27.60 人,较 2014 年有大幅提升。全市社区卫生服务中心及乡镇卫生院卫技人员 9074 人,其中全科医生 3627 人,从事公共卫生人员 2255 人。

2015 年前三季度宁波市医疗机构门急诊 8576 万人次,较上年增长 0.89%,全市人均在医疗机构就诊 14.7 次;全年出院人数 81.05 万,较上年增长 8.1%;病床使用率为 89.66%(其中医院病床使用率为 95.79%,基层医疗卫生机构为 44.82%);出院病人平均住院天数为 9.82 天(其中医院为 9.78 天,基层医疗卫生机构为 10.48 天),卫生资源利用量及利用效率不断提高。

2015 年前三季度全市医疗卫生经费 48.7 亿元,较上年增长 10.75%;剔除基建经费后,医疗卫生经费为 41.1 亿元,较上年增长 5.72%。全市医疗卫生经费占财政总支出的比例为 4.87%,较 2014 年上升了 0.19%。全市人均医疗卫生经费 834 元,较上年增长 76 元。

与此相对应,宁波市居民健康状况得到不断改善,居民期望寿命为 81.00 岁,男性 78.88 岁,女性 83.30 岁,均有所增长。宁波市常住人口孕产妇死亡率为 5.32/10 万,婴儿死亡率为 2.71‰,继续稳定在较低水平。

(一)继续推进医疗卫生基础设施建设,优化卫生资源配置

1. 市级医疗卫生单位建设项目进度加快

继续加快市级医疗卫生单位建设项目,从提升优质卫生资源供给量的角度助力宁波跻身全国大城市第一方队。市中心血站等公共卫生机构迁建工程、市急救中心迁建工程已投入使用;市李惠利医院东部院区工程和市妇儿医院儿科大楼改扩建工程竣工并投入使用。市康宁医院改扩建工程和市一院原有医疗用房改扩建工程争取年底前竣工。加快推进市二院永丰北路院区改扩建工程。加快完成市中医院和宁大附院扩建工程前期工作,争取年底前动工建设。做好市康宁医院改扩建工程(二期)前期工作。启动市李惠利医院原地改扩建工程前期工作。2015 年前三季度,宁波市医疗卫生基建经费为 7.6 亿元,宁波市级医院床位数达 25753 张。

2. 基层卫生稳步发展

2015 年前三季度,建成省级示范社区卫生服务中心 31 家,其中,国家级示范社区卫生服务中心 6 家,省级示范社区卫生服务中心建成率达到54.4%。建成省级等级乡镇卫生院 73 家,其中甲等乡镇卫生院 26 家,乙等乡镇卫生院 47 家,省级等级乡镇卫生院建成率达到 81.11%,居全省首位。

(二)全面推进医疗卫生体制改革向纵深发展

1. 深入推进公立医院改革

继续贯彻落实国务院《关于城市公立医院综合改革试点的指导意见》、浙江省政府《关于深化县级公立医院综合改革的意见》等文件要求,进一步推动破除以药补医为关键环节,巩固完善以药品零差率销售为核心的县、市两级公立医院综合改革,完善公立医院财政补助政策。2015 年前三季度卫生系统医疗机构业务收入 188.9 亿元,其中药品收入 83.7 亿元,占44.33%,药品收入所占比例继续减少,较上年下降 2.81%。前三季度业务支出 216.5 亿元,其中业务收支亏损 27.6 亿元。前三季度财政经常性经费补助(差额补助)收入 28.4 亿元,较上年增加 1.9 亿元,增长 7.17%。结余分配合计 0.8 亿元。前三季度全市医疗机构平均每门诊人次医疗费用为146.81 元,较上年增加 6.55 元,上升 4.67%;全市医疗机构出院者平均医药费用为 9527 元,较上年增加 276 元,上升 2.98%。上述费用增幅低于全国同期平均水平和全省历史增长趋势,也低于宁波市城乡居民收入增长水平。公立医院综合改革后以药补医机制逐渐改变,医疗服务价格体系趋向合理,财政保障力度有所加强,患者负担没有明显增加,基本达到改革预期效果。

出台医疗保险按病种付费管理办法,5月起在市区三级医院试行,拟首批试点病种 40 个。上述病种患者从确诊入院、接受治疗到康复出院整个过程中发生的全部费用,包括治疗过程中出现的并发症相关费用,全部实行定额收(付)费,包干使用。按病种收(付)费试点实施后,医疗费用较实施前三年同病种医疗均次费用将降低 10％左右。

推进市李惠利医院东部院区和台北医学大学合作办医工作,于 10 月底门诊试运行,并探索建立以法人治理结构为核心的现代医院管理制度。推进鄞州人民医院进一步加强与台湾秀传医疗体系、HJY(鸿建裕)医疗集团、浙江省肿瘤医院等合作,提高医院管理质量。

2. 积极优化社会办医环境,鼓励和扶持社会力量办医

市政府发布《关于进一步鼓励和引导民间资本举办医疗机构的若干意见》,多举措鼓励民间资本自主申办营利性或非营利性医疗机构,同时借助浙洽会等途径加大社会办医招商引资力度,优先支持举办上规模民营医疗机构。对新建民营医院实际开放的床位,每张给予 4 万元的一次性补助;通过医院等级评审者,将给予最高 2000 万元的一次性奖励。市卫计委发布宁波市社会办医指南,为民营资本申办医疗机构或与公立医院合作办医提供指导性意见及可操作依据。市卫计委尚提出各县(市、区)要将社会资本办医纳入区域卫生规划和医疗机构设置规划统筹考虑。

此外,为解决民营医院"难留住人才"的困难,宁波市将民营医疗机构的工作人员纳入全市的医疗卫生职称评定、人才选拔和培训体系。此外,《意见》还提出,民营医院可参照公办医院参加事业单位社会保险,鼓励公立医院医生到民营医院执业。

为提高民营医疗机构服务质量,宁波市进一步探索"民办公助"办医模式。浙江大学医学院附属邵逸夫医院及浙江大学医学院附属妇产科医院与宁波明州医院、宁波大学附属医院与宁波江北康养医院、宁波市妇儿医院与宁波东易大名医院分别建立医疗技术合作关系。

经过上述努力,2015 年前三季度社会办医签约项目 12 个,民营医疗机构实有床位 4676 张,占全市医疗机构床位总数的 16.13％,较上年增长3.7％;卫技人员数 8788 人,占全市医疗机构卫技人员总数的 16.24％,较上年增长 1.76％。

3. 全面推行新型家庭医生制服务

宁波市围绕家庭医生制服务先后制定出台了一系列政策文件,已初步形成了家庭医生制服务"1＋7"的政策体系,涵盖了家庭医生制度的运行、管理、服务、考核等各个环节,初步形成了推进契约式家庭医生制服务的政策保障体系。在全市范围内,以慢性病人、60 岁以上老年人、孕产妇、0～6 岁儿童、残疾人等人群为重点,全面实施全科医生与社区居民的契约式家庭医

生服务。签约居民可享受到全市统一的家庭医生基本服务包服务,涵盖基本医疗、基本公共卫生和个性化健康管理等十大优惠服务内容,并在医保报销水平上予以一定倾斜。各县(市、区)通过推出多样化人性化的签约形式、打造个性化家庭医生工作室、探索签约服务融入医养结合、实施紧密型签约服务等多种形式努力提升居民签约率,提高服务质量。目前该项服务在全市社区卫生服务中心(乡镇卫生院)的实施率已达到近 100%。签约居民156.9 万人,为全省最多,常住人口签约率达 20.6%。其中,老年人、重点慢性病患者、孕产妇、儿童等重点人群的签约率为 63.5%。通过实施家庭医生签约服务,重点慢性病人群的健康管理指标明显提升,血糖、血压的控制率分别达 62.6%和 56.3%。

4. 完善医联体建设

宁波市以海曙、江东、江北、鄞州和高新区等中心城区为试点区域,以市李惠利医院、市第一医院、市第二医院、宁大附属医院、鄞州人民医院为牵头单位,联合二级及以下医院和社区卫生服务中心,共同组建了 5 个区域医疗联合体,重点围绕区域资源整合共享、基层服务能力提升、合理双向转诊等 6个方面开展工作,探索医联体理事会例会制度、上级医院领导参与社区卫生服务中心管理工作、上级医院专家下沉社区坐诊、上级医院开展基层医生业务培训及考核、上下级医院间转诊诊疗费优惠、医联体信息协作平台等方式进一步完善医联体的建设,提高医联体内部协作程度,为推进分级诊疗奠定基础。

5. 加快推进分级诊疗,进一步缓解"看病难"

北仑区及宁海县作为我省首批试点县(区)已于 2014 年 10 月启动分级诊疗工作,根据《关于开展分级诊疗推进合理有序就医的试点意见》,通过调整门诊、住院和重大疾病报销政策;差别化设置不同等级医疗机构和跨统筹区域医疗机构就诊的报销比例,执行不同等级医疗机构不同起付标准的住院起付线标准;设定不同等级医疗机构的医疗服务价等措施使不同等级医疗机构的医疗服务价格保持适当差距,引导患者分流就诊,从而推动分级诊疗的实施。

分级诊疗的前期基础工作是基层医疗卫生机构能力的提升。我市以加强县级公立医院与省级医院的合作,促进省级优质医疗资源下沉至县(区);乡镇基层卫生服务中心进行标准化建设改造,推行全科医生签约服务模式;中心城区五大医联体建设等为抓手全面提升基层医疗服务能力,初步建立基层首诊、双向转诊的分级诊疗机制。2015 年前三季度宁波市三级综合医院门急诊 723 万人次,较上年减少近 15 万人次,下降 2.02%。

6. 积极推进基层药物配备使用管理改革

贯彻落实好市卫计委、人社局等三部门《关于基层医疗机构部分慢性病门诊用药管理的若干规定》,在基层医疗机构增加高血压、冠心病、糖尿病等部分慢性病门诊常用药品的种类配备和一次处方配药量,并在医联体内保持一致。对部分属于国家基本药物和《浙江省基层医疗卫生机构基本药物目录外常用药品清单》的医保乙类药品,参照甲类药品的医保报销政策。同时,对基层医疗机构门诊慢性病常用药品管理实行单独考核,满足群众的基本用药需求。继续有序推进规划内村卫生室实施基本药物制度,不断提高公立医院的基本药物使用比例。

7. 创新医用耗材采购模式

宁波市通过采用"三部评审法""科学确定采购原则""夯实购销合同执行"三项方式创新医用耗材采购模式,并由此带来了"四大变化"。一是使医用耗材采购价格大幅下降,截至 2015 年 7 月,共集中采购 5 批次 30 大类共 1436 个产品,最低平均降幅 15%,最高平均降幅 72.78%,预计一年可为患者减少 2.72 亿元的医疗费用支出。二是医用耗材使用逐步回归理性。医用耗材集中采购后利润空间被大幅压缩,促进了耗材使用回归理性。从集中采购成交产品的使用情况看,耗材的使用量明显下降。以宁波市第二医院为例,2013 年 4 月至 2014 年 3 月,每住院手术人次止血类耗材使用量大约下降了 44.36%。三是患者耗材费用负担切实减轻。从 2013 年底起,宁波市对市级公立医院的单价 2000 元以上的高值医用耗材实施了零差率销售,将耗材集中采购降低的价格全部让利于患者,病人费用明显减少。四是国产耗材使用得到有效推广。一些进口产品被国产产品替代后,医务人员在适应新产品的同时,也给生产企业提出了改进意见,国产企业及时改进产品质量保证临床使用,有效促进了国产品牌质量的提升。

(三)多举措并重,大力提升医疗服务品质

1. 开展"服务提升年"活动,实施进一步改善医疗服务行动计划

根据国家、省卫计委的统一部署,结合"人民满意医院"创建评议和"服务提升年"活动,坚持以病人为中心,以问题为导向,以改善人民群众看病就医感受为出发点,围绕人民群众看病就医反映比较突出的医疗服务问题,开展医院蹲点调研活动。通过改善就医环境、推进预约诊疗、推行日间手术、加强急诊救治、改善住院服务、落实优质护理、规范护工管理、扩大临床路径等措施,持续提升医疗服务水平,明显提高社会满意度。

2. 大力推进重点学科、临床特色重点专科和区域专病中心建设

进一步强化卫生科技支撑,以临床为导向,扎实推进重点学科、临床特色重点专科和区域专病中心建设,努力打造品牌专科。修订出台《宁波市医学重点学科管理办法》,完成第三轮宁波市医学重点学科竞争选拔工作。同时做好市、县两级医院重点专科、学科对接共建工作,扩大临床服务辐射范围。

3. 强化综合医疗质量管理

依托市医学学术交流管理中心、市医学会及各市级质控中心,合理制定医疗质量考核指标体系,加大医疗质量的监管力度。进一步加强处方点评,引导和规范医务人员合理检查,合理治疗。组织开展医疗品质竞赛,努力营造提升医疗质量的良好氛围。

4. 重点强化基层医疗服务能力建设

以辖区居民基本医疗卫生服务需求为导向,以乡镇卫生院等级评审、功能区块化建设(重点加强全科门诊、中医门诊、预防接种门诊、孕产妇保健门诊、儿童保健门诊和健康管理中心等"五门诊一中心"建设)为抓手,加强基层医疗机构的常见病、慢性病、康复医疗和老年病等诊疗服务能力建设。组织开展"建设群众满意的乡镇卫生院"活动。

5. 加快促进中医药事业发展

进一步加大中医药投入力度,继续推进基层中医药能力提升工程和传承创新人才工程。加强中医学科建设,积极推广中医药适宜技术,以培养名中医为重点,加强中医药人才队伍建设。扎实做好中医药基本公共卫生服务项目,推广中医优势病种诊疗,加强中药饮片费用控制,遏制医药费用不合理增长。

6. 扩大儿科医疗资源供给

加强市级医院儿科服务体系建设,优化中心城区儿科资源布局,缓解儿童"看病难"。市妇儿医院儿科大楼投入使用,北部院区 2015 年再开放床位 150 张以上,该院儿科床位数总计达到 1369 张。北部院区设立全市首家独立的儿科感染楼,成立小儿泌尿肾病中心,并着力打造宁波市儿童医学中

心。此外,市级综合医院全部开设儿科门诊,积极开设儿科(专科)病房。

(四)创新推进智慧健康体系建设,共享信息建设成果

围绕医医协同、医卫协同、医管协同和医患协同,加快智慧健康工程一期项目建设、验收和成果转化,推进智慧健康数据质量提升,落实城乡居民电子健康档案共享,借力互联网技术向市民提供优质、便捷的医疗卫生服务。

1. 国内首家云医院开始运营

按照"政府主导、多方参与、市场化运营"的建设原则,利用云计算、物联网、移动互联网及传感器技术开发建设的"宁波云医院"运营良好,搭建了"在线医疗服务平台""协同医疗服务平台""健康管理服务平台"等三大平台,初步实现了"足不出户看云医、不出社区看名医、医生网上做随访、公共卫生云路径、我的健康我管理"等五大功能。截至8月31日,已签约226名专科医生和社区医生,其中家庭医生175名,已完成签约并和医生在云医院关联服务的居民达6341人,建成了2个专科云诊室和1个全科云诊室。主要提供两种服务:一是特定病种的签约患者直接通过"掌上云医院"APP网上问诊,医生在线下处方,患者到本地68家合作药店取药或享受送药上门服务。二是患者在社区问诊,社区医生通过云医院平台与大医院专科医生互动,在其指导下对患者进行诊断治疗。

此外,设有医学影像中心、临床检验中心、远程会诊中心和健康教育与培训中心,向签约的基层医疗卫生机构、社区医生和多点执业医师开放的线下实体医院也于7月投入使用。

宁波云医院的医疗服务模式通过优质医疗资源的整合、重构和扩大利用,旨在破解我市优质医疗资源严重不足与基层医疗卫生机构利用效率不高的症结。此外,通过线上线下的服务联动,虚拟实体的业务协同,着力打造疾病预防、健康管理到疾病诊治、病后康复的全程化健康服务链,满足人民群众多层次、多样化的健康服务需求。

2. 市级医院全面推进分时段预约挂号模式

市级医院实行门诊分时段预约,患者可通过网络、电话、社区服务中心、挂号机等预约挂号时选择具体就诊时段,可精确到1小时,以此为患者节省等候时间,进一步提高预约挂号服务的使用率。

3. 医联体协作平台提升基层医疗服务质量

以市级医疗卫生信息平台为支撑,以电子病历和居民健康档案为核心,建设医联体协作平台,逐步完善医联体内各成员单位之间的信息共享互通,从信息化角度实现优质医疗资源下沉,提升基层医疗服务质量。如宁波市第一医院"医联体远程心电诊断中心"试运行,"远程心电网络诊断系统"依据信息化优势和医疗技术优势,让该院专家精湛的诊断技术水平充分辐射到周边社区医疗机构,也让基层的老百姓能及时在家门口享受到该院心电专家的诊疗技术,得到及时有效的救治。

4. 移动全科医生信息平台助力家庭医生服务

为改善家庭医生开展上门服务的便利性,提高家庭医生服务的质量,加强家庭医生服务的内涵建设,按照现阶段契约式家庭医生制服务的内容及服务流程,依托我市医疗协作信息平台,打造了以签约家庭为单位、家庭医生为管理主体、移动式智能终端为载体的移动全科医生工作平台。该平台可记录签约家庭成员健康信息,建立或更新家庭健康档案,便于家庭医生为签约居民和家庭提供适宜、连续、全程、可及的健康管理服务。同时该平台为家庭医生的健康管理工作留下痕迹,科学、客观地评估家庭医生的工作量。

(五)加强公共卫生工作,保障和促进群众健康

1. 进一步提升基本公共卫生服务均等化水平

人均基本公共卫生服务项目经费提高到 60 元,加强绩效考核和经费管理,确保项目综合达标率达到 90% 以上。继续实施妇幼和疾控等重大公共卫生服务项目。

2. 扎实做好卫生应急和疾病防控工作

发挥好联防联控机制作用,加强传染病监测预警和风险评估,有效应对突发急性传染病疫情等公共卫生事件。科学实施免疫规划,切实抓好艾滋病、结核病等重大传染病防控;加强医防联动,强化重点慢性病防控。启动实施全国精神卫生综合管理试点工作。进一步完善食品安全风险监测体系,组织开展食品安全风险监测工作。进一步加强院前急救和采供血体系建设。

3. 慢性病预防控制水平显著提升

有效整合区域医防力量。目前,宁波市已建立了"1+4+1"市级慢性病防治指导机构体系,对全市范围内慢性病的防治工作开展技术指导。此外,全市 11 个县(市)区均成立了由县级疾控机构牵头,综合性医院为支撑的

"1＋X"慢性病业务管理模式,即以疾病预防控制机构为主体、综合性医院为支撑、城乡社区卫生服务机构为基础的慢性病防控服务网络,各县(市、区)还根据自身实际,积极探索慢性病防控新路径,亮点频现。目前全市已成功创建国家级慢性病综合防控示范区 8 个,另有 1 个为省级示范区,成为全省慢性病综合防控示范区数量最多的地级市。

信息化助推慢性病管理。为提高慢性病防治水平,宁波市构建市—县—乡慢性病管理信息系统,内容包括区域慢性病数据中心、慢性病监测报告、HIS 系统整合、慢性病管理协同服务等。目前,全市已有 9 个县(市、区)与市级医卫协作平台联通,实现了数据的共采共享,50％以上的县级综合医院通过数字化医院建设,实现了慢性病信息化管理,63％的社区卫生服务中心达到数字化社区卫生服务中心建设标准。

基层慢性病防控水平提升。为有效提升基层人员慢性病防治专业技术水平,也为双向转诊奠定基础,市卫生局组织 380 名市级慢性病临床防治专家,深入各社区,开展慢性病随访记录、社区医生座谈、疑难病例讨论等诊疗指导和技术下乡活动;充分调动 4 个市慢性病防治临床指导中心的业务专家,开办专项培训班,有近百名基层医疗单位的医生得到专业化、精细化的培训。

4. 切实强化综合监督执法

整合监督执法资源,加强综合监督体系和能力建设。以公共卫生、医疗服务市场、采供血机构、计划生育等为重点,加大监督检查力度。

5. 进一步加强爱国卫生工作

开展健康城镇、健康单位等创建活动,启动"健康城市"建设前期调研,持续推进"全民健康生活方式行动"工作,在九类健康支持性环境创建、健康生活方式指导员招募、快乐 10 分钟推广活动、无烟环境创建等方面指标都进入全省前三位,绩效考核指标达标率为 100％,市居民健康素养水平为全省最高。

贯彻落实国务院《关于进一步加强新时期爱国卫生工作的意见》,建立完善卫生城镇动态管理和退出机制,通过灭蚊灭蝇省级先进城区复查。

(六)整合优化妇幼健康与计划生育服务工作,提高人口素质

以机构改革为契机,推进妇幼保健和计划生育技术服务资源整合,加强规范化建设。实施妇幼健康优质服务示范工程,努力打造群众满意的妇幼健康服务品牌。探索建立计划生育手术并发症对象的补助扶持机制。继续加强孕产妇和儿童保健管理,使我市的孕产妇死亡率、婴儿死亡率和 5 岁以下儿童死亡率等妇幼健康指标继续保持全省领先水平。

二、2015 年宁波医疗卫生事业发展面临的主要问题

(一)公立医院公益和效率的矛盾依然存在,业务水平不符合宁波经济特点

目前宁波市公立医院的分布尽管有 4 家三甲综合性医院和 2 家三甲专科医院,但在医疗水平、医学教学学术科研等方面与其他计划单列城市及周边的温州、杭州、苏州相比,差距仍较大,与宁波的社会经济发展水平也不相符合。究其原因,当前我市医疗资源的配置仍然不够科学,城市综合医院资源过度利用。为保障医院工作效率及效益,综合医院医生需要承担大量常见病的诊疗工作,难以发挥其在急危重症和疑难病症诊疗等方面的骨干作用,或难以完成基层医疗卫生机构人才培养、医学科研、医疗教学、援外支边等任务,限制了我市高等级综合医院的发展能力,也成为影响宁波市向全国大城市第一方队迈进的一块绊脚石。

(二)社会资本举办医疗卫生机构未能真正打开市场

当前宁波市社会资本举办医疗卫生机构情况与宁波市民间市场活跃、民营资本发达的特点并不相适应。数据显示,尽管民营医疗机构的床位数及卫技人员数占全市医疗机构总数的比例有所上升,但与《全国医疗卫生服务体系规划纲要(2015—2020 年)》中的要求尚存在一定差距。

此外,目前我市绝大多数民营医疗机构仍处于规模小、服务能力差的发展阶段,民营医疗机构市场占有率仍较低,居民对其服务的利用水平并未发生较大变化。2015 年前三季度,全市民营医疗机构门急诊 1366 万人次,占全市医疗机构门急诊总数的 15.9%;全市民营医疗机构出院 8.38 万人次,占全市出院总人次数的 8.7%。

当前我市民营医疗机构主要涉足于口腔医院、中医专科医院及其他疾病专科医院领域,对市场需求较大的康复医院、护理院、老年病和慢性病诊疗机构等投入较少,尚不能满足群众多样化的医疗服务需求,也未能为社会资本取得较良好的经济效益。

(三)家庭医生制服务利用率有待提升

尽管现阶段宁波市重点人群契约式家庭医生服务的签约率处于全省前列,但签约后家庭医生服务的利用情况却不尽如人意。签约居民对于家庭医生和专科医生的认识存在误区,对于家庭医生服务职责、内容和方式认识不清,加之其就诊习惯仍然没有改变,导致家庭医生服务包内服务项目利用率较低;居民片面地以专业技术职称、特定领域疾病诊治经验作为衡量家庭医生能力高低的标准,对家庭医生缺乏信任感;由于缺乏有效的薪酬激励机制,家庭医生提供服务的主动性仍然较低;部分家庭医生仍未建立"以健康为中心"的思维方式,有效实现健康管理的信息途径仍存在卡点,家庭医生主打的健康管理服务未能落到实处。这些都限制了我市契约式家庭医生服务的进一步推广与落实。

(四)分级诊疗模式仍未真正建立

目前我市主要依靠经济杠杆的调节作用,即通过实施医保差异化支付、不同等级医疗服务差异化定价这一主要手段来推进分级诊疗。但部分人群的就医习惯和对基层医疗机构的不信任并不会因为医保差额支付而有所改变。数据显示,2015 年前三季度基层医疗机构门急诊人次数占全市医疗机构门急诊总人次数比例为 52.43%,较上年略有下降。因此,分级诊疗模式的建立仍需要长期努力。

从总体上分析当前分级诊疗工作推进缓慢的原因,一是患者对基层医疗机构服务能力信任度不高,城乡医疗服务的差距仍然较大。二是不同层级医疗机构的医保报销额度和比例差距不大,对患者分级诊疗激励作用有限。三是不同等级医疗机构医疗服务价格相近,不足以对患者就诊流向选择造成很大影响。四是大多数街道、乡镇双向转诊标准缺乏、路径不畅,转诊信息化平台建设滞后。另外,患者自由就医习惯难以短期改变,健康知识和科学就医意识相对薄弱,有公信力的健康知识宣传平台缺乏,也是分级诊疗工作推进缓慢的重要原因。

(五)卫生人才队伍建设有待进一步加快

高层次的卫生领军人才偏少,医学领域顶尖人才缺乏,对我市整个医学科学的引领作用发挥不好,没有形成高端卫生人才队伍,不能很好满足人民群众高层次的医疗卫生需求。基层卫生人才队伍仍然存在质量不高、队伍不稳的问题,人才下不去、留不住,在岗人员学习积极性不够,技术水平难以很好地赢得群众信任。人才队伍建设的财政投入尚显不足,人才队伍科学管理相对滞后,医德医风建设有待于进一步加强。当前宁波市的卫生人才队伍建设仍然不能满足"健康宁波"建设的迫切需求。

(六)健康服务业发展相对落后

宁波市制定了《宁波市促进健康服务业发展三年行动计划(2014—2016)》,明确了三年中全市在提升医疗服务能力、发展多元办医、扶持中医药服务等 15 个方面的主要任务,建立了全市健康服务业项目库,筛选收录医疗卫生、健康养老、体育健身、健康文化旅游、健康管理、支撑产业等领域项目 100 多个。但此行动计划尚未出台实施,尚不能够为我市健康服务业的发展提供方向指导。

当前现有的涉及健康服务业的政策文件主要侧重于医疗服务、健康服务相关支撑产业等方面,对健康保险、健康管理与促进等涉及较少。这也使得当前我市的健康服务业仍然局限在传统的医药卫生领域内发展,对新兴的健康服务业涉足尚不多,如商业健康保险发展滞后、健康养老模式有待创新、健康体检服务形式单一等。这显然已难以满足人均收入水平较高的宁波居民的多样化健康需求,也没有充分激发社会资本在健康服务业的投资热情。

(七)国际化医疗卫生服务体系建设较为薄弱

宁波市提出了以主动融入国家"一带一路"建设战略为依托,以打造世界一流强港为牵引动力,以推进国际产业贸易投资开放合作为主要路径,以大力发展临港经济为核心内容,实现把我市建设成"一带一路"的海陆联通枢纽和重要支点的战略目标。随着港口经济圈建设的不断推进,宁波市的对外开放与交流工作将逐渐增多。这一新常态的出现对我市医疗卫生服务体系提出了新的要求。当前我市医疗机构国际化程度仍处于初级水平,主要是依托李惠利医院东部院区和市第一医院国际医疗保健中心为窗口,开展较少的国际医疗卫生服务。此外,我市公共卫生机构缺乏有效的国际合作,在我市大力开展港口经济建设的过程中尚不能够提供公共卫生方面的有效保障。

三、2016 年宁波医疗卫生事业发展思路与对策建议

(一)进一步探索建立现代医院管理制度

成立宁波市公立医院发展中心,承担公立医院发展规划、重大项目决

策、院长聘任、财政投入、运行监管和绩效考核等权责,履行政府的办医职能。政府尚要加快职能转变,减少对公立医院的直接管控,从直接管理变为行业管理。

探索公立医院院长选拔任用制,院长任期目标责任考核制、问责制,将考核结果与院长的薪酬、任免等挂钩。完善多方监管机制,加强对医院经济运行和财务活动的会计监督和审计监督,建立医院信息定期公示制度,发挥医疗行业协会行业自律作用,以及人大、政协和社会监督作用,形成对公立医院的有效约束,保证院长"有权不任性"。

尝试建立有效的医院内部决策机制,落实院务公开,强化民主管理;推动实施精细化管理,加强医院内部管理。

(二)合理引导社会化办医

引导社会办医向高水平、规模化方向发展,发展专业性医院管理集团及健康服务业总部经济。支持社会办医院合理配备大型医用设备。

加强社会办医疗机构与公立医疗卫生机构的协同发展,提高医疗卫生资源的整体效率。引导社会力量投向资源稀缺及满足多元需求的中医、康复、老年病和慢性病诊疗服务领域,或以多种形式参与国有企业办医疗机构等部分公立医院改制重组,以满足群众多层次医疗服务需求。

建立社会力量参与公共卫生工作的机制,政府通过购买服务等方式,鼓励和支持社会力量参与公共卫生工作,并加强技术指导和监督管理。

支持社会办医疗机构加强重点专科建设,引进和培养人才,提升学术地位。政府加强行业监管,保障民营医疗机构医疗质量和安全。

(三)提升家庭医生制服务利用水平

进一步提高家庭医生服务签约率。探索综合医院专科医生推介、跨行政区域自主选择家庭医生、社区宣传栏积极公示家庭医生服务项目及服务效果等多种途径努力提升全人群家庭医生制服务签约率。

进一步提高家庭医生制服务的利用水平。从家庭医生角度而言,要提高家庭医生的技术水平与服务能力,并努力建立起有效的适于家庭医生群体的薪酬激励机制,如加大对家庭医生服务态度等指标的考核比重,促进家庭医生加强与签约居民的及时沟通,以促进签约居民对家庭医生服务项目的利用。从签约居民角度而言,应通过多种途径努力纠正许多居民存在的"家庭医生即是私人医生,应随叫随到""家庭医生只能提供医疗服务"等误区,积极引导居民形成对家庭医生制服务的正确认识,进而提高服务利用率。从信息建设角度,应积极开发适于家庭医生使用的,功能模块能够"化繁为简"的全科医生信息工作平台,提高健康管理服务的效率,减轻家庭医生工作负担。

(四)多种途径引导分级诊疗

理清推动分级诊疗的工作思路。分级诊疗制度有别于分层级的医疗卫生服务体系,在推进分级诊疗制度时,应围绕我市城乡居民健康需求,从资源布局和体系功能调整入手,建立连续、协调、整合的医疗卫生服务体系,引导患者有序就诊,且尊重群众就医感受,绝不能强制首诊或强制逐级转诊。

努力做好基层首诊工作。基层首诊是分级诊疗的发展基础,没有一支数量充足、能力较高的全科医生团队,没有完善的基层医疗卫生机构设施,常见病、多发病患者不可能有信心留在基层接受诊疗服务,这就需要加快培养全科医生,加强现职人员继续教育与适宜技能培训,以及通过对口支援等形式提高基层卫技人员工作能力,还需要从放宽医药技术准入和使用、落实医师多点执业政策、鼓励社会办医和简化个体行医准入等多种措施入手,强化基层医疗卫生服务能力。作为县域内诊疗服务体系"龙头"和联结城乡医疗卫生服务体系的"要塞",县级公立医院在基层首诊制度落实中作用重大,需借助县级公立医院改革东风,通过临床专科建设,提升综合服务能力,鼓励其发挥常见病、多发病和急危重症诊疗服务功能,实现大病不出县。

做好医疗卫生资源上下联动、患者合理双向转诊工作。推广医联体建设、运行的经验,进一步扩大医联体的建设范围,积极推动县级医院与省级医院的合作,充分利用区域性医疗卫生信息平台、云医院平台,加强机构间协同性和联动性。双向转诊重点在于下转分流稳定期、恢复期或慢性病患者,缩短三级医院平均住院日,提高优质医疗资源使用效率。此外,还应探索开展一定服务半径内各层级综合医院、专科医院及提供延伸医疗服务机构之间的双向转诊工作,为患者提供更多医疗服务选择。

以高血压、糖尿病、肿瘤、心脑血管疾病等慢性病为突破口推行分级诊疗,对诊断明确的患者提供社区为主的健康管理和诊疗咨询服务。完善预约诊疗服务机制。逐步实现普通门诊预约面向大众、专家门诊预约进入社区的局面,促进分级诊疗和合理就医秩序的形成。

加强针对医务人员的政策培训和社会宣传教育工作,引导患者形成科学有序就诊观念,争取社会对分级诊疗制度的理解,为分级诊疗制度的实施营造良好的舆论氛围。

(五)加强卫生人力资源建设

加强医疗卫生领域高层次、高学历人才引进工作,加强高等级医疗卫生机构在岗技术人员的高层次培训与学术交流工作,改善我市医疗卫生机构尤其是综合医院卫技人员医疗水平及科研能力,进而逐渐提升我市医疗卫生机构的服务能力与科研水平,助力我市向全国大城市第一方队迈进。

继续加强以全科医生为重点的基层医疗卫生队伍建设。除要继续保证全科医生规范化培训外,还要健全全科医生在岗培训制度,加强医联体内协作培训基层医疗机构卫技人员及管理人员,提升全科医生及基层医疗机构管理人员业务水平。

加快推进人事薪酬制度改革,着力体现医务人员的技术劳务价值,鼓励实行院长聘任制,开展公立医院院长年薪制试点,应扩大医院用人自主权,健全院长选拔任用制度,突出专业化管理能力,推进职业化建设;完善内部分配机制,探索建立以公益性为导向的考核评价机制,突出职责履行、社会满意度等考核指标,考核结果与职工薪酬挂钩,实现多劳多得优劳优酬,充分调动医务人员积极性。

(六)加快发展健康服务业,满足市民多样化健康需求

加快发展健康养老服务。加强养老机构与医疗机构合作,加强养老服务和医疗服务资源布局规划衔接,鼓励开通养老机构与医疗机构的预约就诊绿色通道或在有条件的养老机构内设置医疗机构,建立健全医养结合机制。鼓励发展老年康复医院、老年保健院、临终关怀医院等机构。拓展社区健康养老服务。提高社区为老年人提供日常护理、慢性病管理、康复、健康教育和咨询、中医保健等服务的能力。支持市场主体开发和提供专业化、多形式的老年人家庭健康服务。

支持发展中医药医疗保健服务。鼓励发展以体质辨识为基础的中医预防保健服务,强化中医药在常见病、慢性病防治中的优势作用,促进中医药适宜技术的广泛应用。鼓励社会资本举办中医医疗机构,支持连锁化运营。规范发展中医药养生保健服务,鼓励有资质的中医师在养生保健机构提供保健咨询和调理等服务,制定社会化中医药养生保健服务机构和人员的准入条件、服务规范。

积极发展其他健康服务。鼓励和支持社会资本发展健康体检、专业护理、康复、心理健康、母婴照料以及环境消毒与病媒控制等专业健康服务机构;鼓励和支持专业健康体检机构向全面的健康管理机构发展。推进民政、

残联与卫生计生部门的广泛深入合作,通过公建民营、民办公助等形式推进康复服务专业化。加强心理健康管理,鼓励举办各类心理咨询机构和心理治疗诊所、门诊部以及精神康复机构等心理健康服务机构。支持和引导社会力量参与体育场馆的建设和运营管理,并开展形式多样的运动健身培训、健身指导咨询等服务。

拓展健康信息服务新型业态。支持医疗卫生服务系统、健康管理机构与 IT 企业、网络运营商等通过合作开发、联合建设、运营托管和政府购买服务等多种形式,发展"智慧健康服务""远程健康服务""个性化健康服务"等新型健康服务业态。支持在依法合规、保证信息安全的前提下,合理开发系统和数据增值服务,开发和推广面向广大城乡居民的健康服务信息系统,实现养老机构、社区、家政、医疗护理机构协同信息服务。

(七)推进医疗卫生国际化,助力港口经济圈建设

结合宁波市医疗资源布局特点、城市发展规划及国际医疗保健需求,以李惠利医院东部院区和市第一医院国际医疗保健中心为窗口,依托其他市重点医院,鼓励和支持民营医疗机构积极参与,引入国外知名医疗机构和国际化医院管理团队,继续深化我市医疗卫生事业对外合作交流,大力推进国际化医疗卫生服务体系建设。

建立健全协作机制和合作平台,推动我市医疗机构与国外高等医学院校、医疗机构的联合办医、联合科研和学术交流,拓展境外学习培训渠道,提高领军人物和高层次人才的国际视野和综合素质。简化外籍医疗人才来宁波行医注册程序。培训一批在导医、挂号收费、急诊急救等窗口服务的具备基本英语会话水平的涉外服务人员,满足外籍人士的需求。

促进公共卫生领域的国际化合作,进一步在医院感染防控、蚊媒病毒现场检测技术、手足口病与流感等重点关注传染病监测技术领域加强与国外高校、科研院所进行合作与交流,以应对港口经济圈建设过程中可能出现的公共卫生事件。

探索建设国际性远程会诊系统,健全国际远程会诊工作机制,提供直接接轨国际医学前沿的远程会诊服务。

参考文献

[1] 宁波市人民政府办公厅. 宁波市人民政府办公厅关于印发宁波市深化医药卫生体制改革 2015 年重点工作任务的通知.
[2] 国务院办公厅. 全国医疗卫生服务体系规划纲要(2015—2020 年).

［3］沈世勇,吴忠,张健明,等. 上海市家庭医生制度的实施效应研究. 中国全科
医学,2015(18).

［4］马伟杭,王桢,孙建伟,等. 浙江省分级诊疗工作整体构想及主要举措. 中
国医疗管理科学,2015(5).

［5］浙江省人民政府办公厅. 浙江省人民政府关于促进健康服务业发展的实施
意见.

（作者单位：宁波卫生职业技术学院）

2015 年宁波网络文化发展情况分析及 2016 年展望

王　若　黄少华

摘　要:宁波地处东南沿海经济发达地区,网络文化发展十分迅猛,切实加快网络文化建设,推动宁波经济社会文化协调发展,已经成为智慧宁波建设的首要任务。2015 年,宁波的网络文化建设风生水起、亮点纷呈。以国际专用通道建设和"五大护航行动"为突破口的信息基础建设取得重要进展,有效助力海上丝绸之路建设;精心打造的以"甬派"为代表的移动客户端和移动信息平台,成为智慧生活重要入口;电子政务稳健发展,影响力不断增强,政府服务能力进一步有效提升;网络社会治理体系不断完善,网络社会法治化进程稳步推进;"互联网十"经济模式初具气候,跨境电商成为宁波经济重要增长点,传统制造企业的"互联网十"步伐开始加快,网络消费持续活跃;以民生服务为中心的网络社会建设全面推进,网络文化节形成品牌,网络智慧生活平台日益完善,有助于打造市民高品质在线生活;注重培育网络创新文化,网络文化原创力不断提升。预计 2016 年,宁波的移动互联网将进入全面爆发期,"互联网十"和大数据经济将成为宁波经济发展的重要动力,传统媒体和新兴媒体的深度融合进入实质性突破阶段,云计算和大数据技术将在各行各业获得广泛应用,传统制造企业的"互联网十"进程将全面升级,电子商务和网络消费增长将进入快车道,全民参与创新创业的网络文化创新氛围将渐成气候。

关键词:网络文化　发展情况　亮点　问题　发展展望　对策建议

　　宁波地处东南沿海经济发达地区,网络文化发展十分迅猛。目前,大数据、云计算、移动互联网、"互联网＋"已渗透到社会生活的各个领域,成为网络文化建设核心和热点,也是下一步推动宁波经济社会文化协调发展、完善智慧宁波建设的重要突破点。2015 年,宁波的网络文化文化建设风生水起、亮点纷呈。预计 2016 年,宁波网络文化建设将进入快车道,获得实质性突破,成为宁波经济社会发展的重要推动力量。

一、2015 年宁波网络文化发展情况分析

　　2015 年宁波网络文化发展情况及特点可以概括为:以国际专用通道建设和"五大护航行动"为突破口的信息基础建设取得重要进展,有效助力海上丝绸之路建设;精心打造移动信息平台,以"甬派"为代表的移动客户端成为智慧生活重要入口;电子政务稳健发展,影响力不断增强,政府服务能力进一步有效提升;网络社会治理体系不断完善,网络社会法治化进程稳步推进;"互联网＋"经济模式初具气候,跨境电商成为宁波经济重要增长点,传统制造企业的"互联网＋"步伐开始加快,网络消费持续活跃;以民生服务为中心的网络社会建设全面推进,网络文化节形成品牌,网络智慧生活平台日益完善,有助于打造市民高品质在线生活;注重培育网络创新文化,网络文化原创力不断提升。

(一)互联网国际专用通道建设取得突破,移动"五大护航行动"助力海上丝绸之路建设

1. 互联网国际专用通道建设取得突破性进展

　　2015 年,中国电信宁波分公司的互联网国际专用通道建设取得突破性进展,能直达洛杉矶、东京、新加坡、伦敦、法兰克福等 POP 节点、带宽达到 60G 的国际专用通道开通。作为智慧城市和信息经济发展的重要基础设施,专用通道建设已经惠及越来越多的本地企业和机构。目前全市已有数百家企业和机构通过国际专用通道,实现与境外企业和机构的高速互访和实时通信。例如,余姚中国裘皮城的加盟商户使用专用通道实现境外即时竞拍;杭州湾上海大众、宁波诺丁汉大学等利用专用通道与位于德国、英国等地的总部实现高速互通。

2."五大护航行动"助力海上丝绸之路建设

按照《宁波参与"一带一路"建设行动纲要》规划,宁波移动围绕打造"宁波港口经济圈"的要求,大力实施"打造五大护航"行动,全力打造护航港航走廊、护航海铁联运、护航陆路走廊、护航跨境贸易、护航物流通关的通信桥梁,助力海上丝绸之路建设,提升了宁波在国家"一带一路"建设战略中的地位与竞争力。目前,北仑港区、镇海港区等 15 个码头已实现 4G 网络全覆盖,4G 网络被广泛应用于港口、码头移动协同办公、作业实时通信、理货系统和引航辅助系统等领域,港口物流作业管理变得更加智慧;宁波港航道、象山港海湾、杭州湾等 15 公里海域及部分海区,距象山石浦东南约 27 海里的渔山列岛、南韭山、檀头山等海岛也实现 4G 信号覆盖;境内杭甬高速、绕城高速、甬台温高速、甬金高速、沈海高速等 8 条重要高速公路及杭甬、甬台温高铁宁波段的 4G 信号覆盖率达到 99％以上。

(二)精心打造移动信息平台,移动客户端成为智慧生活重要入口

1.创新移动客户端的移动信息平台功能

随着智能手机和平板电脑等移动终端的快速普及,移动客户端逐渐成为公众获取信息、享受智慧生活的重要渠道。2015 年 9 月,宁波移动推出"智慧宁波民生版 V4.0 手机客户端",并同步推出智慧民生微信版,实现了移动互联网、云计算、大数据、物联网等资源有效整合,集成了实时公交、预约挂号、违章缴费等 40 余项民生热点服务,并内置智能语音功能,对推动宁波成为智慧应用水平领先、智慧产业集群发展、智慧基础设施完善的智慧城市,起着重要作用。V4.0 手机客户端还针对各个县(市)区推出特色服务应用,如"智慧北仑"建立北仑出入境预约服务,镇海则推出"掌上镇海"网络问效服务,并新建了智慧海曙、智慧慈溪、智慧象山等全新的县(市)区独立版本。宁波网民的指尖生活正在日益丰富。

宁波在移动信息平台建设方面,有不少颇具创意的开拓。例如,海曙检察院"检务一点通"手机 APP,除常规的检务信息和案件查询功能外,还将全市 1000 余名注册律师的信息纳入数据库,律师们输入个人信息即可预约阅卷和会见。

2.传统媒体与新媒体融合有经验有亮点

宁波传统媒体在推动媒体融合方面进行了不少积极的探索,跨界合作不断加速。宁波日报报业集团、宁波广播电视集团遵循新闻传播规律和新兴媒体发展规律,强化互联网思维,推动传统媒体和新兴媒体在内容、渠道、平台、经营、管理等方面的深度融合,不仅在新媒体业态方面实现全领域覆盖,包括新闻网站、手机报、户外大屏、媒体微博、微信、移动客户端等,而且在内容建设与经营上积极创新,涌现出很多有特色的新媒体项目。例如,2015 年 7 月,宁波日报报业集团着力打造的"甬派"移动客户端正式上线。这是报业集团在"互联网+"背景下,整合媒体资源、推动媒介融合的重要举措。由宁波市文化广电新闻出版局着力打造的公共文化服务平台"文化宁波"于 9 月正式上线,成为智慧文化建设的一个重要切入点。至 2016 年年底,"文化宁波"公共服务平台将完成全市数字图书和数字报刊收录,各博物馆、文化馆虚拟体验场景上线等建设,并植入全市剧院在线票务系统,实现网上购票功能,及多项智能化城市文化服务,推动宁波网络文化服务进入"私人定制"时代。

(三)电子政务稳健发展,政府服务能力有效提升

1. 政府门户网站建设日趋完善

政府综合门户网站是实施电子政务的基础平台和主要载体,目前宁波电子政务网站内容建设整体表现良好。主要体现在:一是政府信息公开目录框架全面、合理、及时。不仅及时公开人事、统计数据等政务信息,而且经常围绕政务工作重点和社会热点,以专题形式向公众发布相关信息,对要点及重点进行深度解读。二是民生和企业服务完善。结合用户办事习惯,整合业务资源,围绕公众对不同领域的需求,策划多项场景式服务,使公众能更清晰直观地找到相应办事流程,提升网上办事服务的人性化程度。三是不断推动政民互动。多数政务网站开设了在线互动功能,而且政民互动水平和质量逐年提高。

2. 政务微博影响力不断增强

随着"互联网+政务"战略的推进,政务微博已经成为政务信息公开、政府与公众互动的重要渠道。目前,以市级 81 家政务微博为龙头,县(市)区和乡镇(街道)等各级政务微博组成的政务微博矩阵已经形成,政务微博的影响力也日益扩大。政务微博在政务信息公开、新闻舆论引导、树立政府形象、突发事件应对等方面,都发挥了重要的作用。

在"新浪风云榜"2015 年 7 月发布的浙江政务微博排行榜中,"宁波发布"以 91.75 的综合得分位列第二,"镇海发布""余姚发布""北仑发布"都以各自鲜明的特色跻身前十,表明宁波政务微博已经在全省处于领先地位。

"@宁波海事局"获"浙江十大交通系统微博"第一名,"@北仑海事"和"@宁波 VTS"也都入围浙江交通系统前十榜单。

3. 政务微信初具规模

2014 年 10 月,宁波最高层级的微信公众平台"宁波发布"正式上线,标志着宁波开始搭建政务微信矩阵。上线一年来,"宁波发布"整合各部门资源,确保每日推送一组涵盖宁波政治、经济、文化等各领域的重要信息,有效实现了内容共建、信息共享,在弘扬主旋律、传播正能量、引导社会舆论等方面发挥了重要的作用。

作为最贴近市民的政务服务窗口,宁波区级政务微信建设也开始步入快车道。例如,2015 年 5 月,海曙官方政务微信平台"海曙发布"正式上线,同时"出生"的还有海曙微信矩阵,囊括了海曙辖区内各街道各部门政务微信及微信公众号,群众不仅一键即可阅读海曙,还可以参与"海曙'十三五规划'征集意见"等政务活动。

4. 政务云服务中心建设加速

宁波市政府在电子政务建设已有成绩的基础上,进一步提出加快宁波市政务云计算中心建设的任务,以化解政府部门间"信息孤岛"问题,提高政务及公共信息资源的共享利用效率,提升政府服务能力。2015 年,启动宁波城市大数据项目启动,对城市大数据发展目标、思路、重点工程等方面作出顶层设计。目前,宁波市政务云计算中心已有包括市政务服务网、市地理信息共享服务平台、市安全预警平台、市智慧交通等 11 个市级部门的近 70 个应用系统上线试用,人口、法人、自然资源与空间地理、信用信息等数据库建设不断完善。根据宁波市《关于加快推进市政务云计算中心建设的实施意见》,到 2015 年底,宁波将初步完成综合数据共享服务平台、智慧城市和电子政务应用支撑平台建设,探索建立数据采集、融合、挖掘和共享机制。

5. 电子政务平台的数据共享和智慧城市功能全面融合

宁波市顺应"信息经济""互联网＋""中国制造 2025"的新形势和新要求,加快以云计算、大数据、物联网、跨境电商等为代表的新一代信息技术在民生服务、经济发展以及城市管理等领域的广泛应用,先后获得中国十大智慧城市、首批国家信息消费试点城市、信息惠民国家试点城市、中欧绿色智慧城市合作试点城市等殊荣。《2015 年宁波市加快建设智慧城市行动计划》提出进一步推进政务信息资源的整合共享与应用,以宁波市政务云计算中心为核心,构建"上下贯通、左右衔接、互联互通、信息共享、互为支撑"的全市政务数据整合共享开放支撑体系;加强人口、法人、自然资源和空间地理等基础数据的融合共享,试点推进智慧空间数据应用项目建设,开展社区综合信息统一采集系统、宁波市社会经济统计综合服务平台等项目的前期研究;探索开放政府公共数据,为社会化创新应用提供渠道和支持。《行动计划》的实施,能够让更多的"智慧因子"融入城市民生的方方面面,有效实现电子政务平台数据共享功能和智慧城市功能的全面融合,有效服务"互联网十"背景下的宁波智慧城市建设。

(四)不断完善网络社会治理体系,稳步推进网络社会法治建设

1. 网络社会治理政策体系架构不断成熟

为了不断完善网络社会治理政策体系,宁波市人民政府先后发布了《关于加快推进市政务云计算中心建设的实施意见》《宁波市政务云计算中心管理办法》《宁波市网上政务大厅建设工作实施方案》等政策性文件,以应对大数据和移动网络背景下电子政务面临的新问题,实现电子政务建设与应用,向大数据驱动、大业务应用为导向,以集约化建设、集中式管理、一体化服务为特征的新型模式转变。

为了让电子政务更好地适应微博、微信、社交网络等新型传播手段,宁波市颁布了《宁波市加强政务微博建设和管理的实施办法》。相关县(市)区政府也出台了指导、管理和考核政务微博的文件,如海曙区颁布了《电子党务政务微博平台管理实施办法》,对微博信息发布、问政流程、运作模式、应对突发事件等进行了详细的规范。

此外,为了有效应对网络舆情和网络民意,宁波先后印发了《宁波市突发公共事件新闻发布应急预案》《宁波市突发公共事件新闻发布应急预案操作手册》等,有效推进了突发公共事件新闻报道工作的规范化、制度化、法制化建设。

2. 网络社会治理法治化队伍建设趋于完善

为了切实提高网络问政的效率,宁波市积极采取各种措施,加强网络社会治理队伍建设。一方面,加强网上发言人队伍建设,形成了市、县市区、乡镇(街道)三级网上发言人队伍体系,并对网上发言人的行为给予了详细规定。另一方面,积极培育网络志愿者队伍。用网络志愿者开展网络舆情收集工作,引导网络舆论,疏导公众情绪,宣传国家互联网法律法规,监督举报网上违法和不良信息、淫秽和色情内容,开展网络文明监督工作。

此外,为了调动网络界人士参与网络社会协同治理的积极性,鄞州、江

北、北仑、余姚等县(市)区相继成立网络界人士联谊会,将网络与新媒体从业人员、电子商务从业人员、网络名人名博主等网络界人士汇聚到一起,充分发挥网络界人士的民主监督和议政建言"正能量"作用。

市互联网信息办公室和市文化广电新闻出版局还建立常态化的培训制度,聘请专家学者,或委托高校对全市网络社会治理队伍及网络新闻从业人员进行继续教育培训,不断提升从业人员的政治素质、专业技能和职业素养。

3. 社会治理信息系统不断完善

依托政务云计算中心,宁波市积极推进信息资源整合共享,建立全市统一的社会服务管理综合信息系统,大力推进人口、法人、空间地理、信用信息等各类数据在乡镇(街道)的贯通共享,不仅减轻基层的信息数据采集登记工作量,而且有效提升了基层社会治理的信息化水平,强化了网格化管理的信息支撑。目前,已初步建立了县(市)区、乡镇(街道)两级事件处理网上网下联动体系,形成了集事件受理、分析研判、分流处理、调度指挥、督办反馈于一体的运行机制。

4. 网络危机应对能力日益成熟

面对网络突发公共事件和社会关注的热点问题,宁波市积极应对,建立了一系列网上快速反应机制,有效引导和治理网络舆情,逐步形成了一整套应对网络舆情的战略战术。2015 年 7 月,台风"灿鸿"来袭,宁波市各相关部门借助电子政务平台,联动快速应对,不仅实现了信息发布、咨询问答功能,而且在及时应对网络舆论、阻击网络谣言传播、传递正能量、提升公众信心等方面,取得了可喜的成绩。

(五)"互联网＋"经济模式初具气候,网络消费持续活跃

1. "互联网＋"经济模式初具气候

借"一带一路"国家战略、"互联网＋"和"中国制造 2025"的东风,宁波积极申报"互联网＋"特色发展示范区,以互联网引领制造业和服务业的融合发展。2015 年 4 月,中国互联网协会与宁波市人民政府签署战略合作框架协议,中国互联网协会的行业优势与宁波市的现代制造业和创新传统的结合,将有力推动宁波"互联网＋"经济的快速发展。阿里巴巴集团和宁波市人民政府也在 2015 年签署了战略部署框架协议,开展全方位、深层次的战略合作,共同推动宁波电子商务、"互联网＋"产业发展,加快宁波网上丝绸之路建设,实现创新驱动发展、经济转型升级,致力将宁波建设成为国家"互联网＋"综合试验区。此外,由培罗成、滕头控股集团等数十家企业发起组建的"我是农民"农村电子商务项目首轮完成股权融资 2000 万元,在奉化、象山、鄞州等县(市)区拓展市场,2015 年计划在全市范围内建设农村网点 1500 家,2016 年逐步向全国农村市场挺进。

2. 跨境电商成为宁波经济重要增长点

宁波是我国连接"丝绸之路经济带"和"21 世纪海上丝绸之路"的枢纽,是长江黄金水道和南北海运大通道构成的"T"形宏观格局的交汇点,具有连接东西、辐射南北的区位优势。作为全国首批 5 个跨境贸易电子商务试点城市之一,宁波目前进口业务量排名全国第一,运营的"跨境购"平台已集聚超过 200 家的电子商务企业、4000 余种境外商品。《宁波参与"一带一路"行动纲要》进一步明确将跨境电子商务作为宁波参与"一带一路"的四大战略重点之一,加快推进跨境电子商务试验区建设,积极促进跨境贸易电子商务成为宁波经济的重要增长点。

3. 行业交易门户网站实力持续增强

宁波行业交易门户网站和 B2B 电商平台都已形成一定的规模,目前共有 16 家行业门户网站,其中"中国塑料城"年交易额达到 1062 亿元,是全国最大的塑料原料网上交易市场和专业市场。有 B2B 网站 100 余家,主要涉及化工原料、有色金属、钢材产品交易等,其中宁波大宗商品交易所年交易额达 4481 亿元,世贸通等 8 家企业(项目)荣获"国家级电子商务示范企业(项目)"称号。同时,宁波还涌现出一批产业互联网创新项目如"我要印""搜布网""大道商诚网""全球贸易通"等,有效整合了产业链。

4. 电商产业园区集聚效应明显

目前,宁波已经规划建设包括宁波电商城江北园区、海曙园区和宁波电商城物流中心的电子商务一城两区一中心,总规划面积 19 平方公里,目前累计完成投资 17 亿元,引进企业 210 余家,其中包括甲骨文、敦煌、中烟新商盟等大型电商项目。此外,全市还建成了江东"e 淘电商园"、慈溪 e 点电子商务产业园、保税区跨境电子商务产业园等较大规模的电子商务园区,集聚效应明显。阿里研究院发布的《中国电子商务园区发展报告(2014—2015)》显示,截至 2015 年 3 月,全国电子商务园区数量超过 510 个,宁波成为电子商务园区数量最多的 10 个地级城市之一。

5. 传统制造企业的"互联网＋"步伐开始加快

在宁波实施"互联网＋"计划中,"互联网＋制造"暨智能制造是重中之重。宁波服装、文具、家纺、家电、石化、汽配等传统优势制造业,都开始借助"互联网＋"进行创新转型,打造全新的生产流程。例如雅戈尔从"以生产为中心"向"顾客为中心"转变,布局电商平台开展线上交易,全球的客户都可以在线下体验,线上下单,工厂再根据顾客的个性需求进行生产。文具生产企业广博集团在 2015 年收购了网络企业灵云传媒,该公司旗下网购平台每天有 200 万的访问量。

6. 网络消费热情高涨

近年来,互联网巨头布局线下支付,从打车软件到实体超市打折支付,刺激了市民的网络消费需求。电子商务的发展,促进了宁波市民的网络消费热情。2014 年,宁波网民共实现网络消费 488.32 亿元,同比增长 39.9％以上,首次实现网络零售顺差。仅 2014 年 11 月 11 日"双十一"当天,宁波网民在淘宝、天猫平台上就消费了 8.4 亿元,同比增长 50％左右,在全国城市中名列第 11 位,其中慈溪和余姚分列县级第三位和第六位。2015 年 1—8月,网络零售额累计同比增长 61.3％,其中 8 月同比增长 81.3％。

(六)全面推进网络社会建设,打造市民高品质在线生活

1. 精心打造宁波网络文化节品牌

宁波自 2008 年推出首届网络文化节以来,已连续举办了七届。历届文化节的主题包括"网络让生活更精彩""e 路有你,美丽宁波""互动、智慧、发展"等,活动内容以展示居民生活的网络化趋势,网络技术给居民生活带来的便利,以及网络民生服务为主,从多个侧面展现了互联网给宁波这座美丽的海滨城市带来的种种变化。从活动形式来看,既有评选、比赛、媒体采访等强调参与和宣传的传统节庆活动形式,也有微友总动员、网络视频秀等突出互动体验和个人展示的新颖形式,适合不同年龄段的市民参与,生动体现了网络文化生活迎新纳旧、逐渐普及的趋势。2015 年第八届网络文化节延续往届积极营造文明健康网络环境,利用网络推进政务信息公开、开展网络问政,依靠网络宣传党的路线方针政策、引导社会热点舆论,依托网络发展网络文化产品和产业,立足网络发展商务贸易活动等方面所作的努力。网络文化节历经八年,无论从活动内容还是活动形式方面,都已形成品牌,成为展现和宣传宁波互联网发展状况的一张名片。

2. 网络智慧生活民生平台日益完善

面向民生服务,是宁波智慧城市建设的立足点。智慧健康、智慧交通等网络应用,已逐步渗透到宁波市民的生活之中。2015 年 9 月,宁波移动推出"智慧宁波民生版 V4.0 手机客户端",并同步推出智慧民生微信版。"宁波民生 e 点通"集宁波 109 家市级政府职能部门在线值守,汇集政府、媒体、社区、企业和网民等五方力量,集民生问效、百姓说事、政策解读、生活资讯、公益救助、社区互联等六大板块为一体,运行两年来,在智慧城市建设、网络问效方面体现出较好成效。

此外,各类专题性的网络智慧生活民生平台也发展迅速。例如,全国首家虚拟"云医院"启动运营,利用大数据、云计算、物联网、移动互联网以及传感器技术,实现了网上诊疗,远程医疗服务与协作,个性化健康干预,线下线上联动,让老百姓足不出户,就能预约到大医院的专家,并通过网络享受诊疗、配药等服务。

3. 加速在线学习资源整合

2015 年 8 月,宁波"智慧教育云"正式启动,首批推出宁波智慧教育门户网站、学习平台、云平台、"甬上云校"等多项智慧教育应用,实现优质教育资源整合,提供多元普惠的教育公共服务。其中,仅在"甬上云校"就集纳了超过 100 位名师组成的教师团队,汇聚各类优质教育视频资源达 300T,各类课程近 5660 个课时,迄今网站累计访问人数已达 1200 余万人次。未来 3 年,宁波将继续投入 1.4 亿元,以贯通教育全领域、全民共学共享的大目标,推动宁波教育迈入"云"时代。

4. 善用网络阵地传播本土文化

目前,宁波拥有宁波文化网、宁波市文化馆、宁波市图书馆、宁波文化遗产保护网、宁波非物质文化遗产保护网、宁波博物馆等网站所组成的宁波文化网站群,是传递宁波文化资讯、传播宁波本土文化的主要网络阵地。公众可以在线阅读《四明丛书》、地方报纸、天一阁内的古籍藏书,也可以通过这些文化类网站在线感受公益讲座"天一讲堂"、参观宁波博物馆藏品,或者观看甬剧、宁波走书、四明南词、镇海龙鼓等各类地方曲艺表演。网络不仅成为市民丰富业余生活、提升个人文化素养的便捷途径,也是传播本土文化的重要平台。

5. 网络文学蓬勃发展

在网络文学繁荣发展的大背景下,宁波网络文学也经历了从无到有、日趋茁壮的发展历程。2014 年 3 月,宁波成立了全国首家市级网络作家协会,吸收首批会员 58 人。其中,"苍天白鹤"在 2013 年度中国网络作家富豪排行榜上名列第 19 位,版税收入达到 200 万元;"阿耐"曾获全国"五个一工程"奖,其作品《大江东去》《回家》等均在网上引起较大反响;"雁无痕""在南方的毛豆"等实力作家也已在圈内有一定名气。宁波网络文学的发展正呈现出欣欣向荣的良好态势。

(七)注重培育网络创新文化,不断提升网络文化原创力

1. 积极打造创客空间

2015 年,宁波市政府发布《关于培育发展众创空间促进大众创新创业的实施意见》,提出要将宁波打造成为国内较具影响力的"创业之城"。《意见》明确提出,对宁波市级众创空间和创客服务中心,按照前期实际投入,分别给予不超过 200 万元和 20 万元的补助;支持众创空间和创客服务中心为创客、创业团队提供多项廉价优惠服务,对筛选后入驻的创客项目以科技创新券方式给予不超过 5 万元的创新创业补助。

目前,宁波已建成包括高新技术研发园、孵化器在内的各类众创空间,总面积超过 600 万平方米,涉及 1 亿元创业支持基金、5 亿元天使投资资金、10 亿元投资引导资金和 100 亿元产业基金等政府型基金,全方位支持不同阶段创新创业企业。此外,还设立了 11 亿元的科技成果专项资金和转化资金,建设了近百个创新创业公共服务平台。

2. 着力培育"互联网+"和大数据经济人才

2015 年,宁波在着力培育"互联网+"和大数据经济人才方面开始发力。市委、市政府提出要加快建立并健全以企业为主体、产学研相结合、龙头企业带动、科研院所支撑,有利于重大突破的"互联网+"技术创新体系;构建"互联网+"人才综合开发体系,面向市民普及培训信息化基本技能,面向专业人员实施"互联网+"专业知识和技能培训;支持宁波企业和高校联合共建实训基地,鼓励在甬高校加强"互联网+"相关领域学科建设,支持开设"互联网+"人才定向委培、继续教育和在职培训;制定出台针对"互联网+"人才和人才团队的专项人才计划,全面实施"智团创业"计划、"科技孵化器提升计划"、重大科技产业化专项计划,并加大高端创新人才引进力度和高端创新人才培育力度。

3. 注重网络文化健康发展

为了发挥网络正能量,增强网络的向善力、向美力和向真力,宁波市一

方面建立"宁波文明网"这样的优秀思想德育网站,开发和利用有益的德育资源,引导网民加强网络道德修为,积极参加各种有益的社交活动和公益活动;另一方面构建和落实网络道德的各种维护监管机制,通过各种平台和渠道及时批评纠正不道德网络行为,同时构建政府主管的网络监管系统,由政府网络专管机构对各类门户网站和商业网站进行监管,以保障网络文化健康发展。

二、2015 年宁波网络文化发展亮点与问题

(一)2015 年宁波网络文化发展亮点

1. 电子政务多面出击,满意度获得有效提升

2015 年,宁波市电子政务多面出击,不仅在政务公开、公众咨询、信息发布等方面不断拓展服务功能、丰富服务内容,而且积极致力于创新、优化、提升服务模式、技术手段和管理方式;不仅积极推进政府各项职能加速向移动互联网迁移,实现以政务微博和政务微信协同的"互联网＋政务"战略,而且积极打造政务云服务中心,实现政务数据共享和智慧城市功能全面融合;不仅与中国移动、中国电信等服务商合作推进"iNingbo"(爱宁波)政府微门户、"宁波公众健康服务平台健康门户"等,把政府门户网站的功能延伸到了移动互联网上,而且与阿里巴巴、腾讯、京东等合作推进"互联网＋智慧城市"等项目,促进公共数据开放,推进"城市服务"体系建设。所有这些努力,实现了电子政务从单一的信息平台转型成为综合性服务平台,从而有效地提升了宁波电子政务的影响力和市民对电子政务的满意度。

2. 政策、技术双管齐下,积极推进"互联网＋"经济发展

2015 年,宁波市人民政府相继发布了《关于加快发展信息经济的实施意见》(甬政发〔2015〕65 号)、《关于加快发展智能装备产业的实施意见(甬政发〔2015〕68 号)》等政策文件,强调以云计算、大数据、物联网、移动互联网等为代表的新一代信息技术为重要支撑,发展集智慧产业和智慧应用为一体的信息经济,促进宁波快速形成经济增长、社会进步和劳动就业的一种新型经济形态。同时,宁波市人民政府于 2015 年 3 月与中国互联网协会签署战略合作框架协议,就共同搭建互联网和电子商务技术及应用交流平台,促进宁波市电子商务产业集群发展,助力宁波传统产业转型升级等方面达成合作

意向。政策和技术双管齐下,激发了宁波企业的电子商务热情,在政策指引下,雅戈尔、广博、奥克斯、维科、帅康、贝发、双鹿等一大批宁波强势品牌企业,纷纷启动"互联网+"经济,"互联网+"经济开始成为宁波重要的经济增长点。

3. 传统制造企业加快"互联网+"步伐,跨境电商成为宁波经济重要增长点

宁波作为制造业发达的沿海城市,实现"互联网+智能制造"是推动下一轮经济有效增长的重中之重。2015 年,宁波传统制造企业的"互联网+"步伐开始加快。例如,雅戈尔布局电商平台,进行个性化订制生产;广博集团收购网络企业灵云传媒,打造"互联网+文具制造"的新模式。站在"互联网+"的风口上,宁波传统制造业正在开启一次全新的转型之旅。

宁波作为全国首批五个跨境贸易电子商务试点城市之一,目前进口业务量排名全国第一,运营的"跨境购"平台已集聚超过 200 家的电子商务企业、4000 余种境外商品。跨境贸易电子商务作为宁波参与"一带一路"重点战略之一,正在开始成为宁波经济发展的新增长点。

4. 传统媒体与新媒体融合意识进一步加强,媒体融合开局良好

近年来,中央政府密集出台加强新媒体建设和媒体融合的相关政策,新媒体发展和媒体融合被提高到了国家战略的高度。宁波日报报业集团和宁波广电集团两大宁波媒体集团,都在新媒体建设和媒体融合方面积极开拓,在此前已经做出的种种探索实践基础之上,积极酝酿新的新媒体发展战略和媒体融合方案。尤其是在 2015 年,宁波日报推出的"甬派"移动客户端标志着报业集团形成"一报一网一端"的党媒宣传完整体系;宁波市文化广电新闻出版局打造的公共文化服务平台"文化宁波"正式上线为智慧文化建设开启了良好的开端。

5. 全面推进智慧城市建设,打造市民高品质线上线下生活

面向民生服务,是宁波智慧城市建设的立足点。智慧健康、智慧交通等网络应用,已逐步渗透到宁波市民的生活之中,成为宁波市民看病、出行的重要助手,有助于提升市民的生活品质。以中国宁波网为依托的宁波民生服务互动平台——"宁波民生 e 点通"自 2013 年 9 月正式运行以来,在智慧城市建设、网络问效方面体现出良好成效。2015 年 8 月,宁波"智慧教育云"正式启动,推动宁波教育迈入了"云"时代。宁波本地网站举办的各类在线活动,极大地激发市民参与网络文化建设的热情。

6. 网络文化创新氛围浓厚,促进网络文化良性发展

2015 年,宁波市政府出台《关于培育发展众创空间促进大众创新创业的实施意见》,提出将宁波打造成为国内较具影响力的"创业之城"。目前,宁波已建成包括高新技术研发园、孵化器在内,面积超过 600 万平方米的各类众创空间,并开始发力培育"互联网＋"和大数据经济人才,全面实施"智团创业"计划、"科技孵化器提升计划"、重大科技产业化专项计划,并加大高端创新人才引进力度和高端创新人才培育力度,推动创新团队建设,努力营造大众创业、万众创新的创新文化氛围。同时,自 2008 年以来连续举办八届的网络文化节,活动内容丰富多样,活动形式生动活泼,已经成为展现和宣传宁波互联网发展状况的名片和品牌,对促进宁波网络文化良性发展,起了重要的引领作用。

(二)宁波网络文化发展存在的问题

1. 移动互联网应用仍有待拓展

目前,宁波全市乡镇以上城镇区域已实现 4G 网络全覆盖,光网工程已覆盖所有行政村以上住宅区域。然而,与移动互联网技术发展和工程进展不相匹配的是,宁波 4G 网络的用户普及还有很大提升空间。同时,宁波免费无线网络"iNingbo"的覆盖区域也仅限于公共办事机构、图书馆、医院、车站、大型广场、公园、景区等,离真正意义上的"无线数字城市"还有不小的距离。

2. 新媒体和传统媒体融合模式仍有待破解

宁波日报报业集团和宁波广电集团作为宁波主流媒体群,在新媒体建设和媒体融合方面已积极进行了开拓性的工作,几乎尝试应用了所有新媒体形式,开始呈现出多媒体、多渠道、多元化的媒体融合格局。2015 年,宁波日报和宁波市文化广电新闻出版局分别推出了"甬派"移动客户端和"文化宁波"公共文化服务平台,在新媒体和传统媒体融合模式取得了重要进展。但是新媒体推陈出新非常快,单纯追求形式上的跟进无法保证一定能够实现媒体融合。两大媒体集团在新媒体的信息内容生产、满足受众即时信息需求、信息资源有效配置,以及创新媒体融合模式等方面,效果还有待检验,在内容、渠道、平台、经营、管理等方面全面实现传统媒体与新兴媒体的深度融合,也还存在一定的差距。

3. 互联网与制造业融合度有待进一步提高

信息通信技术和互联网技术对产业发展正在产生革命性、颠覆性的影

响。通过与互联网融合,改造传统制造业,推进智能化制造,对宁波产业转型升级十分重要。2015 年,宁波服装、文具、家纺、家电、石化、汽配等传统优势制造业,都开始借助"互联网＋"进行创新转型。工艺创意、服装设计、软件定制开发和家具设计等行业,已开始在利用云中心进行大数据分析基础上,通过互联网进行工业设计,并通过大数据分析对市场进行预测。但总体而言,目前宁波制造业与互联网的融合还主要限于个别龙头企业,融合度也有待进一步提高。

4. 网络社会共同治理协调机制有待完善

在网络社会治理政策法规建设上,宁波已取得了明显的成绩,有效推进了网络社会治理的法治化进程。但总体而言,现有的地方性法规、规范性文件和政府政策,主要以电子政务建设为主,有关网络社会建设和网络社会安全等方面的政策法规建设,尚有待进一步加强。同时,宁波虽然在网络社会治理队伍建设方面作出了不少有益的探索和尝试,并取得了明显的实效,但不同治理主体之间还缺少有机的互动、协调与配合,共同法理的形式大于实际内容,共同治理协调机制尚有待完善。

三、2016 年宁波网络文化发展展望

(一)2016 年宁波网络文化发展展望

1. 移动互联网将进入全面爆发期

网络技术的快速发展是互联网社会应用的基础。4G 时代的开启以及移动终端设备的普及,为移动互联网的发展注入巨大的能量。2016 年,宁波移动互联网产业的发展将进入全面爆发期,呈现爆发式增长的格局。同时,移动互联网的快速发展,使手机逐渐成为最重要的上网终端。目前,手机已经成为宁波网民最经常使用的上网工具。2016 年,手机将依然是宁波网民数量增长的主要驱动力,而手机网民数量的增长,将会带动互联网商务应用的增长。

2."互联网＋"和大数据经济将成为宁波经济发展的重要动力

"互联网＋"和大数据产业是宁波跻身全国大城市第一方队、实现经济总量弯道超车的重大机遇,也是宁波传统制造业实现转型升级的最佳途径。

在 2015 年 9 月的第五届中国智慧城市技术与应用产品博览会上,宁波有涉及智能制造、可穿戴设备、云计算、大数据、智慧消防、智慧环境、众创空间等领域的 28 个智慧项目当场签约,项目总投资逾 70 亿元。其中与 CSIP 签订的关于"国家'互联网＋'智能制造创新服务平台"战略合作项目,将依托工信部 CSIP 的行业地位和品牌影响力,整合各类要素资源,为宁波市工业、软件和信息服务业等相关行业提供技术支撑和创新服务。可以预见,在 2016 年,"互联网＋"和大数据经济将成为宁波经济发展的重要动力。

3. 传统媒体和新兴媒体的深度融合方兴未艾

面对微博、微信、社交网络、APP 等新兴媒体的迅速崛起,宁波媒体积极探索推动传统媒体与新兴媒体的融合发展。在媒体融合现有成绩的基础上,进一步促进传统媒体在内容、渠道、平台、经营、管理等方面与新兴媒体实现深度融合,从而保证党委政府在网络新媒体时代继续占据舆论制高点、把握传播主导权、引领主流价值,唱响与宁波现代化国际港口城市定位相适应的"宁波声音",将是未来一段时间内宁波媒体深度融合的主要任务。

4. 云计算和大数据技术将广泛应用

云计算和大数据在社会创新、智能社会、社会治理、健康管理、环境保护等方面,都有积极的贡献。2014 年,宁波市提出加快政务云计算中心建设的任务,将逐步形成"基础设施统一保障、基础数据整体布局、政务大数据支撑、跨部门应用大体系部署"的发展格局,实现城市经济、社会、文化、自然环境等各种信息资源的融合、共享和应用,从而提高政务及公共信息资源的共享利用效率,提升政府服务能力。在政务云计算中心建设中,如何有效发挥云计算与大数据对网络社会治理的积极作用,防范和遏止网络安全和信任危机风险,将是未来的一项重要工作。

5. 电子商务和网络消费增长将进入快车道

宁波电子商务和网络消费的发展已有较好基础,表现在:一是行业交易网站优势明显。全市有 100 余家 B2B 网站,阿里巴巴、环球资源网、中国制造网等都在宁波设立了分支机构或建立外贸电子商务基地。二是服装、家纺、家电、机械等传统制造企业的电子商务步伐已经起步,开辟了网络销售渠道。三是网络交易表现活跃,共有 12.7 万家宁波商家在第三方平台开设网店。四是网络消费热情较高。未来随着南部商务区、东部新城等大型商圈的崛起,宁波电子商务发展将进入快车道,宁波市民的网络消费也将有更大的增长空间。预计在 2016 年,跨境电商和农村网购市场将会是宁波电子商务发展的亮点,网络消费将达到 800 亿元。

6. 全民参与创新创业的网络文化创新氛围渐成气候

截至 2015 年 9 月,宁波已有创新创业服务平台近 30 家,全市已备案创新型初创企业 6208 家。2015 年 8 月,宁波市人民政府办公厅出台的《关于培育发展众创空间促进大众创新创业的实施意见》,提出从培育创新创业平台、支持创客创新创业、完善创业投融资机制、营造创新创业生态氛围、健全政策保障机制等五个方面加快发展众创空间,推动大众创业,万众创新。根据《意见》,到 2020 年,宁波将建成 100 家众创空间和创客服务中心,吸纳集聚 1000 名(家)天使投资自然人、天使投资机构和创业投资机构,注册孵化 1 万家创新型小微企业,辅导培育 10 万名以 90 后大学生创业者、大企业高管及连续创业者、科技人员创业者、留学归国创业者为代表的创新创业大军,使宁波真正成为有影响力的"创业之城"。政策的引导,正在逐步促成全民参与创新创业的文化氛围,敢为人先、宽容失败的创新文化精神,正在激发宁波市民的创业意识和创新能力。

(二)宁波网络文化发展对策建议

1. 重视和强化网络安全建设

互联网的快速发展,为"互联网+"经济的持续高速发展提供了新的机遇,但同时也伴生了一系列网络安全问题,给经济社会健康发展带来了一定的风险。确保网络信息安全,事关全局,必须研究制定网络安全战略和规划,强化网络与信息安全应急处置工作,完善应急预案;强化技术防范,全面推进网络安全技术平台的建设及应用,切实提高防攻击、防篡改、防病毒、防瘫痪、防窃密能力,全面提升网络与信息安全监管能力;加快发展"互联网+"信息安全产业,大力发展服务于各领域的网络与信息安全产品与服务产业;加强网络信任体系建设,严格信息技术服务外包的安全管理,强化信息资源和个人信息保护。

2. 积极推进"互联网+"行动计划

2015 年 7 月,国务院印发了《关于积极推进"互联网+"行动的指导意见》。宁波应该根据国家有关政策、国际先进经验和行业发展前沿,结合本土优势,进一步理清宁波"互联网+"发展的目标思路、路径方向,制定宁波发展"互联网+"的纲领性文件,整合梳理现有政策,加强政策集成与协同,积极推进"互联网+"行动计划落地。尤其在智能制造、大数据、云计算、物联网、互联网金融和信息服务平台建设等领域,要进行政策创新,完善"互联网+"相关地方立法、配套政策和制度规范。

3. 高度重视和完善互联网与制造业的融合

工业制造和港口物流等是宁波有良好基础有优势的重点领域,民营经济是宁波的特色领域,宁波要在这些有基础有优势有急需的领域中,找准关键环节,精准发力,加快推进"宁波制造"向"宁波智造"的转变,发展基于互联网的个性化定制、众包设计、云制造等新型的智能产品研发模式,促进企业从制造到创造的转型;高度重视信息安全产业、电子信息产品制造业和集成电路产业、软件和信息服务业等宁波有一定基础的产业,形成以龙头企业拉动的产业生态集群,提升整体竞争优势。

4. 推动和完善资本对网络文化产业的推进作用

健全多层次资本市场体系,是发挥市场配置资源决定性作用的必然要求,是推动网络文化产业可持续发展的有力引擎。要完善多层次资本市场体系,强化资本对网络文化产业的推进作用,拓宽创客融资渠道,鼓励社会资本和金融资本为网络文化产业提供金融服务;降低社会资本投资文化产业的准入门槛,培育社会公众广泛、多形式参与网络文化产业投资的社会氛围;构建金融市场和社会资本与文化产业的对接通道,创新融资管理体制,从根本上解决文化产业发展的"贷款难、融资难"问题。

5. 进一步促进传统媒体与新媒体的深度融合

宁波的传统媒体已开始迈出走向新媒体和媒体融合的坚实步伐。宣传、广电部门应制定新媒体和媒体融合产业发展规划,出台媒体产业政策;建设新媒体产业园区,鼓励各类新旧媒体进入产业园区,形成集群效应;成立新媒体产业研究院,促进新媒体与媒体融合的快速发展。

6. 鼓励和刺激网络消费

目前,网络消费对拉动内需有着重要的贡献。李克强总理 2014 年"双十一"期间视察义乌小商品市场时指出,网络消费应该在刺激消费和拉动就业方面作出更大的贡献。宁波网民在网络购物、网络消费方面的意愿强烈,潜力巨大。政府应积极引导这种意愿和潜力,加快物流产业的发展,鼓励和刺激网络消费的发展。宁波是我国信息消费试点城市,未来以拓展信息消费产品、提升信息消费服务为抓手,激发政府和公众的信息消费新需求,将有助于促进"互联网+"经济的健康持续发展。

7. 进一步打造全方位的民生服务网络平台

电子政务建设需要进一步强化互联网思维,强调用户至上,抓住和满足用户的需求,进而赢得用户的认同。公共交通、医疗、通信、水电等民生大数据,是移动互联网时代的重要信息资源,也是粘住用户的重要抓手。应切实改变民生数据分散于各部门的碎片化状态,结合宁波智慧城市建设,将全市有关部门已经开发的智慧旅游、智慧健康、智慧交通等各类民生数据,有机嵌入到一个提供全方位民生服务的网络平台,以提升用户的使用积极性和黏性。并在条件成熟时,综合运用互联网、物联网、云计算等技术手段,进一步提供民生数据服务的网络平台,建设成为融信息、金融和社会服务为一体的一站式民生服务网络平台。

8. 将新媒体管理经验与社会治理思维有机结合起来

一方面,要充分了解互联网的媒体属性,总结和坚持已经较为成熟的网络媒体管理经验;另一方面,深入探索互联网的社会属性,构建多元高效的网络社会治理体系。随着互联网进入云计算和大数据时代,其"社会属性"不断增强,虚拟世界与现实社会日益相互嵌合,因此,单纯以媒体思维管理网络社会,已不能很好适应互联网技术的发展。需要将新媒体管理经验与社会治理思维有机结合,形成既可统揽全局又能各司其职的多元化网络社会治理格局。

9. 充分调动各种社会力量共同参与网络社会建设与治理

网络社会建设与网络社会治理有赖于多治理主体之间的协同。政府与各种社会力量之间要形成"伙伴"式的互动合作关系,政府要积极培养、引导和调动"有能力的"的非政府网络主体,共同参与网络社会建设与网络社会治理;并建立起政府与媒体、网络服务企业、网民、非政府组织之间的多元合作关系;加强网络安全建设,充分发挥政府、企业、社会组织、社区、用户等利益相关方各自的作用,共同构建互联网安全治理体系。

参考文献

[1] 国务院关于积极推进"互联网+"行动的指导意见(国发〔2015〕40 号).

[2] 国务院关于印发《中国制造 2025》的通知(国发〔2015〕28 号).

[3] 国务院关于加快构建大众创业万众创新支撑平台的指导意见(国发〔2015〕53 号).

[4] 郑永年.技术赋权:中国的互联网、国家与社会.北京:东方出版社,2014.

［5］马骏,殷秦,李海英,朱阁.中国的互联网治理.北京:中国发展出版社,2011.

［6］詹鑫华.宁波发展蓝皮书(2015).杭州:浙江大学出版社,2015.

［7］黄少华,徐静.创客空间的宁波实践.宁波日报,2015-07-28.

（作者单位:宁波大学、浙江大学宁波理工学院）

2015 年宁波文化体制改革发展情况
分析及 2016 年展望

李义杰

摘　要:2015 年,宁波文化体制改革计划提出着力深化重点领域和关键环节改革、推动基本公共文化服务标准化、均等化、着力提升文化产业发展水平等目标任务,目前各项改革稳步推进,在媒体融合、公共文化服务以及文化产业发展等方面呈现出一些亮点。但同时,一些问题依然存在,如改革创新力度和魄力、管理体制机制、公共文化服务建设体系、文化发展土壤和氛围的培育和营造等。对此,下一阶段需要在加大改革创新力度、理顺文化发展管理体制机制、进一步创新推进公共文化服务建设、营造良好的文化发展生态环境、改革创新加快文化产业发展、创新文化产品生产和消费支持方式、构建具有影响力的重大文化交流贸易平台及区域合作协同发展战略等方面着力提升。

关键词:文化体制改革　媒体融合　公共文化服务　文化产业

2015 年是全面深化改革的关键之年,是全面推进依法治国的开局之年,也是"十二五"规划的收官之年。在承前启后的节点上,宁波深入贯彻落实党的十八大和十八届三中全会、四中全会精神,按照中央《深化文化体制改革实施方案》和《宁波市深化文化体制改革实施方案》,进一步推进文化体制机制改革创新,加强文化领域法治化建设,进一步解放和发展文化生产力,促进文化事业全面繁荣、文化产业快速发展。

一、2015 年宁波市文化体制改革进展情况

（一）2014 年文化体制改革情况概述

2014 年,宁波文化体制改革任务分为重点突破的改革、先行试点的改革、继续深化的改革及加快方案设计的改革四大方面十二项重点改革任务。重点推进文化管理体制机制创新,完善文化产业政策体系,大力扶持文化产业发展。具体包括:通过创新管理机制,重组内部管理机构,继续深化宁波报业和宁波广电集团等国有经营性文化事业单位改革,建立和完善现代企业制度,培养合格现代文化市场主体;推进民资参与国有文文化单位股份制改造,形成多元主体推动文化发展格局;以"打破机制障碍,打破利益分割,打破渠道壁垒"三个打破推进传统媒体与新兴媒体融合发展,构建现代传播体系;大力推动宁波文化"走出去",创新对外文化贸易机制,设立对外文化贸易专项扶持资金;积极探索建设"文化金融合作试验区",创新文化金融服务体系建设;优化顶层设计,进一步推进国家级文化与科技融合示范基地建设;探索公共文化资源市场化配置改革,创新公共文化服务机制,推进公共文化服务社会化;推进基本公共文化服务的标准化、规范化务和均等化建设,打造"市民文化节"新型文化节庆和文化卡等文化消费服务平台,培育和引导文化消费;开展"全国文化市场综合执法示范区"建设试点,探索建立新型文化管理体制等。

此外,2014 年在市委宣传部、市文改办牵头和统筹下,开展了文化产业发展大调研工作,整合高校、科研院所力量对文化产业统筹推进、融合发展、文化消费、对外文化贸易等 17 个专项课题进行研究。目前,这些调研成果正在转化落实。

总体而言,2014 年宁波市文化体制改革工作态势良好,取得了明显成效。各项改革工作完成良好,部分改革已取得阶段性成果,部分改革方案已完成,正在转化为实施项目。其中列入市委改革重点项目的"推进传统媒体与新兴媒体融合发展"和"建立健全现代公共文化服务体系"两项改革进展顺利,基本完成年初制定的目标,为 2015 年继续深化改革奠定了基础。

（二）2015 年宁波文化体制改革重点工作计划

2015 年,宁波按照中央《深化文化体制改革实施方案》和《宁波市深化文

化体制改革实施方案》,制定了本年度文化体制改革工作计划,其内容主要包括三大方面十一个重点任务。

1. 着力深化重点领域和关键环节改革

主要包括:(1)完善国有文化资产管理体制和工作机制。探索建立党委政府有机结合,宣传部门有效主导的管理模式,实现管人管事管资产管导向相统一。修订宁波日报报业集团、宁波广电两大国有文化集团绩效考核办法。(2)加快推进媒体融合发展。进一步完善宁波日报报业集团、宁波广电集团媒体改革与融合发展方案,抓紧组织实施一批重点项目,精心组织实施一批,确保媒体融合发展取得实质性进展。(3)推进重点国有文化企业股份制改造。推动文化企业建立有文化特色的现代企业制度,健全确保把社会效益放在首位、实现社会效益和经济效益相统一的体制机制。

2. 推动基本公共文化服务标准化、均等化

主要包括:(1)基本公共文化服务标准化机制建设。制定宁波市基本公共文化相关行业服务标准。(2)推进宁波博物馆组建理事会试点。(3)完善公共文化服务平台运行机制。(4)建立城乡公共文化设施网络建设统筹推进机制。结合城市功能区划和空间布局,规划一批"十三五"期间全市重大文化设施,提升文化的综合承载力和辐射力。(5)改革文化产品评价体系和激励机制。进一步健全和完善文化产品评价标准,发挥文化产品综合评价指导性指标体系的导向作用。建立群众评价反馈机制,完善文艺评奖机制。加强文艺评论,推动成立文艺评论家协会。

3. 着力提升文化产业发展水平

主要包括:(1)优化文化产业发展生态条件。制定出台《推进文化产业加快发展的若干意见》,推动实施宁波市文化产业发展三年(2015—2017)行动计划。支持内容、技术、资金等公共文化服务平台建设,强化平台孵化功能。积极推动文化与科技、旅游、服务业、制造业等相关产业融合发展,增加相关产业文化含量,延伸文化产业链,提高附加值。(2)构建文化产业金融服务平台。创设文化产业投资基金,组建文化发展公益基金会,充分发挥其杠杆作用,支持文化产业事业发展。支持和引导市内文化企业面向资本市场上市融资。组织开展国家文化金融合作试验区申报工作。(3)创新对外文化贸易体制机制。制定发展对外文化产品与服务贸易的专项政策和实施意见,加强文化产业重点出口企业培育和扶持。加快推进国家级文化与科技融合示范基地建设。

(三)2015 年宁波文化体制改革重点工作进展情况

从目前来看,2015 年宁波文化体制改革各项任务稳步推进,部分改革任务已基本完成。

1. 继续完善国有文化资产管理机制,推进国有文化企业股份制改造

"建立党委和政府监管国有文化资产的管理机构,实行管人管事管资产管导向相统一"是党的十八届三中全会明确提出的战略目标要求,也是《深化文化体制改革实施方案》明确提出的重点任务。深化国有文化资产管理体制机制改革,关系到我国文化事业的繁荣和文化产业的持续发展,同时,也是文化体制改革的一个难点。因其关系到党委与政府、市场与政府、经济效益与社会效益(意识形态)等多层面的"双轨"模式,要实现良好的兼顾协调有一定难度。宁波 2012 年曾被中宣部授予"全国文化体制改革工作先进地区"称号,文化体制改革在全国处于领先地位,但从近两年国有文化资产管理改革来看,目前宁波市国有文化资产管理模式还不够完善,离中央要求的真正四统一还有一定距离。

2015 年,宁波市委宣传部在会同国资委、文广新局等部门完成 2014 年宁波日报报业集团、宁波广电集团两大国有文化集团的绩效考核的基础上,根据本区域实际情况,按照中央及省里部署,进一步完善了国有文化资产监管的运行机制,协调国资委和宣传部对国有文化资产管理和考核的侧重点,重新修订了两大国有文化集团绩效考核办法,制定下发 2015 年度的考核办法,以期能够更好地做到社会效益和经济效益统一。

另一方面,继续推进宁波电影公司股份制改造,加快建立现代企业制度。继续推进演出运作模式改革,吸引民间资本加入,成立市城乡演出院线股份有限公司。按照宁波市电影公司 2014 年启动制定的新一轮三年发展计划,与民资共同投资建设下应影院和天伦影院,形成多种主体以入股、合作等形式参与文化产业发展的局面,打破原有的体制形式,调动社会资源。继续深化了宁波演艺集团改革,进一步规范其内部管理机制,完善法人治理结构。

2. 审议通过宁波日报报业集团和宁波广电集团推进媒体改革与融合发展总体方案,宁波媒体改革与融合发展全面展开

根据《关于推动传统媒体和新兴媒体融合发展的指导意见》的文件精神,宁波日报报业集团和宁波广电集团均成立融合与改革协调推进小组,开展深入调研,形成了推进媒体改革与融合发展总体方案。2015 年 7 月 7 日,

宁波市委全面深化改革领导小组会议第5次会议审议通过两大集团推进媒体改革与融合发展总体方案,待提交市委办、市府办发文后实施。其中,广电集团的《第一聚焦》作为其倾力打造的第一档日播舆论监督类新闻栏目于9月23日上午正式开播,同时,宁波广电集团多媒体新闻中心成立。此举打破了原来台网相互分离,频道制、部门制、栏目制分别运作的流程,向着扁平化、开放式、全融合的多媒体新闻运作管理体系迈出了实质性的一步。高清电视频道项目历经两年建设,为《第一聚焦》栏目首次启用,接下来将全面完成高标清同播、融媒体生产平台等专业系统,年底前实现全面开播。

根据总体方案,宁波日报报业集团将重点推进五大工程。一是推进报网融合工程,扩大主流媒体影响力,做优做强党报党网、打造有影响力的甬派客户端,办好特色新媒体。二是推进报刊整合工程,提聚都市报系服务力,做优都市报系,加快都市报系新媒体矩阵建设,加强都市报系的经营转型。三是推进产业升级工程,增强企业竞争力,完善法人治理结构,做强传统报业产业,积极培育新的增长点。四是推进人力资源创新工程,激发员工创造力,改革用工制度和薪酬体系,改进激励办法,加快人才引进培养。五是推进管理提升工程,锻造集团执行力,重建组织架构,改造内部流程,加强制度建设。

对此,2015年9月10—14日,宁波日报报业集团相继召开了推进报网融合工程动员大会、推进报刊整合工程动员大会、推进综合部门改革动员大会等会议,改革进入实质性操作阶段。三个动员大会结合总体改革方案五大工程内容进行部署。主要内容包括:(1)宁波日报与中国宁波网全面融合,形成一体化融合架构。成立宁波日报报网党总支,作为融合后的宁波日报报网核心领导机构,研究决定报网全面工作;成立宁波日报报网编委会,由宁波日报和中国宁波网的集团编委成员组成。调整部室设置,调整后宁波日报报网共设13个部室(公司),具体为:办公室、总编室、理论评论部、经济新闻部、地方新闻部、政法社会新闻部、国内国际新闻部、文体新闻部、视觉新闻部、宁波网首编部、民生互动部、移动媒体部、宁波报网传媒有限公司。(2)集团构建报系组织体系。在集团党委的领导下,组建都市报系党总支,作为都市报系的核心领导机构,研究决定报系全面工作;组建都市报系编委会,在集团编委会的领导下,研究决定报系各媒体新闻宣传工作;组建报系经营公司,负责报系的广告经营、产业发展工作。调整报系内设机构,现阶段内设16个部门。整合后的都市报系,按照"做优都市报、做活新媒体、做大新产业"的要求,推进都市报刊整合优化、新媒体矩阵建设、都市报经营转型。(3)集团综合部门改革的重点是重组管理机构,提高管理效能。集团管理层适当瘦身,根据"大部制"理念,精减合并集团综合管理部门,通过定编定岗定职责,优化薪酬绩效管理,进一步提升管理效率。集团综合管理部门设置为"三办三部",即:集团(党委)办公室、集团组织人事部、集团编委办公室、集团经营发展办公室、集团财务审计部、集团信息技术部。

3. 启动宁波"十三五"公共文化服务体系建设规划编制工作,进一步完善现代公共文化服务体系建设

根据《关于加快构建现代公共文化服务体系的意见》以及宁波目前公共文化服务体系建设现状,为进一步提升宁波公共文化服务建设水平,2015年,宁波成立了市公共文化服务体系建设协调组,启动了"十三五"公共文化服务体系建设规划编制工作,着手组建宁波市文化馆理事会和宁波市图书馆理事会,目前各项工作已进入尾声。其中,以江东区和北仑区为试点,启动了文化馆总分馆建设,以镇海区基层公共文化规范制定为试点,推动公共文化服务标准化建设。同时,积极推进政府向社会力量购买公共文化服务,以"天然舞台"文化惠民演出活动为龙头,以各县(市)区"天天演"为依托,形成"1+X"的送戏下基层模式。

4. 出台《关于推进文化产业加快发展的若干意见》,文化产业发展环境显著改善

为进一步推动宁波文化产业发展,2015 年 5 月 26 日,宁波召开了全市文化产业发展会议,会上印发了《关于推进文化产业加快发展的若干意见》和《宁波市文化产业发展三年行动计划》。前者进一步明确宁波市文化产业转型提升发展的方向和重点。后者强调三年内,力争实现总投资超过千亿元,建成重点项目 50 个,培育形成 20 家以上实力雄厚、竞争力强的大型骨干企业集团,推动 100 家以上中小文化企业做大做强,文化产业上市公司力争达到 8 家。将重点发展高端文化用品制造业、文化创意与设计服务业、文化演艺与影视制作业、文化休闲旅游业、现代工艺美术业、现代传媒、文化信息传输服务业、文化会展业等八大文化产业。重点打造宁波日报报业集团和宁波广播电视集团两大现代主流媒体集团。宁波文化产业发展合力进一步形成,文化产业进入大发展阶段。

在市场主体和项目培育方面。2015 年宁波有 3 个项目入围 2015 年国家动漫企业项目资源库项目,5 个项目入围 2015 年国家文化金融合作项目库。推荐 12 家企业申报 2015—2016 年国家文化出口重点企业和重点项目。

建立重点文化企业融资机制,推动美麟文化、大汉印邦等企业在新三板挂牌上市,组织申报国家文化产业专项资金。组织重点企业参加深圳文博会、义乌文博会、香港国际授权展、杭州国际动漫展等,达成意向订单额 10858 万元。首次举办"上海宁波周——宁波市文化产业项目推介洽谈会"及"武汉宁波周——宁波市文化产业项目推介活动"。

稳步推进文化金融合作试验区创建工作。市文广新闻出版局和人民银行宁波市中心支行、市财政局联合开展调研,制定《争创文化金融合作试验区的工作方案(初稿)》。开展了 2015 年文化金融合作项目征集工作,5 个项目纳入国家文化金融扶持计划项目库,5 个项目获得国家文化产业专项资金扶持。6 月份向文化部和中国人民银行作了专题汇报,两部委在南京专题听取了宁波与南京市、上海徐汇区、沈阳沈河区等四城市汇报。

目前正在积极推进的工作还包括:宁波市"十三五"文化发展规划和"十三五"文化产业发展规划的编制工作,目前已进入后期完善阶段;开展"制造业＋文化"课题的研究,通过产业融合推进文化产业发展和传统制造业升级转型;根据宁波市文化产业考核办法试行的情况和当前文化产业发展的现状,进一步修订完善县(市)区文化产业考核体系,对考核指标和内容进行适当调整,开展 2015 年度县(市)区文化产业考核;构建文化产业金融服务平台,加快创设文化产业投资基金,组建文化发展公益基金会,建立文创小贷公司,支持和引导市内文化企业加快股份制改造,面向资本市场上市融资。搭建招商及贸易平台,加大对文化产业的推介展示,积极筹备 2016 年"创意中华——宁波特色文化产业"博览会;构建宁波文创产业统计体系,及时掌握全市文创产业发展规模、结构、速度等状况,为文化产业发展的科学决策奠定基础。

5. 切实优化文化行政管理机制,进一步推动政府部门由办文化向管文化转变

扎实做好"四张清单一张网"工作。2015 年 4 月,宁波市被浙江省新闻出版广电局列为全省新闻出版广播影视(版权)行政管理权力运行制度规范体系试点城市。深化行政审批制度改革。6 月 1 日,率先在全市推行文化行政审批市县"同权同批"模式,实施"无缝对接"工程。加强文化治理。市文广新闻出版局 4 月在全市法治政府建设推进工作会议上作为市直部门唯一代表介绍经验,5 月在全市普法工作领导小组扩大会议上交流。

深入推进文化市场综合执法规范化试点工作。召开综合执法规范化示

范区试点工作部署会,制订了三年综合执法规范化试点行动计划。镇海区加强文化产业园区执法监管工作试点经验得到文化部市场司的肯定,江东区开展以实施违法计分制为手段的网吧转型升级管理工作试点、以等级评定分类管理为手段的歌舞娱乐市场监管工作试点和以星级评定为手段的"平安文化经营场所"工作试点推进顺利。完善了文化执法智能监管平台建设,文物"天地一体"监察系统已进入实质性建设阶段。

二、2015 年宁波文化体制改革存在的主要问题

(一)改革创新力度和魄力尚需进一步提升

作为曾经的全国文化体制改革先进示范区,宁波应继续保持作为沿海城市、计划单列市改革创新的魄力和力度。在推进国有文化资产管理、国有文化企业改制以及媒体融合等方面应借助"十三五"发展规划制定的契机,切实加大力度,大胆创新,做出亮点性的工作,形成在全国有影响力的改革举措。同时,要注意改革创新的方式多样化,尽可能地释放宁波的文化生产活力和消费潜力。

(二)管理体制机制仍需进一步理顺

主要表现在多头管理,党政分工不明确等方面,包括文化事业和文化产业领域。这是目前市直相关机关及各县(市)区反映比较多的一个问题。下一阶段,要更快地推进文化建设,必须解决这一问题,尤其是在文化产业发展管理方面,必须进一步理顺党政管理分工。同时,部门壁垒、职责交叉、区域壁垒依然存在,应进一步完善文改领导小组等统筹机制,打破部门及区域壁垒,实现资源有效整合。对社会机构发展文化力量调动不够,缺少较好的动员机制。宁波民企发达,民资雄厚,民间力量强大,文化的发展应该充分动员民间力量,充分发挥民间力量也应是文化管理的一部分,对此应建立相关动员及管理机制。

(三)公共文化服务建设体系面临"推进最后一公里"

一是文化产品服务内容有效供给不足。"十二五"期间,政府每年组织向基层送戏、送电影、送图书等活动,但调查发现群众对文化产品服务内容满意度不高,主要是供给内容不符合群众需求,存在内容陈旧、低端、不够新颖,错位配送等问题。二是文化基础设施管理利用效率不高,重建设轻管理

现象明显。三是公共文化服务基础设施不完善,城乡存在差异。如还存在公共文化服务的"孤岛化"、"沙漠化"现象,部分区域外来务工人员基本享受不到公共文化服务。

(四)文化产业发展推进措施须更重实效

虽然整体上宁波文化产业仍处于打基础阶段,但经过近几年的改革创新,宁波文化产业得到快速发展,已具备一定的规模水平。尤其 2015 年在发展政策、规划及金融等配套机制不断完善的条件下,文化产业的发展定位、功能逐渐明确,认识更加充分。下一阶段,应由"发现问题""找方法"迈向侧重政策实施及效果检验阶段,推动文化产业发展进入更务实更注重成效阶段。另一方面,推进文化产业发展的工作机制、政策还可进一步突破,文化产业或文化领域的大发展还需要文化管制的放松。

(五)文化发展土壤和氛围培育营造不够

从目前的调研及发展实际来看,宁波文化发展土壤和氛围的培育和营造还明显不够。最明显的是人才支撑不够,对优秀人才和优秀企业的吸引力还不够。其他还包括政策的支持力度和针对性不够;相关产业发展配套服务平台不够,如技术、金融、文化交易、政策服务等;市民的文化消费和文化审美意识的提升不够等。

三、文化体制改革趋势分析

(一)文化在经济社会转型发展中被赋予更高期望

我国目前处于经济发展的新常态、社会经济转型的过渡期,文化由于具有意识形态和经济的双重功能,在社会经济发展中扮演着越来越重要的角色,成为推动区域发展必不可少的力量。因此,我国全面深化改革的推进,必然会进一步释放文化活力,文化和经济的融合也将进一步加深,文化在区域发展中也被赋予更多期望和关注。宁波作为东南沿海重要港口城市,与"一带一路"国家战略的对接、港口经济圈建设、产业转型升级、国际贸易交流等均需要注入更多文化的元素和力量,文化在区域发展中将发挥越来越重要的作用。

(二)文化管制放松与意识形态监管加强错位并存

文化体制改革的一个重要目的是释放文化活力,激发大众的文化生产创造能力,因此,也意味着文化管制的放松。已有的发展经验表明,创造力释放、技术创新、产业融合等往往伴随着管制的放松①,只有管制放松才能真正推动文化产业发展和文化繁荣。从另一方面讲,文化管制放松也是实现文化体制改革目标的必要条件。但随着移动互联网新媒体、新技术的发展,意识形态领域话语权的争夺,以及信息安全、文化安全面临严峻的挑战,政府对意识形态领域的管制可能会加强。因此,如何处理文化体制改革中这种松紧的关系,不仅是国家层面也是地方层面必须思考的问题,否则,文化体制改革可能达不到预期目标,文化活力的释放、文化产业的发展难以实现突破。

(三)文化行政服务改革及法规建设将进一步推进

从整个国家行政审批改革的趋势来看,进一步深化行政服务体制机制改革,减少对微观事务的管理,推行权力清单制度,公开审批流程,强化内部流程控制,防止权力滥用,加强法制建设等,是下一阶段要做的事情。对文化领域而言,在精简行政审批、加强文化法制建设的过程中,就是要真正理顺党政部门与文化发展管理的关系,实现政府部门由办文化向管文化转变。

(四)国有文化资产的管理监督将继续加强

国有文化资产面临增值发展、提升活力与更严格监管、考核的局面,国有文化企业发展也面临破立并举局面,在加快国有文化企业公司制、股份制改造的同时,还要保证党委对文化传媒企业的管理权等。要协调国有文化企业(资产)发展和监管的关系,建立有效的国有文化资产管理体制机制,实现中央提出的管人管事管资产管导向相统一的目标。但从目前趋势来看,国有资产面临更严格的监管形势。各地区需要在坚持中央既定原则的情况下,根据本区域实际继续探索创新有效的管理模式。

(五)新技术和产业融合催生更多文化新业态,倒逼体制机制的管理创新

以移动互联网、云计算、大数据、人工智能等新技术、新能源为代表的新一轮科技革命正在加速产业变革融合,在这一过程中,移动互联网等信息技术将催生更多的文化新业态。与此同时,新的技术及文化产业形态的变化将对文化体制机制提出新的要求,新技术、新业态在颠覆解构传统产业模

---

① 吴明来、李碧珍、张菊伟:《制造业和文化产业的融合:我国制造业升级的路径选择》,《福建农林大学学报》(哲学社会科学版)2013 年第 4 期,第 67—72 页。

式、业态的同时,也在挑战以往的管理体制机制。因此,文化体制改革创新需要与时俱进,以超前眼光,不断打破已有束缚。

(六)社会力量参与文化建设力度将进一步加强

降低社会资本进入门槛,允许参与对外出版、网络出版,允许以控股形式参与国有影视制作机构、文艺院团改制经营,以及支持各种形式的小微企业发展是文化体制改革的重要内容。尽管目前已经着手推进,但下一阶段,社会力量参与文化建设的力度和作用将会更加显著,将会有更多的 PPP 项目出现在文化领域;同时,第三部门参与文化发展的功能将进一步提升。

四、2016 年宁波文化体制改革工作建议

(一)加大改革创新力度,理顺文化发展管理体制机制

针对目前文化体制改革中存在障碍问题,要有大决心大魄力改革创新,破除阻碍文化产业发展的瓶颈,在政策支持力度、方式和管理体制机制上实现突破。要重点理顺文化发展管理体制机制,包括党政分工、各部门的统筹协调,各市县管理机制以及联动,打破区域壁垒。

(二)创新推进公共文化服务建设,全面实现文化惠民

针对目前公共文化服务有效供给不足的问题,要创新公共文化服务供给方式及内容,充分利用现代媒介信息技术,实现有针对性的、有效的内容供给。针对文化基础设施管理利用效率不高,重建设轻管理现象,要加强公共文化服务设施管理运营,盘活存量,提高文化基础设施利用率。针对公共文化服务城乡差距,要进一步向农村延伸公共文化基础设施建设及内容供给,实现农村及外来务工人员公共文化服务的全覆盖,消除公共文化服务中可能存在的"孤岛化""沙漠化"现象。最后,创新公共文化服务供给主体,合理动员引进民间资本,提升服务供给质量。

(三)加大政策支持保障力度,营造良好的文化发展生态环境

营造宁波良好的文化发展生态环境,需要多方面、多要素的支撑和完善。首先是政策,需要定向加大政策支持的力度及针对性,做到靶向精准、有效。其次,相关支撑要素和配套机制的建立。重点是建立有效的人才引进和培育机制、金融配套服务体系,培育文化艺术教育培训行业,提升居民

文化素养及文化、消费意识,培育文化艺术品交易市场等。

(四)改革创新加快文化产业发展,提升宁波文化竞争力

在解决对文化产业重要性的认识问题之后,宁波文化产业发展需要的是改革创新的魄力和能力,最后才是实现其发展的路径选择及举措实施问题。从目前发展来看,推动文化产业发展改革创新的魄力和能力还有待加强,这是影响宁波下一阶段文化产业发展的隐性核心因素。缺少这些,很难真正搭建起具有战略性的文化产业发展框架,也难以保障现有良好政策规划的有效实施。

(五)创新文化产品生产和消费支持方式,更多发挥市场作用

文化产品生产特别是文艺精品的生产应逐渐由扶持国有文艺院团更多地向民营文化企业倾斜,提升民营文化原创能力和积极性,做到文化精品生产国有企业与民营企业交相争辉的局面。同时,要吸引更多有实力的文艺人才及公司来甬,形成文艺精品创造来源多元化、不同主体平等竞争、原创作品繁荣的局面。改变由政府财政单一来源及传统奖励等支持方式,转向通过现代金融服务手段,引导更多民间资本参与。创新市民文化消费引导支持方式,更多发挥民企及第三部门的作用。

(六)对接国家战略,构建具有影响力的重大国际文化交流、文化贸易平台及区域合作协同发展战略

宁波需要具有承接国家战略的项目或平台。当前,宁波要充分发挥宁波浙东学术文化及海上丝绸之路文化的资源优势,积极对接“一带一路”战略,打造 1～2 个不同层面的重大国际文化交流平台、文化贸易交易平台。同时,要放宽眼光,建立大区域、大城市群发展的观念,在文化发展方面,要拥有打破区域边界意识,内外联动,确立跨区域合作协同发展战略。

(作者单位:浙江大学宁波理工学院)

2016 宁波发展蓝皮书
BLUE BOOK OF NINGBO DEVELOPMENT

专 题 篇

法治背景下宁波产业政策转型研究

宋炳林　徐兆丰

摘　要:当前宁波正处于经济增长动力转换的关键时期,依法治国背景下产业转型升级的任务仍然艰巨。本文通过对产业政策的界定,梳理宁波已有的产业政策及其问题,提出了在法治背景下宁波产业转型政策的思路和推动产业发展的新手段。

关键词:法治背景　宁波　产业政策

在经济新常态下,宁波的产业面临着要素成本快速上升、资源环境约束加剧、出口市场需求下降、区域竞争日趋激烈等各种挑战,宁波大力实施"跻身大城市第一方队"决策部署和港口经济圈战略,通过谋划建设一大批产业项目和平台载体,有力推动了我市现代产业体系的优化。但同时也应该看到,当前宁波正处于经济增长动力转换的关键时期,法治背景下产业转型升级的任务仍然艰巨。在这个过程中,政府扮演着非常重要而特殊的角色。可以说,一个健康的产业生态系统完善的过程,就是在政府的科学引导下,产业群落内部资源及其与外部环境之间相互适应、相互协调,产业结构不断升级、产业竞争力不断增强、产业绩效不断优化的动态演变过程。为此,宁波各级政府应加快谋划产业政策转型。

一、产业政策的界定

产业政策是政府经济政策体系的重要组成部分,是实施产业管理的重要手段。地区性产业政策是国家产业政策的重要组成部分,应与当地的产业发展阶段相适应。

(一)产业政策的定义

产业政策由于研究的角度不同,在国际上尚没有统一的定义。主要有以下几种:其一,将其理解为各种指向产业的特定政策,即政府有关产业的一切政策的总和;其二,将其理解为弥补市场缺陷的政策,即当市场调节发生障碍时,由政府采取的一系列补救的政策;其三,将其理解为产业赶超政策,即工业后发国家为赶超工业先进国家而采取的政策总和。

从以上对产业政策的各种定义可以看出,各种定义的差别主要在于定义的角度不同。但是,无论什么形式的产业政策,有一点是共同的,即政策的作用对象都是产业。产业政策是政府为了实现一定的经济和社会目标而对产业的形成和发展进行干预的各种政策的总和。

中国的产业政策极少以法律的形势出现,主要为规划、目录、纲要、决定、通知、复函之类的文件,对企业进行扶持或者规制无须借助法律即可完成。

(二)产业政策的主要内容

产业政策的主要内容包括规范产业组织、调整产业结构和配置产业空间格局。

规范产业组织政策,是指根据经济发展的内在联系,揭示一定时期内产业结构的变化趋势及其过程,并按照产业结构的发展规律保证产业结构顺利发展,推动国民经济发展的政策。它通过对产业结构的调整而调整供给结构,从而协调需求结构与供给结构的矛盾。调整产业结构包括:根据本国的资源、资金、技术力量等情况和经济发展的要求,选择和确定一定时期的主导产业部门,以此带动国民经济各产业部门的发展;根据市场需求的发展趋势来协调产业结构,使产业结构政策在市场机制充分作用的基础上发挥作用。

调整产业结构政策,是指通过选择高效益的,能使资源有效使用、合理配置的产业组织形式,保证供给的有效增加,使供求总量的矛盾得以协调的政策。实施这一政策可以实现产业组织合理化,为形成有效的公平的市场竞争创造条件。这一政策是产业结构政策必不可少的配套政策。

配置产业空间格局政策。这一政策主要解决如何利用生产的相对集中所引起的"积聚效益",尽可能缩小由于各区域间经济活动的密度和产业结构不同所引起的各区域间经济发展水平的差距。

(三)产业政策的作用

产业政策的作用主要是调整商品供求结构,有助于实现市场上商品供求的平衡;打破地区封锁和市场分割,促进区域市场和国内统一市场的发育和形成;通过政策对资金市场进行调节,有助于资金合理流动和优化配置。

二、宁波已有的产业政策及其问题

宁波的经济结构调整已进入关键时期,宁波各级政府的产业政策调整也显得日益重要。宁波的产业政策要在推动产业又好又快发展中发挥积极的作用,需要创新产业政策思路,提高产业政策绩效,注重产业组织和技术政策的实施,加强产业发展的协调化、集约化和高级化。

(一)宁波产业发展的历程

改革开放以来,宁波经济社会发展取得了令人瞩目的成就,产业规模不断扩大,产业结构不断优化,产业竞争力不断增强。从三次产业结构的变化特征分析,可将 1978 年以来宁波产业发展分为三个阶段。

第一阶段(1978—1985 年):阶段特征表现为经济总量发展较快,产业发展以工业带动为主(工业年平均增速 22.9%,高出 GDP6.2 个百分点),第一、二产业比重变化形成对等替换(第二产业比重提高 9 个百分点,第一产业降低 9 个百分点),第二产业占 GDP 比重提高到 57%(工业为 52%),产业结构呈现"二一三"格局。1978 年,宁波北仑港被国家选定为重点开发的新港址,1979 年宁波重新确立了对外开放的方针,1984 年宁波被定为 14 个沿海开放城市之一,整个"六五"时期宁波率先进入发展的前列。这一阶段工业的迅速发展主要得益于乡镇企业的崛起,乡镇企业的工业产值占到全市工业总产值的 49.36%。

第二阶段(1986—1998 年):阶段特征表现为经济在平稳中快速发展,第二、三产业年平均增速接近,第二产业比重基本保持稳定,第一、三产业比重变化形成对等替换(第三产业比重提高 16 个百分点,第一产业降低 15 个百分点),第三产业占 GDP 比重提高到 35%,产业结构呈现"二三一"格局。标志着居民生活水平提高的商贸、房地产、旅游业快速发展,同时交通运输、金融保险、信息服务等也在多种经济主体的推动下得到发展壮大。工业经济

表现出明显的外向型拉动,出口依存度从 1985 年的 0.2％上升到 1998 年的
25％。在"七五"到"九五"时期,宁波经历了大起大落的发展历程,在进一步
明晰产权中确立了民营经济的突出地位,并在市场竞争中形成了以民营经
济为主力的纺织服装、家用电器、电器及通用设备等传统优势工业,同时凭
借深水良港的资源优势,以石化、能源和原材料工业为龙头的临港工业开始
起步。

　　第三阶段(1999 年至今):阶段特征表现为经济总量平稳增长,工业依旧
是产业发展的推动力,比重基本稳定,第三产业增速总体上超过第二产业
(包括工业),第一、三产业比重变化继续形成对等替换,但变化幅度明显下
降,仅为 5 个百分点。逐步形成临港产业、传统产业、高新技术产业三大工
业产业,重工业化趋势明显上升,轻重工业之比由 1999 年的 1∶0.95 快速
变化为 1∶2.04。经济的外向型特征更加突出,出口依存度由 25％上升到
78％。传统优势产业和临港大工业相互促进,同时现代物流、休闲旅游等服
务业也快速发展,构成了宁波的产业优势和特色。

(二)宁波现有产业政策的特点

　　近年来宁波的产业政策,强调以经济结构调整为主线,在"稳定一产,优
化二产"的基础上,突破发展第三产业的产业发展总思路,形成了如下几个
显著特点。

　　1. 强调结构调整,注重具体的产业结构和产业布局调整

　　结构调整是宁波产业政策的主线。在相关产业政策中突出强调突破发
展第三产业的三次产业结构调整方向,以实现经济由第二产业推动为主向
第三产业拉动为主的战略转变。同时,产业政策中也强调三次产业内部结
构的调整,第一产业强调以生态农业、效益农业为主的目标,重点支持有特
色优势和高经济效益的创汇蔬菜、蔺草、竹笋、茶叶、水产等十大产业发展及
产业基地建设;第二产业重点优化工业,强调以信息化改造传统优势产业,
发展壮大临港工业,加快发展高新技术产业,推广清洁生产,注重促进企业
提高资源利用效率;第三产业重点在发挥港口优势,促进现代物流、国际贸
易及金融、信息和旅游等相关服务业的快速发展,以开放经济为导向,形成
对第一、二产业的拉动。宁波强调结构调整政策见表1。

表 1　宁波强调结构调整政策列表

政策文号	具体内容
《宁波市人民政府关于进一步加强外贸稳增提质促效工作的实施意见》（甬政发〔2014〕86号）	优化创新跨境贸易电子商务通关通检模式,提高自动审单通关比例,对低风险单证实施电脑快速放行为主。实施"入区检疫、区内监管、出区核查、事后监督"的通检新模式。增加进口商品品种、数量,推动进口集货模式开展。推进现有平台与知名第三方平台对接合作,探索建立准入备案制,力促进口业务做大做强
《关于推进工业经济稳增长调结构促转型的若干意见》（甬政发〔2012〕71号）	加快制定出台战略性新兴产业发展专项扶持政策,设立市战略性新兴产业发展专项资金,坚持以规模化、高端化、集聚化、国际化为方向,以重大项目带动、风险项目引导、战略产业集聚、新兴群体培育为重点,大力发展新材料、新一代信息技术、新能源、新装备等四大战略产业,积极培育海洋高技术、节能环保、生命健康、创意设计等四大新兴产业
《宁波市人民政府关于推进农家乐休闲旅游业跨越式发展的意见》（甬政发〔2013〕117号）	各地要根据市民休闲旅游度假需求,结合当地旅游资源优势,山区、平原、海岛村庄特色,发挥农家乐和休闲观光农业的作用,加强与各专业旅行社和旅游景点的合作,积极稳妥地发展农家客栈(民宿),吸引更多的市民参与农家乐休闲旅游

2. 强调产业集聚,注重行业的集聚程度与总量指标

分散的乡镇工业给产业集约发展带来困难,资源、信息、资金和人才等要素的供给难以形成集聚规模优势,特别是人力资源的集聚优势不足,在很大程度上影响宁波产业的技术升级。新世纪以来,宁波在产业布局上强调和鼓励企业向工业集聚区集中,"十五"中后期形成了更加清晰的"三大产业带、六大产业集聚区、13个省级开发区和1个城市工业区块"的工业空间布局,"三带二十园100个产业基地"的农业空间布局的政策导向。实行"新建企业必须进园区,鼓励老企业进园区,特殊产业进特定园区",进一步提高产业集聚水平和形成特色鲜明、配套完善的产业布局。宁波强调产业集聚政策见表2。

表 2　宁波强调产业集聚政策列表

政策文号	具体内容
《宁波市人民政府关于加快工业行业龙头企业发展的若干意见》（甬政发〔2014〕22号）	鼓励龙头企业以产业链延伸和产业集聚为目标,参与工业园区开发建设,建设园中园,其园区规划经规划部门批准同意后,按其规划面积(包括预留建设用地)优先给予用地保障。符合条件的工业园区可以使用大企业名称进行命名,将经认定的龙头企业专业园列入宁波国家高新区"一区多园"的产业格局和管理模式,并享受相关优惠政策

续表

政策文号	具体内容
《宁波市人民政府办公厅关于印发宁波国家高新区"一区多园"建设实施细则的通知》（甬政办发〔2014〕72号）	经认定的宁波国家高新区"一区多园"创建单位，认定当年给予300万元的财政补助，在此基础上被认定为国家级专业园（基地），认定当年再给予300万元的财政补助

3. 强调资源配置优化，注重有限的自然资源的合理利用

宁波是资源相对匮乏的城市，在有限的土地、水等地域性资源和依赖市外输入的能源未完全形成市场价格机制的条件下，优化产业资源配置，最大限度地发挥资源效益，就成为宁波产业政策的重要内容。一方面，大力推进循环经济发展，在微观层面大力推广清洁生产，在园区层面重点推进生态化园区建设，积极引进资源再生利用的补链企业，在社会层面完善再生资源回收产业和积极引导发展资源再利用产业，促进整个社会的资源高效利用和循环利用；另一方面，实施产业调整和准入政策，通过差别水价、电价等资源价格干预政策，加快资源消耗高的落后产能淘汰，促进节能设备和技术的应用，实施严格的土地和节能审查、环境评价等投资管理政策，限制资源消耗高和环境污染大的企业发展，促进产业的资源配置优化。宁波强调资源配置优化政策见表3。

表3　宁波强调资源配置优化政策列表

政策文号	具体内容
《宁波市人民政府关于发展月光经济的指导意见》（甬政发〔2014〕78号）	以地铁1号线发放夜间免费乘坐地铁卡为契机，先行改造提升天一广场—和义大道、鼓楼沿、世纪东方广场、宁波文化广场、高桥—奥特莱斯广场等地铁1号线沿线的商业综合体、商业特色街区及功能区块的整体形象、配套服务设施
《宁波市人民政府印发关于进一步加快宁波市海铁联运发展财政扶持政策实施办法的通知》（甬政发〔2015〕18号）	通过宁波铁路港站海铁中转，按照实际装卸重箱箱量，对相应的船公司，按每标准箱50元标准给予资助。考核年度资助额度每家不超过50万元，每家船公司累计最高资助限额为150万元

（三）宁波现有产业政策的问题

宁波的产业政策在一些时期、一些方面对促进经济增长与结构调整发挥了积极作用。但在新常态下，宁波现有的产业政策有几个突出的问题：

1. 产业政策选择性和特惠式政策多

宁波的产业政策多是选择性和特惠式的,没有充分体现市场的需求,不能保障政策公平性,影响市场对资源的优化配置。宁波产业政策往往按所有制性质、规模大小和地区等非市场化原则对企业进行管理,往往扶持个别产业和个别企业。对某些产业、某些技术、某类企业实行特殊优惠鼓励政策,包括免税、补贴、低利率、无偿供地等,会使企业的实际成本被低估,成本收益指标不真实,往往鼓励和保护了享受优惠的低效率企业,而对于高效率但未享受优惠的企业是一种惩罚。因此经常导致资源配置劣化,经济效益降低。在有些情况下,这类特惠政策还意味着企业可以依赖政府支持,负盈不负亏,引起一些企业不计成本、盲目扩张、重复建设,导致产能过剩。

2. 宁波的产业政策行政干预和项目介入多

长期以来宁波对具体项目介入过多,政府审批过多,过度热衷于用行政措施提高经济增长速度和扩大投资,而在履行公共服务职能方面常常动力不足,工作不到位。在政府投资项目上,表现为“投资饥渴症”,在反腐的新形势下“投资饥渴症”有所减弱,但在履行公共服务职能上仍然存在政府缺位。

3. 宁波的产业政策高投入和低产出多

宁波的产业政策,往往一哄而上,使一种结构失衡迅速变为另一种失衡。对于落后和过剩产能,往往采用行政命令的事后淘汰方式,这种方式不如首先解决政府投资不计成本不讲效益,和国有企业负盈不负亏等机制问题,并严格规范和执行环保、能耗等政策法规。在促进科技创新和新产业发展方面,常常出现的问题是政府政策催生的新产业新项目,有新的外壳而缺乏新的实质,能够拿到政府优惠政策但技术指标并不先进,在国际上缺乏竞争力。甚至有不少此类项目实际是为寻租而生,以创新为名,通过钱权交易,行腐败套利之实。

三、法治背景下宁波产业政策的新要求

当前我国经济处于转型升级的关键时期。如果政府的产业政策自身不实现转型,那么旧的产业政策不仅难以有效指导产业的转型升级,还有可能造成新的矛盾和冲突。法治背景下地方政府制定产业政策要遵循如下

原则。

(一)产业政策法定原则

产业政策是一种政府行为,要想实现其真正的目的和意义,单纯地通过政府的行政权去实现,往往是不科学、不现实的。产业政策只有通过人大以法律的形式表现并实施起来,也就是说把产业政策法治化,才能促进市场经济的合理有序发展。

(二)产业政策中性化原则

根据国际经验,建立统一市场、平等竞争环境,应该实施一种偏向于中性的产业政策。中性产业政策是指除了法律和政策直接禁止的产业外,政策并不事先挑选输家和赢家,而是放手让市场竞争去优胜劣汰。这就需要地方政府从选择性和特惠式产业政策,转向改善市场环境、规范市场行为、促进公平竞争、完善要素市场,发挥市场机制对资源配置起决定性作用的普惠式政策,以促进产业结构合理化。

(三)产业政策市场化原则

地方政府作为竞争主体,出于考虑局部利益的逻辑,会运用行政权力鼓励那些对自己的市场利益有利的企业行为,限制那些对自己的市场利益不利的行为,从而不可能从根本上出现追求公平公正和公开的市场行为。用公司化的方式经营土地和经营城市,是这些年产业政策地方化的最典型现象之一,由此所带来的主要后果,政府不再是市场秩序的监管者,不再是社会公平和正义的维护者,只关心自己的商业利益,甚至为了自己的商业利益,不惜动用政权的力量以达到自己的目的。因此必须改善政府的行为,促进从经济主导型政府向服务型政府转变,减少非必要的政府投资,确立市场的投资主体地位,优化企业特别是国有企业通过市场实现要素优化配置和进入退出的机制。

四、法治背景下宁波产业政策转型的思路

经过改革开放近40年的发展,宁波面临的发展问题已经不是没有市场竞争,也不是没有市场自由,更不是没有发展竞争,而是缺少平等竞争,缺少自由竞争的公平环境和条件,表现为行政垄断、行政干预,各种利益团体借助产业政策等手段,严重扭曲市场的资源配置功能,降低了市场运行的效

率,导致严重的寻租和不公正,使市场取向的改革严重走样。基于新常态下建设统一市场、消除平等竞争障碍的要求,宁波产业政策转型的思路主要有以下几个方面。

(一)政策扶持对象的转型

法治背景下,宁波产业政策扶持的对象要转移到全体企业上来。

1. 加快实行普惠政策

公平竞争既是市场经济的基本特征,也是广大企业的共同呼声。宁波民营经济较为发达,政府应坚持"一视同仁"的理念,加快为市场主体创造公平的竞争环境及稳定的市场预期,使各类资本都平等拥有使用要素资源的权利,让各类企业都能在同一平台上竞争,进而夯实产业转型升级的微观基础。加快实行普惠政策就是要把产业政策的原则,从注重效率、特惠指标调整到注重公平和普惠指标上来,促进在公平竞争基础上不同行业、不同类别、不同规模企业共同发展。

2. 广泛减轻小微企业负担

宁波的小微企业资金实力比较薄弱,但融资成本更高,也容易受到市场波动和非市场干扰因素的影响,而处于相对不利的竞争地位。但它们劳动密集度高,在就业方面对宁波的经济发挥着不可替代的作用。宁波目前的小微企业优惠政策,一部分属于特惠政策,只对某些企业适用;而普惠性政策仍然优惠面窄,力度偏小。在法治背景下,宁波的产业特惠政策要尽量减少,代之以公开透明、标准统一的普惠性政策。特殊情况下确有必要保留的特惠性政策,必须做到面向全社会公开透明,制定严格规范的标准,建立事后核查、评估和责任追究机制,以达到广泛减轻小微企业负担的目的。

3. 要加快各类财税优惠政策清理

按照中央要求,统一清理全市各种税收返还、财政补贴奖励、土地出让等政策,不符合法律法规的一律取消。今后新制定产业优惠政策,需按照统一的政策制定权限执行,并建立清单和公开制度,破除部分企业在土地获取、税费减免等方面存在的"特殊优势"和"负面激励"。

(二)政策扶持方式的转型

法治背景下,宁波产业政策扶持的方式要转移到市场手段上来。

1. 切实加大破除垄断的力度

宁波应以新型城镇化国家试点为契机,有序推进市属国有企业混合所有制改革,加快推出一批基础设施和公共服务领域的 PPP 试点项目,有效化解长期存在的民间投资"玻璃门""弹簧门"和"旋转门"现象。

2. 要加快产业资金扶持方式转变

整合优化政策性资金使用,逐步由"无偿补贴投入"改为"有偿股权投资",最大限度压缩权力寻租的空间。进一步拓展全市产业引导股权投资基金规模,重点运作好工业与信息化、海洋经济、旅游、电子商务等专项基金,减少政府行政干预的程度,确保基金运作的市场化与专业化。

3. 要进一步减少政府对市场的干预

要实现经济再平衡,促进产业结构合理化,必须推进政府职能转变,减少政府对市场的干预,政府职能要转到以向全社会提供公共服务和维护良好的社会秩序、市场秩序为中心任务的轨道上来。政府预算应以公共服务为中心,政府的投资行为需要进行规范,招商引资和政府投资必须符合公共利益,必须进行包括社会影响在内的充分可行性论证。一般情况下政府不进行竞争性领域的产业投资。

(三)政策扶持重点的转型

法治背景下,宁波产业政策扶持的重点要转移到环境营造上来。

1. 进一步加大简政放权力度

结合全省"四张清单一张网"改革,最大限度减少和下放行政审批事项,探索建立市、县两级审批同权的扁平化管理制度,完善事中事后监管制度。尤其是要推进审批中介机构市场化改革,坚决破除"红顶中介"垄断现象。一旦政府作出投资决策,决策人需要对投资项目终身负责。政府投资项目的财务账目,除去国防、公共安全等涉密项目外,都应向社会公开,接受社会公众监督。

2. 进一步提升项目招商和园区运营效率

探索从原有的"政府办园区、招项目"方式向"企业办园区、招项目"方式转变。可将部分专业园区打包给具有丰富运营经验的园区开发公司去运营,依托其广泛的市场资源来吸引项目的入驻,并提供相应的专业服务。在这个过程中,各园区管委会主要是做好园区运营的相关服务和监督工作,尽量减少对微观项目的直接参与。

3. 进一步推进资源要素市场化配置改革

结合区域产业结构和企业规模特点,综合考虑亩均产出、亩均税收、单位能耗、单位排放等指标，建立分类分档、公开排序、动态管理的综合评价机制，配套实施差别化的水、电、土地、能源、环境容量等资源要素定价机制，确保优质项目的资源供给空间，倒逼产业结构调整升级。

4. 进一步注重创新环境营造

创新环境的营造，一是要改革科技创新体制，要从体制上研究解决我市科技资源错配化、科技成果评价行政化、公共创新平台低效化、城市创新文化弱化等问题，最大限度释放市场配置资源的决定性作用，充分激活市场主体的创新动力。二是要集聚和用好各类人才，要加快改革职务科技成果产权制度，出台股权和分红激励政策，加强知识产权保护，让科技人才通过创新获益，形成个人、企业和城市发展利益相一致的"激励相容"环境，真正体现尊重人才、尊重创造。三是要优化创业创新生态，探索运用政府购买服务的方式，大力发展市场化、专业化、集成化的"众创空间"，培育虚拟平台、类社区、类孵化器、供应链管理等模式创客，加快集聚金融、保险、咨询、检测等科技中介服务机构，促进创新资源和产业要素的高效对接。

（四）政策扶持机制的转型

法治背景下，宁波产业政策扶持的机制要转移到统筹协调上来。

1. 优化产业资源空间布局

随着各类经济活动的市场化与微观化，优化空间资源配置将成为政府为数不多且行之有效的调控手段之一。宁波应坚持"市域统筹"的理念，切实转变以往"乱铺摊子、无序竞争"等粗放型空间开发模式，加快形成集约、高效的产业空间布局。一是强化园区规划建设中的产业融合理念。制造业服务化已经成为当今经济发展的一大趋势，产业边界正变得日益模糊。对企业来说，这意味着从传统的制造转向"制造＋服务"一体化模式；对园区来说，则应从传统单一的工业园区、服务业园区转向更为综合的"产业园区"，在混合用地出让、产城功能配套、园区企业化运作等方面进行更多的探索。二是加强产业园区的规划统筹。结合"多规融合"改革，高水平编制我市产业布局中长期发展规划，并强化执行刚性。今后对于市级层面争取到的市级及以上重大产业项目，要严格按照产业布局规划向产业匹配度较高的园区落地。没有列入规划的产业区块，原则上不应再新增项目布局。三是加大对现有产业区块的归并整合。鼓励引导省级及以上开发区通过异地共建、整合托管、一区多园等方式，建立针对产业细分领域、链式发展、融合发展的专业园、园中园、拓展园，加快对县（市、区）、乡镇（街道）产业区块的整合及归并,推进产业布局从园区多点分散向高密度集群转型。

2. 促进三次产业协调发展

产业结构的统筹,要从以往的"强化一点",向协同推进方向转变。通过产业政策的引导,改变当前宁波三次产业发展关联程度较低的现状,形成第一、二、三产业相互促进、协调发展的现代产业体系。农业要与农产品加工业联动,通过公司带农户的新型产业组织形式,形成农业产加销的产业化发展。制造业要向服务业延伸,通过产品的服务提升产品价值。三次产业的协调发展,符合产业结构转换的规律,需要产业政策扶持引导产业组织的创新实践。

3. 尽快制定产业平台化发展政策

产业平台具有很强的集聚能力,通过平台接口的多样化合理设置,可以突破产业边界,吸引相关产业的企业及用户积极参与该平台,实现产业聚合发展。宁波应加快制定宁波版的"互联网+"行动计划,推动移动互联网、云计算、大数据、物联网等与制造业结合,鼓励引导我市企业运用众筹、众包、O2O等互联网模式,在平台的源头环节就将市场需求结合起来,构建基于市场需求的精准化商业平台网络。

五、法治背景下宁波推动产业发展新手段

总结过去产业政策的经验教训,宁波在法治背景下为了实现产业政策的转型,可以采用深入推广政府和社会资本合作模式、组建国有资本投资运营公司、加大政府购买服务力度等一系列新手段。

(一)深入推广政府和社会资本合作模式(PPP)

为了深刻把握经济运行"新常态"和宁波发展的时代特征,找准宁波发展的薄弱环节,进一步鼓励和吸引社会资本加大基础设施、公共服务、资源环境、生态建设等重点领域投资,就要坚持PPP的发展模式,宁波要重点做好以下几方面工作。

1. 继续深化重点领域PPP模式创新

结合不同行业特点,研究"影子价格""影子流量"等可计量、可考核、易操作的新方法,探索项目特定受益对象成本分担机制,合理构建商业模式,

吸引社会投资。建立PPP试点项目"绿色通道",加强与社会资本对接,加快推进项目建设。强化政策保障,启动PPP投融资改革立法调研,研究明晰法律关系,推进有关特许经营权管理办法立法工作,切实保障投资人权益。

2. 优化政府投资安排方式

政府投资要收紧拳头、集中力量、补充短板,重点加强公益性和基础性重大项目建设。对鼓励社会资本参与的重点领域,政府投资可根据实际情况,采取投资补助、基金注资、担保补贴、贷款贴息等方式给予支持,进一步发挥政府投资"四两拨千斤"的引导带动作用。

3. 落实重点领域优惠政策

按照《国家税务总局关于进一步贯彻落实税收政策促进民间投资健康发展的意见》(国税发〔2012〕53号)精神,切实落实社会资本发展公益性事业的税收优惠政策。落实PPP项目在用地、用水、用电、用气价格方面的优惠政策,保障社会资本在人力资源培训交流、医保社保政策方面的同等权益,进一步增强社会投资信心。

(二)组建国有资本投资运营公司

《中共中央关于全面深化改革若干重大问题的决定》明确提出,"改革国有资本授权经营体制,组建若干国有资本运营公司,支持有条件的国有企业改组为国有资本投资公司"。在法治背景下,宁波要加快组建国有资本投资运营公司,做好以下几个方面的工作。

1. 实现国有资本投资运营公司对所有国有企业的全面覆盖

改革后,所有国有企业均统一由不同地方层级的国有资本投资运营公司持股,为全面政企分开打下体制基础。同时,通过对国有资本投资运营公司的设立加以严格限制,建立国有资本自身的约束机制,解决国有企业无序扩张、多头投资、多头管理的问题。

2. 在构建国有资本投资运营公司时,实现初始的股权多元化

国有资本投资运营公司之下的经营性国企,初始阶段可由多家国有资本投资运营公司持股,一家为主。同时,国有资本投资运营公司可在不同行业的企业持股,强化其资本管理属性,弱化其行业属性。

3. 国有资本投资运营公司应严格定位

国有资本投资运营公司应严格定位于资本运营主体,不进行除投资管理业务之外的其他经营活动,对所投资企业仅作为股东依照公司法参与经

营管理。此外,在理顺国有资产管理体制的过程中,要妥善解决国有企业的社会负担和历史遗留问题。

(三)设立产业引导基金

宁波要积极促进产业资本和金融资本的融合,培育产融结合的财团,从而提升资本运营效率实现规模经济,降低交易费用,实现优势互补。宁波设立产业引导基金,要做好以下几个方面的工作。

1. 资金来源和用途要合理

产业引导基金筹集资金不能搞"高息揽存",也不能搞散户的"众筹融资"。产业引导基金的合伙人数不能太多,主要应该是机构投资者和个人投资者中的大户。此外,私募基金也不宜去做信托资金、银行资金的所谓"通道"业务,资金来源不顺畅、不合理、不规范,将影响基金正常运作。产业引导基金不能拿募集资金去二级市场炒股,或者炒房、炒汇,产业引导基金就是搞企业投资、股权投资。

2. 建立良好的退出机制

就产业引导基金退出通道而言,有上市转让、在地方产权交易市场转让或区域性股权市场挂牌转让等途径,也包括战略投资购并以及原来投资企业的股东回购、管理层收购等方式。

3. 良好的投后管理架构

产业引导基金投资一般应该是参股性质的,不应以控制企业生产经营为目的,而应通过股东会、董事会等机构,帮助企业完善内部治理、提高决策能力和水平,帮助企业提升价值。

(四)加大政府购买服务力度

在法治背景下,地方政府为促进经济发展转型,必须加快转变政府职能,推进社会事业改革,创新社会治理体制,促进服务型政府建设,努力为广大人民群众提供更好的公共服务。这就要求政府加大政府购买服务力度。宁波加大政府购买服务力度,要做好以下几个方面的工作。

1. 建立健全政府购买服务制度

各级财政部门负责建立健全政府购买服务制度,研究制定购买服务的指导目录,监督、指导各类购买服务主体依法开展购买服务工作,牵头做好政府购买服务的计划管理、资金管理、采购管理、监督检查和绩效评价等工作。建立政府购买服务统一信息发布平台和购买服务项目管理系统。

2.梳理政府职能,促进政事分开

各级机构编制部门负责梳理政府职能,推动事业单位与主管部门理顺关系和去行政化,按照事业单位改革的要求协调推进有条件的事业单位转为企业或社会组织。各级人力社保部门负责牵头组织开展事业单位改革工作和事业单位转企改制工作。通过推广政府购买服务促进政事分开,逐步实现事业单位由"养人"向"办事"转变。

3.培养和壮大社会力量

各级民政、市场监管以及行业主管等部门要按照职责分工,培养和壮大社会力量,支持社会组织、企业、机构和其他经济组织等社会力量参与政府购买服务工作;深化社会组织管理制度改革,清理和废除妨碍公平竞争的各项规定和做法;联合财政部门、购买主体建立相应的信用记录及应用机制,不断健全守信激励和失信惩戒机制。

(五)深化科技创新体制机制改革

面对全球新一轮科技革命与产业变革的重大机遇和挑战,面对经济发展新常态下的趋势变化和特点,宁波必须深化科技创新体制机制改革,加快实施创新驱动发展战略。宁波深化科技创新体制机制改革,要做好以下几个方面的工作。

1.谋划好创新驱动路径

着眼宁波改革创新发展全局,加强创新驱动路径、规划的研究,着力强化"十三五"科技创新发展规划顶层设计,加大科技金融、新型研发组织、科技成果转化、自主创新产品市场应用、重大创新平台建设等方面改革创新力度,采取精准对策、完善创新政策,努力争创国家全面创新改革试验区。

2.落实好重大创新部署

推进新材料科技城建设,推动新材料领域高端人才引进、创新平台建设,积极争取纳入国家重大创新平台布局。实施重大科技专项,在石墨烯、12英寸单晶硅、新型防腐涂料等细分领域积极争取国家关键材料升级换代工程重大专项支持。加快新能源汽车应用示范城市建设,着力突破超级电容、有轨电车等关键技术,做强做大汽车及关键零部件产业。

3.解决好创新转型短板和瓶颈

针对科技资源少、创新能力弱、科技投入强度较低的现实,加大企业创新载体建设和扶持力度,探索推行合作方投资、企业(民间资本)投资与政府补助与相结合的院所建设模式;加快发展"天使投资",全面启动非抵押、非专业担保公司担保的科技信贷工作;加强产学研合作,实施工业科技特派员专项行动,激发科技人员创新创业活力。

4. 发挥好科技创新引领转型作用

聚焦工业转型,实施科技领航计划,加强对创新型企业的培育和指导;加快推进研究开发、技术转移、创业孵化、知识产权、科技咨询、科技金融等科技服务业发展,加紧建成科技大市场;推进实施战略性新兴产业三年行动计划,加强战略性新兴产业专业园建设,加快高新园区、产业集聚区、经济开发区转型发展。

参考文献

[1] 上海福睿智库.宁波"十三五"产业转型发展的总体思路研究.经济丛刊,2015(2).
[2] 叶卫平.产业政策法治化再思考.法商研究,2013(3).
[3] 刘志彪.经济发展新常态下产业政策功能的转型.南京社会科学,2015(3).

(作者单位:宁波市社会科学院)

优化宁波创业创新过程中的行政执法环境研究

陈　琳

　　摘　要:行政执法环境,作为相关监管部门履行市场监管职责、规范市场运行秩序的主要载体,也是评价投资创业环境与创新氛围的重要参考。营造公平公正、严肃严格、透明高效的行政执法环境,既有助于营造公平准入、平等竞争的市场环境,也将通过成本机制克服逆向选择以实现创业创新的结构优化,还能规避创业创新过程中的囚徒困境现象以激发创业创新热情。本文试图从理论和实践上,分析行政审批与执法环境对提升宁波创业创新吸引力、优化创业创新结构、激发创业创新热情等方面的重要意义,并针对问卷调查与个别访谈中反映出来的普遍性问题提出政策性建议。

　　关键词:优化　创业创新　行政执法环境　研究

一、优化执法环境与创业创新的机制研究

(一)优化行政执法环境的理论内涵

　　环节上,是涵盖行政审批与行政执法的广义执法环境:"谁审批谁监管",作为我国长期以来行政审批制度与行政法规立法体系的重要原则之一,同时随着新一轮行政审批制度改革的推进,"宽进严管"将成为审批监管

模式的常态,而且执法人员提前介入到审批环节的现象日益明显。因此在研究过程中,应当将行政审批与行政执法作为不可分割的两个环节。

形式上,不是"发免检证",也不是"看人下菜",更不是"关门打狗",而是在审批与执法的整个过程中,对所有企业或个人都遵循恰当的程序、时限与标准。因此,谈到行政执法的公平性,要避免当前一种较为片面却较为普遍的认识,即专注于自由裁量权的滥用,例如对本地投资企业的处理上轻描淡写,而对外地投资企业的处理上就公事公办,而应当将之延伸到行政审批与行政执法的全过程,内容上也要涵盖对程序的严格遵守及效率的有效提升。

目标上,通过严格、公平、高效的行政执法体系,营造平等准入、公平竞争、安全有序的市场环境,从而有效提升宁波的创业创新吸引力,激发创业创新热情。

(二)行政执法环境的优化,将显著降低创业创新成本,提升创业创新积极性

在行政审批与执法过程中,门槛的降低、程序的简化以及效率的提高,最直接直观的效果就是显著降低创业创新的成本,提升创业创新的积极性。创业门槛的降低,例如注册资本金额与结构、经营面积、场所性质等方面限制的逐步降低甚至取消,将有效降低创业的启动成本,降低不必要的支出,将有限的资金更多地用于关键环节,从而降低创业风险,营造大众创业、万众创新的活跃氛围。

程序的简化与效率的提高,将有助于降低创业创新的时间成本,从而间接降低创业创新的经营风险。这种与时间长短密切相关的经营风险,对于新药研发、专利技术的成果转化、新型业态的市场运营等跟时间赛跑的创新型项目尤为关键:先行入市的项目将获得明显的先发优势,进而通过规模优势进一步巩固其领先地位;而后来者则不得不面临更为激烈的市场竞争,甚至可能被贴上模仿者、追随者等标签,在后续的竞争中处于不利地位。

(三)执法环境优化,通过违法成本的内部化克服创业创新过程中的逆向选择现象,促进创业创新结构的改善

由于市场上普遍存在的信息不对称问题,将使创业创新领域出现一定程度的逆向选择现象:在环保领域,严格执行环保标准的企业反而竞争不过偷排偷放的企业;在品牌经营中,踏踏实实做品牌的企业反为制假售假者所累;在技术研发领域,耗时数年的埋头苦干,反而可能敌不过山寨者几天的"定向专研"。这种劣币驱逐良币的逆向选择现象,如果得不到有效遏制,将明显影响到市场的创业创新热情,并使得市场上急功近利、投机取巧等情绪蔓延,山寨成风、假冒遍地等现象涌现,极大损害地方经济的可持续发展潜力。

而这种逆向选择现象的存在,尽管也有社会诚信缺失方面的原因,但是严格公正执法环境的缺失同样难辞其咎,因为后者使得部分企业免于或者部分免于承担违法行为所对应的法律责任,从而在市场竞争中享受到一定的成本优势。因此,建立执法必严、违法必究的行政执法环境,将使市场参与者对潜在违法行为形成一定的成本预期,并将之内部化到产品的成本上,从而有效规避逆向选择问题,实现创业创新由短期向长远、由混乱向规范、由模仿向创新转变,实现创新创业的结构优化与可持续发展能力的提升。

(四)执法环境优化,有助于规避创新过程中的囚徒困境,提升创新热情

由于品牌营销、技术研发、新型业态等无形资产的培育均需要较长时间的持续成本投入,如果其间对侵权行为的严肃查处与对知识产权的有效保护没有到位,企业间的竞争将陷入囚徒困境的不利局面。在这种情形下,企业不愿意花费大量的时间、精力、财力来实施品牌营销、技术研发、创意生成,而想通过山寨与仿冒来坐享其成,虽可获得一时的发展,长期来看却难成气候,必然陷入价格竞争、品质下降的恶性循环之中。

因此,在国家大力倡导通过"大众创业、万众创新"来激活增长新动力、提升发展新模式之时,甚至将"创新"列为"十三五"规划建议稿的五大发展理念之首,相关监管部门应当更加注重知识产权领域的执法环境优化,特别是加强在专利与商标领域的监管与保护,对侵权行为根据其性质与情节课以严格且公正的法律责任,引导市场参与者在创业创新之路上,唯有在创新起航与付费搭车之中任选其一而别无他途,杜绝山寨、仿冒等搭便车行为,从而活跃创新氛围、激发创新热情。

(五)执法环境优化,是优化宁波整体市场环境的重要组成,将提升宁波创业创新吸引力

执法环境,越来越成为一个城市整体投资环境的重要组成部分,因为它不仅涉及政府各种审批政策的一贯性与可信性,更通过审批与执法的公平性与程序性影响到各种市场参与者的竞争起点与成长进程。在新媒体时代,相当一部分投资者会通过论坛、微博、微信等互联网渠道获取信息,并以此来评价一个城市的创业环境与创新氛围。但是不同于以正能量宣传为主的传统媒体,在以论坛与微博为代表的互联网信息平台,绝大多数公平公正高效的行政执法案例可能被视为理所当然而鲜有报道,但是一两个明显有失偏颇的个案却有可能被加倍放大、反复拷问,成为城市形象中久久挥之不去的"关键词":一盘"青岛大虾"经过互联网的广泛传播,让耗时数年打造的国际旅游城市形象蒙上阴影;同理,几个有失公允的行政处罚案例,就可能对一座城市的投资创业形象造成难以消除的负面影响。

《财经》杂志曾援引原辽宁省委书记王珉的描述①:即使是当地政府招商引资过来的重点项目,部分部门、官员依然动辄"关门打狗",以各种名义对其进行处罚,更何况是普通的民营企业。因此,很多与当地国企做配套的民营企业在吃了哑巴亏之后,陆续撤离辽宁,将生产基地设在天津或者河北,宁愿承受额外的运输成本,也要规避不可预期的政策成本。这或许仅是个案,但是经过媒体的广泛报道与投资者的口口相传,却成为影响东北地区投资吸引力的重要因素,甚至成为拖累东北经济衰退的原因之一。

二、在行政审批制度改革背景下,宁波在优化执法环境方面的举措

2013 年以来,国务院启动新一轮简政放权的改革进程,分七个批次累计取消了 367 项行政审批项目,下放 135 项,并将 134 项前置审批项目改为后置审批。在严格贯彻国务院关于行政审批制度改革意见的基础上,宁波根据自身发展现状,通过权力清单的梳理对各监管部门的行政审批事项进行了全面的整理和规范,并出台宁波版的行政审批改革意见,以适应宁波产业调整的具体要求与实际问题,促进宁波的产业转型与结构提升。

根据宁波市审管办的统计②:截至 2014 年底,宁波市级部门累计取消审批项目 458 项,下放 271 项,转移 35 项,审批权力事项削减率达到 57%;同时,通过地方立法设立的行政审批项目,由 35 项削减到 21 项,削减率为

① 杨中旭:《救急东北经济增长:黑吉辽三省财政收入出现了负增长》,《财经》2015 年 5 月 11 日。
② 宁波市行政审批管理办公室:《市管办(交管办)2014 年工作总结与 2015 年工作要点》,参见:http://zfxx.ningbo.gov.cn/gk_public/jcms_files/jcms1/web53/site/art/2015/5/28/art_1475_371637.html,访问时间:2015-10-30。

40％。但由于宁波没有入选国家行政审批制度改革的先行先试城市,对于某些法律法规明文规定但是不再适合宁波现阶段发展要求的行政审批与监管事项,即合法不合理的事项,无法明文予以削减。因此宁波现阶段的行政审批制度与执法体制改革,更多是通过审批权与执法权的集中与下放来实现效率提升,通过标准化建设与网上公示来实现透明度提升。

(一)启动行政审批权与执法权的下放与集中,减少执法层级、简化审批流程、提升审批与执法效率

从 2009 年底启动卫星城改革试点工作以来,宁波探索实施行政审批与行政执法权下放,赋予卫星城八镇相当于部分县区级的审批权与执法权,实现监管权限与监管职责上的相对统一,既提升了卫星城镇市场主体的创业创新便捷度,激发区域经济发展活力,又增强了卫星城行政执法机关的监管职能,有效规范与引导新型城市化的发展进程,进而提升卫星城镇的创业创新吸引力。

与此同时,宁波也在行政审批权与执法权统一方面进行了成功的探索。

宁波市本级行政服务中心在行业联合审批与重大基建项目联审联办方面进行了成功探索:截至 2014 年底,已在文化娱乐业、餐饮业、电影放映、游泳馆等 10 个密切关系民生的行业实现了行业联合审批,并实现"6+1""9+X"基本建设项目的联审联办机制的常态化运行,有效缩短项目审批时间,加快项目建设进程。

奉化市行政服务中心于 2013 年底启动以"一窗受理、内部流转、同步审批"为主要特征的多证联办机制,通过工商、质监、税务、公安等部门的协同参与,有效整合营业执照、组织机构代码证、税务登记证、公章刻制备案等流程,将以往需要提交 4 份材料、一般办理期限 20 天左右的审批流程,提升到提交一次材料、最快 5 个工作日办结,流程明显简化、效率明显提升,从而有效降低了创业主体的启动成本与创业风险。奉化市行政服务中心的这项探索,客观上也为 2015 年 10 月宁波率先在国务院"三证合一、一证一码"要求的基础上,成功实现"五证合一、一证一码",积累了丰富经验。

宁波在卫星城改革试点过程中,在余姚泗门镇探索成立行政执法局,通过与县(市)级监管部门签订委托执法协议的方式,来统一行使与城市管理和社会民生密切相关的行政执法权,既解决传统监管模式中"多头执法、重复执法"的问题,又消除监管盲区,减少"推诿扯皮"现象,有效规范了市场运行秩序,为创业创新营造良好有序的市场环境。

（二）推行行政审批标准化建设与行政执法网上公示，缩小自由裁量空间，强化市场主体的成本预期

在行政审批环节，宁波市本级行政审批部门于 2010 年开始推行涵盖"资格条件标准、运作程序标准、联合办理标准、内部管理标准、窗口服务标准、信息公开标准"的行政审批标准化建设，对行政审批的准入条件、申报材料、程序流程、办结时限等方面都作了具体明确的规定，通过制度约束减少行政审批环节的自由裁量权空间，努力构建便捷、透明、高效、规范的行政审批服务，并发挥行政审批在社会资源配置中的调控与引导功能。2012 年 12 月 25 日，该项目获得中国政法大学法治政府研究院创设的第二届"中国法治政府奖"[①]，表明它的成果与影响力得到了广泛认可。

在行政执法环节，宁波结合企业信用平台建设，建立行政执法案件的网上公示平台：截至 2015 年 10 月底，通过浙江政务信息网·宁波频道，累计有 56814 项行政处罚的结果得到了公示，公示内容包括违法行为的主体、时间、情节、性质。此举不仅是顺应政府信息公开的要求，也是市场主体违法行为的信用预警，更为重要的是通过将行政处罚结果晒在阳光下，通过外部监督来减少执法过程中的人为干预，营造公平、公正、公开的行政执法体系，强化创业创新主体对潜在的违法行为形成较为清晰明确的成本预期，从而有助于实现违法成本的内部化。

总体而言，通过各级各部门的共同努力，宁波在行政审批与行政执法领域取得了较为突出的成绩，也得到了社会上的广泛认可：根据中国政法大学"中国法治政府评估课题组"发布的《中国法治政府评估报告（2013）》[②]，在行政执法这个一级指标上，宁波排名全国第 11 位，在 15 个副省级城市中排名第 7 位；综合排名全国第 9 位，在 15 个副省级城市中排名第 4 位，总体处于第一方队阵营。

---

① 《第二届中国法治政府奖评选揭晓》，新华网：http://news. xinhuanet. com/politics/2012-12/24/c_124138606. htm.

② "中国法治政府评估"课题组：《中国法治政府评估报告（2013）》，《行政法学研究》2014 年第 1 期。

三、从问卷反馈看宁波行政执法环境的现状

为综合评价新一轮简政放权过程中市场主体对宁波行政审批与执法环境的反馈,课题组抽取 2014 年 1 月 1 日以来新成立的 54 家企业,对其负责人进行问卷调查。参与问卷调查的 54 家企业中,有 37 家为初次创业,其余17 家有过创业经历;同时,33 家企业的主要投资人来自宁波大市范围内,其余 21 家来自宁波大市以外。

通过对回收问卷的汇总分析,初步得出以下结论。

(一)市场环境是吸引创业创新的最主要因素,行政执法环境也对创业创新决策产生重要影响

如图 1 所示,通过对投资者在宁波投资创业的主要因素的分析(多选题),在问卷预设的 6 个选项中,市场环境成为吸引创业创新的最主要因素,有 31 家企业的主要负责人将它作为主要参考,甚至有相当一部分企业将它作为唯一考量。

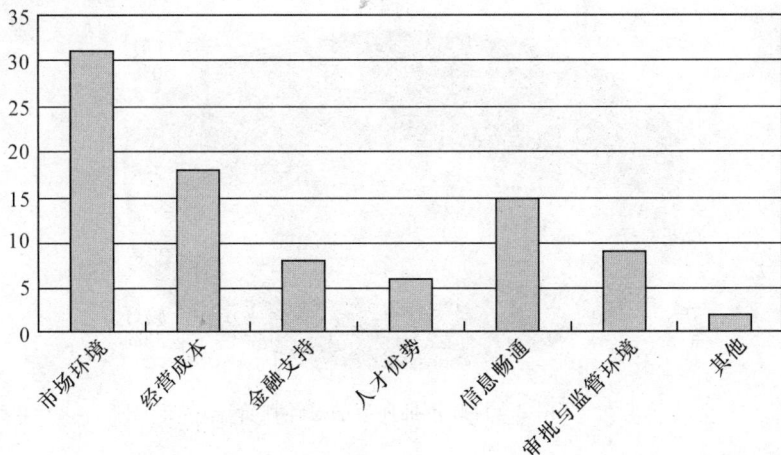

图 1　投资创业的主要因素分析

通过对电商企业的问卷反馈及个别访谈,这种现象表现得更为明显。得益于江浙沪地区覆盖城乡、高速便捷的宽带设施与快递网络,很多电商企业便将靠近上下游企业作为主要参考,以便更快更好地掌握产品与需求动向。甚至有部分电商企业,本身就是给制造型企业做配套的,作为原有销售

渠道的补充以及传统制造型企业实施"互联网＋"战略的起点与基石。

与此同时,经营成本与信息畅通分别成为影响投资者决策的第二、第三大因素,特别是部分本地投资者,通过利用原有生产经营场所进行再创业,以实现经营成本方面的显著优势。

审批与监管环境排在第 4 位,特别是食品生产经营领域、环境监管领域内的相关企业,可以在一定程度上反映出新一轮简政放权的改革进程对于激发大众创业、万众创新的积极成效。根据宁波市市场监督管理局的统计,自 2014 年 3 月 1 日施行以"注册资本实缴改为认缴、先证后照改为先照后证、企业年度检验改为企业信息公示"为主要特征的商事制度改革以来,一年时间内新增各类市场主体逾 11 万家,同比增长 18.6％,特别是新登记公司制企业 3.3 万余家,同比增长超过 70％,成效十分显著。

(二)行政审批环节总体评价较高,但便捷性仍有待提高

通过对行政审批环节的反馈结果,宁波近几年行政审批制度改革成效显著:如图 2 所示,对审批环节的总体评价满意率为 66％(包括总体评价为"较好"与"好"),不满意率仅为 4％。

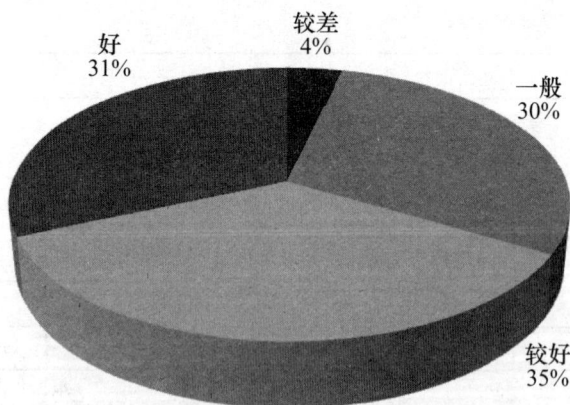

图 2　行政审批环节的总体评价

在问卷预设的关于行政审批环节的五个分项中(如图 3 所示),企业负责人对服务态度的满意度评价最高,达到 68.5％(包括评价为"较好"与"好"),不满意度为零;同时,对于审批效率与程序规范的评价满意度也比较高,充分显示出行政审批制度改革与职能转变过程中,审批人员的服务意识、效率效能均有明显提升。

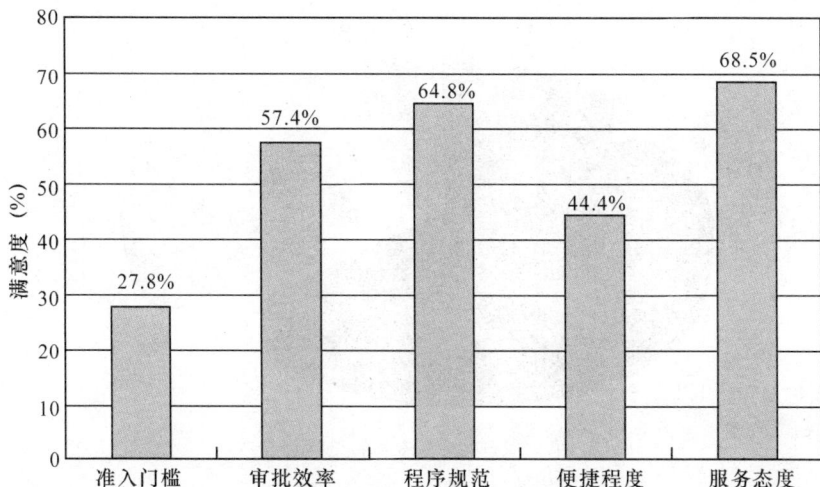

图 3   行政审批环节的分项满意度评价

与此同时,准入门槛、便捷程度等两个分项的评价满意度均在 50% 以下,显示出在行政审批环节还存在限制过多、资料烦琐等不利因素,因此仍需要继续通过取消或降低在经营面积、资本成分、经营场所等方面的限制,并通过"三证合一"、"一站式"受理、建立统一网上审批平台等方式精简申报资料数量、简化申报流程等方式提升行政审批的便捷程度,从而进一步提升审批效率,激发创业热情。

(三)行政执法环节的满意度低于审批环节,执法公平性有待提升

根据行政执法(监管)环节的综合评价结果(如图 4 所示),行政执法环节的满意度为 63%(包括综合评价为"较好"与"好"),略低于行政审批环节的综合评价满意度;不满意度为 4%,与行政审批环节相同。这说明,在本轮监管机构的行政体制改革进程中,审批制度改革的进程要优于监管制度改革。在"宽进严管"的总体要求下,"宽进"的步伐已经大步迈出,但是"严管"的脚步没有及时跟进。从深层次分析,主要有以下两方面的客观原因。

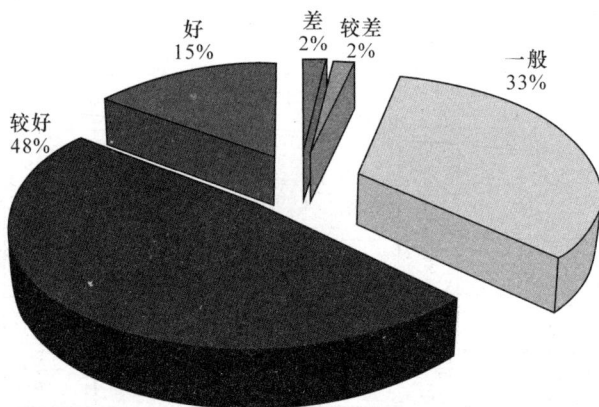

图 4　行政执法环节的总体评价

　　第一,行政审批体制改革是一个放下与减轻的趋势,而行政执法体制改革是一个拾起与加重的过程。后者面对的是党和人民对食品药品安全、生态环境质量、城市运行秩序日趋严格的要求与期盼,而监管能力的拓展与提高需要一定的学习、适应与提升。

　　第二,行政执法环节改革所涉及的人员调整与职能整合,要远比行政审批环节更烦琐、更困难。以宁波市场监督管理系统的调整为例,对于后者,在市级与县(市)区级行政审批窗口,以窗口合并为主要方式,审批人员的分工不会有特别大的变动;街道(镇)一级的行政审批窗口,部分与前例类似,其余通过增加原工商审批干部的审批职责来实现职能调整。但是对于前者,由于主要是基层监管部门承担监管职责,而监管职能分工原则上沿用原工商部门的划区监管模式,这就意味着原工商监管干部势必承担起一定区域内的食品药品、生产环节、特种设备等领域的监管职责,必将产生"全方位监管"与"专业化监管"的矛盾,监管效果也将因此受到影响。

　　在问卷预设的行政执法环节的 4 个分项中(如图 5 所示):总体而言,行政执法环节的分项满意度要低于行政审批环节,满意度水平亟待提高。其中,执法效果的满意度相对最高,但是依然不够理想,仅为 51.9%;其余 3 个分项的满意度均未超过 50%,特别是执法公平性(对不同执法对象是否遵循相同的自由裁量权适用规则)这个分项的满意度仅为 35.2%,因此有必要通过在部门内部施行行政处罚的自由裁量权实施细则,并通外部监督来规范自由裁量权的合理使用。

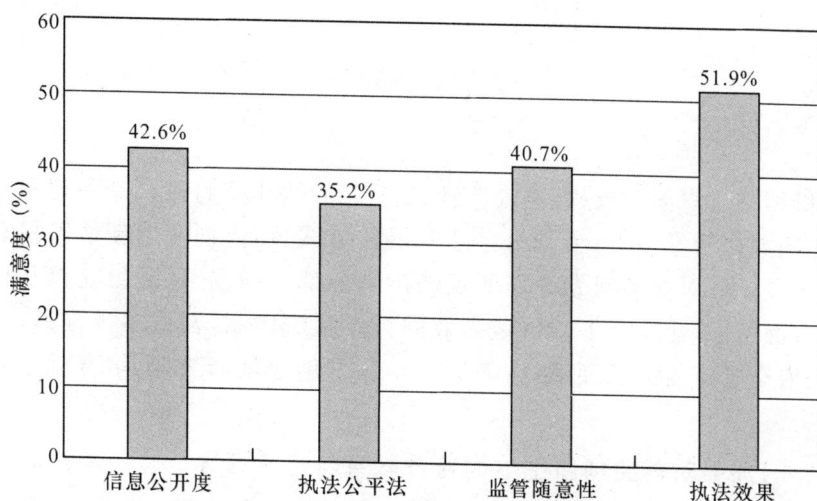

图 5　行政执法环节的分项满意度评价

（四）论坛、微博等新兴媒体是投资者了解宁波投资环境的重要窗口

根据问卷反馈（如图 6 所示）：除自身经历外，来自家人或者朋友的反馈信息成为投资者了解宁波的最主要渠道，其中有 33 家企业的负责人是通过这一渠道了解与评价宁波的投资环境的；除此之外，论坛、微博等新兴媒体成为投资者了解宁波的重要窗口，约占总数三分之一的受访者是通过论坛、微博等渠道来了解与评价宁波的。

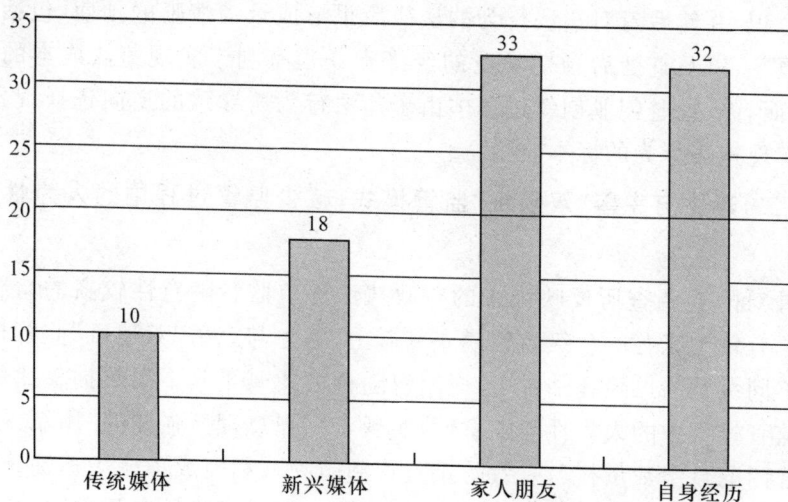

图 6　投资者了解宁波的主要渠道

四、政策建议

继续推进以简政放权、宽进严管、放管结合为主要特点的新一轮改革措施,是国家在新常态下,主动为企业发展松绑减负、为创业创新清障搭台的重要手段。针对前期问卷调查所反映出来的部分问题,课题组建议从以下几个方面着手,建立公平、严格、高效的行政执法体制,营造平等准入、公平竞争、安全有序的市场环境,从而进一步激发创业创新热情、培育城市发展新动力。

(一)加强对创业创新主体的普法教育与行政指导

针对问卷调查所反映出来的行政执法环节信息公开不足的情况,应当加强对创业创新主体的普法教育与行政指导,提高市场主体的法律意识及对潜在违法行为所产生的成本预期,从而实现行政执法的源头治理。

当前,在行政执法部门的原有考核机制中,普遍存在"轻普法、重执法"的现象,使得执法部门与执法人员,都把工作重心放在违法行为的查处上,而相对忽视违法行为的源头治理。因此,应当对执法部门的考核机制进行适当调整,引导执法部门将一部分重心从事后处罚过渡到事前普法教育,通过对创业创新主体的事前教育与经营过程中的跟踪指导,增强市场主体的法律意识,并使后者对违法行为的法律后果形成较为清晰的预期(包括被查处的概率,以及查处后预期承受的经济责任),有利于实现违法成本的内部化,从而有效规避创业创新过程中由于违法行为所导致的逆向选择现象,并最终实现违法行为的标本兼治。

(二)建立与完善"双随机"监管模式,减少监管过程中的人为性与随意性

针对问卷调查所反映出来的行政执法环节监管随意性较高的情况,建议在原有较为完善的分级监管模式基础上,建立与完善"双随机"监管模式:针对不同级别的风险评估水平,应用双随机模式赋予其不同的抽查比例,既减少监管过程中的人为性与随意性,实现李克强总理所强调的"用制度限制监管部门的自由裁量权",有效防止监管部门为顺利完成考核指标而将监管重点置于有一定财力的企业或个人,却偏离正常的风险导向要求;又从制度上减少寻租行为与说情现象,让行政监管真正成为高悬于每个违法经营者

头上的达摩克利斯之剑,使他们真正对监管法律法规心存敬畏而不敢逾越法律底线。

(三)实施"自由裁量权"施行细则,完善"阳光行政"体系,提升执法公平性与透明度

针对问卷调查所反映出来的行政执法环节执法公平性有待提高的现象,建议:

一方面,通过制定与实施"自由裁量权"施行细则,根据各地区的不同发展阶段与实际情况,使行政处罚结果与行政违法行为的性质、情节有更为细化、具体的,缩小实际操作过程中的自由裁量权空间,既有助于提高行政执法对象对执法结果的接受度,也有助于市场主体对潜在违法行为形成更为明确细致的成本预期。

另一方面,在现有行政审批事项与行政处罚文书网上公示的基础上,完善"阳光行政"体系,借鉴与完善法院系统判决文书公示平台,改变当前公示覆盖面不全及公示平台各自为政的现象,建立各地区、各部门统一的公示平台,同时完善公示信息的检索模式,便于同类案件的分析与比对,从而通过外部监督的巩固与强化来规范"自由裁量权"的合理使用,以提升执法的公平性和透明度。

(四)完善网上审批平台,进一步提升行政审批便捷性

李克强总理在 2015 年初的国务院常务会议上强调①:"大多数审批事项都可以实现网上办理,这是解放生产力啊!各地方、各部门完全有条件实现这一点。"因此,针对问卷调查所反映出来的行政审批环节便捷程度有待提升的问题,建议进一步完善网上行政审批平台,并打通各审批部门的物理性藩篱,实现各部门之间流程共通与数据共享,尽量让数据多跑人少跑,从而进一步简化审批申报流程,提升审批环节的便捷性。

(五)对新兴业态多指导引导、少处理处罚,为创业创新营造宽松环境

改革开放以来,随着中国经济的跨越式发展,市场监管方面的很多法律法规在一定程度上滞后于经济发展的实际状况与客观要求。很多后来成为国民经济重要组成的经济形式,远的有联产承包责任制与个体户,稍近的有淘宝网店,更近的则是互联网金融,如果生搬硬套当时的法律法规,在它们

---

① 李克强:《大多数审批事项都可以实现网上办理》,中国政府网,http://www.gov.cn/xinwen/2015-01/07/content_2801890.htm,访问时间:2015-11-05.

诞生之初都是违法的,都是应当被取缔的,所幸当时的监管部门都没有将它们一棍子打死,而是采取合理引导的方式,并最终通过政策法规的适当修订赋予它们合法地位,才有了后来蓬勃发展的民营经济,也让中国成为在互联网经济领域唯一能够匹敌美国的互联网大国。

因此,在国务院大力倡导"互联网+""大众创业、万众创新"的战略背景下,对于诸如互联网金融、O2O 项目等新兴业态,只要未触及危害群众健康、破坏生态环境等法律底线问题,就应当更多在政策空间里进行引导与指导,不要急于生搬硬套现行法律法规进行处理与处罚,要为创业创新活动提供相对宽松的环境,努力让宁波成为新兴业态的试车场。等到新兴业态发展逐渐成形、前景日趋明朗之时,再根据国务院或相关部门的法律法规进行合理监管,或许当初星星点点的创业创新火花此时已渐成燎原之势,成为新的增长热点。

参考文献

[1] 杨中旭.救急东北经济增长:黑吉辽三省财政收入出现了负增长.财经,2015-05-11.

[2] 宁波市行政审批管理办公室.市管办(交管办)2014 年工作总结与 2015 年工作要点.参见:http://zfxx. ningbo. gov. cn/gk_public/jcms_files/jcms1/web53/site/art/2015/5/28/art_1475_371637. html,访问时间:2015-10-30.

[3] 万静.第二届中国法治政府奖评选揭晓.http://news. xinhuanet. com/politics/2012-12/24/c_124138606. htm.

[4] "中国法治政府评估"课题组.中国法治政府评估报告(2013).行政法学研究,2014(1).

[5] 李克强.大多数审批事项都可以实现网上办理.中国政府网,http://www.gov. cn/xinwen/2015-01/07/content_2801890. htm.访问时间:2015-11-05.

(作者单位:宁波市社会科学院)

宁波文化法治现状及对策研究

张　英

摘　要:在全面推进依法治国的当下,大力加强文化法治建设,提高文化治理能力现代化,是促进文化强市建设的重要命题。近年来,宁波文化法治建设紧密结合文化改革发展的实际,在文化法律制度体系建设、文化行政职能改革、文化行政审批、文化市场执法、版权保护与管理等方面取得了一定的成绩,但同时也存在着文化立法体系有待健全、文化法治队伍建设还有待推进、知识产权管理有待加强等不足。为了进一步开创宁波文化法治新局面,应着力在加快文化立法、完善文化执法、促进文化法治人才培育、优化文化法治环境等方面取得更大突破。

关键词:宁波　文化法治　对策　研究

文化生产作为一种特别形式的社会生产,其发展离不开法治保障。改革开放 30 多年来,文化法治建设在促进社会主义精神文明建设和文化改革发展方面发挥了极其重要的作用。在全面推进依法治国的当下,大力加强文化法治建设,提高文化治理能力现代化,促进文化强市建设,依然是一个重要的文化命题。

一、文化法治的内涵及意义

文化法治,主要是指以法治方式管理文化领域各类事务,调整文化领域各种社会关系,从而引导、规范和促进文化建设健康繁荣有序发展,保障和落实公民宪法上的各项文化权利。

(一)文化法治是全面落实依法治国方略的重要方面

全面落实依法治国方略,要求法治建设贯穿于经济、政治、社会、文化、生态等各个领域,实现全面协调发展,共同推动和保障中国特色社会主义事业不断发展。但目前文化法治建设相对于经济、政治、社会和生态环境等领域仍比较滞后,如果再不努力加快推进,就会成为中国特色社会主义法治建设的"短板"。[①] 法治宁波建设是全面推进依法治国方略在地方的生动实践,文化法治建设也是法治宁波建设的重要组成部分。

(二)文化法治是深化文化体制改革的必然要求

文化体制改革是激发文化发展活力的最根本途径。党的十八届三中全会要求不断深化文化体制改革。这一轮改革的一个重要特征和重要要求就是确保一切改革举措都在法治轨道上进行,文化领域的改革也不例外。文化法治不仅有助于建立健全规范化的文化事业制度和文化产业制度,引导公益性文化事业与经营性文化产业相互促进、协调发展,而且有助于建立和形成科学的文化市场监管制度和管理方式,协调各文化主体间的行为关系,促进科学、合理的文化市场格局的形成,从而引导、保障和促进新一轮的文化体制改革。

(三)文化法治是提升文化治理能力和水平的重要方式

当前,宁波已经进入基本建成文化强市的关键阶段,所面临的深层次矛盾也越来越多:社会思想意识更加多元多样多变,巩固壮大积极健康向上的主流思想舆论的任务更加艰巨;以互联网和信息技术为代表的高新科技迅猛发展,既为文化的创造和传播提供了更广泛的空间、更便捷的渠道,也对依法行政、依法治文提出了新的更高要求;在社会主义市场经济体制条件下,如何既发挥好政府在公共文化领域主导作用,又进一步发挥市场在资源配置中的决定作用,是文化治理面临的新课题。[②] 随着形势的发展变化,传统的文化管理理念、管理方法和管理手段已越来越不适应,建立健全文化治理体系,促进文化治理能力现代化,已经越来越成为文化强市建设的迫切要

---

① 韩业庭:《5 年内改变文化法治滞后局面》,《光明日报》2015 年 5 月 20 日。

② 蔡武:《大力推动文化法治建设,开创文化工作新局面》,《行政管理改革》2014 年第
12 期,第 13—17 页。

求。当前,要切实按照党的十八届四中全会要求,不断推进依法行政、依法治文,加强公共文化服务、公民文化权益、文化产业发展、文化市场管理等领域的法治建设,从而实现文化治理体系的不断完善。

二、宁波文化法治建设成效

近年来,宁波文化法治建设紧密结合文化改革发展的实际,积极贯彻落实中央的精神要求和各项部署,取得了一定的成绩,为文化发展繁荣奠定了较为坚实的基础。

(一)文化法律制度体系逐步完善

改革开放以来,宁波文化领域的制度建设从无到有,从零散到渐成门类,逐步建立起了覆盖文化遗产保护、公共文化服务、文化市场管理、知识产权保护、文化产业发展、人事管理等领域的法规体系,使文化领域初步做到了有法可依、有章可循。目前,从中央层面而言,与文化关系密切的法律有 3 部,行政法规有 10 多部,文化部现行有效部门规章 32 个。2015年 9 月,《电影产业促进法(草案)》获得国务院常务会议通过,文化产业促进法起草工作由文化部牵头正式启动。此外,公共文化服务保障法、公共图书馆法和修订《文物保护法》已列入十二届全国人大常委会立法规划。这些法律法规不仅是宁波文化法治体系的重要组成部分,也是宁波制订地方法律法规的重要参照和依据。在中央层面加快文化立法工作的同时,我国地方配套性文化立法发展迅速。据统计,与文化工作密切相关的地方性法规有 154 部,地方政府规章有 138 部,地方规范性文件达 13000余件。① 根据初步检索,截至 2015 年 6 月,宁波文化方面的法律法规主要有36 个(详见表1),其中地方法规类 5 部,地方政府规章类 2 部,地方规范性文件 29 件。

---

① 张贺:《管文化的法,太少》,《人民日报》2015 年 5 月 20 日。

表 1　宁波文化方面的相关立法情况

类别	数量	名称
地方法规	5 部	《宁波市有线广播电视管理条例》
		《宁波市文物保护点保护条例》
		《宁波市文物保护管理条例》
		《宁波市慈城古县城保护条例》
		《宁波市历史文化名城名镇名村保护条例》
地方政府规章	2 部	《宁波市大运河遗产保护办法》
		《宁波市作品著作权登记政府资助试行办法》
地方规范性文件	29 件	（略）

（二）文化行政职能改革不断推进

宁波市是全国首批文化体制改革试点城市,在文化领域率先推进了政事分开、政企分开、管办分离。党的十八届四中全会以来,又按照全面推进依法治国基本方略的要求,深入推进文化依法行政,积极开展文化领域的"四张清单一张网"建设。一是梳理、建立了部门权力清单和责任清单,截至2014 年底,市级文化行政职责从 405 项减至 284 项,并相应制定了相关权力的事中事后监管制度和运行图,权力清单于同年 10 月底正式向社会公布。2015 年进一步分解细化职权内容,明确内部机构人员岗位职责。二是深化文化政务公开。编制《宁波市文化广电新闻出版局政府信息公开指南》,不断促进政府信息公开工作的制度化、规范化建设。推进文化政务信息服务平台和便民服务平台建设,以宁波文化网为主站,以 14 家局属单位网站作为子站,同时聚合了 4 家行业、协会网站,形成了宁波文化网站群。截至2014 年底,通过门户网站共发布各类信息 6357 条,网站群总点击量超过 919万人次。此外,积极开通文化政务微博、微信平台。三是不断健全依法决策机制。进一步细化量化重大行政决策的范围、事项和标准,把公众参与、专家论证、风险评估、合法性审查、集体讨论决定确定为重大行政决策法定必经程序,确保行政决策制度科学、程序正当、过程公开、责任明确。总体而言,宁波文化依法行政在全市处于领先地位。

（三）文化行政审批亮点频出

近年来,宁波不断率先推进文化行政审批制度改革、积极创新审批服务机制,取得了显著成效,文化行政审批工作走在全省乃至全国前列。一是率先完成文化行政审批职能归并改革。在不增设机构和人员编制的前提下，将原先分散于 7 个处室的 49 项行政审批事项，全部集中归并到文化行政审批处，并整体进驻市行政服务中心，真正做到了行政审批机构、职能和权限全部集中到位，为全市行政审批职能归并改革起到了良好的示范作用。二是率先推进文化行政审批服务标准化建设。将市里确定的三区试点扩大到全市文化系统，由 7 个文化娱乐项目扩大到 74 个全部项目，由建立资格条件标准扩大到建立行政审批程序、服务、管理"四项标准"体系；并于 2010 年 12 月率先完成"四项标准"的制定工作。三是促进文化行政审批增效提速。对于单体文化行政审批事项，承诺 5 天办结。对于联合审批事项，打通"绿色服务通道"，审批时间由原来的 100 天减少为 20 天。目前文化行政事项实际办结时速为件均 0.18 天，比法定件均办结时间 22 天提前 21.82 天，比承诺办结时间 5 天提前 4.82 天，办结时限之短居全市之首。四是有力推进简政放权。2013 年，不仅按照省里要求，将 42 项涉及文化、广播影视、新闻出版、文物的行政审批权限全部下放到各县（市）区，而且对原本属于市级审批的 17 项权限，也下放到海曙、江东、江北、镇海、北仑五区，率先在全市"瘦身"放权。2014 年初，开始进行实现市县同权同批审批模式的研究和探索，取消和调整 18 项审批事项。2015 年，正式推进这一审批模式，真正实现群众在自己"家门口"直接办理所有文化行政审批事项的目标。

（四）文化市场执法工作不断完善

10 余年来，宁波市按照"整合力量、规范执法、创新机制、长效监管"的总体思路，积极推进文化市场执法工作，成效明显，文化市场综合执法机构多次被评为全国先进。一是文化行政执法管理体制不断创新。2004 年 8 月，中央启动文化市场综合执法改革，作为最先列为试点城市之一，宁波在 2005 年率先完成了文化（文物）、广电、新闻出版（版权）三局合并，组建了文化市场综合执法机构，"执法主体、执法权责、执法力量"逐步实现了三统一，监管有效性得到了保证，多起案件首开省内乃至全国先河。2012 年，创新海域文化遗产联合执法机制，这不仅标志着宁波市文物、海洋部门合作开展水下文化遗产保护工作取得实质性进展，还体现出宁波文物执法监察的工作触角从陆地文物逐步向水下文物延伸。二是执法力量不断加强。数量上，原来文化执法人员 10 余人，目前全市编制执法人员 138 人，其中总队编制 25 人，在编 23 人，本科以上学历占 87%，硕士 1 名。质量上，通过"三基"（即抓基层、打基础、练基本功）、"四化"（即加强执法监管常态化、执法操作规范化、执法管理制度化、执法建设系统化)、"双评"(即执法评估、市场评估)等多项措施,执法队伍综合素质显著提高。三是监管难点得到有效破解。积极探索网吧管理、农村文化市场监管、校园周边文化市场综合治理等工作,其经验多次在全国推广,中央电视台、人民日报等媒体也作了专题报道。

(五)版权保护和管理工作有序推进

一是做好作品著作权登记资助工作。鼓励各类作品进行著作权登记,指导市版权协会开展工作宣传、提供登记服务,继续开展著作权登记政府资助工作,加强审核把关,努力提升全市版权登记申报作品的数量和质量。2014 年全市版权登记量达到 2450 件,比上年增加 114％,其中办理版权登记申报政府资助 1259 件,同比增长 61％。二是完善版权服务平台。2014 年,成立全省首个市级版权纠纷调解中心,主要开展版权投诉和举报的纠纷调解工作,并建立健全版权诉调对接、行政执法与调解对接运行机制。指导市版权协会与宁波市大学科技园签订协议,挂牌成立版权工作服务站,为园区企业提供全方位版权服务。三是加大版权保护执法工作力度。开展"清源""净网""剑网"等专项行动,严厉打击各类侵权盗版活动。近 3 年,共立案查处案件 1500 余起,取缔非法出版物窝点 50 余个,收缴各类非法出版物 100 余万件,移送司法机关追究刑事责任人员 35 名,[1]有效保护了权利人合法权益,促进了版权相关产业的健康发展。2014 年,版权执法工作受到国家版权局表彰。

三、宁波文化法治存在的主要问题及原因剖析

虽然近年来宁波文化法治建设有了长足进步,但从总体来说,当前的文化法治建设还处于初级阶段,还不能充分适应文化发展的需要和治理体系现代化的要求。

(一)文化立法体系还有待完善

作为一个共性问题,这个方面的不足受到了普遍关注。首先是文化领域的立法数量总体偏少。据不完全统计,截至目前,文化法律仅占全部法律

---

① 宁波市文广新局:《宁波"五个着力"推进文化法治工作见实效》,http://www.zjwh.gov.cn/dtxx/zjwh/2015-05-28/186008.htm,2015-07-26。

的 1.7％，而经济领域、政治领域、社会领域、生态领域的法律占比分别为 31.5％、52.1％、7.56％和 7.56％。[①] 文化立法总量明显不足，这在宁波也存在类似状况。二是文化立法层次较低。从表 1 中可以明显看出，宁波文化立法中，尚无真正意义上的文化法律，法规层级占比 13.9％，政府规章层级占比 5.5％，规范性文件占比却高达 80.6％。由于法律效力低，一方面对相关权益的保障力度不够，另一方面由于处罚权限、处罚力度有限，执行难度很大，对违法违规者往往起不到约束和震慑作用。[②] 三是文化建设各领域立法不平衡。现行文化相关法律法规主要集中在文化遗产保护、文化市场管理方面，其中以文化遗产保护类更为显著，不仅数量多，而且层级也较高。宁波 5 部文化法规中，文化遗产保护类就占了 4 部。而在保障公共文化服务、发展文化产业、促进文化交流等方面的立法较少甚至空白，对新型文化业态也缺乏及时回应。四是文化立法的严密性还有待加强。一些法律法规的概念、术语界定还不够明确和具体，可操作性不强，给实际执行带来一定困难。

（二）文化法治队伍建设还有待推进

文化法治队伍是文化法治建设的主体力量，但目前这支队伍力量总体偏弱，主要体现在以下三个方面：一是文化行政审批队伍。大部分县（市）区行政审批科编制有限，人员不足，有的甚至只有一至两个人，尤其在扩权强县审批权限下放后，人手更显得捉襟见肘。[③] 另外，专业化程度也有待提高，目前，除市级层面的审批人员全部实现执证上岗外，县（市）区中多数人员并未持有行政执法证，人员借聘情况较多，有的是借用事业单位人员，有的是退休返聘人员，有的甚至是聘用临时工在履行行政审批职能。二是文化市场执法队伍。据悉，尽管成立了文化综合执法队伍，但文化综合执法队伍的法律身份仍然没有通过法律法规得到确认，执法的有效性受到影响。[④] 三是文化法治研究队伍。长期以来，文化法制机构不健全，相应的文化法治研究人员比较缺乏，队伍建设没有得到应有的重视。目前，除了部分文化行政部

---

① 王立元、张建友、焦雯：《为文化改革发展保驾护航——两会代表谈加强文化法治建设》，《中国文化报》2015 年 3 月 10 日。

② 张贺：《管文化的法，太少》，《人民日报》2015 年 5 月 20 日。

③ 陶志良、文连台、房泉岳等：《宁波文化系统行政审批现状调查与思考》，《宁波经济：三江论坛》2009 年第 18 期，第 40—43 页。

④ 张贺：《管文化的法，太少》，《人民日报》2015 年 5 月 20 日。

门人员对宁波文化法治工作展开一些研究外,宁波的学术界还鲜见有学者对这方面展开研究,文化法治理论研究还比较薄弱,难以对文化法治实践起到真正的理论引领作用。

(三)文化知识产权保护和管理力度还有待加强

尽管近年来文化知识产权保护和管理工作取得了较大进展,但仍然存在着一些显而易见的问题。一是文化知识产权意识淡薄。一方面,在知识产权的自我保护方面,一些企业并不知道自己的合法权益范围,不能够正确运用知识产权法维护自己的合法利益,表现在品牌塑造意识薄弱、商标注册不及时、合同签订不规范等方面。另一方面,侵害他人知识产权和忽视自我保护的现象同时存在,再加上文化领域知识产权侵权成本低,举证和维权难度大,一些企业明知故犯,侵犯他人知识产权。二是网络文化知识产权保护难度大。文化产业因网络的迅速普及使得其文化创意产品的表现形式和传播方式更加多样化,但同时,也给当前的知识产权保护工作带来了诸多挑战。近年来,互联网文化产业中知识产权尤其是版权侵权现象层出不穷,暴露出我们当前在网络著作权侵权执法、重点网站版权监管、版权保护合作机制等方面的种种不足。三是传统文化资源保护不完善。一方面,传统文化往往是群体性的智慧结晶,通过历史沿袭下来,权利主体广泛且不确定;另一方面,民间文艺资源保护也缺乏明确的法律依据。此外,传统文化数字化版权授权也异常复杂。

之所以形成这些问题,有着多方面的原因:

其一,从主观上而言,文化法治建设的主动意识还不强。正如文化部部长雒树刚所指出的,有的同志满足于将领导批示和各种文件作为工作依据,有的同志对打基础、管根本、利长远的法治建设缺乏积极性、主动性,这就导致对文化法治工作持一种"说起来重要,做起来次要,忙起来不要"的态度。①

其二,从客观上而言,文化的自身特性和发展形势比较复杂。从文化特性而言,文化产品既有教育人民、引导社会的意识形态属性,也有通过市场交换获取经济利益、实现再生产的商品属性、产业属性、经济属性。在"两种属性"中,意识形态属性是文化产品的特殊性,商品、产业、经济属性是文化产品的普遍性。文化法治要充分考虑这两种不同属性的融合统一。同时,

---

① 周玮:《文化部部长雒树刚:力争 5 年内使文化法治滞后局面明显改观》,http://news.xinhuanet.com/2015-05/19/c_1115336038.htm,2015-07-28.

改革开放以来,伴随市场化、全球化、信息化的进程,文化生态不断变迁、日趋复杂。而法治建设是一个循序渐进的过程,法律法规的出台也需要面临一系列规范性程序,难以对文化发展中的一些变化作出即时反应。

其三,从历史原因而言,不同时期有不同的发展侧重点。改革开放之初,我们首先集中解决的是经济发展领域的问题,我国的法律一直把重点放在维护市场经济、推进改革这个方向上,文化领域方面的法律就显得相对滞后。

四、推进宁波文化法治的对策建议

当前,要立足文化改革发展的全局和长远,对文化法治进行统筹谋划,抓住机遇,乘势而上,开创文化法治工作新局面,为促进文化大发展大繁荣、推进文化强市战略提供有力的法治保障。

(一)加快推进文化立法

文化法治首先要解决文化建设有法可依的问题,因此文化立法是当前文化法治工作的首要任务。

一是科学制定文化立法规划。根据党的十八届四中全会精神和新修订的《立法法》的要求,制定《宁波文化立法规划(2016—2015)》,对未来五年内的文化立法活动进行设计、安排和部署。依据宁波文化发展现实需求的紧急程度,处理好上位法与下位法之间、法律与法规之间的统一协调,合理确定宁波文化立法项目的先后顺序,以及每个年度的具体立法内容,不断提高文化立法层次,增强文化立法的权威性、强制性。

二是推进重点领域立法进程。充分发挥宁波具有地方立法权的优势,加快制定符合宁波实际的《公共文化服务保障条例》《文化市场综合执法管理条例》《大运河文化遗产保护管理条例》《文化产业促进条例》等地方性文化法规,进一步修改《宁波市文物保护管理条例》《宁波市文物保护点保护条例》《宁波市有线广播电视管理条例》等现有文化类法规规章,积极探索网络文化产业、传统文化资源保护等领域的文化立法,研究加强文化、文物、广电、新闻出版等规范性文件的制定、修改、废止、定期清理和评估工作。

三是完善文化立法相关机制。推进文化立法在论证、起草、征求意见、审议、上报和公布等程序的公开透明,通过座谈会、论证会、听证会、书面征求意见等多种形式和渠道,广泛听取意见,提高社会公众参与文化立法的广度和深度。健全专家咨询论证制度,充分发挥法律专家、文化工作者等的积极作用,加强对重大决策的合法性、合理性审查。

(二)不断完善文化执法

法律的生命力在于实施,法律的权威也在于实施。在加强文化立法、实现文化管理有法可依的同时,还应坚持执法与立法并重,大力加强文化执法力度。

一是深化文化市场综合执法改革。按照宁波市委全面深化法治宁波建设的决定,要进一步深化行政执法体制改革,合理配置执法力量,相对集中执法权,推进综合执法。具体贯彻到文化领域,就是要进一步深化文化市场综合执法改革,继续开展"文化市场综合执法示范区"创建工作,推进文化市场综合执法标准化、规范化建设,进一步创新执法体制,完善执法程序,推进综合执法,争取文化执法改革在全市新一轮综合执法改革中继续走在前列。

二是加强重点领域的执法和监管。加强网络文化市场违法经营活动查处工作,开展整治网络视听有害信息专项行动和网络虚假新闻传播专项整治行动,组织实施网吧管理制度改革试点和网吧转型升级试点工作;提升版权保护和管理,以政府资助作品登记为抓手,探索版权作品展示平台建设,做好建设版权交易中心的基础性工作,继续完善版权纠纷诉调对接机制,探索制定《关于加强文化系统知识产权工作的指导意见》;加强文化市场信用体系建设,制定信用管理规章制度,建设艺术品征信系统和演出信用系统,建立健全文化市场守信激励和失信惩戒机制。

三是完善文化执法监督。一方面,要完善内部监督,上级执法机构要对下级执法机构及执法人员的执法行为实行有效监督,重点监督执法主体是否合法、执法程序是否规范、执法依据是否合法等。① 另一方面,要加强外部监督,建立健全文化市场举报监督制度,构建多元一体的社会监督体系,鼓励社会各界、广大群众和新闻媒体对文化市场执法情况进行监督,行使监督权。

(三)加强文化法治人才培育

文化法治人才是推进文化法治的主体保障,加强文化法治建设,必须建

---

① 司春燕:《我国文化法治建设存在的主要问题及对策》,《中国特色社会主义:理论道路事业——山东省社会科学界学术年会文集》,2008 年。

立一支政治强、作风正、业务精的文化法治队伍。

一是要不断加强文化系统内的文化法治队伍建设。注重选拔善于运用法治思维和法治方式推动文化工作的优秀干部,把法治素养好、依法办事能力强的优秀干部选拔进领导班子和后备干部队伍,为建设法治机关、推进依法行政发挥积极作用;不断推动文化行政审批队伍的正规化、专业化建设,通过加强教育培训、完善资格认证、优化审批机制等多种方式配齐配强文化行政审批队伍;修改完善文化市场法规,进一步确认和强化文化执法队伍的法律资格;结合未来五年的立法规划和重点立法项目,在现有的人才队伍中选择骨干力量,进行有针对性的培养教育,不断扩充文化法治后备人才。

二是要不断完善文化法治的新型智库建设。不断畅通立法、执法与其他部门、高校之间具备条件的干部和人才的交流渠道,加强协作,打造优势互补、结构合理、适应文化法治建设的智库体系,充分发挥外脑资源在决策参考、立法咨询、项目论证等方面的作用。具体包括:完善政府法律顾问工作机制,相关文化机构要根据工作情况聘请相应的法律顾问处理相关涉法事务;鼓励高校、学术研究机构与文化部门加强协作,充分发挥专业特长,积极开展文化法治理论研究,特别是要集中力量推进对文化法治领域基础性、关键性问题的研究。

(四)优化文化法治环境

文化法治环境涵盖广泛,既包括文化领域法治氛围的营造,也包括全社会法治文化的推进,具体可从三个方面着手。

一是加强文化法治的宣传教育。通过培训、讲座、办刊等多种方式,开展法律法规尤其是文化法律法规的宣传教育,在文化系统内贯彻重视制定法律、依靠法律、遵守法律、运用法律的思维模式,强化宪法意识、依法行政意识、公民文化权益保障意识、知识产权保护意识、文化遗产保护意识等,提升依法办事能力。

二是引导创作一批法治作品。将法治作品创作纳入年度文艺创作计划,积极鼓励扶持文化企业、社会主体参与法治作品创作。通过文艺作品在全社会宣传营造守法光荣、违法可耻的良好氛围。

三是将法治教育纳入群众性文化活动。通过图书馆、博物馆、文化馆、乡镇综合文化站、农村书屋等公共文化设施,通过"高雅艺术进校园"和文化"三下乡"等活动,以演出、展览等群众喜闻乐见的方式,推动普法教育进企业、进农村、进机关、进校园、进社区,增强全社会厉行法治的积极性和主动性。

参考文献

［1］韩业庭. 5 年内改变文化法治滞后局面. 光明日报，2015-05-20.

［2］蔡武. 大力推动文化法治建设，开创文化工作新局面. 行政管理改革，2014（12）.

［3］张贺. 管文化的法，太少. 人民日报，2015-05-20.

［4］宁波市文广新局. 宁波"五个着力"推进文化法治工作见实效.（2015-07-26）. http://www.zjwh.gov.cn/dtxx/zjwh/2015-05-28/186008.htm.

［5］王立元，张建友，焦雯. 为文化改革发展保驾护航——两会代表谈加强文化法治建设. 中国文化报，2015-03-10.

［6］陶志良，文连台，房泉岳等. 宁波文化系统行政审批现状调查与思考. 宁波经济：三江论坛，2009(18).

［7］夏璐. 深化综合体制改革，激发执法工作创造力——记宁波市文化市场行政执法总队. 文化市场，2011(1).

［8］周玮. 文化部部长雒树刚：力争 5 年内使文化法治滞后局面明显改观.（2015-07-28）. http://news.xinhuanet.com/2015-05/19/c_1115336038.htm.

［9］司春燕. 我国文化法治建设存在的主要问题及对策. 中国特色社会主义：理论道路事业——山东省社会科学界学术年会文集. 2008.

（作者单位：宁波市社会科学院）

宁波市依法行政的现状及对策研究

谢　磊

摘　要：近年来，宁波市不断推进依法行政工作，法治政府建设取得了一定成效。市政府切实强化组织领导，不断完善制度建设，行政决策和行政执法进一步规范，形成了多渠道的矛盾争议和纠纷化解机制，信息公开工作走在了全国前列，体制机制改革也不断创新，但是，依法行政工作仍然存在许多问题。为进一步推动依法行政工作、提升法治政府建设水平，需要从提高行政机关及工作人员的法律意识着手，积极转变政府职能，完善相关制度，健全体制机制，坚持实施科学专业的评估考核，并积极借鉴其他城市的先进经验。

关键词：宁波市　依法行政　法治政府

国务院于 1999 年颁布了《关于全面推进依法行政的决定》，指出依法行政是依法治国的重要组成部分。2004 年《全面推进依法行政实施纲要》提出全面推进依法行政，确立了基本实现建设法治政府的目标。2008 年《关于加强市县政府依法行政的决定》和 2010 年《关于加强法治政府建设的意见》对依法行政作了进一步具体部署。党的十八大将"法治政府基本建成"列为实现 2020 年全面建成小康社会目标的重要任务之一。党的十八届三中全会《关于全面深化改革若干重大问题的决定》要求"建立科学的法治建设指标体系和考核标准"。党的十八届四中全会决定以依法治国为题，明确提出深入推进依法行政，加快建设法治政府。近年来，宁波市全面贯彻落实国家的重要决定和相关会议精神，紧贴浙江省的相关要求，全面推进依法行政工作,法治政府建设取得显著成效;但也面临一些不容忽视的问题,需高度重视并切实加以解决。

一、依法行政的内涵和要求

(一)依法行政的概念

1. 概念与内涵

依法行政是指国家行政机关必须根据法律法规的规定设立,并依据宪法和法律赋予的职责权限行使其行政权力,即对国家的政治、经济、文化、教育、科技等各项社会事务依法进行管理,并对行政行为的后果承担相应的责任。依法行政实质是在确立法律具有最高权威性的基础上依法行使政府的权力,本质是有效制约和合理运用行政权力。它要求一切国家行政机关及其工作人员都必须严格按照法律的规定,在法定职权范围内,充分行使管理国家和社会事务的行政职能,既不失职,也不越权。依法行政是依法治国基本方略的重要内容。作为一种行政管理模式,它是法治原则在行政管理领域的具体表现,其内涵可以简单概括为:行使行政权力的主体必须合法,行政权力的取得和行使必须合法,行使行政权力必须承担相应的责任,做到权责统一。

2. 依法行政与法治政府的关系

通常推进依法行政与建设法治政府并提,而且为便于下文表述,需要厘清依法行政与法治政府的关系。我们常说的法治政府,实为狭义的法治政府概念,即要求行政机关运行法治化,核心要义是依法行政。实际上,法治政府概念是我国政府提出的一个新的行政法治理念和目标,它不仅要求行政机关依法行政,同时要求整个行政机关体现法治的价值理念,其主要内涵是民意政府、有限政府、透明政府、责任政府、效能政府、服务政府、诚信政府等。因此,依法行政和法治政府在内容和本质上其实是完全一致的,二者的区别仅在于,依法行政侧重于治理手段层次,法治政府侧重于价值目标层次。

(二)依法行政的要求

1. 国家和省里的要求

理清依法行政的要求是概括现状、找准问题、提出对策的基础,简言之就是弄清到底如何依法行政,要建成怎样的法治政府。从原则角度,可以简单概括为六点基本要求:合法行政、合理行政、程序正当、高效便民、诚实守信、权责统一。从具体操作角度,可以具体到加强立法工作,提高立法质量,严格规范执法行为;加强行政执法队伍建设,严格、公正、文明执法,不断提高执法能力和水平;深化行政管理体制改革,形成权责一致、分工合理、决策科学、执行顺畅、监督有力的行政管理体制,等等。溯及国家层面,早在2004年,国务院颁布的《全面推进依法行政实施纲要》就对建设法治政府的目标以及依法行政的基本要求作了明确规定:(1)政府依法科学履行职能;(2)依法科学制定法规、规章、规范性文件;(3)法律法规规章的全面、正确实施;(4)科学、民主、规范的行政决策机制和制度基本形成;(5)高效、便捷、成本低廉的防范、化解社会矛盾的机制基本形成,社会矛盾得到有效防范和化解;(6)行政权力与责任紧密挂钩,与行政权力主体利益彻底脱钩;(7)行政机关工作人员依法行政的观念明显提高,依法行政的能力明显增强。这七方面要求,实际上就是法治政府建成的标准。落实到省一级的要求,2013年10月印发的《浙江省法治政府建设实施标准》(浙政发〔2013〕50号)制定了法治政府建设的"浙江标准":(1)行政管理体制适应经济社会发展需要;(2)制度建设贯穿于政府各项工作;(3)实施行政管理和参与民事经济活动符合公共利益,遵守法定权限和程序;(4)完善行政监督制度,维护人民群众的监督权利;(5)坚持公平正义,依法解决社会矛盾纠纷;(6)法治政府建设实效不断提升。

  2. 考核评价指标体系

　　当前,一些省市建立了旨在推进依法行政工作的法治政府建设指标体系和考核标准,结合实际,考察指标体系和考核标准能进一步把握依法行政的具体要求。以浙江省为例,制定了《浙江省法治政府建设考核评价体系(试行)》,该考核评价体系设定了制度质量、行政行为规范、执行力、透明度、公众参与、矛盾纠纷化解、公务员法律意识和素养、廉洁从政等主要评价指标,并细分至规范性文件合法性与质量、行政审批实施情况、法制工作队伍建设情况、重点政府信息主动公开情况、民众获取信息方便度、重大行政决策征求公众意见情况、行政复议化解矛盾纠纷的作用发挥情况、领导干部和一般公务员依法行政意识和能力、行政机关工作人员责任追究情况等观测点。全国范围内的第三方测评,以中国政法大学法治政府研究院研发的"中国法治政府评估指标体系"为代表,该指标体系由机构职能及组织领导、制度建设和行政决策、行政执法、政府信息公开、监督与问责、社会矛盾化解与行政争议解决、公众满意度调查等一级指标组成。

综观国家层面建设法治政府的目标及依法行政的基本要求,紧贴"浙江标准",参考省级考核评价指标体系和全国范围内的测评,本文从组织领导、制度建设、行政决策、行政执法、矛盾化解、信息公开及体制机制改革等方面来表述宁波依法行政的现状和问题。

二、宁波市依法行政的现状

(一)组织领导坚强有力

1. 落实机构职责

合理合法地设置政府机构,是政府履行职能的基础,是建设法治政府的基础,也是提供高效公共服务的组织保障。宁波市政府机构的设立、撤销或调整,全都按照规定权限、程序进行,多年来从未出现违规情况。目前,宁波市已经实现了政府部门职责全公开,既方便政府提供公共服务,又便于公民了解和查询。依法加强对政府人员的管理是构建法治政府的重要途径,其中领导职位的设置及管理又是整个公务员队伍管理的核心。在宁波市的政府门户网站及部门网站,能查询到市领导信息、所有部门的领导信息及部门内设机构领导信息,个别部门还公开了内设机构人员的具体情况。

2. 强化组织领导

宁波市各级政府及部门正逐步认识到全面推进依法行政的必要性和紧迫性,因而不断加强对推进依法行政工作的组织领导。目前,成立有"宁波市依法行政工作领导小组",由市长任组长,常务副市长任副组长,市政府所属部门主要负责人为成员,统一领导、协调全市依法行政工作。同时,明确各级政府主要负责人为推进依法行政的第一责任人,对本级依法行政工作负总责。各级政府法制机构充分发挥政府的参谋、助手和法律顾问作用,加强依法行政工作规划、指导和督促。通过召开工作领导小组扩大会议、全市政府法制工作会议等各类会议,加强对依法行政的组织领导,有效部署各项工作。

3. 狠抓贯彻落实

宁波市政府把依法行政工作摆上重要议事日程,狠抓贯彻落实。发布了《宁波市人民政府关于加快建设法治政府的意见》(甬政发〔2015〕43号)及其任务分解方案,对依法行政的各项工作进一步作了强调。市政府常务会议定期研究和听取有关部门依法行政、法治政府建设工作汇报,研究部署全面推进依法行政工作,及时解决依法行政中存在的突出问题。落实了依法行政报告制度,即每年市政府都要向市人大报告政府依法行政工作。为整体推进依法行政工作,开展针对各县(市)区和各执法部门的依法行政考核,从2014年开始采取三方评价,即内部考核、第三方专业测评和公众满意度评价,大大提升了考核的专业度。同时,开展了依法行政示范单位创建工作,不断提高政府机关人员依法行政的观念和能力。领导干部带头学法用法,市和县(市)区政府普遍建立了常务会议学法、"市长学法日"等制度。从2015年开始,政府常务会议由之前的自行学法第一次实现会前集体学法。强化行政机关公务员法律知识的培训。法律知识作为中青年培训、处级干部轮训、新录用公务员培训、军转干部培训的必修课程,并定期不定期地举行依法行政知识培训。

(二)制度建设合理规范

1. 立法质量不断提高

宁波市政府把加强政府立法作为保障经济社会发展、推进依法行政的重要内容,最大限度地发挥制度在经济社会发展中的引导、促进、约束、规范和保障的作用,减少体制障碍和制度漏洞。到目前为止,宁波市共制定政府规章200多件,充分发挥了立法服务地方经济和社会发展的积极作用,其中不乏领先全国的政府规章,如《政府服务外包暂行办法》《宁波梅山保税港区管理办法》《宁波杭州湾新区管理办法》《宁波市医疗纠纷预防和处置暂行办法》《宁波市政府信息资源共享管理办法》等等。在具体立法工作中,坚持科学立法、民主立法。充分发挥专家学者的作用,组织市政府立法专家参与立法项目调研、座谈和论证,努力扩大专家参与立法的深度和广度。研制开发了面向社会开放的"宁波地方立法草案意见征集系统",广泛收集公众意见,保障了公民在政府立法工作中的知情权、参与权和表达权。为完善制度建设质量,在全国率先出台《宁波市政府规章立法后评估办法》(甬政发〔2008〕78号),严格实行立法后评估制度,对实施满2年的政府规章进行立法后评估,通过评估了解掌握规章实施情况,检验制度设计的可行性和操作性,进一步提高了立法质量。

2. 规范性文件管理不断强化

宁波市不断加强规范性文件管理工作,市政府认真贯彻落实省里的行政规范性文件管理办法,明确了规范性文件制定主体、制定权限、起草程序、合法性审查、集体讨论决定、签发、公布、异议提出、评估及清理等内容。《宁波市行政规范性文件草案公开征求意见的规定》(甬政发〔2014〕91 号)就规范性文件制定中征求公众建议和咨询专家意见作出了相应规定。出台了《宁波市人民政府关于推行行政规范性文件"三统一"制度的实施意见》(甬政发〔2013〕30 号),完善行政规范性文件发布程序,对行政规范性文件实行统一登记、统一编号、统一发布。不断推进规范性文件合法性审查,印发了行政规范性文件合法性审查规程。目前,所有的市政府新制定的规范性文件都经过了合法性审查程序。建立健全行政规范性文件备案审查统计报告、定期通报、责任追究等制度,做到有件必备、有备必审、有错必纠。搭建了"宁波市行政执法责任制信息管理系统"这一统一的行政规范性文件数据库平台,并运用其实现了对行政规范性文件网上备案审查。实行备案审查"三审制",审查结果抄告发文单位,在政府法制信息网上公布,并在《宁波日报》设立专版定期发布。注重规范性文件清理的"常态化"。2013 年开展了规范性文件的全面清理工作,各级政府和部门对截至 2012 年底的现行行政规范性文件进行清理,及时修改或废止了一批与上位法相抵触或不一致的规范性文件。

(三)行政决策规范科学

1. 行政决策程序进一步规范

为规范政府重大行政决策行为,促进重大行政决策科学化、民主化和法制化,提高决策水平,保障公民、法人和其他组织的合法权益,宁波市建立了重大行政决策程序制度。市政府印发了《宁波市人民政府重大行政决策程序规定的通知》(甬政发〔2011〕117 号),就重大行政决策事项的范围、决策启动、前期调研、风险评估、征求意见、合法性审查、集体审议、公布执行和监督等方面作了明确规定,把公众参与、专家论证、合法性审查和集体讨论决定作为重大行政决策的必经程序。目前,市政府的所有重大行政决策都实行了公开征求意见、合法性审查、集体讨论决定和行政决策公开等制度,提高了重大行政决策的质量和效率。同时,市政府严格按照国家和省、市有关文件要求,对全市国民经济和社会发展中长期规划、年度计划等事项,以及通过行政机关合同形式体现的行政决策,落实了行政决策的各项程序规定。

2013年,出台了一系列的配套文件,例如《宁波市行政机关合同管理办法》《宁波市行政机关重大合同备案办法》《宁波市行政机关重大合同备案参考格式》等,健全了合同管理制度,提高了行政决策的科学化、民主化和法制化水平。

2. 专业机构作用进一步发挥

建立了市政府咨询委员会。早在2011年就成立了宁波市人民政府咨询委员会,其主要职责是根据市政府决策的需要,围绕重大行政决策事项开展研究,提出科学的咨询意见,供市政府决策参考。建立了政府法律顾问制度。市政府聘请高校、律师事务所的多名法学专家学者担任市政府法律顾问,成立市政府法律顾问团,印发《关于加强政府法律顾问制度建设的意见》(甬政发〔2011〕81号),并通过《宁波市人民政府法律顾问工作规则》(甬政发〔2014〕168号)进一步规范法律顾问工作。目前,各级政府及有关部门陆续成立法律顾问组织,对解决涉法问题发挥了积极作用,专家学者有序参与到政府部门的行政决策中来。充分发挥法制机构的作用。近年来,市政府在一些专项工作中,积极借助外力,与高校、律师事务所紧密合作,发挥专业机构和人员的积极作用,进一步提高了政府决策的法律水平。

3. 社会公众参与进一步扩大

充分发挥社会公众在行政决策中的积极作用,提高政府决策的民主。对涉及社会公众利益的事项,市政府及有关部门都通过报刊、网络等方式广泛听取社会公众意见。市政府广泛吸收社会各界对政府民生实事项目的意见和建议,对于每年的民生实事项目都通过《宁波日报》等媒体向社会公开征求意见,在广泛收集民意的基础上进行决策。对一些涉及社会公众切身利益的事项,市政府有关部门也都通过网上公示的方式征求社会意见,充分发挥社会公众在政府决策中的积极作用。

(四)行政执法合法有力

1. 界定行政执法职责

理清和落实行政执法职责是加强和改善行政执法工作的前提条件和基础工作。宁波市高度重视行政执法职责的梳理和界定工作,通过执法依据的梳理、职责的界定和责任的落实,强化行政执法机关的责任意识。不断结合多轮政府机构改革和法律、法规、规章立、改、废的情况,全面梳理界定各级行政执法机关的行政执法职责。例如,2012年结合《行政强制法》的颁布实施,开展了行政强制主体和行政强制事项专项清理工作,重新确认行政许可实施主体和行政处罚实施主体资格。完善网上行政执法暨电子监察系统,促进行政权力规范、公正、透明、高效运行。在全国第一个开通了"宁波市行政执法责任制信息管理系统"即网上电子监察系统,对执法主体及法律依据、职责分解等信息实行网上管理,及时更新,完全向社会公开,接受社会公众监督,督促行政执法机关严格履职。深化行政执法责任制工作,晒政府"权力清单"。自 2014 年 10 月公布首份"权力清单"以来,宁波市已经在"浙江政务服务网"上公布了包含权力的类别、实施主体、行使层级及实施依据等细化信息的"权力清单",涉及 40 多个部门的 4000 多项行政权力和市级部门保留的行政权力 3000 多项,都可按类别或按部门进行查询,并且每项行政权力都有相关链接至实施主体及法律法规依据。

2. 加强行政执法监督

强化内部监督,定期开展行政执法检查活动。目前,宁波市每年对全市行政执法部门执法案卷质量进行评查,通过自查自评、抽查测评、市(县)区互评、评查信息沟通、交流和反馈、优秀案卷展示等方式,不断提高行政执法案卷评查质量。同时,通过对评查结果的有效利用,对评查情况和评选出的宁波市"十佳行政处罚案卷"和"优秀行政许可案卷"在全市范围内进行通报,并作为年底行政执法责任制目标管理考核的主要依据。严格执行行政执法各项监督检查规定,明确了重大行政处罚行为和委托行政执法行为备案审查范围、报备主体和要求等。通过网上行政执法暨电子监察系统,实现了受案、调查取证、审查、决定等网上运行,运用系统的统计功能,结合统计结果对行政执法进行考核和责任追究。宁波市依法行政的外部监督在全国范围内是优秀典范。政府行政执法自觉接受人大、政协和社会各界的监督,向社会公布办理市人大代表的建议和市政协的提案数,而且可以在市政府主页的"人大建议政协提案网上操作系统"清晰地查询到建议和提案的办理情况。群众对行政执法的举报投诉渠道多样、便捷,包括书面、电话(热线)、网络等多种途径,各个执法部门的网站基本都设有在线咨询、投诉举报热线等通道。2015 年 9 月,宁波广电集团在宁波一套频道开通了舆论监督类新栏目《第 1 聚焦》,充分发挥舆论监督作用。

3. 管理行政执法队伍

加强行政执法人员资格管理,为新上岗执法人员举办执法资格培训班,定期完成行政执法证五年到期阶段性换证和行政执法监督证到期换证工作。不断加大行政执法人员培训力度。市法制办每年都对行政执法人员集中进行综合法律知识培训、专题培训和法律知识更新培训等等,各部门结合工作实际组织各种行政执法业务培训,例如城管局建有专门的"宁波城管教育培训网"。同时,各相关部门也就最新的法律制度变革组织培训,例如2012年度,交通、城管、质监等部门就《行政强制法》展开了系统内培训。在培训的基础上,定期组织行政执法人员进行法律知识考试,并参加省综合法律知识考试,通过考试,行政执法人员的法律素质和执法水平不断提高。积极开展依法行政研讨活动。各地、各部门把开展依法行政研讨活动作为提高行政执法人员素质的重要途径,市法制办、市政府有关部门在行政执法监督检查和行政执法实践中进行研讨,主要围绕如何依法办案,如何提高办案质量,如何规范行政执法行为等内容开展学习讨论,有效地提高了执法人员的执法能力和水平。加强行政执法人员的作风建设。进一步深化"阳光热线"和96178投诉中心建设,对公民、法人和其他组织提出的投诉和举报进行依法处理,对行政执法人员的行政不作为和乱作为等违纪违法行为进行坚决查处。

(五)矛盾化解妥善有效

1. 行政复议成为化解行政纠纷的主渠道

宁波市政府充分认识到行政复议是解决行政争议、依法化解行政纠纷的重要途径,早在2000年就颁布了《宁波市实施〈行政复议法〉若干问题的意见(试行)》。市政府敞开复议申请渠道,综合运用当事人来访接待、书面信函接收、网上申请平台受理、专线电话咨询服务等多种方法。灵活运用多种方式审理行政复议案件,建立了行政复议案件审查简易程序,综合运用调解、和解等方式。行政复议协作机制不断完善,市、县(市)区建立了行政复议与行政审判联席会议制度,加强了行政复议与信访、行政复议与监察的协作。通过开展行政复议工作规范化建设示范单位创建活动,推进全市的行政复议工作。行政复议工作队伍建设得到加强,市法制办在原有一个行政复议处的基础上,再增设一个复议监督指导处,监督、指导全市行政复议工作。高度重视行政首长出庭应诉工作,2014年颁布了《全面推进行政机关负责人出庭应诉工作的通知》(甬政办发〔2014〕123号),2015年2月出现了首例行政机关负责人出庭应诉行政案件。近几年,虽然行政复议案件数量不断攀升,但行政复议案件按时办结率达到100%,案结事了率达到90%以上。市法制部门连续多年被国务院法制办评为"全国行政复议工作先进单位"。

2. 信访和调解成为化解矛盾纠纷的重要工具

信访作为政府解决社会矛盾的重要工具之一,近年来,宁波市信访工作在密切联系群众、化解矛盾纠纷、反馈民情民意等方面,发挥了积极作用。制度建设方面,出台了《宁波市人民政府关于印发宁波市信访事项复查复核实施办法的通知》(甬政发〔2015〕2 号)。工作创新方面,搭建了网上信访平台。市政府及各部门充分发挥行政调解的积极作用,市政府出台了《宁波市关于加强行政调解工作的意见》和《宁波市行政调解工作暂行规定》,强化了行政调解机制,行政调解工作不断规范。近年来,市各级行政机关每年办理数万起行政调解案件,调解成功率一直维持在 90% 左右,行政调解化解行政纠纷的作用日益显现。市政府以建立健全社会矛盾纠纷大调解机制为抓手,不断建立健全社会矛盾联合解决机制,完善了人民调解、行政调解、司法调解三位一体的"大调解"工作体系。人民调解组织不断向规范化、新领域发展,同时不断拓展人民调解外延,完善了医疗纠纷人民调解、交通事故纠纷化解和劳动争议人民调解工作机制。

(六)信息公开透明高效

1. 政府信息公开平台网络体系建成

开辟了以各级政府及部门门户网站为主,以市档案馆、市图书馆、行政服务中心等现场查阅点,114 政府信息公开热线,市数字电视政府信息公开专栏,信息亭为辅的政府信息公开平台网络体系。目前,市本级拥有政府信息公开网络成员单位 100 多家,覆盖了市所辖的所有县(市)区、派出机构、市级政府部门、驻甬国家机关及涉及民生的国有企业。建立了政府新闻发言人制度,不断调整和充实各地各部门的新闻发言人,通过举办新闻发布会及时主动公开政府信息。创新政府信息公开形式,利用"云计算"建设宁波市政府信息公开微门户,将信息同步到手机等公众手持终端。在新媒体环境下,探索建立政务微博、政务微信发布政府信息,多渠道扩大信息公开。

2. 主动公开和依申请公开走在全国前列

市政府高度重视政府信息公开工作,建立了一系列政府信息公开工作机构,当前,市和县(市)区政府及部门均成立了政府信息公开领导小组和工作机构。在出台政府信息公开规定后,不断健全相关配套制度,例如出台了政府信息公开指南和公开目录编制规范、关于违反政府信息公开规定行为的责任追究规定、关于政府信息公开前进行审查的规定、关于依申请公开政府信息的若干规定、政府信息公开考核办法等一系列制度。加大主动公开力度,在公开内容上,重点抓重点领域的信息公开。按照"公开为原则,不公开为例外"的规定,全面公开财政预决算、行政审批、保障性住房、食品药品安全、环境质量状况、安全生产、价格和收费、征地拆迁信息以及教育等方面的信息。妥善处理依申请公开,以"答复及时,内容完整,格式规范"为标准,不断完善政府信息公开申请的受理机制,规范工作规程。目前,依申请公开平台在宁波门户网站可直接进入,没有不当设置任何其他条件,也没有要求申请人提供其他信息,而是详细列出了获取内容载体形式供申请人勾选,也列出了提供获取信息的多种方式。数据显示,市级机关依申请公开信及时公开率和及时答复率均达到了 100%。根据中国社科院近年来连续发布的《中国政府透明度年度报告》,宁波市的信息公开工作一直走在全国前列。

(七)体制机制改革创新

1. 行政审批改革

行政审批职能归并改革基本完成。市本级各部门和各县(市)区实现行政审批职能归并改革,建立了"批管分离"的内部工作机制,审批机构、环节、人员大为缩减。行政审批职能向行政服务中心窗口集中,进驻行政服务中心的事项审批权限到位,审批效率大大提高。行政审批标准化建设持续推进。行政审批标准化建设工作旨在明晰行政审批的资格条件和审批标准。目前,已依法编制发布了近 600 个事项和 1000 多个子项的审批标准,明确了受理、审查、决定等环节所需的时限、条件和资料。探索行业联合标准化建设,建立了整体、协同的审批运作模式,并着手制定一些特定领域和项目的审批标准。宁波市政府行政审批标准化建设项目荣获第二届"中国法治政府奖"。联办机制和审批方式不断创新。针对基本建设项目审批的难点与重点,探索新的联办机制和审批方式,建立"6+1""9+X"会商会办机制。着力简化、优化项目办理环节和流程,取消中间环节,努力减少可不予提交的申请材料,统一指标数据,整合项目审批环节。实行重点项目的审批进度全程跟踪,建立信息沟通网络、编制项目进度表,对项目进行动态跟踪。专门成立项目代办中心,开展了重点项目全程无偿代办服务。

2. 城市管理相对集中行政处罚权

宁波市在认真总结城市管理相对集中行政处罚权工作成效的基础上,以北仑区为试点,不断扩大行使相对集中行政处罚权的范围。至此,北仑区在全国率先实施了"城乡一体化"综合行政执法体制,城管执法局行使市容和环境卫生、规划、城市绿化、市政、殡葬、建设、环保等领域的行政处罚权和相关的行政调查权、行政强制权,真正做到了"一顶'大盖帽'统管城乡百姓'利益事'",综合执法力量延伸到基层乡镇(街道)。

3. 卫星城市、中心镇简政放权

出台《宁波市卫星城市行政执法管理办法》(政府令 179 号),通过政府规章委托执法的方式,将县一级行政执法权限下放到中心镇,即赋予中心镇部分县级经济社会管理权限,由中心镇行政执法机构来行使,具体权限涉及公安、地税、工商、国土、卫生等领域。再结合中心镇承接能力,适时梳理和调整扩权事项目录,合理配置职责权限。同时,推进卫星城市综合执法改革,充实加强派驻机构力量,调整执法职能和人员,决策关口前移,依法赋予派驻机构行使市、县(市)区行政机关和法律法规授权的组织的行政执法权,不断提高基层执法机构综合执法的效率。

三、宁波市依法行政存在的问题

(一)法律意识有待加强

法治思维和法治方式还没有完全成为行政机关工作人员办事的基本思维和方法,特别是一些领导干部的法律意识有待提高,对依法行政工作的重视程度有待加强。根据 2014 年浙江省法治政府建设公众满意度调查结果,对于"您对本地行政机关领导干部依法行政的意识如何评价?""您对本地行政机关工作人员依法办事的能力如何评价?"这两个问题,被调查的宁波市民,只有半数选择"比较满意"或"满意"。领导干部、行政机关工作人员以及一线执法人员的法律学习在方式和深度上都有待改进和加深。例如,领导干部任前法律培训没有全面实现,针对执法人员的学法用法培训、讲座难免会流于形式,每年针对全市公务员的网上学法用法考试,到底发挥了多大功效,都值得商榷。

(二)政府职能转变尚未到位

政府机构职能的设置和提供行政服务的着眼点依然局限在方便政府管理,尚未做到以公民的需求和公共服务为中心。以执法流程细化方面为例,内容的完整度、信息查找的便捷度、咨询投诉的有效度等都存在很大的提升空间,只有秉承"服务型政府"的宗旨,行政执法程序的建设才能为公民提供最大的便利性。政府科学、依法履行职能还不够全面,政企、政资、政事、政社关系仍未完全理顺,政府越位、缺位和错位的问题依然存在。以行政审批为例,从目前的情况看,审批环节多的问题仍然存在,一些中介机构和行业协会既履行行政职能,同时又收取费用,反而加重了企业负担。整体来说,依法行政工作依然呈现模式化和套路化的情况,例如政府工作报告中依法行政的内容就篇幅少、内容粗。

(三)制度建设不够完备

制度化程度仍旧偏低,以明确的政府规章形式设立的制度仍旧偏少,常见的多为暂行规定或暂行办法,或是意见、通知,有的甚至只是政策文件,导致制度效力较低。制度实施的范围有限,针对全大市范围内的整体制度设计还是偏少,有的制度只是在重点的领域、个别部门或部分地区实施,有的只是系统内制度。最突出的问题是,在许多领域制度都有待完善。例如,立法后的评估、修改、废止的常态化制度化未形成;规范性文件清理工作能定期进行,但未形成定期清理的制度;针对重大决策的集体决策制度、风险评估制度未确立,重大决策后的信息跟踪搜集和向决策层反馈的制度缺失,也没有完备的责任追究制度;没有形成定期听取、审查本级政府工作部门和下级政府执法报告的制度;没有建立及时公布重点领域(拆迁、环保、食品安全)的执法工作报告的制度;直指行政首长问责的相关制度仍未建立,等等。

(四)相关机制仍不健全

统筹机制不够健全,整体统筹和协调能力有限。依法行政工作仍然缺乏负责协调、统筹、监督的统一机构。部门职责交叉,推脱、扯皮,不作为现象在一些部门还时有发生。以依申请公开为例,公民申请往往是一个口子进来,即市政府门户网站的依申请平台,但实际上申请的内容,也许不是市本级能提供的,需要往下疏导。监督机制不够健全,造成监督、问责力度不够。虽然对各级政府和各部门的监督渠道很多,但是监督没有落到实处,对行政权力的监督制约和行政问责力度不够,有错不纠、有过不惩的问题还一定程度上存在。内部监督不到位,上级对下级似乎还是"父子式"的保护,对重点领域的问题也是讳疾忌医,避而不谈。外部监督方面,尽管群众投诉举报渠道多样,但便捷度有待提高,有效度有待检验。考核机制未充分发挥作用。考核本该是推进的重要力量,督促下级政府和所属部门重视依法行政工作,但是考核过程中发现,县(市)区和部门为分数而考核,没有真正理解考核指标的意义所在,即依法行政相关要求,只问多少分,不问为什么;对于下一步怎么办,也只求提高分数,而不是从提高依法行政能力的角度整改部门工作。机制缺乏灵活机动性,依法行政许多工作只是按省里的规定动作来做(例如规范性文件清理工作等),但有些工作宁波的实际情况(例如行政审批改革等)明显已经胜过了省里的要求,如果再按省里的步伐来,反而打乱了甚至拖后了原有进程。

(五)对信息公开工作重视不够

没有认识到信息公开工作在整个依法行政中的重要作用。信息公开工作不仅仅是主动公开多少条信息,应对多少件依申请的问题,信息公开的及时性、有效性、全面性,关乎整个依法行政工作的效率和效果,更是有效解决矛盾的平台和基础。许多依法行政举措,宁波市已经在做甚至完成得很好,但是公开不够,反而折损了应有的效果和作用。例如,每年的依法行政考核,并没有在政府网站公布,或以政府公报的形式向全社会通报,失去了通过晒等次优良来达到考核激励的作用,考核结果的应有功效没能充分发挥。又如,规范性文件定期清理工作,内部考核显示绝大多数部门都作了清理,但能通过网站公布清理结果的很少,完整公布继续有效目录、废止目录和进一步待修改目录的部门更是少之又少。再如,许多行政复议和行政诉讼案件都与信息公开工作有关,有些部门把握不好公开与保密的关系,该公开的不公开,又或者是未按时、保质地提供相关信息,结果很被动地"一告一个准"。

四、推进宁波市依法行政的对策建议

(一)增强法治意识

切实增强领导干部和公务人员的法治观念,不断提高运用法治思维和法治方式的能力。从宪法意识、自律约束意识、依法履职意识、责权统一意识、程序意识、便民服务意识等方面着手,全方位提升各级公务人员的法治意识。把依法行政工作与职务升迁等挂钩,切实提高领导干部的依法行政意识。加强对行政机关领导干部和基层公务人员依法行政的学习和培训,用新颖的方式促进学习,采取报告会、专家论坛,专题讲座、研讨班、行政案件旁听、有奖知识竞答、能力大比武、辩论赛、主题演讲等多种形式,通过考核的方式检验培训效果,随机进行竞赛测验,考核结果与个人评优结合。

(二)转变政府职能

在摸排"权力清单"的基础上,进一步界定政府的权力边界,明晰政府、市场、社会、公民个人的职能范围。强化政府以下方面的职能:一是制定好市场运行的基本制度与规则,为市场主体提供良好的法律、政策支持平台。二是畅通相关的纠纷解决机制,加强监管、减少市场主体的交易、运行、法律和纠纷解决成本。三是建设好服务型政府,提高工作效率,为市场主体、普通民众提供公共服务。

(三)完善制度建设

把握制度建设是推进依法行政、建设法治政府的基础和根本,把制度建设作为加快政府职能转变、提升政府行政能力的重要措施,坚持用制度管权、按制度办事、靠制度管人。制度建设要坚持查漏补缺、突出重点、提升质量、强化效果。依法行政相关领域缺失的制度,参照中央、省里以及先进城市经验,尽快出台相应规定。全面推动决策制度规范化,执行制度严格化,监督制度立体化,重点加强重大行政决策等方面的相关制度建设。在提高制度质量上下功夫,政府规章、条例、各类规范性文件,在制定之初就严格规范制定依据,以此来提高制度化程度。已有的相关制度,根据实施情况和相关反馈,出台相应的细则来强化实施效果,拓宽实施的领域、地区和使用范围,并狠抓贯彻落实。

(四)健全体制机制

一是完善行政执法体制。加快建立权责明确、行为规范、监督有效、保障有力的行政执法体制。要明确划分各部门之间的职责分工,特别是对边缘、交叉职能的划分要进一步明确,防止在执行中出现部门之间互相推诿的现象。二是健全统筹协调机制。加强党对全面深入推进依法治市的统一领导、统一部署、统筹协调,构建党委统筹领导、系统垂直推进、部门各司其职的领导体系和推进机制。积极发挥"依法行政工作小组"的统筹协调功能,明确联席会议工作机制,统筹协调力求实现常态化、规范化。三是健全监督和问责机制。构建和完善以权力机关监督为重点的权力监督体系,依法制约权力运作,充分运用法律监督、行政监督、群众监督、舆论监督、民主监督和党内监督等综合监督手段,确保政府权力的行使得到全方位、全过程的缜密监督。加强行政问责,坚决执行行政监察法、公务员法、行政机关公务员处分条例和关于实行党政领导干部问责的暂行规定,坚持有错必纠、有责必问。

(五)重视信息公开

充分认识信息公开工作在推进依法行政、建设法治政府中的重要作用，时刻以《信息公开条例》为对照，围绕其开展信息公开工作。保证各种信息公开渠道的畅通，除了完善政府官网之外，重视其他信息公开场所的维护，充分考虑不上网、不经常上网群众的信息获取需求。在政府网站建设中，科学设置网站栏目，讲究主动、及时、准确、具体地公开信息，让群众看得到、听得懂、信得过。进一步扩大主动公开的范围，推进重点领域的信息内容公开。依申请公开工作进一步深化，真正做到依法、按时、准确地答复依申请内容。建立健全政府信息公开的监督和保障机制，定期对政府信息公开工作进行评议考核。发挥电子政务建设优势，探索建立大数据时代背景下的政务数据库，助推阳光政务水平进一步提升。

(六)强化考核评估

实施评估是推动法治政府建设进程的有效方式，切实发挥依法行政考核的应有功效。继续推进内部考核、社会公众满意度测评和专业机构评价的三方考核形式，并加大专业机构测评分数的权重。在开展法治政府理论研究的基础上，积极借鉴国家层面的第三方测评指标体系，参考省里考核标准，形成具有宁波特色、适应宁波市情的评估指标体系，增强其专业性、客观性和说服力。开展对考核结果的全面、细致分析，并予以公布，发挥考核结果的应有功效。

(七)借鉴先进经验

近年来，各城市都加快了推进依法行政的步伐，法治政府建设成效显著，其中不乏良好的经验。通过细致分析全国范围内的法治政府第三方测评结果，从各类指标得分，归纳出各个城市的先进之处，积极加以学习借鉴。不仅紧盯"北上广"等一线城市的先进做法，也充分借鉴同类较大城市的积极探索，同时不可小觑一些普通城市在依法行政某些方面的改革创新。例如，北京市具有较好的服务公开意识，服务型政府建设走在全国前列；上海市把"全面推进依法行政、促进政府运作规范有序"细致地写入政府工作报告；广州市的行政审批改革过程科学、规范；天津市专门制定了《依法行政考核办法》，每年通过公布考核结果发挥考核应有功效；南京市的行政规范性文件管理制度齐备，制定程序、备案审查、咨询论证、分析评估等各项制度完整；南昌市的重大决策集体决策制度不仅有专项规定，而且对决策范围、决策程序都作了详细规定；南宁市的政府常务会议对依法行政工作极为重视，在重大决策风险评估方面也设有专章专款;贵阳市的政务公开工作充分运用"大数据",对重大决策后的执行监督与评估风险也有制度创新。针对以上经验,形成办公厅或法制办牵头、各主要行政执法部门共同组成的考察团,有针对性地实地考察各相关城市的依法行政举措,学习、消化、吸收可为宁波借鉴的内容。

参考文献

[1] 中国政法大学法治政府研究院.中国法治政府评估报告(2013).北京:中国人民大学出版社,2014.

[2] 中国政法大学法治政府研究院.2013年度法治政府蓝皮书.北京:中国人民大学出版社,2014.

[3] 李林,田禾,吕艳滨.中国法治发展报告 No.13(2015).北京:社会科学文献出版社,2015.

（作者单位:宁波市社会科学院）

宁波市法治政府建设中的行政复议研究

王铭徽

　　摘　要:党的十八届四中全会对全面推进依法治国进行了顶层设计,法治政府建设是依法治国的重要命题,其中行政复议制度又是解决行政争议、化解社会矛盾的重要渠道之一,对法治政府的建设具有至关重要的影响。本课题的研究,通过对行政复议制度理论的梳理,全面分析宁波 2014 年行政复议工作的总体情况及问题不足,对部分先进国家行政复议制度进行对比研究,在此基础上对宁波市提升行政复议工作水平提出针对性的对策建议,以期对宁波市法治政府建设中的行政复议工作有所启发。

　　关键词:行政复议　总体状况　对策研究

　　为加快社会主义法治国家建设,党的十八届四中全会作出了《中共中央关于全面推进依法治国若干重大问题的决定》,对全面推进依法治国进行了顶层设计,其中一个很重要的内容就是要推进依法行政、加快法治政府建设。目前我国发展处于重要战略机遇期,经济发展进入新常态,社会仍然处于矛盾凸显期,化解社会矛盾、保护公民权益、维护社会和谐稳定是法治政府建设中的重要命题。行政复议制度是解决行政争议、化解社会矛盾的重要渠道之一,1990 年国务院颁布实施《行政复议条例》,1999 年《行政复议法》颁布生效,2007 年国务院进一步颁布了《行政复议法实施条例》,行政复议制度在我国已走过了 20 多年的道路。

　　近年来,宁波市各级政府以党的十八大和十八届四中全会精神为指导,深化行政复议体制、机制改革,加强行政复议规范化建设,强化行政复议工作队伍建设,努力提高办理复议案件透明度,不断提升行政复议的权威性、公信力和社会影响力,从而积极有效预防和化解行政争议。但是作为一个拥有11个县(市)区、数百万人口的副省级城市来讲,每年几百件的行政复议案件与大量的信访案件相比,不在一个数量级,每年几百件的行政诉讼案件也表明行政复议成为"化解行政争议"的主渠道依然任重而道远。本课题通过理论综述及比较研究的方法,对宁波行政复议工作进行全面考察,以期对下一步法治政府建设有一定的启示。

一、理论综述

由于各国的社会政治制度、历史文化传统和具体法律制度的差异,各国的行政复议制度名称和内容各不相同,但是行政复议制度在不同国家和地区的行政法体系之中都有相关设计,通过不同的形式发挥着行政救济的作用。例如英国的行政裁判所制度、韩国的行政审判制度、美国的行政法官制度等等。行政复议制度是随着行政权的膨胀和行政国的出现、行政纠纷日益增多、公民的基本权利受到诸多威胁而出现的,是社会发展所必需,它的出现和发展体现了对公民基本权利保护的加强,有利于实现社会公平。

(一)我国法律体系中行政复议的概念及发展历程

复议从字面理解指对已经决定的事情重新再考察、再审议、再决定。我国行政复议法中行政复议的定义为:"公民、法人或者其他组织等行政相对人,不服行政主体做出的具体行政行为,认为该行为侵犯其合法权益,按照法定的程序和条件,向做出该行为的上一级行政机关或者法律、法规规定的行政机关提出申请,由受理该申请的行政机关依照法定程序和权限,对引起争议的原具体行政行为的合法性和应当性进行全面审查并做出决定的活动。"[①]这种程序性描述的定义方式为法学界及实践所广泛接受。

复议在我国被正式使用肇始于1989年出台的《行政诉讼法》,而1990年12月24日国务院发布的《行政复议条例》标志着我国建立了统一的行政复议制度。1999年4月29日,第九届全国人大常委会第九次会议审议通过了《中华人民共和国行政复议法》(2000年8月27日修正),共计七章四十三

---

① 《〈中华人民共和国行政复议法〉注解与配套》,中国法制出版社2014年版,第9页。

条,《行政复议条例》随之失效。1999 年 5 月 6 日,国务院印发了《国务院关于贯彻实施〈中华人民共和国行政复议法〉的通知》。2007 年 5 月 29 日,为了进一步发挥行政复议制度在解决行政争议、建设法治政府、构建社会主义和谐社会中的作用,国务院根据行政复议法制定了《中华人民共和国行政复议法实施条例》,对行政复议的有关制度作了具体规定,条例自 2007 年 8 月 1 日开始生效实施。2008 年 6 月 4 日,国务院印发了《国务院法制办公室关于印发〈行政复议法律文书文本〉的通知》,对行政复议法律文书作了统一规范,自此中国特色社会主义法律体系中的行政复议制度已经基本完备。

(二)行政复议的特点及优势

从行政复议法的立法内容来看,在我国行政复议的主要功能是"法制监督",这在行政复议法的立法目的中有明确的表述;同时,整个复议制度的构建都是围绕"法制监督"这一功能展开的,包括防止和纠正违法的或者不当的具体行政行为、保护相对人权益、行政救济、保障和监督依法行政、解决行政争议这些具体功能。其主要特点有:一是行政复议以公民、法人或其他组织申请为条件,是一种"依申请行为",即"不告不理";二是行政复议双方当事人的地位固定,以行政相对人为申请人,以做出行政行为的行政机关为被申请人;三是行政复议只解决行政机关与公民、法人或者其他社会组织之间的行政争议,不解决民事问题;四是行政复议作为一种依法定权限开展的层级监督活动,既审查行政行为的合法性,也审查行政行为的合理性;五是行政复议审理原则上采用书面形式为主,即通过对申请人提出的申请书和被申请人提交的答辩书以及相关材料的审查、认定,依法作出复议决定。

行政复议的这些特点决定了行政复议在解决行政争议中的独特优势,一方面,受理范围非常广泛,绝大多数与行政行为有关的争议都可以提起行政复议,应该说行政复议的受案范围要广于行政诉讼;同时行政复议具有更加便民的优势,书面审查为主的方式一般不需要当事人到场,这与行政诉讼有较大区别,而且复议期限短,正常的程序条件下两个月内行政机关必须作出决定或者给出答复,相比较于行政诉讼三个月的审理期,时间上有一定优势,行政复议不收费,在一定程度上减轻了相对人的负担。另一方面,行政复议程序较为简易,可以高效迅速地矫正违法、不当行政行为,行政复议机关可以充分利用自身的行政领导地位,利用熟悉本部门本地区现实情况的优势,解决一些专业性、技术性较强的行政争议,迅速查明案情。这些优势相对于司法机关来讲,在处理行政争议的时候,更加有利于保护行政相对人的合法权益。

（三）行政复议与行政诉讼

作为行政救济的另一条途径，行政诉讼和行政复议一同发挥着解决行政争议的功能。两者之间有着千丝万缕的联系，衔接得好，可以最大程度避免内耗，使得行政救济系统整体功能得到充分发挥。两者最主要的区别有：一是性质不同，行政复议是一种行政行为；行政诉讼属于司法行为。二是受理机关不同。行政复议的受理机关是作出具体行政行为的行政机关所属的人民政府或其上一级主管部门；受理行政诉讼的机关则是司法机关人民法院。三是解决行政争议的范围有所不同。根据行政复议法的有关规定，行政管理相对人不服行政机关作出的有关财产权、人身权的具体行政行为可以申请行政复议，而且对有关教育、劳动、政治等其他权利的具体行政行为以及可以一并对规章以下的抽象行政行为不服也可以申请行政复议；而根据行政诉讼法的有关规定，行政管理相对人不服行政机关作出的有关财产权、人身权的具体行政行为可以依法提起行政诉讼，对有关财产权、人身权以外的具体行政行为必须是法律法规明确规定可以起诉的，才可以向人民法院提起行政诉讼，对抽象行政行为不服不能提起行政诉讼。显然行政复议的受案范围大于行政诉讼的受案范围。

在国际上，通行的行政救济制度构架中，存在三种常见的模式，即复议前置、相对人自由选择、中间模式。在我国的法律实践中，从程序上看，行政复议在前，行政诉讼在后，大多数行政复议案件均可以在提起行政诉讼之前先申请行政复议，两者的衔接存在选择模式、复议前置、复议终局等多种混合模式。

二、2014 年宁波市行政复议工作总体情况

2014 年宁波市各级行政复议机关以党的十八大和十八届四中全会精神为指导，认真贯彻落实国务院法制办、省政府法制办对行政复议工作的部署和要求，紧紧围绕市委、市政府的中心工作，深化行政复议体制、机制改革，加强行政复议规范化建设，强化行政复议工作队伍建设，努力提高办理复议案件透明度，不断提升行政复议的权威性、公信力和社会影响力，从而积极有效预防和化解行政争议，为全面推进法治政府建设发挥了重要作用。

(一)2014 年宁波市行政复议案件总体情况

2014 年,宁波各级行政复议机关共办理各类行政复议案件 945 件,其中上年度结转案件 67 件,2014 年新收各类行政复议案件 878 件,行政复议申请总人数 1702 人。新收的案件中,受理 713 件,不予受理或转送 165 件;全年共审结案件 635 件,办结率达 81.4%,其中维持的 417 件,以确认违法、撤销、责令履行等方式直接纠错的 16 件,直接纠错率 2.52%;经复议机关协调或监督行政机关纠正行政行为后或双方达成和解协议或申请人撤回申请而终止的 148 件,间接纠错率为 19%,综合纠错率为 21.52%;复议机关驳回申请的 37 件。2014 年市政府本级新收复议案件 253 件,比上年度 263 件略有减少,占全市案件总数的 29.95%。[①]

(二)2014 年宁波市行政复议案件的基本特点

案件总量有所增长。2014 年全市新收各类行政复议案件 878 件,比上年度的 755 件有显著增长,数量同比增加 16.29%,比 2012 年的 563 件增长了 315 件。2014 年全市两级法院共新收一审行政诉讼案件 632 件,行政复议案件数达到全市一审行政诉讼案件数的 1.39 倍。2014 年全市两级政府共审理案件 433 件,占全市案件审理总数的 55.51%。其中市政府本级新收行政复议案件 253 件,占全市新收行政复议案件总数的 28.81%,比上年度减少 10 件;县级政府审理案件数为 248 件,占全市行政复议案件总数的 31.79%,比上年度增加 37 件,同比增长 23.38%。政府部门共审理案件 347 件,占全市复议案件总数的 44.49%,比上年度增加 56 件,同比增长 19.24%。

被申请人类别相对集中。2014 年全市政府职能部门作为被申请人的行政复议案件有 660 件,占新收案件总数的 75.17%。其中县级政府部门为被申请人的有 612 件,比上年度增加 141 件,同比增长 29.94%;市级政府部门为被申请人的有 48 件,比上年度减少 15 件,同比减少 23.8%;县级政府为被申请人的有 167 件,比上年度的减少 23 件;乡镇一级政府为被申请人的有 34 件,与上年度的 19 件相比同比增长了 78.9%。另外,2014 年宁波市政府本级为被申请人的复议案件为 20 件,市政府本级为被告的应诉案件有 12 件。

案件涉及的领域相对集中。从受理的复议案件涉及的管理领域来看,

[①] 数据来源:宁波市人民政府法制办公室。

仍集中于公安(收到 226 件,其中受理 212 件)、房屋征收拆迁(收到 124 件,其中受理 96 件)、土地(收到 113 件,其中受理 94 件)、劳动和社会保障(收到 82 件,其中受理 74 件)、工商(收到 65 件,其中受理 50 件)、质监(收到 33 件,其中受理 21 件)等领域。另外 2014 年规划领域案件受理数量增长明显,达到 51 件,比上年的 13 件增长 292.3%。上述七类领域引发的行政复议案件占受理案件总数的 83.87%。从复议机关来看,全市行政复议案件主要集中在市政府和市公安局,两单位各受理案件 178 件,共计 356 件,约占全市各级复议机关新受理案件总数的 50%。

三、宁波市行政复议工作的主要做法与亮点

近年来宁波市的行政复议工作不断进步、不断提升,群众选择行政复议解决争议的比例、复议机关对争议案件通过撤销、确认违法等直接纠错和经过监督、协调促使行政机关自行纠错的比例、案结事了率均高于全国和全省平均水平,取得了一定的成效。

(一)进行制度创新,出台行政复议相关地方法规及规章制度

近年来,宁波市根据《中华人民共和国行政复议法》的精神指导,在贯彻落实国务院法制办、省政府法制办对行政复议工作的部署和要求基础之上,深化行政复议体制、机制改革,陆续发布出台了《宁波市实施〈行政复议法〉若干问题的意见(试行)》《行政复议案件办理工作制度》《审理行政复议案件集体讨论若干规定》等 10 多项规章,从制度层面确保复议的公信力。2015 年,宁波市法制办出台全国首部《行政复议机关行政诉讼出庭应诉工作指引》,有助于规范和引领全市各级行政复议机关行政诉讼出庭应诉工作,提高行政复议机关工作人员出庭应诉质量和水平。

(二)创新多种多样的审理方式,提高实效性

为提升复议案件审理质量、提升案结事了率、有效化解行政争议,宁波市法制工作部门根据案件不同情况创新多种审理方式。主要包括:一是创新"实地审、事实审"机制,改变过去重"书面审、材料审"的审理方式,提高了案件的公正性,提升了复议案件质量。二是引入专家意见和运用集体讨论制度,对涉及重大、复杂、疑难的复议案件,审慎作出决定,确保最终的复议决定依法依规。三是不就案论案,积极运用协调、调解、和解等手段努力化

解行政争议,强化行政复议中当事人权利救济的实效性。

(三)注重信息化建设,提升复议工作效率

为方便群众申请复议,宁波市把推进复议工作的规范化流程和信息化建设作为重要的抓手,从 2007 年开始,在全省率先开通网络申请行政复议通道,并通过网络向复议申请人提供一系列相应服务。为了改变办案人员手工登记案件、手工填发法律文书、人工统计分析数据等原始模式,宁波市法制办在 2014 年进行了大量的前期调研,拟定了行政复议信息化管理系统建设方案,拟于 2015 年前完成研发并全面推行。

四、宁波市行政复议工作存在的问题

经过宁波市全市法制战线工作人员多年的努力,宁波市的行政复议工作水平走在了全国全省的前列,但是距离全面建成法治政府,让行政复议成为解决行政争议的主渠道,仍然存在较大进步空间。

(一)法制机构建设仍需加强

各级行政复议机关的法制机构是最终落实和承担行政复议工作的主体力量,相对于市本级、县市区法制部门力量配置较为充裕的局面,市级部门法制机构力量相对薄弱。根据上一年度法治政府评估的结果来看,38 个参评市级部门中,有 14 个部门没有设置独立法制机构,在设置了法制机构的24 个部门中有 6 个部门的法制机构工作人员没有法学相关背景,有 4 个部门既没有独立的法制机构也没有设置法律顾问或者组建法律顾问团队,编制少、人员缺、复议工作配套保障欠缺。这些情况使得这些部门在履行行政复议机关的角色时常常力不从心,影响到办案质量和效率。

(二)行政复议办案程序有待规范

部分行政复议案件在办案程序上依然存在问题,行政复议法对行政复议机关收到行政复议申请以后决定受理或者不予受理、行政复议决定作出的时间都有相应的规定,目前看来仍然存在有一些行政复议案件受理时间、作出行政复议决定时间超出法定时限的情况。这些情况会直接影响行政复议的权威性与公信力。

(三)行政复议决定书整体质量有待提高

2014 年宁波市法治政府专业评估工作,评估组总计抽查 69 份县(市)区

及市级机关作出的行政复议决定书。通过对决定书文本的全面评查,发现部分抽查到的行政复议决定书存在问题。主要集中在:一是法律适用问题,行政复议决定书存在法律适用不准确、法条引用不准确的现象。二是文本问题,部分行政复议决定书书面表达含糊不清,出现用语不规范、无单位落款等错误。另外在事实认定方面,部分行政复议决定书处理简单,没有对申请人的诉求正面回应,对原行政行为的合理性缺乏有效审查,对行政复议事实缺乏深入调查,照搬照抄被申请人原行政决定书文本,一定程度上影响了行政复议功能和作用的充分发挥。

五、部分先进国家行政复议模式启发

(一)英国:专业独立的行政裁判所

英国行政法上的救济包括议会救济、司法救济、行政救济三种。在英国,类似行政复议的相应制度应该是行政救济,其中最主要的就是行政裁判所救济。进入 19 世纪以后,自由资本主义逐渐向国家垄断资本主义过渡,行政争议数量多,专业性强,普通法院难以及时公正地予以处理,于是英国的行政裁判制度应运而生。从 1846 年"铁路专员公署"和 1888 年"铁路运河委员会"设立以后,行政裁判所很快发展起来。英国的行政裁判所都是根据议会制定的法律设立的,它由精通法律和具有行政经验的人士组成,裁决案件适用具有司法性质的行政裁判程序。这些裁判所不属于普通法院系统,在组织上与行政机关联系,在活动上则保持独立性。由于各部门裁决案件的特殊性,各行政裁判所的程序规则不尽一致,但通常都经过案件受理、证据收集、庭审辩论等环节,根据事实和法律作出裁决,不受其他机关的干涉。行政裁判的程序方便、迅速,费用低,且裁判所的成员具有专门的知识,善于解决行政纠纷。为了统一对各行政裁判所的管理,英国议会在 1958 年和 1971 年两次颁行了《行政裁判所与调查法》,对各类行政裁判所的组成原则、裁判基本程序、上诉以及普通法院对裁判所的司法审查等问题作了明确规定。同时为了协调、监督各行政裁判所的工作,对行政裁判所的立法事项进行研究、提出报告和建议,还规定设立全国裁判所委员会。英国行政裁判所的优势在于,专业化的裁判人员、独立的审判权配置、简易而快捷的审理程序、中立而公正的裁决机制,高效解决纠纷行政争议。

(二)韩国:准司法化的行政审判

韩国现行行政复议制度,可以追溯到 1951 年的《诉愿法》。这部法律借鉴了日本《诉愿法》(1890),而日本的《诉愿法》又是在明治维新之后,主要借鉴了欧洲普鲁士德国等欧陆国家经验的产物,所以,在血缘上来讲,韩国《诉愿法》具有欧陆行政复议法的因素。这部法律首次规定了韩国行政复议的基本形式:行政相对人应当以书面形式,通过原行政机关向上级行政机关提起诉愿请求;以书面审理为原则;诉愿审议委员会是单纯的咨询机构,其委员也都是具有公务员身份。韩国在 1984 年 12 月 5 日公布了《行政审判法》,这部法律规定了每个复议机关内设行政审判委员会承担行政复议的职能,该委员会具有很高的独立性,而且吸收相当数量的民间人士担任委员。同时实行裁决权和决议权的分离,行政审判委员会形式决议权、复议机关形式裁决权。对行政复议程序进行准司法化的规定,行政复议申请人有权取得被申请人愿行政行为的答辩书和证据材料,有权进行口头审理等改革。《行政审判法》随着韩国国内政治及社会发展不断改进修订,经过先后近十次修改,最终形成今天的韩国行政审判制度。韩国的行政复议制度优势在于:行政复议机构具有相当的独立化、行政审判人员与职能的专业化、行政复议程序的准司法化。

(三)美国:以"穷尽"和"成熟"原则为基础的行政法官制度

美国行政复议和裁判制度非常完备,几乎所有的行政争议在诉诸法院解决之前,都必须经过行政机关的行政复议或行政裁判机构的裁决。自 1887 年根据州际贸易法创置了"州际贸易委员会"以后,出现了英国式的行政裁判所,称为"独立管制机构",联邦政府现在约有 50 多个这种机构,实行委员会制,拥有制定具有法律效力的规章的权力(准立法权)、裁判因实施执行法律和规章而发生的各种纠纷案件的权力(准司法权),是美国立法、司法、行政三权之外的"第四种权力"。美国的行政诉讼的"成熟"原则和"穷尽"原则使得行政复议在解决行政争议中的作用充分发挥。"成熟"原则指:避免过早裁决,以免法院自身卷入有关行政政策的争议之中,同时也是为了在行政机关正式作出行政裁决和在原告当事人事实上也感受到这种裁决效力之前,保护行政机关免受司法干预。成熟原则要求,受指控的行为的效力不应是模糊不清的、不确定的,相反,这种效力应当成熟到具有最终性。只有在受指控的行政行为发生了事实上的而不是假定的影响时,时间才算成熟。美国为了防止独立管制机构的准司法权滥用,还逐步建立了一套完善的制约机制,发展出了"审查官""听证官",到 1972 年,"听证官"这一名称改为"行政法官",使之具有更高的独立地位。1978 年,美国国会修改《联邦行政程序法》,正式在法律上确立了行政法官的地位,规定行政法官的职责是专门审理案件,保证行政法官的地位逐步趋于独立化,保障行政法官能公正办案,有效制约行政权的滥用。美国的行政复议优势是:"穷尽"和"成熟"原则为基础的行政法官制度、行政法官较高的独立性和公正性。

六、提升宁波市行政复议工作水平的建议与对策

进一步提高行政复议工作水平,不断深化和改革创新,一方面要立足现状,积极解决目前存在的各种问题,另一方面要借鉴先进国家及国内先进城市的经验,要研究行政复议工作的新思路、新举措,体现改革与创新的精神,把循序渐进和开拓创新统一起来。具体来说应当重点做好以下五个方面的工作。

(一)加强法制机构建设,提升专业化水平

充实各级部门法制队伍力量,有条件的市级部门要尽快成立独立的法制机构,使其编制体制、人员配置、职能设定、经费场所得到全面提升。要不断提升法制工作队伍的专业化水平,确保法制机构有法律专业相关人员、有相关执业资格证人员或者具有法制工作经验人员在任职,要加强对原有工作人员行政复议法规知识的培训,使参与行政复议办案的人员具有专门的法律知识,熟悉和善于运用行政复议法规,熟练解决行政纠纷。对于成立独立法制部门有困难的市级部门,要完善法律顾问制度,确保所有部门组建法律顾问团队。

(二)继续加强制度建设,不断创新工作方式

要建立和健全行政复议听证制度、专家咨询制度、案件审查程序制度、行政复议案件评查制度和行政复议责任追究制度等行政复议工作配套制度。建立受理、解决热点、难点申请的机制,及时解决矛盾,促进社会稳定,通过制度建设建立起长效机制,规范行政复议工作,要通过制度创新使行政复议成为行政争议解决的主渠道。

(三)不断提高行政复议案件办案质量

各级部门要充分认识行政复议在化解行政争议、稳定社会发展方面的

重要作用,要更加认真履行行政复议职责,严格书面审查,积极了解情况,严把行政复议决定书的质量关,对行政复议决定书的事实认定、法律适用、复议程序、文书格式进行更严格的规范,提高案件案例的透明度,提高行政复议纠错率,总结推广行政复议决定书网上公开制度,提高行政复议在化解矛盾纠纷中的实效。

(四)继续推进行政复议工作的信息化建设水平

要以提高行政复议案件办理质量和效率、增强行政复议、行政应诉统计工作的准确性和规范性为导向,继续加强信息网络建设,逐步实现以互联网络为载体、以政府法制信息网为依托、以各级政府法制机构为节点,全力打造覆盖范围广、涉及领域宽的信息化网络交流平台,推进行政复议工作系统的开发,继续完善行政复议文书管理系统。要加大行政复议工作信息化建设的投入,要增设用于行政复议信息化建设的专项经费,为行政复议工作信息化建设提供必要的资金支持。

(五)继续深化改革,探索成立专门的行政复议机关行政复议局

以行政复议的规范化、专业化、独立性建设为目标,深入推进行政复议体制改革,探索成立专门的行政复议机关行政复议局,集中行政复议权,除涉及海关、金融、国税、外汇管理等垂直领导的行政机关和国家安全机关的行政复议案件,其余的申请由行政复议局统一受理,并作出复议决定。成立宁波市及县级市两级行政复议局,两级行政复议局统一负责行政复议申请的立案受理工作,依法受理行政复议案件。市政府原则上不再受理以县市区政府为被申请人的行政复议申请,各市级(区县)部门也不再受理相关行政复议申请,如收到行政复议申请,应及时告知申请人向行政复议局提出,或直接转送各行政复议局。

参考文献

[1] 中华人民共和国行政复议法注解与配套.北京:中国法制出版社,2014.
[2] 中华人民共和国行政复议法文书范本(注解版).北京:法律出版社,2011.
[3] 王莉.行政复议功能研究:以走出实效性困局为目标.北京:社会科学文献出版社,2013.
[4] 王青斌.行政复议制度的变革与重构.北京:中国政法大学出版社,2013.
[5] 仇秀珍.中韩行政复议制度之比较与借鉴.法制与经济,2007(7).

(作者单位:宁波市社会科学院)

宁波乡镇党委依法执政的现状及对策研究

熊　彬

　　摘　要:依法执政是法治国家对政党活动的基本要求,相对于依法治国来说,依法执政在理论研究、制度建设、实践创新等方面都显得较为滞后,是法治中国建设的短板,也是法治中国建设的瓶颈。本文试图以乡镇党委这个执政党基层组织实体为研究对象,界定依法执政概念内涵,分析乡镇党委依法执政的现实基础和主要问题,研讨"四个全面"提出的新要求,进而提出提高乡镇党委依法执政能力的对策建议,期望对乡镇干部工作实践有所裨益。

　　关键词:乡镇党委　依法执政　现状　对策

一、依法执政的概念内涵

　　依法执政是指执政党依照宪法和法律确定的国家政权体制、机制、运作方式来掌握国家政权的执政方式。一般认为,依法执政包括三层内涵:一是政党根据宪法和法律取得合法的执政地位;二是政党的执政行为和活动必须依法进行;三是依法执政的行为和活动范围仅指对国家和社会事务的管理行为和活动,特别是对国家政权的组织和领导,而不包括政党自身的组织建设、管理等行为和活动。

(一)"执政"的概念

"执政"主要是指一个政党在国家权力中占主导地位,并通过国家权力将自己的治国主张贯彻于国家事务管理过程中的活动。在我国,中国共产党是执政党,执政的主体是中国共产党的各级组织和在国家政权机关中执掌权力的共产党员,执政的客体是国家和社会事务。

党依法执政的基本依据是国家的宪法法律和党内的法规;核心内容是执政权的依法确立、依法行使和依法制约;基本要求是执政行为的制度化、法律化和程序化;直接目的是不断提高党的执政能力,巩固党的执政地位,实现党的长期执政,建设社会主义法治国家。

需要说明的是,中国共产党不是单纯的执政党,而是对整个社会施加全面而持续影响的领导党,除了通过政权的力量之外,党还通过广泛的社会力量实现自己的理想。这些社会力量包括生产力的发展、生产关系的调整、意识形态的塑造、社会组织的功能、党组织及其成员的作用等,这是有别于西方发达资本主义国家执政党的主要特征,也是我国普遍存在的党政难分的重要成因。

(二)"依法"的含义

依法执政的"依法"包括四层含义:

其一,通过法律的执政。这是针对过去那种依靠开会、下发红头文件、搞群众运动的执政方式而言,是党依法执政的重要体现。

其二,法律范围内的执政。即党要依照法律授权,在法律调整范围内执政,包括处理好党政关系、政策与法律的关系、党的执政与社会自治的关系。

其三,遵循法律程序的执政。包括党对国家机关的领导要有科学的、民主的、法定的程序,党要尊重法律已经确定下来的各种各样的程序,善于运用法律程序来约束规范执政行为,约束党员领导干部。

其四,不违背宪法和法律的执政。"对于公共权力而言,法无规定而即非法",适用于政府,但不适用于作为执政党的中国共产党,党的领导必须要有一定的超前性。

(三)"依法执政"的含义

"依法执政"至少包含四层含义:

其一,党依法执政的基本依据是宪法和法律法规。过去的法律没有规定而实践证明行之有效的,就要及时上升为法律,做到重大的改革措施必须于法有据;时机上条件还不成熟,需要先行先试的,要按照法定程序做出授权。

其二,党通过法定的国家政权组织形式执政。实现党的执政宗旨、执政目标,必须依靠国家政权的力量,尊重、支持、督促国家机关依法行使国家权力,履行国家职能,在法制的轨道上推动各项工作的开展。

其三,党应依据宪法和法律确定的国家权力运作方式来执政。保证党和国家各项活动都依法进行,不因领导人的改变及其看法和注意力的改变而改变,使国家机关的公权力受法律严格规制。

其四,党依法执政所依据的宪法和法律必须体现人民的意志和根本利益。依法治官、执法治权,防止公权力的滥用和腐败,对于不适宜的法律法规,要及时修改和废止,保证公权力真正用于为人民服务,使公民的人权和基本自由受到法律的切实保护。

(四)党依法执政的由来及概念界定

中国共产党依法执政的构想,是在总结过去领导方式和执政方式的经验教训,顺应改革开放时势,深化对执政规律认识基础上逐步清晰的。经过10多年的改革开放后,1997年党的十五大确立"依法治国,建设社会主义法治国家"的基本方略,1999年九届全国人大二次会议将这一治国方略以修改《宪法》的形式固定下来,上升为国家的宪法原则。2002年党的十六大提出"坚持依法执政,实施党对国家和社会的领导"的命题,2004年党的十六届四中全会通过《中共中央关于加强党的执政能力建设的决定》,明确"依法执政是新的历史条件下党执政的一个基本方式"。这是我们党在新的历史条件下提出的一个具有远见卓识的新的执政方略,是依法治国基本方略在党执政问题上的具体体现。2007年依法执政被写入党的十七大修改的《党章》,具有了党内最高的法律效力。这意味着党的执政方式,从主要以党直接执政的形式向以国家执政的形式转变,从主要依靠党的政策执政向主要依靠法律执政转变,从主要依靠人治执政向依靠法治执政转变。2014年党的十八届四中全会通过《中共中央关于全面推进依法治国若干重大问题的决定》,指出"依法执政是依法治国的关键",进一步确立了依法执政的重要地位。

笔者认为,党依法执政,当前就是以实现中华民族伟大复兴中国梦为动力,以建设社会主义法治国家为目标,在法治精神和原则指导下履行职责,领导和支持人民当家作主,动员和组织人民群众依法管理国家和社会事务,管理经济和文化事业,维护和实现人民群众根本利益。作为区域执政主体的乡镇党委,依法执政就是根据宪法、法律、法规,以及各种规范性文件,在本乡镇地域范围内对政治、经济、文化和各项社会事业依法进行领导,充分发挥其"总揽全局、协调各方"的领导核心作用。改革开放以来,宁波市各乡镇积极探索运用法治思维和法治方式深化改革,特别是从 1992 年开始推行撤区公所、扩镇并乡以来,逐步调整行政区划,推进城镇化进程,从数百个乡镇调整至目前的 76 个镇、10 个乡、64 个街道办事处,形成了较为稳定的工作格局,探索了经济发达地区乡镇党委法治先行先试的路子,积累了经验,显露了问题,为规范化地依法执政奠定了良好基础。

二、宁波乡镇党委依法执政的现实基础

法治宁波是实施国家法治发展战略的"试验田"和"先行者"。2006 年 4 月,宁波市委作出《关于建设法治宁波的决定》,随后的 7 月,宁波市第十二届人大常委会通过《关于建设法治宁波的决议》,提出"加快建设民主健全、法制完备、公共权力运行规范、公民权益切实保障的法治城市"目标。2014 年 12 月,宁波市委作出《全面深化法治宁波建设的决定》,在新的起点上全面深化法治宁波建设。通过先行先试,宁波区域法治发展战略得到有效的实施,为乡镇党委依法执政创造了宏观环境,初步形成了对权力依法设置、依法运行、依法制约、依法监督的基本格局。

(一)基本明晰了领导乡镇政权的方式内容

党的十四大决定确立社会主义市场经济体制后,宁波民营经济如雨后春笋迅速发展,乡镇党委注重发挥政策的积极作用,顺应重要领域和前沿改革试点先行、投石问路需要,逐步形成了宪法和法律领导、政治领导、组织领导的执政方式,发展较为持续和平稳。

1. 实施宪法和法律领导

乡镇党委适应农村经济发展多元化趋势,及时从传统以行政命令方式向依法执政方式转变,向制定发展规划、完善基础设施、维护市场秩序、健全配套服务体系等方式转变;从只会抓传统农业向善于抓现代农业、工业、服务业等方面转变,取得了驾驭市场经济的大量成功经验,为国家法律体系建立提供了鲜活实践,继而为乡镇新的实践提供了法规依据。

2. 实施政治领导

主要表现：乡镇党委通过意识形态宣传和教育，对乡镇行政人员的思想产生影响；依靠党的政策对行政工作发挥重要政治影响，在重大问题上对行政工作进行直接把关，如在起草政府工作报告、编制规划计划、制定重要政策时，一般都事先提交党委会讨论同意；在某些重大决策或事项上，往往党政联名发出通知、决定或意见，要求乡镇党政机关共同执行，等等。

3. 实施组织领导

主要表现：在乡镇机关领导层中，党员占有相当大的比例，党委的副书记一般是乡镇政府的主要负责人，主导行政权的运行；党委有权在讨论、酝酿候选人时，推荐适合于担任人大或政府领导职务的候选人；对乡镇机关中的党员进行监督，对行政官员的任免起着实际的决定作用，等等。

(二)初步建立起执掌乡镇政权的工作机制

宁波是市场经济发展先行探索区，较早开始向法治经济社会过渡。乡镇党委坚持领导地位，善于开发和运用国家和社会两种资源，把总揽全局、协调各方同乡镇人大、政府以及群团组织依法依章履行职能统一起来，落实到具体执政实践中。

1. 坚持党的民主集中制

宁波各乡镇实现了区域党组织全覆盖，发展党内民主，保证全体党员都享有对党内事务的知情权、党内决策的参与权、议论党务的表达权、选择干部的选举权和对领导干部的监督权。根据《中国共产党农村基层组织工作条例》规定的乡镇党委六项职责和任务，各乡镇党委制定了党委《议事规则》，在涉及重大事项决策、重要干部任免、重要项目安排、大额资金使用时，都能较好地坚持民主集中制原则。

2. 运用国家资源

在宁波乡镇党政机关编制"三定"规定中，党委机构与政府机构是高度契合在一起的，这是符合基层实际，实行党对国家事务领导的体制基础。各乡镇党委能按照《中华人民共和国地方各级人民代表大会和地方各级人民政府组织法》乡镇人大十三项职权、乡镇政府七项职权规定，领导和支持乡镇人大依法履行地方国家权力机关的职能，推动政府依法行政。有的乡镇还建立政协组织，履行政治协商、民主监督、参政议政职能。

3. 开发社会资源

根据《中华人民共和国村民委员会组织法》的规定,指导村委会工作,将群众拥护的能人选进村委会,发挥社会组织自治的作用。各乡镇成立了工会、团委、妇联等人民团体和各类新经济、新社会组织,支持其更好地发挥联系人民群众的桥梁和纽带作用。

(三)初步形成了运作乡镇政权的法治规范

宁波各乡镇党委较早开始按照法治规则来运行,用法治的精神、价值来塑造自己,规范自己,包括约束自己。

1. 细化法规制度

除了国家宪法、法律和党内法规外,逐步增加宁波地方性法规。1988 年宁波市依法获得地方立法权后,把本地经济社会发展中的突出问题作为立法对象,先后制定《宁波市征收集体所有土地房屋拆迁条例》等地方性法规106 件(现行有效 76 件),政府规章 212 件(现行有效 109 件),推进宁波发展法治化进程,既为各乡镇改革开放、经济建设和社会发展提供了有力的法制保障,也依法规范了行政管理行为。

2. 实施党务政务公开

宁波较早实施"阳光工程",全面推进党务、政务公开。按照公开为常态,不公开为例外的原则,对政府职能、法律依据、实施主体、职责权限、管理流程和监督方式实行公开,各乡镇重点实施了财政预算、公共资源配置、重大建设项目、社会公益事业建设的决策公开、执行公开、管理公开、服务公开和结果公开。对重大或者关系人民群众切身利益的政策,专题组织听证会、论证会,搭建面对面的互动交流平台,充分听取意见,力求决策、制度充分反映绝大多数群众的利益。

3. 落实执政责任

各乡镇党委重视落实党的执政责任,建立了乡镇党委向全委会、乡镇政府向人大报告工作制度,党员领导干部述职述廉、谈话和诫勉、询问和质询等监督制度。2013 年,宁波市委、市政府提出《关于进一步加强乡镇(街道)干部队伍建设的实施意见》,对乡镇干部直接联系群众制度、加强干部教育管理提出了具体规范。

(四)初步兴起了群众参与治乡理政的法治文化

宁波各乡镇党委改进和转变工作方式和工作方法,由"作主"的方式向民主的方式转变,带头遵守诚信原则,逐步培植起肥沃的法治土壤。

1. 普法教育广泛开展

经过6个五年普法教育,法制宣传服务网络已成规模,法治文化阵地建设、法制教育基地资源整合,"普法微博"显现集群效应。乡镇、村社干部的法治意识、法律知识水平和依法管理能力不断提高,在完成分管工作、专项任务、联村包社、排除纠纷等各个环节,自觉依法办事成为普遍现象。群众的法治意识越来越强,有了问题不找政府找"条文"已经被越来越多的百姓认知。

2. 党员干部带头示范

通过党的群众路线教育实践和"三严三实"教育活动,尤其是新一届中央领导集体改进工作作风、密切联系群众八项规定,坚决反腐败斗争,使党员领导干部尤其是第一把手深刻认识到依法执政的本质内涵,依法执政的责任意识,法律至上观念、民主法治观念、控权保民观念逐步增强,自觉践行守法行为成为普遍现象。

3. 基层民主政治稳步推进

重视乡镇人大建设,完善村民代表会议制度,实施村务公开和财务公开,开展基层直选、民主法治示范村、推动民主管理制度,制定规范村规民约或村民自治章程等,成效明显。余姚市的"阳光村务八步法"、北仑区的"和谐指数"评估发布制度和村级民主决策"五步法"、镇海区的农村社区化管理模式、慈溪市的"和谐促进会"等基层民主法治建设的经验典型得到推广。

三、宁波乡镇党委依法执政存在的问题分析

从依法执政的含义上来审视,宁波乡镇党委依法执政存在的主要问题及其原因:

(一)从通过法律执政的角度看,存在"权大于法"现象

个别乡镇党委个别时段依照少数领导者个人的看法、智慧、注意力来治理,长官意志决定一切;发展经济热衷于搞"群众运动",时不时出台一些不符合法律规定的所谓"优惠政策";相当一部分乡镇领导干部在实际工作中考虑政策多,考虑法律少,习惯于找上级文件的多,习惯于找法律依据的少;

一部分乡镇领导干部工作作风简单粗暴,无视基层群众的正当要求,习惯于搞"暗箱"操作,不愿意将可能引起异议的具体工作公之于众,等等。

出现这些现象的直接原因是,我们党是一个具有 90 多年革命和建设历程的政党,依靠政策执政可以说是历史的惯性。一些乡镇干部认为党的政策就是国家法律,执行党的政策,就是执行国家法律。尽管近年来乡镇干部充实了大量年轻干部,普法教育也坚持了多年,干部的法律法规知识有了大幅提高,但遇到具体问题,依旧按照传统思维、习惯来思考和处理,仍是基层干部的主要工作方式。没有长期的养成,要彻底消除依靠政策或主要依靠政策来执政的习惯,还有困难。

深层次原因就是法治文化问题。我国有着几千年的人治传统和专制历史,法律意识缺失,民主制度建设匮乏,官本位思想严重,人们对法的看法缺少西方那种内心信仰和规则意识,缺乏把法律视为正义、公平,视为至高价值的追求。领导者往往视法律为约束别人的工具和手段,要求别人时法律讲得多,对待自己时法律就是橡皮筋,怎么方便怎么来。老百姓也存在着"官贵民贱""民不管官"的传统观念,参与意识不强,一般情况下不涉及自身利益往往不闻不问,人民对权力的监督意识薄弱。

(二)从在法律范围内执政的角度看,存在"职能错位"现象

部分乡镇的大小事务都由党委说了算,党委权力过分集中,包揽过多,把纯属政府部门职权范围内的事项拿到党委会研究决定,以"红头文件"或者口头的形式直接命令政府;个别乡镇行政权力中心不在政府系统,而在党委系统,行政权力集中在作为党组织负责人的党委书记个人身上,某些本应由行政领导行使法定职权的行政工作,却成立由党委领导担任首长的指挥部或领导小组;有些乡镇人大会,往往是乡镇党委书记主持全体会议,在会上作指示,并借此机会将人大会开成"工作会",党员人民代表的双重身份往往过多地被强调党性的一面,而人民代表的职能常被置于次要的位置,等等。

出现这些现象的原因,从法律规则上看,虽然党委、人大和政府有各自的法定职能,但在乡镇领导和管理体制改革过程中,一些相应的配套建设和后续工作未能及时跟上,致使乡镇党委、人大和政府的工作职能难以有效到位,导致乡镇组织内部权力结构失衡。比如《中国共产党农村基层组织工作条例》规定了乡镇党委的责任,但没有规定履行这些职责的权力,事实上造成了乡镇党委的责任与权力分离。

从乡镇实践上看,乡镇一级由于责任重大而职权甚少,事情冗杂,乡镇党委、人大、政府的职能也的确不好分,也难分开,主要领导终日忙于应付繁杂的经济、行政事务,难以集中精力,切实尽到应尽的政治领导职能。不少干部不了解党的主张与国家意志的区别,把党的政策等同于公共政策,认为所有政策都是党的政策,党的政策高于一切,甚至不知道什么是公共政策。在执政活动中不熟悉依法办事,习惯于由党组织制定政策,颁发文件,漠视法律的权威,轻视政权机关的作用。

(三)从遵循法律程序执政的角度看,存在"蛮干硬干"现象

有些乡镇党委对一些须经乡镇人大讨论通过方能拍板定案的重大事情,不是认真严格地按照法定程序进行,而是要求党员人民代表遵照党内服从的原则,强行通过党委的意见;有的乡镇党委工作中常常存在随意性较大、程序不健全、制度流于空泛的现象,有些程序有了,规范化不够,又往往使程序成了摆设,制度打了折扣;有的乡镇党委在村一级选举中,以加强党的领导为名,或以处理选举中出现的问题为由,操纵和干预选举工作,破坏了基层的社会主义民主政治建设,等等。

出现这些现象的原因,从理论上看,1982年的修宪和党的十二大《党章》,都明确规定或表述了党必须在宪法法律范围内活动的原则,但经过30多年来总体上还只是一个政治原则,能够保证执政党转变领导方式、巩固执政地位、提高执政能力和执政水平,还没有成为法治原则,能够制度化、程序化、法律化地操作和执行,在很多方面不具有可操作性,难以落实。有些法律法规还因部门利益纷争而出现相互冲突的现象。

在实践中,乡镇党委实际工作一般都依据上级党委制定的政策,依照政策行事,而不顾当地具体实际。有的乡镇为了解决某一阶段的突出问题,或推进某一方面的工作,比如解决征地、违建、环境污染等问题,还出台一些"文件",制定一些土政策,往往在某种程度上能及时推进工作,但这样的做法又常常与法律法规相冲突,与提高依法执政能力的要求相背离。

(四)从不违背宪法和法律执政的角度看,存在"急功近利"现象

我国虽然法律体系已经形成,但是许多法律比较粗糙,实际工作中法律空白点还比较多,自由发挥的空间比较大。在上级对乡镇实现目标考核下,乡镇受经济发展和社会稳定指标管理的强约束,更多地体现为目标导向,往往不依法决策,不依法办事,热衷于搞"形象工程",留下不少"胡子工程"和问题隐患;老百姓也一方面对他人侵害自己权益的违法行为义愤填膺,另一

方面自己却可能坦然违法、钻法律漏洞,等等。

出现这些现象的原因,从上级层面分析,由于宪法仅仅对中国共产党的领导地位进行了原则性的规定,并没有对中国共产党如何执政、如何行使其领导权进行具体的规定,应由国家法律调整的事项却由党内法规在调整。当前,党和国家高层从理论层面明确了"依法执政"的理念,当务之急是要解决实践层面的问题。乡镇党组织依法执政不在国家立法层面作出具体明确规定,在实践中就很难落到实处。

从乡镇角度分析,由于对乡镇依法执政缺乏明确具体的规定,乡镇党委"总揽全局、协调各方"的工作原则,往往在具体执行中"总揽"变成"包揽","协调各方"变成"命令各方"。只要能达成既定的目标,在政策和环境的允许下,乡镇的行为都有可能被上级默许,因而出现大量带有变通、打擦边球抑或违规性质的施政行为。这种灵活变通的方式,也是基层党委具有较高的行动效率和动员能力的重要原因。

四、"四个全面"对乡镇党委依法执政提出的新要求

党的十八大以来,以习近平为总书记的党中央提出全面建成小康社会、全面深化改革、全面推进依法治国、全面从严治党的"四个全面"战略布局,是党中央治国理政方略的顶层设计,是中国复兴伟业的战略路线图。落实到乡镇党委依法执政上,提出了许多新要求。

(一)法治成为信仰追求

法治是一种信仰和生活方式,法治不被信仰就成为一纸空文。基于法治的固有特性和对法治的信念来认识事物、判断是非、解决问题的思维方式就是法治思维,它是依法办事的前提。法治思维的核心是权利义务观念,对于党员干部特别是领导干部而言,除了具有公民应有的权利义务观念,还要有法治的权力观,即权力的有限性与程序性,以及守护法律、维护宪法与法律权威的职责意识。

1. 要有合法性思维

乡镇党委要改变行政命令或政治斗争式的思维方式,办事依法、遇事找法、解决问题用法、化解矛盾靠法。善于运用法治思维和法治方式调节经济社会关系、统筹协调各种利益、实现改革于法有据,才能更好地规范发展行

为、凝聚改革共识、促进矛盾化解、保障社会和谐。

2. 要有权利思维

乡镇党委要转变"按照文件、政策办事""按照领导之言办事""按照经验办事"等传统执政方式，增强人权意识，清除封建思想，保障和发展人权，保护宪法和法律规定的公民权利。否则，就可能导致"满怀为人民谋利益的热情"，却让人民利益受到损害的结果。

3. 要有程序思维

依法执政在领导者的行为方式上就表现为依程序执政，不仅乡镇党委的主张要经过法定程序才能成为公众意志，党委推荐的人选也必须经过法律程序才能成为乡镇政府机关的领导人。凡是想问题、作决策、办事情，第一原则就是按法律程序办事：有法律规定的，遵循法律规定；没有法律规定的，遵循法治原则、法治原理。

(二)党政关系法治化

党政关系就是通常所说的执政党与政府之间的关系。我们党与政权的关系，是先有政党，后有政权，没有政党就没有政权，这就是中国特色，所以我国政权不可能与我们党分离，只可能是二者一定程度上的职能分工。事实上我们党进行的党政合一和党政分开的领导方式都存在诸多弊端，与依法治国多有冲突。党政合理的关系应当是一种法治化的关系。这种法治化的关系必须坚持两条基本原则。

1. 民主协商原则

对于乡镇的公共权力与义务，理性的选择就是大家坐下来讨论协商，或者按照少数服从多数的规则，或者按照授权的规则，或者按照其他约定的规则来做出重大决策。讨论协商的过程就是民主，少数服从多数的规则、授权的规则或其他约定的规则，就是法治。法治将政治行为规范化、公开化、程序化和民主化，通过法治化的过程，具体规定其各自职权和义务，使之能够切实做到各司其职，继而实现合作共事。

2. 权责一致原则

实现党的依法执政与政府依法行政的统一。明确党委书记是实施党的政治领导、思想领导和组织领导的第一责任人，而政府主要负责人则应当是经济、社会、文化等方面的第一责任人。在政绩考核、责任追究方面，不宜将党委书记作为地方所有事务的第一责任人。这样既有利于党要管党，党政分开,又可避免党委插手干预政府工作的急功近利、形式主义等问题,出现"党委拍板,政府担责"的现象,还可通过党委对同级政府的有效领导与强力监督,促进地方经济与社会、环境等科学协调发展。

(三)监督成为必经程序

党的十八届四中全会《决定》指出,"必须以规范和约束公权力为重点,加大监督力度,做到有权必有责、用权受监督、违法必追究"。乡镇党委必须接受党内监督和人民群众的监督,使监督成为党委工作及重大决策的必经程序和法定程序。不仅领导和决策要经过法定的信息收集与反馈程序(包括公示制度和听证制度等),而且对权力的监督和制约也要依靠严密的制度和程序。

1. 党内监督

乡镇党委要把党内民主和党内监督制度落到实处,从乡镇工作实际出发,探索民主恳谈、上下级协商等党内民主的不同实现形式和表现形式,建立乡镇党员献策和质询制度,让乡镇党员在乡镇党组织内有较大的发言权,形成整个乡镇组织全面监督的局面,而不是少数人监督的局面。认真落实中央有关决定和条例,在工作中真正形成以法制权、以权制权的权力监督体系,使党员干部的权力受到有效的监督和制约。

2. 群众监督

构建群众参与监督的平台,以村民自治的民主管理、民主监督成功经验为借鉴,全面提升基层群众参与监督的意识。健全基层群众监督体系,畅通群众监督渠道,如完善信访制度,推行听证制度等,把群众参与听证直接纳入政府重大决策当中,扩大公民的知情权,提高执政党重大决策行为的公开度和透明度。

(四)党纪挺在国法前面

执政党的使命决定了必须从严治党。党的十八届四中全会《决定》指出,"党规党纪严于国家法律,党的各级组织和广大党员干部不仅要模范遵守国家法律,而且要按照党规党纪以更高标准严格要求自己"。如果党员对党内法规的规定和要求执行得好,就不会触及国家法律法规规定的违法犯罪的底线。这是治国必先治党,治党务必从严的一个内在的逻辑。

1. 把纪律和规矩提在法律的前面

落实管党治党主体责任,通过纪律的手段来约束领导干部的行为,使领导干部能够心有所惧，能够收敛、收手。中央已经重新修订颁发了《中国共产党廉洁自律准则》和《中国共产党纪律处分条例》，正在修订完善相关党内法规。通过制度化的纪律规定，运用好监督执纪的"四种形态"：党内关系正常化，批评和自我批评经常开展，让咬耳扯袖、红脸出汗成为常态；党纪轻处分和组织处理成为大多数；对严重违纪的重处分、作出重大职务调整应当是少数；而严重违纪涉嫌违法立案审查的只能是极少数。

2. 建立依法执政的责任追究机制

对依法执政的责任，包括责任主体、具体责任形式、追究责任的主体和程序等，进行深入研究，权责统一。既涉及各级党组织，也涉及党员领导干部；既涉及政治责任和道义责任，也涉及党纪责任和法律责任。既重视落实地方党委在贯彻执行党的路线、方针、政策，遵守宪法和法律，以及重大决策、任用干部、廉政建设等方面的执政责任，更重视党员领导干部和领导班子主要负责人的执政责任。

党的十八大以来，在党内法规执行力方面，中央强调的分量非常重。这个执行力是自上而下一体遵行，尤其上边起到了带头和表率的作用，这样一级一级地贯彻执行，而且执行党内法规没有例外，不允许搞特权。现正一步步地层层落实到基层，并将成为制度化的常态。

五、进一步提高宁波乡镇党委依法执政能力的对策建议

法律是党执政的重要手段，但法律不可能作为一种个体化的、人格化的明确规定，社会主义法制也有一个逐步发展的过程。因而，乡镇党委必须根据党的执政理念、宪法的一般原则和精神、乡镇具体的经济社会环境，进行创造性工作。尤其在社会转型期和改革攻坚期，党的政策所发挥的重要作用，是法律作用不能得到很好发挥之前的重要替代。乡镇党委在依法执政过程中，必须将党的政策与国家法律有机结合起来，坚持党的政策指导同坚持依法办事统一于人民的利益之中，发挥党的政策和国家法律相互支持、协调发展的整体效应。

（一）树立见贤思齐的用人导向

执政党最关键的权利，第一个就是党管干部。用一贤人则群贤毕至，见贤思齐就蔚然成风；举起一面旗帜就带好一方风气，是乡镇党委的第一

责任。

1. 树立考评标准

深刻领会习近平总书记提出的"信念坚定、为民服务、勤政务实、敢于担当、清正廉洁"好干部标准的深刻内涵。信念坚定,就包含自觉坚持党的领导、人民当家作主、依法治国有机统一,坚定不移走中国特色社会主义法治道路;为民服务,就包含坚持法治建设为了人民、依靠人民、造福人民,把促进社会公平正义作为核心价值追求;勤政务实,就包含严修身、严用权、严律己,谋事实、创业实、做人实,推动科学发展有思路、有激情、有韧劲、有贡献;敢于担当,就包含坚守法治定力、厉行法治意志、坚决与破坏法治行为做斗争;清正廉洁,就包含依纪依法反对和克服形式主义、官僚主义、享乐主义和奢靡之风,形成严密的长效机制。

2. 建立激励约束机制

忠诚干净担当是"德",实事求是、求真务实是"能",经验历练是"才"。把尊宪守法作为衡量干部德才素质的重要标准,把法治素养和依法办事能力作为提拔使用干部的重要依据。把善于运用法治思维和法治方式推动工作的人选拔到领导岗位上来。对特权思想严重、法治观念淡薄的干部要批评教育,不改正的要调离领导岗位。通过发挥考核评价和选人用人这个指挥棒和杠杆的作用,引导和督促党员干部把依法执政和依法行政的要求落到实处。

3. 落实第一责任

党政主要负责人要履行推进法治建设第一责任人的职责,不仅自身要带头遵守宪法法律,带头依法办事,弄清权力与职责、权利与义务的基本内涵,真正把宪法作为根本的执政准则;而且要抓好领导班子和干部队伍法治素养和能力的培养提高,有发扬民主和善于依法办事的意识,成为讲民主、讲法治的模范,成为引导群众讲民主、讲法治的向导。

(二)完善党委依法决策机制

"讨论决定本乡镇经济建设和社会建设发展中的重大问题",是乡镇党委一项重要职责。乡镇党委依法决策,强调的是决策主体、决策程序、决策内容、决策责任都要始终贯穿和体现法治思维,采取和运用法治方式。每作一项决策,都要认真想一想法律上谁有权决策,有多大权限决策,决策的法律依据是什么,应当遵循的法定程序是什么,应当承担什么样的法律责任,等等。至少应建立以下几种机制。

1. 党员参与决策的调查机制

在党委的重大决策制定之前,应当通过会议、座谈、公示等方式深入调查,广开言路,广泛听取基层各方党员的意见和呼声,为重大决策获取更多更好的选项和思路。必要时可以遴选各方党员代表举行决策听证会,以保障决策的民主性与科学性。与群众利益密切相关的重大事项,还要建立社会公示制度,争取社会公众的广泛参与。

2. 专家论证和征询意见机制

凡是涉及重大决策的方案,都应组织有关技术专家、法律专家等进行科学性合法性评估论证,做到每项决策都要于法有据。同时,明确党委重大决策应当提交人大讨论和向相关社会组织征求意见的具体内容、程序与责任。

3. 公开透明的党务运行机制

按照依法公开、真实可信的要求,凡需要党组织班子集体研究决定的重大问题,涉及群众切身利益的热点问题,容易出现以权谋私、滋生腐败、引发不公的事项,除按照规定应当保密的内容外,都要适时地最大限度地向群众公开。

(三)支持和保证政府依法行政

党委对政府的领导,主要通过间接方式完成,不去直接干预政府的内部事务。但关系全局的重大决策,应由政府主要负责人提交党委会讨论决定,决策后由政府组织实施,切实把管理国家和社会的具体职能和权力还给政府。党委克服把"党领导一切"混为"包揽一切、管理一切",政府克服"一切依赖党委、一切游离党委"的倾向,把党领导一切与行政首长负责制辩证统一起来。

1. 重决策,轻管事

党委通过制定乡镇大政方针、发展规划、发展政策,实现其政治、思想、方针政策和重要事项的领导,而对政府管理职责范围内的事,则由政府依照政务决策的法定程序进行,避免党委陷于事务,政府无事可干。

2. 重监督,轻管施

党委应根据自身的监督职责,并充分发挥其监督部门的职能作用,重点加强对政府落实党的路线、方针、政策和乡镇党委制定的地方性发展大政方针过程的监督,从组织上确保政府不偏离党的路线方针政策。对施行中的具体方式、方法,则主要由政府根据具体的客观情况来制定,避免以党代政。

3. 重管人,轻管物

党委一方面应重点加强对党员、干部和人民群众的管理和教育,使其形成强大合力;另一方面,应注意培养和选拔年富力强,德才兼备的优秀分子充实干部队伍,提高乡镇干部队伍的整体素质和工作能力。属于政府管理范围的人、财、物则主要由政府根据有关法律法规和相关制度进行管理,以免党委包揽一切,弱化政府职能。

(四)发挥人大的权力机关职能

党委应支持人大依法履行职能,实现党的依法执政与人大依法行权的统一,不能干预或代替其履行职能。如果党不是通过人民代表大会,就将党的意志作为国家意志来付诸实施,那就意味着党是在代民作主。代民作主的做法在很大程度上会影响人民群众积极性、主动性和创造性的发挥,不利于活跃社会主义的生产力,社会主义事业也就失去了生机和活力。

1. 正确地发挥党员人民代表的作用

教育代表珍惜和全面行使自己的民主权利,平时要主动地了解人民群众的意愿和要求,会议上要充分发表意见,为乡镇发展和群众需求提出合理的意见和建议。探索通过党员人民代表,实现既加强党的领导又促进人大自身建设的途径,推进乡镇党委与乡镇人大领导的交叉任职,提高人大领导成员在党委系统内的地位。

2. 支持和保证人大行使人事任免权

这是接受人民监督,对人民负责的重要表现。在坚持党管干部的基础上,党委实行党内初选,通过差额竞选,做好推荐由人大及其主席团产生的乡镇政权组织领导人选的工作;对拟提请任命的候选人员,乡镇党委要尊重非党代表依法提名的人选,不得加以限制;对于人大及其主席团通不过任命的干部,党委要尊重人大的决定。

3. 自觉接受人大监督

人大的监督是指从工作角度具有的制约关系,人大有权监督法律在本行政区域内的贯彻执行,任何一个国家机关、政党和社会团体违反宪法和法律的行为,人大都有权监督并按照一定的程序追究其责任。乡镇党委的决策与活动必须尊重乡镇人大的权威,提出的建议与意见被纳入议案后,要按照法定程序在人大会上讨论,通过人大把党的意志转化为国家的意志。

(五)引领社会实现"善治"

善治,即是使公共利益最大化的社会管理过程和管理活动。其本质特征,就在于它是政府与公民对公共生活的合作管理,是政治国家与公民社会的良性互动。其核心思想是要增强非政府组织能力与力量,同政府合作,解决公共问题,处理公共事务,使公共利益最大化。人民对美好生活的向往就是党的奋斗目标。乡镇党委是党的全部工作和战斗力的基础,是乡镇党政组织和各项事业的领导核心,应当担负起"善治"的责任。

1. 不断提高政治透明度

政治透明指的是政治信息的公开性。每一个公民都有权获得与自己利益相关的政策信息,包括政策制定、政策实施、行政预算、公共开支,以及其他有关的政治信息。乡镇党委、政府在建设社会主义法治国家进程中担负重要责任,其行为对其他社会群体起着形象塑造和榜样引领作用,直接关系到社会政治的清明和治理状况的优劣。

2. 充分发挥社会组织作用

在党与社会之间建立一种制度性关系,为社会中各种组织提供成长空间,培育扶强人民团体、新经济组织和新社会组织,充分发挥市民公约、乡规民约、行业规章、团体章程等社会规范在法治社会建设中的积极作用,推进多层次多领域依法治理。

3. 争取公民的政治参与

法治是善治的基本要求,没有健全的法制,没有对法律的充分尊重,不可能有公民与公民之间,以及公民与政府之间的良好合作,也就没有真正和谐的社会秩序。因此,要认真落实民主选举、民主决策、民主管理、民主监督的各项制度,努力扩大公民参与公共事务和政治生活的范围,提高公民的政治参与程度。

参考文献

[1] 张文显.依法执政的概念解读.人民论坛,2005(7).

[2] 李林.当代中国的依法治国与依法执政.学术探索,2011(4).

[3] 卓泽渊.依法治国中的依法执政.上海行政学院学报,2010(4).

[4] 田润宇.领导党与执政党之间:对中国共产党角色定位的学理思辨.求实,2010(1).

［5］黄文艺.论依法执政基本内涵的更新.法制与社会发展,2014(5).

［6］孟大川.论中国共产党依法执政的实现路径.中国党政干部论坛,2014(1).

［7］张金来.依法执政研究.中共中央党校学位论文,2008.

（作者单位:宁波市社会科学院）

农村基层"小微"权力规范化运行的实现路径研究

李广雷

摘　要：村干部是国家庞大行政机器中的末梢神经,直接面对着最基层的群众,其"小微"权力失范,不仅影响农村经济社会发展和稳定,而且极大地损害着党和政府的形象,甚至危害基层政权建设和执政基础。当前农村基层"小微"权力失范以侵害群众经济利益为主要特征,在征地拆迁、集体资产处置等环节呈多发、高发态势,影响群众生产、生活的方方面面,成为基层治理的薄弱环节。规范农村基层"小微"权力运行,必须坚持法治原则,重视制度的建设和落实,又必须坚持民主方向,注意发挥群众自治的作用,在夯实"小微"权力规范化运行的思想基础、健全"小微"权力规范化运行的监督网络的基础上,以加强基层组织建设为抓手,优化基层政治生态,推进"小微"权力失范行为的源头治理。

关键词：基层治理　村干部　权力运行　规范化　路径

村干部是党的整个干部队伍的重要组成部分,是贯彻党在农村的方针政策、完成各项任务、带领基层群众建设社会主义新农村的骨干力量,是党联系服务群众的重要桥梁和纽带。当前,大部分村干部认真履行岗位职责,服务基层群众,构筑了良好的执政根基。然而,也有少数村干部将手中权力作为谋取私利的工具,成为基层治理的"病原体"。如何规范村干部掌握的"小微"权力,维持基层良好的治理秩序,成为社会转型期值得关注的一个新课题。

一、农村基层"小微"权力运行情况分析

（一）农村基层"小微"权力运行失范的特点

1. 农村基层"小微"权力失范带有普遍性

农村基层"小微"权力失范，成为基层治理的薄弱环节和影响农村改革、发展、稳定的突出问题。2015 年 1 月以来，省委巡视组对杭州、宁波、温州、湖州、嘉兴、舟山、台州市所辖的 26 个县（市）区进行了巡视，并陆续向上述有关被巡视地区反馈巡视情况。笔者对巡视组有关各地基层党风廉政方面的反馈意见进行了汇总（不完全），情况如下：

序号	巡视对象	反馈意见
1	宁波市	一些农村基层党员干部侵害群众利益和腐败现象并存，影响基层组织执政能力建设
2	温州市	对农村基层干部腐败问题的反映相当集中
3	舟山市	社会管理存在薄弱环节，基层侵权问题反映比较突出
4	余姚市	农村基层腐败问题较为突出，给基层政权建设带来负面影响
5	奉化市	基层单位权力运行缺乏有效监管
6	江北区	农村集体"三资"等方面的监管缺失
7	江东区	一些基层党员干部侵害群众利益和腐败现象并存
8	北仑区	农村基层党员干部违纪违法案件频发
9	鄞州区	农村基层小微权力缺乏有效制约，村支书、村主任问题反映集中，违法违纪案件频发
10	宁海县	农村基层腐败问题突出，村干部违纪违法案件多发
11	象山县	一些村基层组织问题突出

另据权威部门统计，在当前查处的基层违纪违法案件中，村干部占据了案件数量的 70％以上，由村官腐败引发的群众信访已占农村信访总量的 50％以上。[1] 就宁波而言，2013 年全市各级纪检监察机关受理的信访件中，

---

[1] 何新田、朱玉萍：《今日舆情解读——治理村官腐败还须推进基层治理现代化》，http://yuqing.people.com.cn/n—1106/c212785-25989063.html，2014-11-06。

60％涉及农村基层干部。① 2012年以来，全市纪检监察机关立案查处征地拆迁领域案件75件，涉案116人，其中村书记、村主任等村干部占70.7％。2013年以来，全市检察机关共立案查处涉农惠民领域职务犯罪127人，其中村书记、村主任、村"两委"委员、村出纳等村干部49人，占总人数的38.6％。这表明，农村"小微"权力失范带有普遍性，已成为基层治理的薄弱环节和破坏农村社会稳定的一大根源。

2. 农村基层"小微"权力失范以侵害群众经济利益为主要特征

在征地拆迁、资产处置等环节呈多发、高发态势。近年来，各地在推进城镇化的过程中，因旧城改造、新农村建设以及征地补偿衍生出多位"千万级"村干部。据不完全统计，自2013年以来，全国各地公开村干部违纪违法案件171起。其中，涉案金额超过千万的案件有12起，涉案总金额高达22亿。② 2015年8月，浙江省公开曝光11起发生在群众身边的腐败问题和侵害群众利益典型案例，其中涉及村干部违法、违纪案例6起。涉案情形及金额如下：

序号	单位	违法、违纪情形	涉案金额（万元）
1	德清县新市镇句城村	私设"小金库"，用于招待等违规开支	98.39
2	嘉兴市南湖区大桥镇吕塘村	骗取拆迁补助款	55.95
3	诸暨市浣东街道曲陶阮村	利用协助管理工程建设、征迁及宅基地审批等工作便利，非法收受贿赂	45＋5.5
4	浦江县黄宅镇潮溪村	非法转让土地使用权	205
5	舟山市定海区城东街道甬庆村	挪用救助款	0.6
6	松阳县新兴镇大甫村	骗取并私分公益林补偿款	45.5

同月，宁波市通报了11起发生在群众身边的腐败问题和侵害群众利益问题典型案例，其中涉及村（社区）干部违法、违纪案例3起。涉案情形及金额如下：

① 中国浙江廉政在线：《宁波：设"清单"管住村官用权》，http://www.zjsjw.gov.cnnewsdetail.asp? id＝25590，2015-01-20.
② 李丹丹：《12起村官巨腐案涉22亿》，《新京报》2014年8月7日。

序号	单位	违法、违纪情形	涉案金额(万元)
1	象山县贤庠镇小蔚庄村	骗取建筑物征收赔偿款	90.1
2	海曙区段塘街道吴家股份经济合作社	在集体房屋出租过程中暗箱操作,以低价承租高价转租的方式谋取租金差价	22
3	鄞州区姜山镇唐叶村	为不符合条件的请托人提供购房帮助,收受请托人人民币	8.5+32+38.2(3人)

透视通报的典型案例不难发现,村干部侵权、滥权案件涵盖征地拆迁、集体财产、财政补贴等多个与基层群众利益密切相关的领域,从吃拿卡要、权钱交易、索贿受贿等,到骗取、套取、冒领、贪污国家资金,犯案形式多样。涉案人员从村党组织书记、村委会主任、村经济合作社负责人到村会计、妇女主任等不一而足,涵盖了包括村"两委"主要负责人在内的所有班子成员,表明权力失序的形态正由以往单一型逐步向复合型方向发展。

3. 农村基层"小微"权力失范主要发生在民生领域

农村基层"小微"权力失范,影响群众生产、生活的方方面面,成为群众的切肤之痛。与"发包土地、工程,优亲厚友,以权谋私"一样,在土地转让、承包、处理纠纷、审批宅基地、困难补助申请、计划生育指标等工作中卡拿索要,同样让"小微"权力带上典型的"逐利"特征。根据笔者调查,基层群众一般把村干部分为四种类型,如下图所示:

	不收钱	收钱
办事	A(1,1)	C(1,−1)
不办事	B(−1,1)	D(−1,−1)

群众最欢迎 A(办事,不收钱)类型的村干部,对 B(不办事,不收钱)和 C(办事,收钱)类型的村干部持基本接受的态度,最反感的是 D(不办事,收钱)类型的村干部。其他诸如"借宗族势力,'拳头当权',恃强欺弱,肆意侵犯村民人身权利""独断专行、办事不公开、不公正、不公平,剥夺群众的知情权、参与权、监督权""对村务疏于管理,失职渎职"等,也是广受群众诟病、反响较强烈的权力滥用行为。

(二)农村基层"小微"权力运行失范原因分析

农村"小微"权力运行失范的原因是复杂的,有经济的、社会的、文化的原因,也有主观的和客观的原因。概括而言,主要有以下几方面。

1. 法治观念淡薄,对党纪、国法缺乏敬畏

在村"两委"换届选举当中,一些家族聚居特征较明显的村,"派系"明显,选出的村干部往往家族势力较大,也有的人是通过贿选等非法方式获取职位。这种方式产生的村干部,往往法治观念淡薄,对党纪、国法缺乏敬畏感,缺乏最起码的党性修养。加之文化素质偏低,平时不注重廉政知识学习,工作中我行我素,家长式作风严重,甚至沾染上"土霸王"习气,事无巨细都是一个人说了算,将依法办事抛到脑后,为权力失序埋下伏笔。

2. 经济活动频繁,权力使用中自有裁量空间增大

根据唐鸣[1]等统计,约有 69 个中央立法文件涉及村委会职能规定,为村委会设置了 114 项职能,从内容上涉及农村政治、经济、文化、教育以及医疗卫生等方面。随着社会发展,村委会的职能还会随着村民自治的推进而不断扩充,特别是经济领域。近年来,城乡统筹发展步伐加快,新农村建设惠农资金不断增多,"多点开花"的运行模式带来资金项目管理流程不统一、制度不具体、职责不明、责任不清等问题,易在项目申报、审批、实施、验收等环节出现监管漏洞,增加了人为操作的空间。另外,村集体资产的总量也有了较大幅度的增长。据宁波市农业局 2012 年公布的数据,全市村级集体总资产即达 560.5 亿元,村均 1978 万元。全市 2456 个行政村集体经济收入 1000 万元以上的有 88 个、500 万元以上的有 286 个。很多重要生产要素如土地开发、集体资产收益分配、资金申报、福利公益设施兴建等权力,几乎全都掌握在村干部手中,使之在权力使用中拥有了大量的自由裁量权,其中隐藏的经济利益,对其利用权力寻租形成极大诱惑。

3. 缺少有效制衡与监管,对权力的约束呈下降趋势

现实中村书记、村主任等"说了算"的情况在个别地区依然存在,其他村干部不敢监督或者是"你好我好大家好""利益均沾"而不愿监督。一些农村相应的监督制约机制不完善,村务不公开,财务管理制度不规范甚至形同虚

---

[1]　唐鸣:《草根民主的法律规制——村民自治面临的新问题及法律制度建设》,中国社会科学出版社 2013 年版,第 265 页。

设,造成部分村干部利用制度漏洞攫取非法利益。村民代表大会存在"走过场、搞形式"现象,村级事务由村干部直接做主,民主集中制的"过形式化"使得权力失去了实际的制衡。另外,个别职能部门对关键岗位的检查、评估、审计等监督措施落实不到位,导致一些不合理的做法得不到及时纠正;少数乡镇政府片面强调农村稳定,对一些村干部的滥权行为持放任态度;再加上纪检监察机关办案力量不足等因素的制约,导致事实上监管"盲区"的存在,使村干部权力运行处于"群众不敢管、上级顾不上"的"真空地带"。

4. 经济待遇较低,成为权力寻租诱发因素

大多数村干部除了必要的工资以外,没有其他经济收入,加之工作压力较大,医疗保险、养老保障不健全,后顾之忧难以消除。2006 年以来,宁波全面实施村干部基本薪酬制度,待遇由县(市)区和镇(乡)两级财政保障,标准参照上一年度社会平均工资。2014 年,全市村干部平均报酬补助约 3.4 万元,其中村书记 4.8 万元。条件较好的鄞州等地,村支部书记和村其他干部平均年收入分别为 6.5 万元和 5 万元。"南三县"一些经济条件相对薄弱的乡镇,村主要干部报酬则远低于平均水平。这种状况,很可能会让作为"社会能人"的部分村干部心理失衡。

二、宁波市规范农村基层"小微"权力运行的主要做法及其评估

(一)主要做法

1. 加强廉政制度建设

宁波市紧密结合实际,探索创新农村基层权力规范运行机制,制定出台了一系列工作制度,规范农村基层"小微"权力运行。2014 年,宁海县从本地区村民自治民主实践中存在的基本问题着手,积极探索创新,对涉及村级重大事项和村级事务的权力通过系统的消化清理、归纳总结,将资产资源处置等 19 项村级公共权力事项,以及村民宅基地审批等 17 项便民服务权力事项,编制成"操作手册"和"流程图",形成了简便易学、公开透明的 36 条村级权力运行规范程序。2014 年下半年,宁波市委出台《关于进一步发挥村务监督委员会作用全面推进农村基层权力运行规范化的意见》,要求以"小微权力清单"为切入点,明确权力运行的制度和流程,强化村务监督委员会监督,切实将农村基层权力关进制度的"笼子"。目前,全市 152 个乡镇(街道)、

2543个村、579个社区都已实现农村基层权力清单编制、流程图设计制定的全覆盖。各地结合实际情况,也制定出台了一系列违反农村基层权力运行规定行为的责任追究办法,将农村基层权力运行情况纳入农村党风廉政建设督查考核、村干部年度目标考核的重要内容。比如,鄞州区制定的《农村干部违反廉洁履职若干规定责任追究办法(试行)》,将追责行为细化为46种情形,包括村级事务民主决策、村级事务民主管理、社会秩序管理等五大类,覆盖了农村"小微"权力行使的全过程。

2. 推进监管平台创新

宁波市在明确农村基层"小微"权力边界、运行程序的基础上,建立了相关深化公开操作的监管机制和监管平台,让权力清单内容、规章制度、运行程序、运行过程、运行结果"五公开",与整个流程"电视能看、网络能查、群众能问",形成了权责明晰、相互制衡、公开透明、操作规范、简便高效、监督有力的农村基层"小微"权力运行监管模式。比如,余姚市建立了"四屏联动"农村基层"小微"权力运行监管平台,将党务、村务、"三资"事务、便民服务、权力清单的相关内容予以整合,并在电脑屏、电视屏、手机屏、触摸屏上发布和互动,实现了以载体创新推动更广泛的权力阳光监管,保障村民群众对于村级事务及权力运行的知情权、参与权和监督权。镇海区创立了以民主听证、七岗控制、选聘分离、民意曲线为主要内容的"民意体检"模式,将农村基层"小微"权力运行与基层协商民主、基层民主监督以及村干部的选任考评等有机结合起来,形成了全封闭的、具有自主反馈和纠正功能的权力运行机制。

3. 严肃查处违纪违法案件

宁波市根据农村基层党风廉政建设的实际,围绕土地征收流转、"三资"管理、惠农补贴、扶贫救济、低保医保、旧村改造资金管理使用等方面"小微"权力失范问题,开展了卓有成效的专项整治行动,依法查处农村基层干部侵害群众利益、谋取个人私利的腐败案件。比如,江北区启动了"三整治两规范一创建"专项整治活动,对101个村(股份经济合作社)、50个社区的15个领域44项重点权力进行监督整治。北仑区开展了村干部廉情督查行动,对辖区195个村进行"清风督查"。据统计,2014年全市农村党员干部因违反廉洁自律规定、财经纪律和失职渎职、贪污贿赂行为,受到党纪处分35人,移交司法机关12人。2015年前4个月,全市各级纪检监察机关、检察院、公安局共受理涉农涉地等侵害群众利益信访举报564件,办结446件,转立案

29件,实施诫勉谈话12人,给予党纪政纪处分18人,移送司法机关13人。

(二)主要成效

宁波市针对农村基层"小微"权力失范现象,所采取的一系列有针对性的廉政制度建设、监管平台创新,以及监督执纪问责措施,大大压缩了权力暗箱操作的空间,强化了组织监督对权力失范行为的震慑效果,为农村基层"小微"权力规范化运行提供了制度保障和良好的外部环境。一是厘清了基层"小微"权力边界,为规范用权提供了制度依据。在村级重大事项决策、招投标事项管理、财务管理、集体资产资源处置等方面,明确了村干部权力"边界",把权力关进"笼子"。二是保障了农民合法权益,促进了基层社会的稳定和发展。监督体系建设较好地解决了村级财务不透明、村级工程不公开招标、村级重大事项未按规定决策等问题,对促进农村经济健康发展、保障村民权益、遏制农村腐败发挥了积极作用。三是净化了农村政治生态,提升了基层治理的现代化水平。通过加大对违法案件的查处力度,将中央关于党要管党、从严治党的各项部署和要求落到了实处,为净化农村政治生态,实现弊革风清,以及推进基层治理体系和治理能力现代化创造了条件。

(三)存在的不足

一是动力机制尚不健全。当前对农村基层"小微"权力的规范,更多地来源于上级纪检监察等专门监督机构,群众监督作用体现不充分。由于村民自治存在一些内生性的障碍,基层民主机制作用发挥不还够充分,尽管群众对"小微"权力规范运行的呼声比较高,但实践中并没有转化为推动"小微"权力规范运行的有效力量。二是压力型、任务型特征明显。以开展的专项行动为例,个别乡镇是基于上级压力,主观上的消极造成压力传导的"空档"和实施效果的不平衡。或者出于发展经济和维护稳定的考虑,不能在本地区开展常态化的对农村"四风"和腐败问题线索的督办,上下联动的全链条还没有形成。三是缺乏协同性,资源统筹不够。实践中往往过多专注于"小微"权力失范本身,由于缺乏系统性、全局化的宏观考量,造成制度缺乏协同,资源统筹不够,监督合力无法发挥出来。

三、推进农村基层"小微"权力规范化运行的几点建议

规范农村基层"小微"权力运行是一项系统工程,必须坚持法治的原则,

重视制度的建设和落实；必须坚持民主的方向，注意发挥群众自治的作用，在纪检监察、组织、审计等职能部门监督指导下，形成科学有效的权力运行机制和工作监督办法。

（一）加强教育培训，提升村干部法治思维，夯实"小微"权力规范化运行的思想基础

一些地方农村政治生态不佳的现实表明，必须对村干部开展党性观念、宗旨意识、法治意识、纪律意识、腐败成本等一系列教育，引导村干部树立正确的价值观、权力观，培育其明规畏纪、遵规守纪的观念，着力营造依法用权的法治环境。党的十八届四中全会提出推进基层治理法治化，对增强基层干部法治观念、加强基层法治机构建设提出了具体改革要求，为破解村级反腐难题指明了方向。将这些要求落到实处，必须认真贯彻党的十八届四中全会精神，以权力清单、责任清单和负面清单制度为依托，教育引导村干部增强法治意识，明白哪些能做、哪些不能做，法律红线不能触碰，法律底线不能逾越。同时，要加强预防工作，充分运用典型案例，以案析法，强化警示教育，使一些抱有侥幸心理的村干部不敢以身试法，有效强化自我约束意识。

（二）加强制度建设，以"底线管理"思维，推进"小微"权力失范现象的源头治理

以法治方式和制度手段管人、管事、管权，是铲除"权力失范"的良方妙药、根本之策。要把规范"小微"权力运行上升到基层治理法治化的高度，从法制轨道和制度层面强化基层民主建设，实现对权力失范现象的源头治理。一是要完善村级民主制度。建立健全并全面落实村级民主议事、民主决策、党务公开、村务公开、民主理财、民主监督等各项民主管理制度。二是要厘清村官权力边界。建立健全以基层"权力清单、责任清单和负面清单"为基本架构的"小微"权力运行工作体系，让一切工作有程序、一切程序有控制、一切控制有规范、一切规范有依据，把权力关进制度笼子。三是要强化制度的执行。制度执行不严格、执行不到位，甚至流于形式，是村干部权力失范现象易发多发的重要原因。要加强对制度等执行情况的监督检查，坚决纠正不落实、落而不实的问题，切实维护制度的严肃性和权威性。

（三）依托村民自治组织，推进村务公开和村级事务民主决策，健全"小微"权力规范化运行的监督网络

成功的现代政治架构一般体现为对权力的有效监督与对权利的有效保障，其实现的基础，就是扩大公民参与。在推进基层治理和廉政体系建设进程中,要防止监督"真空",避免管理"盲区",需要发挥好基层自治组织自我监督、管理的作用,强化村民自治权利,避免村民自治异化为村官自治,依托村民知情权、参与权、监督权,形成运转有效的以"权利"制约"权力"监督机制。一是要深入推进政务公开和村务公开,充分利用政府门户网站、广播电视、村务公开栏等载体平台,加大政务、村务公开力度,增强惠农资金分配、使用透明度,以公开促公正、保廉洁。二是要根据基层村干部职责和权力运行特点,探索群众参与监督的新方法、新措施。全面实施民主恳谈会、民主听证会、民主议事会和民情沟通日"三会一日"制度,实现在农村基层选举、决策、管理等各个环节,群众有机会进行广泛深入的讨论、对话,提出意见、建议。三是要深化村务监督委员会监督实效。明确、细化村务监督机构职责、履职程序规定,增强其执行力,使其监督边界更加清晰、监督路径更加明确、监督手段更加规范、监督效果更加务实有效,围绕村务决策、村务公开、村级集体"三资"管理、工程项目建设、惠农政策措施落实、耕地和资源保护、土地流转以及村干部廉洁履职等,开展有效监督。

(四)加强执纪问责,以"零容忍"态度,保持对"小微"权力失范行为的高压态势

　　组织监督是一种硬约束,在当前社会条件下,要保持对农村基层"小微"权力失范行为的"高压"态势,纪检监察等执法执纪机关的强有力参与不可或缺。一是抓住重点环节、盯住重点案件,严肃查处农村基层干部职务犯罪行为。围绕支农、惠农和扶贫资金安全问题等,以专项补贴项目的申报、审批、发放、验收等为重点,严肃查处支农、惠农财政补贴中的职务犯罪案件,农村基础设施建设当中的职务犯罪案件,农村社会事业领域的职务犯罪案件,还有村"两委"和基层人大代表选举中的贿选、破坏选举等各类职务犯罪案件。二是推行快查快办、严查严办机制。如实行信访案件直接查办、重大案件下查一级、提级办案、交叉办案等方式,形成案件快速处理机制,做到发现一起、查处一起,始终保持惩治腐败高压态势,形成震慑,有效遏制村干部权力失范现象多发、高发态势。三是建立农村基层作风巡查制度。由纪检监察机关牵头,对农村基层作风建设开展规范化、常态化巡查,哪里问题突出就巡查哪里,哪里群众信访多就巡查哪里,对发现的苗头性问题抓紧处置,做到件件有着落;对发现的面上突出问题,及时开展专项治理,推动问题的解决。四是完善监督体系,形成监督合力。理顺乡镇纪委工作机制,严格落实"一案双查"制度,对有案不查、监督不力且群众反响比较大的乡镇(街道)的纪检组织负责人进行追责。

(五)加强农村基层组织建设,净化农村基层政治生态,优化"小微"权力规范化运行的基础环境

一是提高基层民主选举的质量,摸清实情,尊重民意,选优配强群众的"当家人"。村级组织换届选举中,要严格依照相关法律程序,真正做到民主、公开、公正,允许群众质疑,切实把干事创业有思路、村务管理有规矩、服务群众有感情、带领队伍有办法、廉洁公道有口碑的"五有"党员人才选拔到村主要干部岗位上来。同时严肃选举纪律,有效防范宗族、宗派甚至黑恶势力对基层选举的干预和操纵。二是拓宽选人用人视野,解决好村主要干部难选配难问题。鼓励党政机关和企事业单位退休或退出现职领导干部回村任职,从机关、企事业单位选派优秀干部担任"第一书记",为农村输入"新鲜血液",解决好少数村党组织书记选配难的问题。三是加强对村主要干部的监督和激励。利用民主评议、述职述廉、离任审计等措施,严格考核奖惩,及时调整不胜任现职的村干部。同时要建立健全村干部激励关爱机制,着力解决村主要干部工作强度高、难度大、待遇保障相对偏低等问题,充分调动村干部扎根农村、创业创新的主动性和积极性。

参考文献

[1] 唐鸣.草根民主的法律规制——村民自治面临的新问题及法律制度建设.北京:中国社会科学出版社,2013.

[2] 曹锦清,张乐夫,陈中亚.当代浙北乡村的社会文化变迁.上海:上海人民出版社,2014.

[3] 于建嵘.岳村政治——转型期中国乡村政治结构的变迁.北京:商务印书馆,2011.

[4] 杨建华,等.进步与秩序——浙江乡村社会变迁 60 年.杭州:浙江人民出版社,2009.

[5] 卢福营,等.冲突与协调——乡村治理中的博弈.上海:上海交通大学出版社,2006.

[6] [美]约翰·克莱顿·托马斯.公共决策中的公民参与.北京:中国人民大学出版社,2010.

[7] 郑慧,陈新.基层民主协商制度化的推进路径.光明日报,2014-03-26.

(作者单位:宁波市社会科学院)

农村互助保险的法制化研究

徐仲建　杨　瑜　郑舒婕　刘雪倩

摘　要：我国农村互助保险的法制建设目前已经取得一定成果，但也存在着许多问题和不足。宁波自 2011 年开始全国农村保险互助社试点，至今运行状态平稳，取得良好的经济效益和社会效益。但是，法制的不健全在很大程度上影响了农村保险互助社的稳健发展，也影响着农村互助保险的扩面提质工作。农村互助保险的立法完善宜采用地方先行的做法，宁波应当发挥地方立法先行先试的作用，制定农村互助保险的地方性法规。农村互助保险的宁波地方立法，不仅能满足宁波农村互助保险实践的需要，也能为日后中央立法提供宝贵经验。

关键词：农村保险互助社　法制化　地方立法

互助合作保险是由一些具有共同需求和面临相同风险的主体自愿组织起来的一种保险形式。农民组建农村互保组织并不是基于营利，而是以互助共济、共同抵御风险为目的。农民通过缴纳保费成为互保组织成员后，不仅可以获得互保组织对相关风险的承保，还可参与互保组织的经营管理。与商业保险相比，农村互助合作保险没有商业利润的要求，其运作成本较低，因此保险费率也较低，能激发农民参与保险的积极性，农民也能就近办理投保手续。此外，农村互助合作保险可以有效减少保险的逆选择和道德风险问题，使保险人摆脱相关技术知识缺乏、核损和定损困难的境地，从而改善保险供应不足的局面。

一、农村互助保险法制建设的现状

(一)立法现状

1. 法律

1995 年颁布的《保险法》是新中国成立后的第一部保险基本法,它采用了国际上一些国家和地区集保险组织法、保险合同法为一体的立法体例,是一部较为系统的保险法律。鉴于当时国内保险活动一般是保险公司从事的商业保险活动,《保险法》明确规定其仅规范"商业保险行为"。互助合作保险作为一种与商业保险相对应的保险形式,并没有被纳入《保险法》,《保险法》不规范农村互助合作保险。

2. 行政法规

为规范农业保险活动,保护农业保险活动当事人的合法权益,提高农业生产抗风险能力,促进农业保险事业健康发展,国务院于 2012 年颁布《农业保险条例》。《农业保险条例》确认保险机构除保险公司外,还包括依法设立的农业互助保险组织,它同时区分了农业保险和涉农保险。农业保险是指对农业生产中因保险标的遭受保险事故造成财产损失进行的保险;而涉农保险则是指为农民在农业生产生活中提供保险保障的保险,包括农房、农机具等财产保险和涉及农民生命、身体等方面的短期意外伤害保险。《农业保险条例》主要针对农业保险加以规定,尽管条例规定保险机构经营有政策支持的涉农保险,参照适用其中的有关规定,但事实上,农村互助保险组织经营涉农保险的,几乎无法适用其中的具体规定。

3. 行政规章

在缺少专门关于互助合作保险的法律、行政法规情况下,中国保险监督管理委员会(以下简称"中国保监会")于 2015 年 1 月 23 日发布《相互保险组织监管试行办法》(以下简称《试行办法》),以规范相互保险组织的经营行为,加强对相互保险组织的监督管理。《试行办法》体现了监管相互保险的主要原则和核心理念,分别就相互保险组织的设立、会员、组织机构、业务规则以及监督管理等事项作出了基本规定。

(二)取得的主要成果

1. 确认农村保险互助社的保险机构地位

《保险法》仅规范商业保险业务,互助保险组织的保险机构地位并未得到承认,《农业保险条例》仅承认部分农业互助保险组织的保险机构地位。《试行办法》对相互保险组织进行全面规范,区分三种不同的相互保险组织,即一般相互保险组织、专业性相互保险组织和区域性相互保险组织,并对以农民或农村专业组织为主要服务对象的涉农相互保险组织的设立条件作出特别规定。农村保险互助社的保险机构地位由此得到法律全面确认。

2. 确定农村保险互助社的基本治理结构

相互保险与商业保险之间的本质区别在于所有制和治理方式的不同,就农村保险互助社的治理结构问题,《试行办法》确定互保组织的会员(代表)大会、董(理)事会、监事会的组织结构,并就互保组织会员的基本权利和义务作出规定,以体现相互保险会员制、人合性及民主管理的特色。

3. 明确互助保险经营监管的基本规则

受治理结构、经营规模、经营区域等因素影响,相互保险的经营规则不能完全等同于商业保险。《试行办法》就相互保险组织的业务经营监管作了原则性规定,涉及保险责任准备金评估、保险条款和保险费率确定、资金运用、保险保障基金、财务管理、信息披露和监督审计等内容。

4. 确定保监会的监管权力

保监会对农村保险互助社的监管权力在《试行办法》中得到确认。《试行办法》明确规定,中国保监会根据法律、法规和国务院授权,对相互保险组织和相互保险活动进行统一监管;中国保监会的派出机构在中国保监会授权范围内行使对相互保险组织的监督管理职能。

(三)农村互助保险的宁波试点

自 2004 年开始,中共中央、国务院每年发布的"一号文件"都十分重视涉及"三农"的保险问题,其中 2009 年提出"鼓励在农村发展互助合作保险",之后于 2014 年进一步提出"鼓励开展多种形式的互助合作保险"。在此背景政策下,宁波市在全国率先开展了农村保险互助社的试点工作。

1. 试点的主要做法和成效

宁波市委、市政府认真贯彻中央关于建立健全农村金融制度的精神,从宁波市农村实际出发,积极推进农村金融体制改革创新的探索,加强对"三农"保险服务的积极尝试,全国首家农村保险互助社和首家镇级农村保险互助联社先后在宁波出现。其主要做法是:一是政府积极引导。宁波市成立试点工作领导小组,多次以协调会的形式推进试点工作,各级政府和试点村集体为互助社提供了初始营运资金以及营业场所等方面的配套支持。二是突出"农"字特色。保险互助社开设了家庭财产险、意外伤害险和补充医疗保险等险种,家庭财产险将保障对象扩展到非机动农机具、农用工具、农副产品等标的,意外伤害险则对低收入农民给予费率优惠,补充医疗保险与新农合医疗保险相衔接,有效缓解农民"因病返贫、因病致贫"问题。三是服务高效便捷。互助社服务的高效便捷主要表现在农民参保方便、赔付灵活和信息公开透明等方面。

　　宁波市试点农村保险互助社所取得的成效主要有:一是开创了保险服务"三农"的新模式。互助社坚持发挥农民的主观能动性和创新精神,让社员参与经营决策,改变以往保险经营主体单一占据主导地位的做法。二是创新了农村社会治理的平台和载体。互助社充分发挥自身优势,就近发动农民积极应对自然灾害,试点地区的防灾减损能力显著增强,改变了过去单纯依靠政府组织救灾救济的状况,提升了农村经济的稳定性。三是提升了农民保障水平和保险意识。试点村镇通过广播、张贴公告栏等方式深入宣传互保知识,增强了农民的风险防范意识,普及了保险知识和理念。

　　2. 农村保险互助社的基本运行情况

　　全国首家农村保险互助社——伏龙农村保险互助社(以下简称"伏龙社")于2011年9月在慈溪市龙山镇西门外村试点运行。经过近两年的试运营,农村保险互助社扩容升级,2013年7月,慈溪市龙山农村保险互助联社(以下简称"龙山联社")正式成立。龙山联社下辖龙山镇8个村的保险互助社,是国内首家镇级农村保险互助联社。伏龙社和龙山联社分别具有企业法人资格,龙山联社所辖8个村的保险互助社作为分支机构,在法律上与龙山联社为同一主体。伏龙社自成立至今已有四年,龙山联社的运营也已两年有余,两家农村保险互助社的运行情况可概括如下:

　　一是获得政府一定的财政支持。两家互助社不但在成立过程中得到了政府的财政支持,获得部分营运资金,在运营过程中,政府还根据互助社的运行情况,给予一定的保费补贴支持,以减轻农民负担,吸引更多农民成为互助社会员。

二是开设的险种均为涉农保险。伏龙社开设的险种有家庭财产险、意外伤害险和补充医疗保险等保险产品,龙山联社目前只开设了家庭财产险和意外伤害险。两家保险互助社所开设的险种均属于涉农保险而不是农业保险,涉农保险的主要目的在于稳定农民生活水平,防止因意外事故等风险造成农民经济水平的下降,稳定农村经济秩序和社会秩序。

三是运行状态基本平稳。伏龙社和龙山联社成立后,村民投保热情较高,目前对村民的风险覆盖面已超过 50%。互助社所收取的保费总和远高于保险赔款,即使在扣除工作人员工资、场地费用等办公成本后,仍有不少盈余可作为保险准备金。

四是经济效益和社会效益良好。互助社成立后,投保人数和保费收入稳中有升,创造了良好的经济效益。截至 2014 年 3 季度末,两家互助社累计实现保费收入 101.0 万元,共为 4387 户农户以及 7509 位村民提供风险保额 5.1 亿元。村民对保险互助社的成立普遍满意,防灾防损意识明显增强,民主和合作意识增加,社会效益明显。

二、现行农村互助保险法律制度存在的问题及原因分析

(一)存在的问题

目前,关于互助合作保险的法律制度主要体现在中国保监会发布的《试行办法》中,农村保险互助社作为一种互保组织形式,也受该部门行政规章的约束。但是,《试行办法》是就保险监管所作的原则性、基础性规定,并未涉及一些基本法律问题,特别是农村互助保险涉及"三农"问题,有很多特殊性,《试行办法》的规定缺乏针对性。现行农村互助保险法律制度主要存在以下问题。

1. 农村保险互助社的法律性质较为模糊

依据组织形态的不同,合作性的互助保险组织主要可分为:相互保险公司、相互保险社、交互保险社及保险合作社。① 目前宁波农村设立的伏龙社、龙山联社等保险互助社显然不属于交互保险社和相互保险公司,值得分析的是其究竟是相互保险社还是保险合作社。

---

① 江生忠:《保险企业组织形式研究》,中国财政经济出版社 2008 年版,第 37 页。

相互保险社与保险合作社同为合作性相互保险的组织形态,有很多共同特点。其区别在于:一是相互保险社的社员之间相互提供保险保障,参与相互保险没有资格条件,而成为保险合作社的社员一般应缴纳一定金额的股本,社员可以不与保险合作社建立保险关系,但保险关系的建立必须以成为保险合作社社员为条件,保险关系的消灭也不影响社员身份的丧失。二是相互保险社无股本,其经营资本来自社员缴纳的分担金(也可认为是保险费或会费),一般在每年年初按暂定分担额向社员预收,用于赔偿和管理方面所需款项和开支,在年度结算时计算出实际分担额后再多退少补。也就是说,相互保险社的保险费采用赋课方式,按保险金给付的多少由社员分摊;而保险合作社采取固定保费制,保费收取后便不再依据保险金赔付的多少进行补缴,如有不足则从营运准备金中扣除,社员作为保险合作社的股东,其责任亦以其认购的股金为限。

目前伏龙社、龙山联社等农村保险互助社显然属于保险合作社,理由包括:一是成为农村保险互助社的社员以村民(农村经济合作社社员)为前提,村民可以不与保险互助社建立保险关系,但保险关系的建立以村民为条件。二是社员只跟农村保险互助社产生保险关系,农村保险互助社的社员之间没有直接的保险关系。三是农村保险互助社采取固定保费制,保费收取后不再依据保险金赔付的多少进行补缴,社员责任亦以其所缴付保费为限。因此,伏龙社、龙山联社等农村保险互助社在名称上似乎用"合作"代替"互助"更能体现其自身属性。

《试行办法》要求相互保险组织的名称中必须有"相互"或"互助"字样,却规定会员一般以所缴纳保费为限对组织承担责任,同时在"附则"中要求合作保险组织参照其规定执行。它显然没有清楚区分相互保险社和保险合作社,而是将两者混为一谈,这不利于日后对不同类型互助合作保险组织的区别监管。

2. 农村互助保险合同的法律规则缺乏针对性

由于互助保险的投保人同时也是互保组织会员,一般认为,农村保险互助社的章程和保险单可共同构成互助保险合同。在会员与农村保险互助社之间的保险合同关系上,应当一般性地适用保险法的基本原则和规则。但是,农村互助保险既以会员之间的相互帮助、相互救济、共摊风险为基本特征,互助保险组织与会员之间的利益存在着根本一致性,如果完全适用商业保险合同的法律原则和规则,有时会偏离农村互助保险的宗旨和目的。以

《保险法》中的诚实信用原则为例,投保人应据此向保险人履行如实告知义务,保险人故意或因重大过失未履行如实告知义务,足以影响保险人决定同意投保或者提高保险费率的,保险人有权解除合同;保险人故意不履行如实告知义务的,保险人对于合同解除前发生的保险事故,不承担赔偿或者给付保险金的责任,并不退还保险费;保险人因重大过失未履行如实告知义务,对保险事故的发生有严重影响的,保险人对于合同解除前发生的保险事故,不承担赔偿或给付保险金的责任,但应当退还保险费。[①] 这一规定并不符合互助保险的本质,对于投保人过于严厉,也没有赋予保险互助社会员大会自由决定权,互助保险合同完全适用商业保险的法律规则就可能失去互助保险的意义和作用。

3. 农村互助保险的财政扶持尚处于政策阶段

政府对农村保险互助社提供财政扶持,体现了政府对“三农”问题的重视,鼓励农村保险互助社的设立和发展,吸引更多村民参与保险互助社,以此防止农民生活水平下降,稳定农村经济秩序和社会秩序。伏龙社、龙山联社在成立和运作过程中,慈溪市政府和龙山镇政府均给予了不同程度的预算外财政扶持,这种财政扶持目前尚处于政策阶段,还没有形成制度。政策的变动性较大,缺乏一定的稳定性和可预期性,执行效果也难以预料。缺乏法律制度保障的财政扶持,一定程度上降低了农民参加农村保险互助社的积极性,也给农村保险互助社的后续发展带来不确定因素,无法有效提升“三农”保险发展水平。因此应当建立农村保险互助社财政支持制度,通过财政资金的杠杆作用,拓宽保险互助社的业务范围,提高保障水平。[②]

4. 农村保险互助社的税收待遇不公平

根据国内外的立法实践及税法理论,在国家确定征税范围时,主要应该考虑两个最基本的因素,即收益性和公益性。[③] 只有活动主体存在收益,才可能具备纳税能力,才涉及收益的分配和再分配问题。但是,如果相关活动具有公益性,则其实质上是在为社会提供公共物品,即使有收益,国家也通常不对其征税,因为征税目的就是向社会提供公平产品和服务。合作社作

---

① 参见《保险法》第 16 条。

② 鲍雯、徐洪水、黄健等:《全国首家保险互助社试点情况调查报告》,《金融发展评论》2014 年第 9 期,第 102 页。

③ 张守文:《论税法上的“可税性”》,《法学家》2000 年第 5 期,第 14 页。

为一种互助性组织,相关活动一般难以构成"公益性",并不能依此获得减免税收的优惠待遇。但是,美国、日本和我国台湾地区在立法上都赋予农业合作社组织以免税地位。[①] 之所以通过税收手段对农业合作社进行干预,直接目标是扶持农业合作社的发展,解决"三农"的发展问题,关注农民这一弱势群体利益的团体性诉求,这种对带有全局性的社会利益的法律制度安排,与经济法以社会为本位,以社会利益为目标之理念相吻合。

我国《农民专业合作社法》也规定了农民专业合作社的税收优惠,但由于农村保险互助社不属于该法所指的农民专业合作社,[②]故无法享受相关减免税收的优惠待遇,税收负担已成为农村保险互助社发展壮大的重大障碍。农村保险互助社作为一种农村合作社,应当获得税收减免的特殊优惠待遇。更何况与其他合作社相比,农村保险互助社贯彻"只对社员交易原则"更为彻底,营业项目更为单一,其收益基本来自保费收入,赋予农村保险互助社以免税待遇才能真正实现税法上的税收公平原则。

5. 农村保险互助社的监管规则过于简单

保险监管机构依法对保险组织、保险市场进行监督管理,可有效保障投保人的合法权益,促进保险业持续健康协调发展。政府对保险业的监管管理,通常由两大部分构成:一是政府通过制定有关保险法规,对本国保险行业进行宏观指导与管理;二是政府专司保险监督管理职能的机构依据法律法规或行政授权对保险业进行行政管理,以保证保险法规的贯彻执行。[③] 目前农村保险互助社的监管规则主要体现在《试行办法》中,而《试行办法》只是展开相互保险监管的统领性、基础性文件,诸如信息披露、偿付能力,以及风险处置等方面的具体监管规则尚未实施。

(二)原因分析

我国现行农村互助保险法律制度的不健全,其原因是多方面的,其中既有历史原因,也有现实原因。综合而言,主要包括以下几方面。

---

① 陈晓军:《合作社若干法律问题探析》,《学术论坛》2007 年第 6 期,第 134 页。

② 《农民专业合作社法》第 2 条规定:"农民专业合作社是在农村家庭承包经营基础上,同类农产品的生产经营者或者同类农业生产经营服务的提供者、利用者,自愿联合、民主管理的互助性经济组织。农民专业合作社以其成员为主要服务对象,提供农业生产资料的购买,农产品的销售、加工、运输、贮藏以及与农业生产经营有关的技术、信息等服务。"

③ 李玉泉:《保险法学:理论与实践》(第二版),高等教育出版社 2010 年版,第 414 页。

1. 趋向于使用政策而不是法律进行社会治理的习惯尚未根本改变

我国长达几千年封建社会所形成的某些思想还无法完全清除,建立新中国的革命经历和实践也会轻视法律的作用,趋向于使用政策而不是法律进行社会治理的观念和习惯尚未根本改变。与法律相比,政策具有决策迅速果断,灵活性、应用性和适应性强等优点。但其缺点也是明显的:政策的制定和实施往往是根据相关情势的改变而不断加以调整,其随意性相对较大,稳定性与可预期性相对较差;政策缺乏法律的权威性和严肃性,并且其执行效果具有不确定性。

2. 农村法制建设整体较为薄弱的大环境仍未得到根本改善

自改革开放以来,经过多年的法制建设,我国农村法律制度的体系框架已经基本形成。但整体而言,我国农村立法工作仍存在许多问题:与农村经济社会的迅速发展要求不相适应,农村立法滞后、薄弱;立法层次低;带有浓厚的计划管理痕迹,呈现出义务本位特征;操作性和配套性差等。① 中国传统法律文化的影响,农村经济发展的相对落后,农村法治秩序的相对缺失等,这些大环境都影响着农村互助保险的法制建设。

3. 农村互助保险活动的展开时间较晚

相互保险目前在国际保险市场中占据着重要地位,尤其在高风险领域,如农业、渔业和中低收入人群风险保障方面得到广泛应用。自改革开放后,我国国内商业保险业务逐渐得到恢复,而公司制长期是我国保险机构唯一的组织形式。20 世纪 80 年代末期到 90 年代中期,依托当时拥有保险垄断经营权的中国人民保险公司,我国局部地区曾有过短暂的农村保险相互会社的探索与实践,但由于缺乏政府的财政支持和中国人民保险公司商业化改制等原因,农村保险相互会社最终没有生存下来。近年来,相互保险因其固有的特点和优势又逐渐得到重视,对相互保险的探索与实践也不断增加,宁波先后出现全国首家农村保险互助社和镇级保险互助联社,相互保险的立法工作也日益受到重视,但农村互助保险的法制建设整体而言尚处于起步阶段。

---

①　王俊凤、潘湘波、郭翔宇:《农村法制建设与政策性农业保险立法》,中国农业出版社 2009 年版,第 21—22 页。

三、农村互助保险宁波地方立法的构想

（一）宁波地方立法的必要性和可行性

1. 必要性

农村互助保险作为解决"三农"问题的一项重要举措，对相关法律的依赖程度很强，它的运行很大程度上取决于相应的法律规则，完善农村互助保险法律制度势在必行。宁波对农村互助保险进行地方立法的必要性在于：

第一，地方立法先行的需要。我国关于农村互助保险的法制建设取得了一定成果，但仍存在前文所述的许多问题和不足。就构建完整的农村互助保险立法体系而言，其中大部分内容适宜由中央立法规定，但是，由于农村保险互助社目前尚未在全国普遍设立，各地的发展很不平衡，制定全国性法律的时机还没到来。在这种情况下，农村互助保险的有关法律应采取地方立法先行的模式，由农村互助保险较为活跃的地方先行立法，从而为日后中央立法积累经验，创造条件。

第二，深化法治宁波建设的需要。为贯彻党的十八届四中全会关于全面推进依法治国的会议精神，宁波市委作出全面深化法治宁波建设的决定，其中包括"推进地方科学民主立法，形成更加完备、具有宁波特色的地方法规规章"。伏龙社和龙山联社分别作为全国首家农村保险互助社和镇级保险互助联社，展开互保活动已有数年，取得了一定的社会效益和经济效益。由于相关法律规则的缺失或不明确，政策在其中起到很大作用，"人治"色彩也会因此体现得较为明显，进行地方立法，使宁波农村的互助保险活动实现"有法可依"，是深化法治宁波建设的需要。

第三，创建保险创新综合示范区的需要。2014 年 7 月，中国保监会和浙江省政府决定在宁波市建设保险创新综合示范区，其中内容之一就是宁波市将逐步推进农村保险互助社的扩面提质工作。完善的农村互助保险法制度，是农村保险互助社扩面提质成功的前提，宁波有必要进行地方立法。

2. 可行性

农村互助保险宁波地方立法的可行性论证，其内容主要包括立法能否满足社会的现实需求、立法的时机是否成熟、立法的条件是否具备等。

第一，能满足宁波农村互助保险发展的现实需要。农村互助保险作为

农村稳定发展的重要手段,对相关法律的依赖程度较强,它的发展需要以法律的完善为前提。农村保险互助社尽管是农民自发组织设立,但是其成立、组织和运营等都需要有相应的规则作为依据,政府对其提供政策支持也需要由制度提供保障。如果缺乏法律对政府、保险互助社、农民三者之间利益关系的调整和确认,就会造成政府支持农村互助保险、保险互助社业务经营、农民参加保险互助社的无序性,而宁波地方立法可以满足农村互助保险发展的现实需要。

第二,启动地方立法的时机成熟。所谓立法时机,就是从法律调整社会关系的时间维度来确定对立法有利的客观条件。宁波农村开展互助保险活动已有数年,哪些问题需要由法律作出规定已基本清楚;宁波市深化法治宁波建设的大环境以及创建保险创新综合示范区的专业背景,也都给农村互助保险的宁波地方立法提供了良好机会。宁波启动地方立法的时机已经成熟,农村互助保险法制建设的现状及取得成果是宁波地方立法的基础,农村互助保险法制建设所存在的问题是宁波地方立法的着力点。宁波的地方立法将给日后中央立法提供宝贵经验,地方先行立法应注重立法的及时性,以发挥先行先试的作用。

第三,启动地方立法的条件具备。一是宁波具备相应的经济基础。宁波市 2012 年人均地区生产总值达 13000 余美元,2013 年超 15000 美元,2014 年近 16000 美元。宁波改变城乡二元经济结构的经济条件已经具备,应该实行"以工促农、以城带乡"的发展政策,确立农村互助保险政策性支持制度具备现实的经济基础。二是宁波已有相关的实践基础。伏龙社和龙山联社积累了一定的农村互助保险经验,宁波市金融办、慈溪市金融办、宁波市保监局承担着指导、监管、研究农村互助保险的责任,这为宁波地方立法奠定了坚实的现实基础。三是宁波拥有相关的制度基础。由于我国农村互助保险法律制度的不健全,宁波市保监局根据工作需要制定了《宁波市农村互助保险机构管理试行办法》等规范性文件,这些规范性文件为宁波地方立法提供了制度基础。四是宁波具有相应的立法权限和丰富的立法经验。宁波自 1988 年国务院批准为"较大的市"后就具有了地方立法权,制定了大量地方性法规和政府规章。依据 2015 年新修改的《立法法》,"设区的市"地方立法的范围被限定在"城乡建设与管理、环境保护、历史文化保护"等事项方面,农村互助保险整体而言属于"农村建设与管理",宁波有权就农村互助保险进行地方立法。现有的宁波地方立法,有不少就属于先行性立法,例如 2014 年颁布的《宁波市渔业互助保险管理办法》,就属于国内首部专门关于渔业互助保险的法律，丰富的立法经验为宁波地方立法提供了质量保障。

（二）宁波地方立法的原则

宁波在制定农村互助保险地方立法时，固然要贯彻依法立法、民主立法、科学立法等基本原则，但这里需要着重强调以下几项原则。

1. 不抵触原则

任何立法都应坚持法制统一原则，就地方立法而言，贯彻这一原则就是要做到在不同宪法、法律、行政法规相抵触的情况下进行制定。一般认为，所谓"不同宪法、法律、行政法规相抵触"，是指"不得与宪法、法律、行政法规相冲突、相违背"，也就是一方面不得同宪法、法律、行政法规的具体条文的内容相冲突、相违背，另一方面也不得同宪法、法律、行政法规的精神实质、基本原则相冲突、相违背。[①] 只要遵从这样的要求，地方立法主体便可以在自己职权范围内，自主制定自己想制定的地方立法，无论这些地方立法的内容是否已在宪法、法律、行政法规中作出某种规定。就农村互助保险而言，我国宪法、法律和行政法规或只有很抽象的原则性规定，或没有专门的直接规定，这就给地方立法留下了很大空间。尽管地方立法与部门规章之效力没有简单的高低之分，但是，地方立法也应尽量避免与部门规章不一致，以维护法律的统一性和严肃性。宁波在制定农村保险的地方立法时应充分考虑中国保监会发布的《试行办法》之规定，灵活处理相关问题，既不违背农村互助保险制度的基本理论，又不与《试行办法》发生直接的矛盾和冲突。

2. 地方特色原则

所谓"地方特色"，主要就是要求地方立法能反映本地的特殊性。地方立法体现地方特色，是由地方立法的特性决定的。通过地方立法，及时回应本地先行实践对立法的需求，着眼于解决实际问题，注重适合本地实际，制定能行之有效的法律规范。农村互助保险涉及多方面的法律问题，宁波在制定地方立法时，应当充分借鉴当前宁波农村互助保险的实践经验，结合宁波的经济、法制建设、农村文化等实际情况，针对性地解决现实中的突出问题，注重实效，不要"大而全"，而应追求"小而精"。

3. 权限内立法原则

立法要依照法定权限和程序进行，地方立法亦应依据法定的权限和程

---

① 周旺生：《立法学》（第二版），法律出版社 2009 年版，第 284 页。

序进行。在此强调权限内立法原则,主要是因为新修改的《立法法》对"设区的市"地方立法之范围作了明确限定,即在遵循不抵触原则的前提下,可对"城乡建设与管理、环境保护、历史与文化保护"等方面的事项进行地方立法。整体而言,农村互助保险属于"城乡建设与管理"方面事项,宁波有权进行地方立法,但是,农村互助保险所涉及的法律问题是多方面的,有些事项只能由全国人大及其常委会制定法律,例如税种的设立、税率的确定和税收征收管理等税收基本制度,还有些事项不属于地方管辖的,如保监会对互保组织的监管等,对于这些事项进行地方立法就超越了立法权限。因此,宁波对农村保险互助进行地方立法,并不能对其所涉及的全部法律问题作出规定,而应在立法权限范围内,解决现实中的突出问题。

(三)宁波地方立法的形式

宁波地方立法的形式有两种:地方性法规和地方政府规章。就宁波地方立法而言,地方性法规和地方政府规章的立法范围尽管都限于"城乡建设与管理、环境保护、历史与文化保护"等方面事项,但两者仍有区别。主要是:首先,从立法主体看,地方性法规的立法主体是宁波市人大及其常委会,地方政府规章的制定主体是宁波市人民政府。其次,依法理渊源而言,地方性法规属于立法权范畴,系地方立法机关的专属,而地方政府规章属于行政权范畴,制定地方政府规章系行使行政管理权的表现。再次,地方性法规有"实施性立法""自主性立法"和"先行性立法"三种类型,而地方政府规章主要是"实施性立法"和"自主性立法"两种类型。最后,地方性法规的位阶高于地方政府规章,地方政府规章不得与地方性法规相冲突。

依据上述分析,宁波市制定关于农村互助保险的综合性地方立法,应当采用地方性法规的形式。理由包括:第一,农村互助保险的法律调整,不仅是政府进行行政管理的问题,也涉及诸如农村互助保险合同主体之间的关系,这种关系属于平等主体之间的关系,不直接涉及行政管理权的行使。第二,"先行性立法"应当采用地方性法规的形式,而不宜使用地方政府规章的形式。

(四)宁波地方立法的内容

根据前文分析,农村互助保险宁波地方立法的内容主要包括以下几方面。

1. 明确政府对农村保险互助社的财政扶持义务

依靠政策对农村保险互助社提供财政扶持有很大的随意性和不确定性,将财政扶持农村保险互助社纳入预算,通过立法明确地方政府对农村保险互助社的财政扶持义务,赋予农村保险互助社以财政收益主体地位,使目前的财政扶持政策获得法律制度的保障,使农村保险互助社稳健发展,有效提升"三农"保险发展水平。

2. 按照农村保险互助社的性质确定运作规则

目前的农村保险互助社属于保险合作社性质,应依据保险合作社的基本理论确定其运作规则。宁波地方立法可以就农村保险互助社的成立和解散、会员和组织结构等问题作出具体规定,使会员的权利、义务更明确,使组织机构的运作机制更科学、合理,从而使农村保险互助社的运作更加顺畅。

3. 依据互助保险的特性确立互助保险合同法律规则

宁波地方立法可根据互助保险特点,基于投保人在经济上同时也是保险人的身份,确立适合于互助保险的保险合同法律规则。就互助保险合同应遵循的原则、当事人权利和义务、索赔和理赔等事项作出规定。制定合理的互助保险合同法律规则,能使农村保险互助社表现出更强的吸引力和生命力,从而促进农村保险互助社的健康发展。

4. 对农村保险互助社的行政管理事项

农村保险互助社作为一种农村经济组织,地方政府对其享有相应的行政管理权。宁波地方立法对地方政府的行政管理事项作出具体规定,一方面使地方政府行使行政职权有了具体依据,另一方面也能保护农村保险互助社的合法权益,不受非法的行政干预。例如,宁波地方立法可以确定领导、组织、协调农村互助保险工作的行政机构,以及负责推进、管理、宣传和服务农村保险互助工作的行政机构等。

参考文献

[1] 江生忠. 保险企业组织形式研究. 北京:中国财政经济出版社,2008.
[2] 鲍雯,徐洪水,黄健. 全国首家保险互助社试点情况调查报告. 金融发展评论,2014(9).
[3] 张守文. 论税法上的"可税性". 法学家,2000(5).
[4] 陈晓军. 合作社若干法律问题探析. 学术论坛,2007(6).
[5] 李玉泉. 保险法学:理论与实践(第2版). 北京:高等教育出版社,2010.
[6] 王俊凤,潘湘波,郭翔宇. 农村法制建设与政策性农业保险立法. 北京:中国农业出版社,2009.
[7] 周旺生. 立法学(第2版). 北京:法律出版社,2009.

(作者单位:宁波工程学院)

宁波市企业社会责任评价制度法治化研究

刘宏光

摘　要:宁波市是国内较早开始企业社会责任评价活动的地区之一,通过地方立法的形式明确了企业社会责任评价的办法及标准,在企业社会责任评价方面取得了突出成就。但目前企业社会责任法治化还存在不足,企业社会责任评价制度立法层级不高、评价标准不够科学、评价程序的有待完善、奖罚措施有限。借鉴国内外企业社会责任评价的先进经验,通过加强引导、强化立法,完善制度、强化执行、强调自律、加强他律等手段推进宁波市企业社会责任评价制度的法治化是当务之急。

关键词:宁波市　企业社会责任评价　政府主导型　法治化

一、宁波市开展企业社会责任评价的制度与实践

(一)宁波市企业社会责任评价的实践动态

企业社会责任是指企业在追求自身发展的同时,对国家和社会全面发展、自然环境和资源保护,以及对股东、债权人、职工、客户、消费者、供应商、社区等利益相关者所应承担的各项责任。① 近年来,企业社会责任成为企业治理方面的重要潮流,无论是《公司法》还是《合伙企业法》都明确要求企业

---

① 《宁波市企业信用监管和社会责任评价办法》第45条。

履行社会责任。① 开展企业社会责任评价,使企业履行社会责任的状况有也明确的衡量标准,对具有良好社会责任的企业来说是一种鼓励,对承担社会责任不良的企业则是一种鞭策。② 目前,企业社会责任评价成为推动企业社会责任建设的重要手段。宁波是我国最早开展企业社会责任评价的地区之一,在多年的实践中积累了丰富的经验,取得了丰硕的成果。

宁波市企业社会责任评价活动源于和谐企业创建。2007 年,宁波市决定成立创建劳动关系和谐企业领导小组,并由市总工会牵头市级相关部门负责全市和谐企业创建工作,在鄞州区和慈溪市开展和谐企业创建的试点。经过一年的试点,效果良好。2008 年,宁波市委办公厅、市政府办公厅发布《关于全面开展和谐企业创建工作的实施意见》(甬党办〔2008〕36 号文),在全面推进和谐企业建设,为宁波市开展企业社会责任评价打下了坚实基础。为了和谐企业创建的顺利推进,宁波市于 2008 年发布了《宁波市和谐企业(社会责任)评价指标体系(试行)》,具体分为五大类 37 个小项,对和谐企业的评价指标进行规定。

2010 年,以推进社会管理创新工作为契机,宁波市委、市政府明确提出推进企业社会责任制度化建设,建立以法律责任为核心的企业社会责任评价体系。此后,宁波市政府于 2011 年 8 月专门设立宁波市企业社会责任评价,属政府全额拨款事业单位,由市总工会负责管理,受市政府委托承担企业社会责任评价工作,以及和谐企业创建等有关工作。③ 2011 年 12 月 21 日,宁波市人民政府发布《宁波市企业信用监管和社会责任评价办法》(以下简称《评价办法》),于 2012 年 3 月 1 日施行。2012 年 2 月,在《宁波市和谐企业(社会责任)评价指标体系(试行)》的基础上,宁波市企业社会责任评价中心会同宁波市质监局等有关单位共同发布了《宁波市企业社会责任评价准则》(标准号:DB3302/T1047—2012)(以下简称《评价准则》),具体标准分为五大类 39 个项目,以地方标准的形式明确了企业社会评价的标准。宁波市企业社会责任评价工作进入了新的发展阶段。

宁波市的企业社会责任评价工作每年进行一次,2013—2014 年共计有 215 家单位参与,74 家为优、134 家达标,9 家不达标,这些企业的名单已经

---

① 《中华人民共和国公司法》第 5 条;《中华人民共和国合伙企业法》第 7 条。

② 朱永明:《企业社会责任评价体系研究》,《经济纬》2008 年第 5 期,第 99 页。

③ 易凌、罗俊杰等:《企业社会责任及其立法研究》,科学出版社 2014 年版,第 339 页。

在网上公开发布。① 2015 年的企业社会责任评价也已经启动,约 100 家企业参与评价,目前正在进行中。企业社会责任评价活动的开展,成功营造了企业积极参与的氛围,促进企业自觉履行社会责任,起到了良好的社会效果。值得一提的是,宁波市和谐企业创建活动也并未终止,两项活动同时发展。两者的评价体系已经趋同,并且将企业社会责任评价活动的结果作为评选本市创建和谐企业先进单位的主要依据。不同的是,企业社会责任评价的过程中,有专家评审的环节,而和谐企业评价没有;企业社会责任评价过程在市级层面进行,和谐企业创建在市、县(区)、镇(街道)三级进行。

(二)制度梳理

宁波市开展企业社会责任评价的主要法律文件是《评价办法》,该办法对企业社会责任评价的评价机构、评价体制、评价标准、评价程序、评价结果运用等方面作出了全面的规定。

1. 评价机构

评价机构是宁波市企业社会责任评价中心,性质为政府全额拨款事业单位,由市总工会管理。另外,为了不给企业增加负担及保证中立性,《评价办法》第 44 条规定:"企业信用监管与社会责任评价工作经费列入各级政府预算,不得向企业收取任何费用。"为了保障企业社会责任评价的中立性与准确性,《评价办法》第 27 条规定:"企业社会责任评价机构可以组建评价专家组承担企业社会责任评价工作。评价专家组成员由企业社会责任评价机构从企业社会责任评价专家库中随机选择确定。"

2. 评价体制

《评价办法》采纳的是政府主导的模式。《评价办法》第 3 条第 2 款规定:"社会责任评价实行政府主导、企业自主、社会参与、评价机构独立评价的工作机制。"关于政府主导,《评价办法》第 4 条规定:"市和县(市)区人民政府负责统筹、协调推进全市企业信用体系与企业社会责任制度建设。"第 5条第 2 款规定:"市和县(市)区人民政府设立或者确定的企业社会责任评价机构负责本行政区域内的企业社会责任评价工作。"第 3 款规定:"各级行政管理部门以及依法授权承担公共事务管理职能的组织应当依照各自职责对企业信用和履行社会责任情况实施监督、管理与服务。"关于社会参与,《评

---

① 宁波市和谐企业创建网(宁波市企业社会责任评价网),http://hxqy.nbcei.net/.

价办法》第 5 条第 4 款规定:"工商业联合会、行业协会和其他行业组织协助推进企业信用和社会责任建设。"第 32 条规定:"鼓励企业行业协会建立行业性企业社会责任评价制度、参与企业社会责任评价标准起草,开展企业社会责任知识普及、培训、咨询等活动。企业社会责任评价机构可以委托行业协会对企业履行社会责任的情况进行评议。"第 33 条规定:"企业利益相关者和消费者可以对企业履行社会责任情况进行监督,举报企业在履行社会责任中的不良行为。企业社会责任评价机构应当对企业履行社会责任状况的举报案件及时提出处理意见,并告知举报人。"

3. 评价程序

宁波市企业社会责任评价根据企业信用等级①可分为依申请启动与主动启动两种类型。《评价办法》第 18 条规定:"企业社会责任评价机构根据企业信用状况对企业履行社会责任情况分别进行依申请评价和主动评价。对企业综合信用等级标识为 A 类、B 类、C 类的企业,依据企业的申请由企业社会责任评价机构对其履行社会责任情况作出评价,公布评价结果;对企业综合信用等级标识为 D 类的企业,企业社会责任评价机构可以纳入主动评价的范围,适时进行评价并向社会公布评价结果。"关于依申请评价的程序,《评价办法》第 23 条规定:"企业社会责任评价机构对依申请评价的,应当按照下列程序进行:(一)受理申请;(二)核实企业信用状况,按管理职责分工提交有关管理部门进行审核;(三)组织进行职工、客户满意度和社会公认度测评,按照《企业社会责任评价准则》提出初步评价意见;(四)审核初步评估意见并拟定评价等级;(五)向社会公示拟定的评价等级,征求意见;(六)确定评价等级,向企业送达评价结果。"关于主动评价的程序,《评价办法》第 26 条规定:"企业社会责任评价机构主动评价的,应当按照下列程序进行:(一)在企业综合信用等级标识为 D 类的企业中选择确定拟主动评价的企业;(二)核实企业信用状况,按管理职责分工提交有关管理部门进行审核;(三)按照《企业社会责任评价准则》提出初步评价意见;(四)按照有关规定审核初步评价意见并确定评价等级;(五)向社会公示拟定的评价等级,征

① 企业信用等级是根据企业信用信息进行的等级评定,一般分为 A、B、C、D 四类进行分类等级标识:A 类表示信用风险很小;B 类表示信用风险较小;C 类表示信用风险较大;D 类表示信用风险很大。根据《评价办法》第 14 条的规定,宁波市工商行政管理部门根据各个企业信用信息提供单位确认的信用状况,合成确定企业的综合信用等级标识,企业综合信用等级标识分 A、B、C、D 四类。

求意见;(六)向社会公布评价结果。"

4.评价标准

《评价办法》第 17 条规定:"市和县(市)区企业社会责任评价机构应当利用本市企业信用信息数据库的有关信用信息数据,结合企业类型、规模、所在的行业发展特点等因素,展开企业社会责任评价工作。"第 20 条规定:"评价企业履行社会责任状况,主要是对企业发展、劳动关系、环境关系、社会关系、组织关系、企业文化以及企业职工满意度和社会公认度等方面的内容进行全面评价。"第 21 条规定:"企业社会责任评价的具体标准按照本市《企业社会责任评价准则》的规定执行。"就评价准则的内容而言,分为五大类 46 个小项。具体来说,包括企业发展、劳动关系、环境关系、社会关系、企业文化五大类,其中,企业发展包括企业治理、企业信用、自主创新、经营结果等 4 个小项;劳动关系包括劳动合同执行、集体合同、职工工资、保险与福利、劳动工时与休息休假、女职工和未成年人特殊权益保障、工会组织、工作环境安全与保障、职工尊严、劳动关系预警调解、职工队伍稳定等 11 个小项;环境关系包括资源节约、清洁生产、环保投入、污染物排放、环评及"三同时"制度、生态保护、环境绩效管理、环境管理体系、环境监测和预防、节约集约用地、企业对社会的环境贡献等 11 个小项;社会关系包括诚信经营、依法纳税、产品质量和安全、产品质量持续改进、对消费者的责任、售后服务、消费者权益保障、消费者投诉与意见回应、产品与服务追踪、道德与慈善、参与社区活动、企业志愿者发展、弱势群体关怀、重视法治建设、信息公开等 15 个小项;企业文化包括企业精神与文化、文化组织、职工教育与培训、职工民主参与、文化生活等 5 个小项。

5.评价结果与救济

关于评价结果,《评价办法》第 22 条规定:"企业社会责任评价机构对依申请评价的,分别评出不达标、达标和优秀三个评价等级。企业社会责任评价机构主动评价的,分别评出不达标或者社会责任严重缺失二个评价等级。依申请评价的,企业社会责任评价等级每次的有效期为 2 年。每次评价等级有效期届满前 6 个月内,符合条件的企业可以提出重新评价申请。"第 30 条规定:"企业社会责任评价机构应当制定企业社会责任评价的有关工作制度和管理规定,公正、独立、客观地开展评价活动,采取合理、有效措施保证评价质量,并接受有关管理部门的监督、检查。"关于评价救济,《评价办法》第 28 条规定:"企业认为评价结果不合理或者不符合实际情况的,可以在

15 日内向企业社会责任评价机构申请复核评价结果。企业社会责任评价机构应当重新组建评价专家组进行复核评价。评价专家组应当充分听取企业的陈述,按照评价标准作出最终复核评价决定。"

6. 评价结果的运用

评价结果的运用在于以下方面:一是公示及约谈制度。《评价办法》第35 条规定:"企业社会责任评价机构应当定期向社会公布获得优秀、达标、不达标评价等级的企业名录和社会责任严重缺失企业名录。对获得不达标评价等级的企业、社会责任严重缺失企业,有关行政管理部门可以对其法定代表人或者负责人进行约谈。"二是奖惩制度。《评价准则》第 36 条规定:"市和县(市)区人民政府设立最具社会责任企业奖,对获奖企业给予奖励。最具社会责任企业奖在社会责任评价等级为优秀的企业中通过公开评选方式产生。"第 37 条规定:"对综合信用等级标识为 A 类或者社会责任评价等级为优秀的企业,有关管理部门应当实施下列激励措施:(一)在法定权限范围内减免税收;(二)优先享受科学技术、社会保障、节约能源、环境保护等方面的政府资金补贴;(三)在产业发展、建设用地使用权供应等公共资源配置方面给予适当扶持;(四)在政府采购和政府投资项目招标中作为重要的评审因素;(五)优先推荐、安排其企业法定代表人或者主要负责人参加各类先进评比、享受有关政治待遇;(六)法律、法规、规章和规范性文件规定的其他激励措施。"第 38 条规定:"对综合信用等级标识为 D 类或者社会责任评价不达标的企业、社会责任严重缺失企业,有关管理部门应当在法定权限范围内采取下列制裁措施:(一)依法从重实施行政处罚;(二)取消评选相关荣誉的资格;(三)不得减免税收和政府非税收入,不得享受各类政府资金补贴或者参与政府采购和政府投资项目投标;(四)在产业发展、建设用地使用权供应等公共资源配置方面进行限制;(五)向社会发出消费、用工、投资等方面的风险警示;(六)法律、法规、规章规定的其他制裁措施。"

二、宁波市企业社会责任评价制度存在的问题

(一)立法层级不够高

从目前的情况看,宁波市开展企业社会责任评价的主要依据是《评价办法》。从法律性质上看,《评价办法》是地方政府规章,在效力位阶方面与地

方性法规存在差距,在效力范围、可采用的奖惩措施方面都有局限。因此,结合宁波市开展企业社会责任评价的经验,将地方政府规章上长升为地方性法规,提高效力层次,增加权威性,丰富奖惩手段,是推进宁波市企业社会责任评价制度法治化的重要着力点。另外,对于推进企业社会责任建设,如果制定《企业社会责任促进条例》,从体系化的系统构造企业社会责任评价制度,会使之更有生命力。

(二)政府主导型评价模式的利弊并存

目前,宁波市的社会责任评价制度体制是政府主导性型的,政府是企业社会责任评价活动的规制者、推进者、监督者。从利的方面看,政府主导有利于协调各方面的力量完成企业社会责任评价,将企业社会责任建设融入地区发展战略的大格局中,集中力量推进企业社会责任建设;但这种模式也有弊端,不利于发挥市场主体的主动性,还可能导致本来不愿意参加的企业为了"政治表态"的目的而参与企业社会责任评价,破坏企业社会责任评价的本源含义,对企业社会责任评价产生不良影响。另外,政府的多种角色可能存在冲突,可能不利于评价活动的公正进行。

(三)评价标准的不够科学

目前宁波市的企业社会责任的评价标准也不够科学,主要问题体现在以下几个方面:一是未分类评估。实践中,不同类型的企业在履行社会责任方面所遇到的难点并不一样,甚至可能差别巨大,而目前的《评价准则》没有根据企业所处行业的不同而制定不同的评价标准,有失偏颇。比如,杭州的企业社会责任评价标准就分为适用于通过版、建设业版、服务业版三种版本。这种分类评估的方法更切合生活经营实际,效果更佳,值得借鉴。二是指标体系有待优化。宁波市企业社会责任评价体系的总分是 1000 分,其中,企业发展占据 100 分,企业文化 100 分,劳动关系占 500 分,环境关系仅占 140 分,社会关系 160 分,分数分布显著失衡。应该提高环境关系和社会关系的权重,而相应降低劳动关系的权重。

(四)评价程序的有待完善,救济制度的缺乏

宁波市企业社会责任在评价制度在程序方面,也存有一些缺陷:一是评价结果公示之前无送达制度,以及评价结果的公示期间过短。如,2014 年度

企业社会责任评价的结果公示时间仅为 11 月 24—26 日三天,①明显偏短,不利相关企业对评价结果有异议时寻求救济。二是依职权评价的随意性过大,缺少评价对象的选取标准,不符合法治化要求。三是没有规定专家组的组成及工作办法,实践中可能存在随意性,可能会出现实践上的混乱,不利于评价工作的开展。

(五)奖惩措施有限,具体适用不明确

企业社会责任评价结果运用的重要方面,从《评价办法》的内容看,存在奖惩措施有限、具体适用不明确的问题。《评价办法》第 37 条、38 条规定的奖惩措施非常原则,且内容有限,如何适用不够明确。《评价办法》第 36 条规定的"最具社会责任企业奖",评奖办法不明确、奖励的方式与力度不确定,这将会导致企业社会责任评价结果运用的随意性过大,不符合法治的要求。这些都可能使评价制度的执行效果打折扣,影响企业社会责任建设工作的推进。

三、国内外企业社会责任评价的理论与实践借鉴

(一)企业社会责任评价制度的基本理论

企业社会责任源于对股东所有权理论的扬弃,强调公司不仅是股东创造财富的工具,还对股东之外的群体,比如债权人、职工、供应商、消费者、所在社区等群体负有一定的道德与法律义务。在企业社会责任成为潮流的背景下,如何对企业履行社会责任的行为进行评价成为一个关键的问题。企业社会责任评价不仅是微观层面企业社会责任管理的重要内容,而且也已经成为宏观层面企业社会责任推进的关键机制。②

评价制度包括评价方式、评价标准、评价主体、评价程序、评价结果认定等多方面的内容。但企业社会责任本身是一个不确定的概念,因此,如何对企业社会责任进行评价也是一个难题。直到 20 世纪 80 年代弗里曼(Freeman)在《战略管理:利益相关者方法》一书中将利益相关者理论引入企业社会责任之中,企业社会责任的概念才更确定性,也为企业社会责任评价制度

①　《宁波市企业社会责任评价等级结果公示(2014)》,中国宁波网,http://news.cnnb.com.cn/system—11/21/008210470.shtml.
②　刘平、郭红玲:《企业社会责任评价研究综述》,《生产力研究》2009 年第 13 期。

奠定了基础。而后企业社会责任评价制度的研究成为学术热点,各种理论层出不穷。根据理论基础和操作方式的差异可将现有的企业社会责任评价模式归纳为"三重底线"模式、"金字塔"模式、"利益相关方"模式、"主要议题"模式、"交叉复合"模式和"单一替代"模式等 6 种模式。当然,这些模式也并非都尽善尽美,往往存在理论基础薄弱甚至严重片面性、评价体系值得商榷甚至出现明显误导等问题。[①]

(二)国内外企业社会评价的理论与实践

1. 国际上企业社会评价的理论与实践

从国际上看,关于企业履行社会责任的认定标准,目前已发布且影响较大的有:社会责任国际组织(SAI)发布的 SA8000 标准、国际标准化组织(ISO)发布的 ISO26000 标准、美国的公平劳工协会(FLA)发布的"工厂守则"标准、全球负责任的服饰生产(WRAP)标准、英国的道德贸易行动(ETI)倡导的"道德贸易运动试点计划"标准、德国的外贸零售商协会(AVE)标准、荷兰的清洁服装运动(CCC)标准(公布"成衣业公平贸易约章")、玩具业国际委员会(ICTI)通过的"商务行为守则"等等。[②] 其中,SA8000 标准和 ISO26000 标准目前知名度最高、影响力较强、适用范围较广。本报告对两者进行分析和研究。

(1)SA8000 评价制度体系

SA8000,是 Social Accountability 8000 International standard 的英文简称,由社会责任国际组织(SAI)于 1997 年制定发布,其宗旨是确保供应商所供应的产品皆符合社会责任标准的要求。SA8000 的标准主要集中于劳工方面,包括以下最低要求:①公司不应使用或支持使用童工;②公司不得对员工使用或支持使用强迫性劳动;③公司应给员工提供安全、健康的工作环境;④公司应尊重员工结社自由和集体谈判权;⑤公司不得对员工有任何性质的歧视;⑥公司不得从事或支持惩戒性措施,不得对员工体罚、精神或肉体胁迫以及言语侮辱;⑦公司应遵守员工工作时间的规定;⑧公司应保证达

---

①　肖红军、许英杰:《企业社会责任评价模式的反思与重构》,《经济管理》2014 年第 9 期。

②　王碧淼:《从 SA8000 到 ISO26000 看社会责任标准的变化》,《宁夏大学学报》(人文社会科学版)2011 年第 2 期。

到最低工资标准;⑨公司应制定社会责任和劳动条件的政策。①

目前 SA8000 社会责任认证虽然尚未被国际标准化组织(ISO)纳入其官方标准化体系范围之内,但作为目前在世界范围内影响最大的社会责任评价体系之一,SA8000 标准可以用于审计与认证,并通过的国际采购商的订单附加条件得以执行。具体而言,SA8000 有一套非常严格的认证标准,认证的主体是特许的认证机构,认证的对象是所有工商企业。SA8000 认证需要经过申请、受理、审核、批准、备案、公告等一系列流程,并且在颁发认证证书后认证机构还会对获证公司进行监督审核,监督审核每半年一次,认证证书有效期为三年,三年后需进行复评。

(2)ISO26000 评价制度体系

ISO26000 标准是指国际标准化组织(ISO)于 2010 年 11 月 1 日在瑞士日内瓦发布的《社会责任指南》。ISO26000 标准包括组织治理、人权、保护劳工权益、保护环境、公平经营、保护消费者权益、协助社区发展等 7 个方面。据 ISO 官方描述:"ISO26000 标准是一个社会责任指导性标准,与ISO9000 标准和 ISO14000 标准不同,ISO26000 标准不是管理体系,也不用于第三方认证;可适用于包括政府、企业和社会组织在内的所有组织;强调任何组织都应加强与利益相关者的沟通,以全面履行社会责任。"②

ISO26000 标准与 SA8000 标准的主要区别在于以下方面:一是发起组织不一样,ISO26000 标准的发起组织是 ISO,SA8000 标准的发起组织是SAI。二是 ISO26000 国际标准侧重于各种组织生产实践活动中的社会责任问题,主要从社会责任范围、理解社会责任、社会责任原则、利益相关者参与等理解社会责任,为组织履行社会责任提供一个可参考的指南性标准;而SA8000 的宗旨是确保供应商所提供的产品皆符合社会责任标准的要求,主要关注的是产品。三是 ISO26000 为企业或组织自主申请执行,而 SA8000多为企业客户要求执行,没有达到要求可能会禁止出货或接单。四是ISO26000 不是一个可认证标准,SA8000 是一个可认证标准。虽然官方明确 ISO26000 不作为第三方认证的标准,但由于其指导性意义,仍有一些组织以 ISO26000 标准为基础发展出了一些社会责任评价指标体系。

---

① 郭丹:《SA8000 社会责任认证标准与我国企业社会责任规范化》,《北方经贸》2006年第 1 期。

② 王碧淼:《从 SA8000 到 ISO26000 看社会责任标准的变化》,《宁夏大学学报》(人文社会科学版)2011 年第 2 期。

2. 国内企业社会评价的理论与实践

开展企业社会评价工作,从个体角度看,有利于促进企业完善社会责任管理体系,改善企业形象。从社会角度看,有利于提升企业履行社会责任的整体水平,促进社会的和谐稳定。因此,我国在近年来也掀起了企业社会责任评价的热潮。

一政府主导型。除了宁波之外,国内还有不少地区也在开展企业社会责任评价活动,比如上海市、杭州市、深圳市、南京市等,本报告主要以上海市和杭州市为例。

上海市浦东新区政府于 2007 年 7 月 23 日印发《浦东新区推进企业履行社会责任的若干意见》,随后又出台《浦东新区企业社会责任评估指标》,并设立"浦东新区建立企业社会责任体系联席会议办公室"(以下简称"企业社会责任办公室",设在新区商务委),由新区商务委、法制办、环保市容局、劳动保障局、总工会、国资委及相关单位和企业组成。2008 年 11 月,上海市质监局将经过修订的《浦东新区企业社会责任评估指标》作为上海市地方标准——《企业社会责任》(编号为 DB31/421—2008)发布,并于 2009 年 1 月 1 日起实施。这也是我国首个企业社会责任方面的省级地方标准。而后,上海市的企业社会责任评价工作起步,至 2015 年已连续完成数届。上海市浦东新区企业社会责任评价的流程包括申请、受理、组成评估小组、现成评估、内部审定、公示、最终评定等环节。其特色是在评估的过程中,引用专业的评估公司进行实地操作,提高了专业性。上海市浦东新区的这一系列活动成效显著,成为推进企业社会责任的重要力量,引发全社会的关注。

杭州也是全国最早开展企业社会责任建设的城市之一。2009 年,杭州市出台《关于加强企业社会责任建设的意见》推进企业社会责任建设。2010 年,杭州市又推出《杭州市企业社会责任评价体系》《杭州市企业社会责任评估办法(试行)》,对企业社会责任评价的体系及具体办法进行了规定,杭州市的企业社会责任评价工作进入了操作阶段。2014 年,在总结经验的基础上,杭州市又制定《关于进一步深化企业社会责任建设工作的意见》《杭州市企业社会责任建设促进办法》,对企业社会责任评价工作进行进一步的制度化与规范化。此外,杭州市还对《杭州市企业社会责任评价体系》进行升级,出台地方标准——《企业社会责任评价规范》。这一标准既综合了杭州市前两轮企业社会责任建设和评估的实践成果,又吸收 ISO26000 等国际标准的先进理念,同时还考虑传统责任观、法律法规和国内外企业社会责任建设的典型经验。依据利益相关方理论、可持续发展理论、德菲尔专家法等,以企业的市场责任、用工责任、环境责任和公益责任四重基本责任为核心,采用基本指标、进步指标、加减分指标、个性指标和一票否决项指标等相结合的模式,建立了包括四重责任、10 项一级指标、50 项二级指标的指标体系。①目前杭州已经连续开展数届企业社会责任评价,经济与社会效果均良好。

二是社会自发型。除了政府主导性的企业社会责任评价活动,还有一些社会组织也主动推出社会责任评价制度,开展企业社会责任评价活动。如中国社会科学院经济学部主办的企业社会责任报告评级活动、中国企业评价协会联合清华大学社会科学学院主办的企业社会责任评价活动等。

2014 年 6 月 17 日,由中国企业评价协会联合清华大学社会科学学院联合起草的《中国企业社会责任评价准则》在北京发布,该《准则》在借鉴和改进国内外已有经验和实践的基础上,制定了法律道德、质量安全、科技创新、诚实守信、消费者权益、股东权益、员工权益、能源环境、和谐社区和责任管理等 10 个一级评价标准、63 个二级和 121 个三级评价标准。根据企业履行社会责任的实际情况,对各项指标进行打分。最后按照企业在各项指标的得分总和,进行企业社会责任评级。从流程上看,评级活动包括申请、受理、提交材料、实地查访、评审委员评审、技术委员会审定、公示、颁发评级证书、公告、服务和动态跟踪等 10 个环节。为了保证评价中立性,中国企业评价协会组织的企业社会责任评价不收取评审费。

中国社会科学院经济学部企业社会责任研究中心主持的企业社会责任报告评级是另一种企业社会责任评价模式。企业社会责任报告评级是对社会责任报告质量的评价,评价对象限于报告本身及其编写过程,不对信息的真实性进行评价。该中心分别于 2009 年和 2010 年发布《中国企业社会责任报告编制指南(CASS-CSR1.0)》《中国企业社会责任报告评级标准(2010)》,②并邀请我国企业社会责任研究者、实践者以及各行业专家共同组成开放的"中国企业社会责任报告评级专家委员会",负责对企业社会责任报告进行评级。从流程上看,主要包括申请、实地评估、分别打分、最终级别、出具评级报告。评级报告分为 7 个级别,即报告分为五星级、四星半级、四星级、

---

①　高海伟、张洁君:《杭州出台〈企业社会责任评价规范地方标准〉》,中国杭州政府网,http://www.hangzhou.gov.cnmainzwdtzhdtT481401.shtml.

②　目前《中国企业社会责任报告编制指南(CASS-CSR 3.0)》已经修订到 3.0 版本,《中国企业社会责任报告评级标准(2010)》也已经出版了 2014 版。

三星半级、三星级、二星级和一星级,每一个星级对应一定的分值范围。①

四、宁波市企业社会责任评价制度法治化的对策建议

企业社会责任建设已经成为社会的热点话题,党的十八届四中全会的决定也提出要"加强企业社会责任立法"。在这一背景下,推进企业社会责任评价制度的法治化正当其时。毋庸置疑,宁波市企业社会责任评价工作已经取得了重要成果,但也存在着一些制度难题,下一步的任务是如何进一步强化企业社会责任评价制度,实现企业社会责任评价制度的法治化。对此,本报告提出以下以策建议。

(一)加强引导,强化立法

我国是一个后发型现代化的国家,在经济社会发展现代化发展过程中,政府的推动起着至关重要的作用。企业社会责任这一事项也是如此,政府的引导与推进是企业履行社会责任的重要动力。就宁波市企业社会责任评价工作而言,属于政府主导型的评价模式,政府在其中担当着规制者、推进者、监督者的多重角色。因此,要实现企业社会责任评价制度的法治化,首先要进一步加强对企业社会责任评价工作的领导,引导企业主动参与企业社会责任评价活动,自觉履行社会责任。具体而言,有两项任务需要完成:一是提高《宁波市企业信用监管和社会责任评价办法》的立法层级,将其上升为地方性法规;二是制定《宁波市企业社会责任促进条例》(暂定名)。前者可以有效提升《评价办法》的法律效力,增加权威性,使企业社会责任评价工作更加具有常态化、持久化的性质。后者可以促进政府对企业社会促进措施的梳理,实现政府对企业社会责任促进措施的体系化、规范化、明确化,增强政府使用企业社会责任促进措施的合法性,使政府对企业社会责任履行行为的奖惩有理有据。

(二)完善制度,强化执行

法治的精义在于规则之治,加强制度的完善是实现企业社会责任评价

---

① 《企业社会责任报告评级十问》,中国社会科学院经济学部企业社会责任研究中心网站,http://www. cass-csr. org/index. php? option＝com_content&module＝26&sortid＝29&artid＝124&menuid＝37.

制度法治化的关键。针对上文所分析的宁波市企业社会责任评价制度的不足之处,结合国内外开展企业社会责任评价的理论与实践,笔者认为应该从以下几个方面完善宁波市的企业社会责任评价制度体系:一是在坚持政府主导型评价模式前提下,积极引入市场化机构的参与,可以采取服务外包的方式操作方式,最大限度地保证政府机构的中立性与超脱性,发挥市场机构专业服务水平,提高企业社会责任评价的质效。二是改进企业社会责任评价标准,引入分类评估制度,对不同行业的企业逐步实行不同的标准,构建更切合实际的企业社会责任评价体系。另外,还应该对评价指标体系进行优化,提高环境关系与社会关系的权重,相应降低劳动关系的权重。三是完善评价程序。规范评价结果的公示与异议程序,为当事人和其他主体对公示结果存有异议时寻求救济提供便利。规范评价专家组的组成与工作方法,扩宽专家组获取信息的来源,必要时可以要求参评企业提交企业社会责任报告,提高评价结果的全面性与权威性。四是拓宽奖惩措施的范围,明确其具体适用情形。对《评价办法》第37条、38条所列举的奖惩措施进一步细化其适用范围;对《评价办法》第36条所列奖项的评奖办法、奖励的方式与力度进行明确,以减少随意性。另外,笔者认为还有必要根据实际情况设立另外的奖励项目,以充分激发企业履行社会责任的积极性,促进企业社会责任评价工作的开展。

(三)强调自律,加强他律

企业社会责任的履行最终要依靠企业的自觉行动,但恰当的外部监督与激励能够对企业履行社会责任起推动作用。开展企业社会责任评价即是通过外部的评价机制,并附加奖惩措施,推动企业规范自身行为,自觉履行社会责任。企业社会责任评价制度的法治化也最终要依赖企业的主动参与和社会的监督。企业的自律是社会责任履行的基础,只有企业从内部认同社会责任理念,才会主动将社会责任融入企业生产经营的全过程,千方百计地履行社会责任,最大限度地维护利益相关者的利益。他律是企业社会责任履行的必要条件,加强政府监管与社会监督,构建企业履行社会责任的外部推进机制对企业社会责任的履行也十分关键。因此,在推进企业社会责任法治化的进程中,要充分运用自律与他律的作用机制,动员市场和政府两方面的力量促进企业社会责任评价活动的法治化,推动企业自觉履行社会责任,提高经济发展的质量,促进社会的和谐与稳定。

（作者单位:浙江大学宁波理工学院）

附表 1 2001—2014 年宁波发展主要指标

年份	地区生产总值(亿元)	人均地区生产总值(万元)	地方财政预算内收入(亿元)	第二产业增加值(亿元)	固定资产投资总额(亿元)	港口情况		外贸出口(亿美元)	实际利用外资(亿美元)	城镇居民人均可支配收入(万元)	农民人均纯收入(万元)
						集装箱吞吐量(万标准箱)	港口货物吞吐量(亿吨)				
2001	1278.75	2.359	99.11	624.92	470.28	121.30	1.29	62.45	8.74	1.199	0.536
2002	1453.34	2.668	111.83	715.24	601.27	185.90	1.54	81.63	12.47	1.297	0.576
2003	1749.27	3.194	139.41	847.79	835.90	277.20	1.85	120.74	17.27	1.428	0.622
2004	2109.45	3.829	151.75	1027.26	1103.81	400.50	2.26	166.90	21.03	1.588	0.702
2005	2449.31	4.416	275.40	1188.55	1336.30	520.80	2.69	222.33	23.11	1.741	0.781
2006	2874.44	5.146	257.40	1425.95	1502.77	706.80	3.10	287.71	24.30	1.967	0.885
2007	3435.00	6.107	329.12	1725.07	1597.54	935.00	3.45	382.55	25.05	2.231	1.005
2008	3964.10	6.999	390.40	2196.70	1728.20	1084.60	3.60	463.30	25.40	2.530	1.145
2009	4214.60	7.400	432.80	2247.80	2004.20	1042.30	3.80	386.50	22.10	2.737	1.264
2010	5125.82	8.928	530.90	2848.23	2206.50	1300.40	4.10	519.70	23.20	3.016	1.426
2011	6010.48	7.7983	657.60	3335.37	2392.90	1451.20	4.30	608.30	28.10	3.4058	1.6518
2012	6524.70	8.5475	725.50	3516.70	2901.40	1567.10	4.53	614.40	28.50	3.7902	1.8475
2013	7128.90	9.3176	792.80	3741.70	3423.00	1677.40	4.96	657.10	32.70	4.1729	2.0534
2014	7602.51	9.8972	860.60	3935.57	3989.50	1870.00	5.26	1047.00	40.30	4.4155	2.4283
基期至2013年各指标年均增长率(%)	15.40	12.13	18.92	16.08	17.99	24.47	11.88	21.67	11.62	10.95	11.84
基期至2014年各指标年均增长率(%)	14.70	11.66	18.088	15.20	17.83	23.42	11.42	24.22	12.48.	10.55	12.32

注：①2001—2013 年数据来源：《宁波发展蓝皮书》(2015)；2014 年数据，来自《2014 年宁波市经济和社会发展统计公报》。

②各指标年均增长率计算公式：基期(年)指标数×(1+年均增长率)报告期(年)=报告期(年)指标数。

③本表以 2001 年为基期。

附表 2 全国副省级城市经济、社会和文化发展主要指标(2014 年)

指标 / 城市	地区生产总值(亿元)	人均地区生产总值(万元)	地方公共财政收入(亿元)	全社会固定资产投资总额(亿元)	全社会消费品零售总额(亿元)	港口情况 集装箱吞吐量(万标准箱)	港口情况 港口货物吞吐量(亿吨)	外贸出口总额(亿美元)	实际利用外资(亿美元)	授权专利数量(万件)	城镇居民人均可支配收入(万元)	农民常住居民人均可支配收入(万元)
哈尔滨	5332.70	5.375	423.50	4176.00	3070.90			68.08	27.21	0.9284	2.8816	1.2125
沈阳	7098.70	8.5816	785.50	6564.10	3570.10			158.00	22.70	0.6661	3.1720	1.5945
长春	5342.40	7.0891	397.3	3924.50	2217.50			207.20	50.00	0.7853	2.7299	1.1258
大连	7655.60	10.9939	780.80	6773.60	2828.40	1013.20	4.20	645.78	140.00	0.6380	3.3591	1.3547
济南	5770.60	8.2052	543.10	3063.40	2964.40			105.00	14.30	1.1701	3.8762	1.4726
青岛	8692.10	9.6524	895.20	5766.00	3268.80	1658.00	4.8	798.90	60.80	0.2863	3.8294	1.7461
南京	8820.75	10.7545	903.49	5460.03	4167.20	276.50	2.10	572.21	32.91	2.2844	3.7283	1.7662
杭州	9201.16	10.3757	1027.32	4952.70	3838.73			679.98	63.35	0.5559	4.4632	2.3555
宁波	7302.51	9.8972	860.60	3989.50	2992.00	1870.00	5.26	1047.00	40.30	4.3286	4.4155	2.4283
广州	16706.87	12.7723	1241.53	4889.50	7697.85	1661.17	5.00	1306.00	51.07	2.8137	4.2955	1.7663
深圳	16001.98	14.9497	2082.44	2717.42	4844.00	2403.74	2.2324	4877.65	58.05	5.3687	4.0948	
厦门	3273.54	8.6831	543.80	1572.95	1072.94	857.24	2.05	835.53	19.70	0.8944	3.9625	1.6220
武汉	10069.48	9.740	1101.02	7002.85	4369.32			264.29	61.99	1.6335	3.3270	1.6160
成都	10056.6	6.970	774.9	6620.4	4468.90			558.4	87.60	3.1935	3.2665	1.4478
西安	5474.77	6.3457	583.76	5903.98	2872.90			1534.54	37.03	1.6723	3.610	1.4462

注:数据来源于 2014 年各城市国民经济和社会发展统计公报;人均地区生产总值(万元)=地区生产总值/常住人口数;长春为专利申请数量。

附表 3 长江三角洲城市经济、社会和文化发展主要指标（2014 年）

指标 城市	地区生产总值（亿元）	规模以上工业增加值（亿元）	固定资产投资总额（亿元）	公共财政预算收入（亿元）	外贸进出口总额（亿美元）	实际利用外资（亿美元）	社会消费品零售总额（亿元）	金融机构本外币存款余额（亿元）	金融机构本外币贷款余额（亿元）	城镇居民人均可支配收入（万元）	农村常住居民人均可支配收入（万元）	年末户籍人口数（万人）	授权专利数量（万件）	普通高校数（所）	普通高校在校学生数（万人）	卫生机构床位数（万张）
上海	23560.94	32237.19	6016.43	4585.55	4666.22	181.66	8718.65	73882.45	47915.81	4.771	2.1192	1429.26	5.0488	68	55.66	11.87
南京	8820.75	13239.79	5460.03	903.49	572.21	32.91	4167.20	20733.39	16448.55	3.7283	1.7662	648.72	2.2844	53	80.53	4.36
无锡	8205.31	3017.50	4634.21	768.01	741.70	31.16	3054.75	12315.01	9029.65	3.6471	2.2266	477.14	0.28	12	11.42	3.50
常州	4901.90	11195.30	3310.10	433.90	288.10	31.20	1804.20	6758.60	4789.70	3.9483	2.0133	368.60	1.8152	10	12.56	2.3634
苏州	13761.00	30586.00	6230.70	1443.80	3113.10	81.20	4061.00	21428.20	17247.90	4.6677	2.3560	661.08	5.4709	26	20.95	5.52
南通	5652.70	2864.20	3896.40	550.00	316.47	23.00	2153.50	8508.30	5258.90	3.3374	1.5821	729.80	0.0932	10	11.30	5.6515
扬州	3697.89	9457.17	2416.66	295.19	100.12	15.02	1232.00	4296.75	2732.42	3.0322	1.5284	461.34	1.1843	7	7.5289	1.9765
镇江	3252.40	8102.30	2142.30	277.80	103.10	12.90	976.60	3536.30	2679.80	3.5752	1.7617	272.070	1.2707	5	8.40	1.44
泰州	3370.89	9709.60	2200.19	283.00	108.90	9.39	937.17	3955.84	2751.51	3.1346	1.5076	508.51	0.9118	7	6.3527	2.0926
杭州	9201.16	2805.25	4952.70	1027.32	679.98	63.35	3838.73	24450.51	21316.83	4.4632	2.3555	715.76	0.5559	38	47.47	5.58
宁波	7602.51	2540.2	3989.50	860.60	1047.00	40.30	2992.00	13890.10	14569.80	4.4155	2.4283	583.80	4.3286	14	15.09	3.00
嘉兴	3352.80	1328.26	2221.21	307.07	337.34	24.96	1347.02	5684.10	4641.26	4.2143	2.4676	348.14	0.0546	10	10.27	2.1038
湖州	1956.00	700.60	1242.90	167.80	99.90	9.80	871.20	2813.70	2363.0	3.8959	2.2404	263.78	1.2679	4	4.54	1.2411
绍兴	4265.83	增长 6.40%	2304.68	317.27	346.84	6.71	1487.14	6666.73	6006.70	4.3167	2.3539	443.04	1.7356	9	8.03	2.1038
舟山	1021.66	1524.29	961.00	101.02	123.35	2.00	376.58	1624.05	1453.70	4.1466	2.3783	97.49	0.0258	5	2.7362	0.5052
台州	3387.51	831.50	1765.93	265.21	220.79	2.77	1646.32	5671.03	5039.37	3.9763	1.9362	597.10	1.6134	5	6.5746	2.2267

注：数据来源于 2014 年各城市经济和社会发展统计公报；南通年末户籍人口数（万人）为常住人口；南京、常州、扬州、镇江和舟山是规模以上工业总产值；常州普通高校数（所）和普通高校学生数（万人）来源于泰州教育网。http://www.tze.cn/gjc/read.html? id=33047；普通高校数及在校学生数来源于泰州教育网。

后　记

　　自 2006 年到 2016 年,《宁波发展蓝皮书》已经走过了整整 10 年。10 年间,蓝皮书历经 4 任主编,作者队伍也已换了一茬又一茬。但是,10 年来,蓝皮书作为一个智库产品的性质定位没有变,作为市社科院(市社科联)服务宁波经济社会发展的一个智库平台的功能没有变,作为凝聚宁波市社科界发挥"思想库"作用的一个重要纽带没有变。10 年来,我们始终十分注意把握正确的政治方向和学术导向,严格遵守学术规范,以科学的方法和严谨的态度深入开展调查研究,力求出精品、树品牌。10 年来,我们一直在努力!

　　当今,我们要紧紧围绕党的十八届五中全会作出的重大战略部署来确定研究的方向和重点,为贯彻五大发展理念、决胜全面建成小康社会多献务实之策;要聚焦"四个全面"战略布局,强化问题导向、应用导向,开展前瞻性、针对性、储备性政策研究;要凝练主攻方向、突出专业特色、注重成果质量,增强理论和政策创新能力,努力推出原创性研究成果,为"十三五"时期进一步繁荣宁波市哲学社会科学事业,更好地为加快建设更高水平的全面小康社会、更高水平的现代化国际港口城市、推动宁波跻身全国大城市第一方队提供思想和智力支持。

　　宁波市社会科学院(市社科联)院长何伟同志担任本书主编,副院长林崇建、姜建蓉、于立平和巡视员李建国、副巡视员俞建文等同志担任副主编,负责全书的总体策划、框架确定、编撰计划的制定、组织实施相关专题的撰写以及审稿定稿等工作;科研管理处调研员王仕龙同志负责具体组织实施、附录表格的制作等工作;经济研究所副所长宋炳林、社会发展研究所所长史斌、文化研究所所长方东华、党建研究所所长邢孟军,以及各研究所的全体研究人员参与了相关专题的审读、校稿等工作。

本书在编辑出版过程中,得到了宁波市有关部门和各高校的鼎力相助,浙江大学出版社也给予了大力支持,在此表示诚挚的感谢!

本书引用了大量统计和调查数据,因来源不同、口径不同、调查时点不同等原因,可能存在某些数据前后不尽一致的情况,务请读者在引用时注意核对。

编　者

2015 年 11 月

图书在版编目（CIP）数据

宁波发展蓝皮书.2016 / 何伟主编. —杭州:浙
江大学出版社，2016.1
ISBN 978-7-308-15441-3

Ⅰ.①宁… Ⅱ.①何… Ⅲ.①区域经济发展－白皮书
－宁波市－2016 ②社会发展－白皮书－宁波市－2016
Ⅳ.①F127.553

中国版本图书馆 CIP 数据核字（2015）第 301982 号

宁波发展蓝皮书(2016)

何 伟 主编

责任编辑	田 华	
责任校对	杨利军	
封面设计	周 灵	
出版发行	浙江大学出版社	
	（杭州市天目山路 148 号 邮政编码 310007）	
	（网址:http://www.zjupress.com）	
排 版	浙江时代出版服务有限公司	
印 刷	杭州日报报业集团盛元印务有限公司	
开 本	710mm×1000mm 1/16	
印 张	24.75	
字 数	430 千	
版 印 次	2016 年 1 月第 1 版 2016 年 1 月第 1 次印刷	
书 号	ISBN 978-7-308-15441-3	
定 价	69.00 元	